Im Mittelpunkt von Nietzsches Philosophie steht der Mensch. Er ist auf sich allein gestellt. Wissens- und Sozialregeln, Religion und Moral tragen ihn nicht länger. Der eigene Standort ist neu zu definieren, der Sinn des Lebens neu zu suchen in einer Landschaft, der die vertrauten Koordinaten fehlen.

Nietzsches Werk, auch seine besondere Form des Aphorismus, leuchtet die paradoxe Situation des Menschen nach dem Verlust der alten Ideale bis in die letzten Winkel aus. Selbst von Widersprüchen gequält, zugleich gelassen und kämpferisch, fanatisch und tolerant, zeichnet Nietzsche die wechselvolle Geschichte des Menschen, der Kultur und der Gesellschaft nach. Dabei geht es ihm immer um die Frage nach dem richtigen Weg zum Glück. Er selbst hat ihn zwar nicht zu gehen vermocht, doch er war überzeugt, daß er eines Tages gangbar sein werde.

Der vorliegende Band mit Texten aus Nietzsches veröffentlichtem Werk und aus seinem Nachlaß zeigt den Philosophen in seiner Zeit, seine Voraussetzungen, die Vielfalt der Gegenstände, mit denen er sich befaßt hat, die Fülle seiner Denkformen, und er zeigt zugleich die Aktualität seiner Gedanken.

Mit seiner Philosophie skizziert Nietzsche die entscheidenden Stationen auf dem Weg des Menschen zum Selbst-Sein und zur Selbsterkenntnis. Die Ereignisse des 20. Jahrhunderts haben die Gültigkeit und Notwendigkeit von Nietzsches Lebensphilosophie bestätigt, nicht zuletzt seine Aufforderung zu eigenständigem, kritischem Denken, zum Kampf gegen Vorurteile und zu einer mutigen Individualität, auch wenn Umwege nötig sind. In der *Götzen-Dämmerung* schreibt Nietzsche: »Formel meines Glücks: ein Ja, ein Nein, eine gerade Linie, ein *Ziel* …«.

insel taschenbuch 2751

Formel meines Glücks

Aus Friedrich Nietzsches Werken

FORMEL
MEINES GLÜCKS

Aus Friedrich Nietzsches Werken
und Nachlaß

Herausgegeben
von Hans-Joachim Simm

Insel Verlag

Umschlagabbildung: *Formel meines Glücks*, von M. Kronstädter

insel taschenbuch 2751
Erstausgabe
Erste Auflage 2001

Nachweise und Hinweise zu dieser Ausgabe am Schluß des Bandes
Vertrieb durch den Suhrkamp Taschenbuch Verlag
Umschlag nach Entwürfen von Willy Fleckhaus
Satz: Hümmer GmbH, Waldbüttelbrunn
Druck: Nomos Verlagsgesellschaft, Baden-Baden
Printed in Germany

1 2 3 4 5 6 – 07 06 05 04 03 02

INHALT

INHALT

Nach einem grossen Siege. – Das beste an einem grossen Siege ist, dass er dem Sieger die Furcht vor einer Niederlage nimmt. »Warum nicht einmal unterliegen? – sagte er sich: ich bin jetzt reich genug dazu.«

Die fröhliche Wissenschaft 3, 498

Was sind mir Freunde, welche nicht wissen, wo unser Schweres und wo unser Leichtes liegt! Es giebt Stunden, in denen wir unsere Freundschaften wiegen.

Aus dem Nachlaß 1880-1882 9, 333

Wer hier nicht lachen kann, soll hier nicht lesen!
Denn, lacht er nicht, faßt ihn »das böse Wesen«.

Aus dem Nachlaß 1882-1885 11, 317

noch rauscht die Wetterwolke:
aber schon hängt
glitzernd still schwer –
Zarathustra's Reichthum über die Felder hin.

Aus dem Nachlaß 1885-1889 13, 564

VORBEMERKUNG

1. *Ich habe den heiligen Namen der Liebe nie entweiht* – Der erste Abschnitt der vorliegenden Auswahl folgt Nietzsches philosophischem Lebensweg. Seine Lebensphilosophie steht in besonderem Maß in einer konkreten historischen Situation. Wer diese nicht im Blick behält, verfälscht Nietzsches Gedanken zwangsläufig. Die Idee Europa einerseits, der deutsch-französische Krieg und die Überheblichkeit des deutschen Nationalgefühls andererseits bilden den politischen Hintergrund (»Deutschland, Deutschland über alles« bezeichne das Ende der deutschen Philosophie), dem im sozialen Bereich fortschreitende Pauperisierung auf der einen und wirtschaftliche Prosperität auf der anderen Seite korrespondieren.

2. Nietzsche sah die geistige Entwicklung der europäischen Gesellschaft auf eine nihilistische Katastrophe zusteuern (*Oh Mensch! Gieb Acht!*). Doch er sah auch einen Ausweg. Einen Ausweg, den nur jeder einzelne für sich selbst finden kann, in und mit seinem eigenen Leben. Nietzsche hat in dieser Radikalität als erster Philosoph den Menschen in den Mittelpunkt seiner Philosophie gestellt. Was kann der Mensch tun, um Ja zum Leben zu sagen, um jeden Augenblick so zu leben, daß er als glücklicher erlebt werden kann? Die geistige Entwicklung – sie zu befördern und auf den richtigen Weg zu bringen war sein zentrales Anliegen – sah Nietzsche bereits mit den Augen der beginnenden Psychoanalyse, aber in einem viel weiteren Kontext: Die Arbeit an sich selbst, Wissen, Wissenschaft, Erkenntnis, das Aushalten der Einsamkeit sind die Voraussetzungen dafür, daß eine Gesellschaft und ihre Individuen sich nicht über Institutionen und Verbände definieren. Letzteres führt unweigerlich zur Katastrophe.

3. Die Religion hat versagt. Gott ist tot. Es wird einen neuen Gott geben, von geistigen Menschen, nicht mehr eine Religion von Sklaven, nicht mehr die Religion des Gekreuzigten (*Der neue Glaube kann keine Berge, wohl aber Worte versetzen*). Hier befindet sich Nietzsche sehr nah an Goethes Religionsauffassung. Nietzsche hat vergleichende Religionsstudien betrieben, er schreibt über alle Religionen der Welt: Christentum, Judentum, Islam, Buddhismus, Brahmanismus, Parsismus, über griechische und germanische Mythologie, den Hellenismus, die Essener, über Dogmen, die Sünde, Erlösung und das Jenseits und über gesellschaftliche Bewegungen, über Kirche und Staat, über den Bilderstreit. Immer stehen seine Gedanken unter der übergeordneten Frage nach der Bedeutung des Glaubens und dem Sinn des Lebens.

4. Nur die furchtlose Begegnung mit der Wahrheit führt zur rechten Erkenntnis (*Zehn Wahrheiten mußt du des Tages finden*). Wie aber wird der Mensch, wenn er einst Wissender geworden ist, die Welt verstehen? Nur dem, der in einer mehr und mehr erdrückenden Arbeitswelt durch Kontemplation, durch Versenkung in das eigene Ich die Welt neu als Ganzes, als Einheit begreift, zugleich aber auch erkennt, daß es keine metaphysischen Wahrheiten mehr gibt, dem erschließt sich die Vielfalt des Lebens, dem wird Toleranz gegenüber anderen Meinungen selbstverständlich. Erst in der Wahrheit gelangt der Mensch über jenes kleine epikureische hinaus zum großen Glück, das dem Leben Sinn verleiht. Dieser Aspekt von Nietzsches Philosophie wurde vor allem in der deutschen Rezeption oft unterdrückt, und seine Ausblendung hat zu fatalen Mißdeutungen geführt.

5. Die transzendentale Selbstvergewisserung und Relativierung (*Die Welt erscheint uns logisch, weil wir sie erst logisirt haben*) verhindert die Verabsolutierung von Meinungen, die Perversion der Lüge zur Wahrheit. Wissenschaft und Philosophie haben die Aufgabe, solche Ehrlichkeit immer wie-

der zu fordern. Nietzsches Theorieverständnis ist außerordentlich modern; Karl Popper und Ludwig Wittgenstein wirken erstaunlich verwandt. Die übergeordnete Aufgabe der Wissenschaft aber ist es, zu erklären, wie der Mensch die Dinge und wie er sich selber empfindet.

Gegen das Vordringen gefährlich dilettantischer Versuche setzt Nietzsche die klassische Wissenschaft; das gilt für die Mathematik ebenso wie für die Medizin, für diese besonders. Der internationale Austausch, das Europäertum, ist die Chance von Wissenschaft und Technik. Davon könnte Deutschland in besonderem Maße profitieren, wenn seine Mittelstellung in Europa in dieser Weise fruchtbar gemacht werden kann.

6. Die Philosophie muß erneuert werden, sie wird durch die Psychologie ergänzt und vertieft, und sie ist als eine Lebenskunst zu betrachten (*Es wird ein höchster Zustand von Bejahung des Daseins*). Also solche ist sie multiperspektivisch, trägt den Anspruch in sich, ihr eigenes System aufzuheben, bleibt offen in der Beantwortung der großen Fragen.

7. Nicht nur die Religion, auch die bislang herrschende Moral hat versagt. Sie ist bloße Konvention und Herrschaftsinstrument. Eine entwickelte Moral ist Bestandteil einer Wissenskultur, sie wird aus Wissen abgeleitet. Tugend und Lüge, Schuld und Verbrechen haben soziale Ursachen sowie psychologische und auch physiologische Bedingungen. (Sünde ist eine Krankheit, die den Menschen schwächt). Nietzsche beschreibt Emotionen, Verhaltensweisen und zwischenmenschliche Muster wie Eifersucht und Dankbarkeit, Arbeit und Macht. Eine moderne Moral ist eine Moral der Freiheit (*Keine neuen Ketten fühlen*).

8. Hellsichtig analysiert Nietzsche die Entwicklung von Kultur und Kunst, anhand von allgemeinen Tendenzen wie dem Verhältnis von Renaissance und Reformation, und konkret anhand von historischen Persönlichkeiten, von

Dichtern, Künstlern und Musikern. Auch die Aufgabe der Kunst besteht in der Befreiung von Fesseln, sie liegt im Aufweis der Glücksmöglichkeiten (*Uns von der ewigen Lust des Daseins überzeugen*). Die Kunst zeigt uns, daß die Welt, wie sie uns erscheint, die uns gegebene ist, die wir nicht übersehen dürfen, auf der vergeblichen Suche nach der vermeintlichen Wahrheit hinter den Erscheinungen.

9. Dazu trägt auch der richtige Umgang mit Gesundheit und Krankheit bei, die rechte Lebensweise, das Zulassen der Affekte, nicht zuletzt das Lachen (*Zehnmal musst du lachen am Tage und heiter sein*), wie überhaupt Nietzsche ein heiterer Philosoph war.

10. Alte Idole sind zu zerstören, neue Ideale müssen entstehen, denn *Dies geht dem noch Höheren voraus.* Bildung ist nötig, um alte Bilder abzuschaffen und das Ideal der Selbstverwirklichung zu verwirklichen.

11. Ziel aller Bemühungen ist die Individualisierung, sie ist die *Erlösung vom ewigen Flusse*, sie verschafft persönliche Freiheit, Glück. Nietzsche untersucht einzelne Verhaltensmuster und Lebensmaximen, im Zusammenhang mit Religion, Erziehung, Sozialem, er denkt über den Umgang mit ›Fremdem‹ nach, über die Stellung der Masse und des einzelnen zum ›anderen‹. Der ›Wille zur Macht‹ ist nichts anderes als der Wille jedes einzelnen zur Selbstdisziplin, die Aufforderung, den eigenen Verstand zu gebrauchen und weiterzuentwickeln. Nietzsche fordert Mitmenschlichkeit, die Grundforderung in der Einsamkeit und Heimatlosigkeit des Menschen. Darin besteht seine Idee des ›höheren Menschen‹.

12. Man hat gesagt, »Ecce homo« sei die Jupitersinfonie der deutschen Literatur. Das Sprachgenie Nietzsche fordert eine ehrliche Sprache (*Pfui allen häßlichen Gewerben, an denen Wort und Wörtchen sterben*); ehrlicher Umgang mit Literatur, philologische Bescheidenheit, Kommunikationsbereitschaft sind Voraussetzungen für die kulturelle Identität des Menschen, für seine Authentizität.

13. Auch der Staat, politische Organisationen, Institutionen, das Massenmedium Presse, alle nur wenig an der Selbstverwirklichung des Menschen interessiert, sind zu verändern. Weitsichtig hat Nietzsche vorausgesehen, daß die politischen und die wirtschaftlichen Organisationen, auch die Vermittler, immer mächtiger werden – und immer globaler (*Ich sehe ungeheure Conglomerate an Stelle der vereinzelten Capitalisten treten*). Die Einigung Europas kann nur durch eine Friedenspartei erfolgen und nur, wenn der Antisemitismus vollständig vernichtet wird.

Innerhalb der einzelnen Kapitel folgen die Texte der Chronologie der Werke. Diese Anordnung bedingt gelegentlich eine Wiederaufnahme von Themen, die bereits in anderen Kapiteln im jeweiligen Zusammenhang zur Sprache gekommen sind, z. B. zu Deutschland, den Deutschen u. a.

Bei der Auswahl im einzelnen wurden die jeweiligen Textzusammenhänge gewahrt; Nietzsches aphoristisch zugespitzte Formulierungen sollten nicht zu Parolen verkürzt werden.

Die Orthographie und Interpunktion der Originaltexte bzw. der zugrundeliegenden Kritischen Ausgabe von Giorgio Colli und Mazzino Montinari wurde vollständig gewahrt, da sie für Nietzsches Denken und Schreiben wesentlich sind.

Ich habe den heiligen Namen der Liebe nie entweiht

NIETZSCHE ÜBER NIETZSCHE

MENSCHLICHES, ALLZUMENSCHLICHES II (1879/80)

– Sollte mein Erlebniss – die Geschichte einer Krankheit und Genesung, denn es lief auf eine Genesung hinaus – nur mein persönliches Erlebniss gewesen sein? Und gerade nur *mein* »Menschlich-Allzumenschliches«? Ich möchte heute das Umgekehrte glauben; das Zutrauen kommt mir wieder und wieder dafür, dass meine Wanderbücher doch nicht nur für mich aufgezeichnet waren, wie es bisweilen den Anschein hatte –. Darf ich nunmehr, nach sechs Jahren wachsender Zuversicht, sie von Neuem zu einem Versuche auf die Reise schicken? Darf ich sie Denen sonderlich an's Herz und Ohr legen, welche mit irgend einer »Vergangenheit« behaftet sind und Geist genug übrig haben, um auch noch am *Geiste* ihrer Vergangenheit zu leiden? Vor allem aber Euch, die ihr es am schwersten habt, ihr Seltenen, Gefährdetsten, Geistigsten, Muthigsten, die ihr das *Gewissen* der modernen Seele sein müsst und als solche ihr *Wissen* haben müsst, in denen was es nur heute von Krankheit, Gift und Gefahr geben kann zusammen kommt, deren Loos es will, dass ihr kränker sein müsst als irgend ein Einzelner, weil ihr nicht »*nur* Einzelne« seid ..., deren Trost es ist, den Weg zu einer *neuen* Gesundheit zu wissen, ach! und zu gehen, einer Gesundheit von Morgen und Uebermorgen, ihr Vorherbestimmten, ihr Siegreichen, ihr Zeit-Ueberwinder, ihr Gesündesten, ihr Stärksten, ihr *guten Europäer*! – – 2, 376

Schlimmstes Schicksal eines Propheten. – Er arbeitete zwanzig Jahre daran, seine Zeitgenossen von sich zu überzeugen, – es gelingt ihm endlich; aber inzwischen war es seinen Gegnern auch gelungen: er war nicht mehr von sich überzeugt. 2, 464

Drei Denker gleich einer Spinne. – In jeder philosophischen Secte folgen drei Denker in diesem Verhältnisse auf einander: der Erste erzeugt aus sich den Saft und Samen, der Zweite zieht ihn zu Fäden aus und spinnt ein künstliches Netz, der Dritte lauert in diesem Netz auf Opfer, die sich hier verfangen – und sucht von der Philosophie zu leben.

2, 464

Original. – Nicht dass man etwas Neues zuerst sieht, sondern dass man das Alte, Altbekannte, von Jedermann Gesehene und Uebersehene *wie neu* sieht, zeichnet die eigentlich originalen Köpfe aus. Der erste Entdecker ist gemeinhin jener ganz gewöhnliche und geistlose Phantast – der Zufall.

2, 465

DIE FRÖHLICHE WISSENSCHAFT
(1882/87)

Ueber meiner Hausthür

Ich wohne in meinem eigenen Haus,
Hab Niemandem nie nichts nachgemacht
Und – lachte noch jeden Meister aus,
Der nicht sich selber ausgelacht.

3, 343

Zwiegespräch

A. War ich krank? Bin ich genesen?
Und wer ist mein Arzt gewesen?
Wie vergass ich alles Das!
B. Jetzt erst glaub ich dich genesen:
Denn gesund ist, wer vergass.

3, 354

Interpretation

Leg ich mich aus, so leg ich mich hinein:
Ich kann nicht selbst mein Interprete sein.
Doch wer nur steigt auf seiner eignen Bahn,
Trägt auch mein Bild zu hellerm Licht hinan.

3, 357

Bitte

Ich kenne mancher Menschen Sinn
Und weiss nicht, wer ich selber bin!
Mein Auge ist viel zu nah –
Ich bin nicht, was ich seh und sah.
Ich wollte mir schon besser nützen,
Könnt' ich mir selber ferner sitzen.
Zwar nicht so ferne wie mein Feind!
Zu fern sitzt schon der nächste Freund –
Doch zwischen dem und mir die Mitte!
Errathet ihr, um was ich bitte?

3, 358

Ecce homo

Ja! Ich weiss, woher ich stamme!
Ungesättigt gleich der Flamme
Glühe und verzehr' ich mich.
Licht wird Alles, was ich fasse,
Kohle Alles, was ich lasse:
Flamme bin ich sicherlich.

3, 367

ALSO SPRACH ZARATHUSTRA (1883/84/85)

Seht, ich bin ein Verkündiger des Blitzes und ein schwerer Tropfen aus der Wolke: dieser Blitz aber heisst Übermensch. – 4, 18

Aber als ich in den Spiegel schaute, da schrie ich auf, und mein Herz war erschüttert: denn nicht mich sahe ich darin, sondern eines Teufels Fratze und Hohnlachen.

Wahrlich, allzugut verstehe ich des Traumes Zeichen und Mahnung: meine *Lehre* ist in Gefahr, Unkraut will Weizen heissen!

Meine Feinde sind mächtig worden und haben meiner Lehre Bildniss entstellt, also, dass meine Liebsten sich der Gaben schämen müssen, die ich ihnen gab.

»Verloren giengen mir meine Freunde; die Stunde kam mir, meine Verlornen zu suchen!« – 4, 105 f.

Nacht ist es: nun reden lauter alle springenden Brunnen. Und auch meine Seele ist ein springender Brunnen.

Nacht ist es: nun erst erwachen alle Lieder der Liebenden. Und auch meine Seele ist das Lied eines Liebenden. – 4, 138

Ist er ein Dichter? Oder ein Wahrhaftiger? Ein Befreier? Oder ein Bändiger? Ein Guter? Oder ein Böser?

Ich wandle unter Menschen als den Bruchstücken der Zukunft: jener Zukunft, die ich schaue.

Und das ist all mein Dichten und Trachten, dass ich in Eins dichte und zusammentrage, was Bruchstück ist und Räthsel und grauser Zufall.

Und wie ertrüge ich es, Mensch zu sein, wenn der

Mensch nicht auch Dichter und Räthselrather und der Erlöser des Zufalls wäre!

Die Vergangnen zu erlösen und alles »Es war« umzuschaffen in ein »So wollte ich es!« – das hiesse mir erst Erlösung! 4, 179

Diese Lehre aber gebe ich dir, du Narr, zum Abschiede: wo man nicht mehr lieben kann, da soll man – *vorübergehn!* –
‹...›

Also sprach Zarathustra und gieng an dem Narren und der grossen Stadt vorüber. 4, 225

Ihr höheren Menschen, was dünket euch? Bin ich ein Wahrsager? Ein Träumender? Trunkener? Ein Traumdeuter? Eine Mitternachts-Glocke?

Ein Tropfen Thau's? Ein Dunst und Duft der Ewigkeit? Hört ihr's nicht? Riecht ihr's nicht? Eben ward meine Welt vollkommen, Mitternacht ist auch Mittag, –

Schmerz ist auch eine Lust, Fluch ist auch ein Segen, Nacht ist auch eine Sonne, – geht davon oder ihr lernt: ein Weiser ist auch ein Narr.

Sagtet ihr jemals Ja zu Einer Lust? Oh, meine Freunde, so sagtet ihr Ja auch zu *allem* Wehe. Alle Dinge sind verkettet, verfädelt, verliebt, –

– wolltet ihr jemals Ein Mal Zwei Mal, spracht ihr jemals »du gefällst mir, Glück! Husch! Augenblick!« so wolltet ihr *Alles* zurück!

– Alles von neuem, Alles ewig, Alles verkettet, verfädelt, verliebt, oh so *liebtet* ihr die Welt, –

– ihr Ewigen, liebt sie ewig und allezeit – und auch zum Weh sprecht ihr: vergeh, aber komm zurück! *Denn alle Lust will – Ewigkeit!* 4, 402

GÖTZEN-DÄMMERUNG
(1889)

Goethe ist der letzte Deutsche, vor dem ich Ehrfurcht habe: er hatte drei Dinge empfunden, die ich empfinde, – auch verstehen wir uns über das »Kreuz« ... Man fragt mich öfter, wozu ich eigentlich *deutsch* schriebe: nirgendswo würde ich schlechter gelesen, als im Vaterlande. Aber wer weiss zuletzt, ob ich auch nur *wünsche*, heute gelesen zu werden? – Dinge schaffen, an denen umsonst die Zeit ihre Zähne versucht; der Form nach, *der Substanz nach* um eine kleine Unsterblichkeit bemüht sein – ich war noch nie bescheiden genug, weniger von mir zu verlangen. Der Aphorismus, die Sentenz, in denen ich als der Erste unter Deutschen Meister bin, sind die Formen der »Ewigkeit«; mein Ehrgeiz ist, in zehn Sätzen zu sagen, was jeder Andre in einem Buche nicht sagt, – was jeder Andre in einem Buche *nicht* sagt ...

Ich habe der Menschheit das tiefste Buch gegeben, das sie besitzt, meinen *Zarathustra*: ich gebe ihr über kurzem das unabhängigste. –

6, 153

ECCE HOMO
(1889)

Ihr hattet euch noch nicht gesucht: da fandet ihr mich. So thun alle Gläubigen; darum ist es so wenig mit allem Glauben.

Nun heisse ich euch, mich verlieren und euch finden; und erst, *wenn ihr mich Alle verleugnet habt*, will ich euch wiederkehren ...

6, 261

Denn man gebe Acht darauf: die Jahre meiner niedrigsten Vitalität waren es, wo ich *aufhörte*, Pessimist zu sein: der Instinkt der Selbst-Wiederherstellung *verbot* mir eine Philosophie der Armuth und Entmuthigung ... Und woran erkennt man im Grunde die Wohlgerathenheit! Dass ein wohlgerathner Mensch unsern Sinnen wohlthut: dass er aus einem Holze geschnitzt ist, das hart, zart und wohlriechend zugleich ist. Ihm schmeckt nur, was ihm zuträglich ist; sein Gefallen, seine Lust hört auf, wo das Maass des Zuträglichen überschritten wird. Er erräth Heilmittel gegen Schädigungen, er nützt schlimme Zufälle zu seinem Vortheil aus; was ihn nicht umbringt, macht ihn stärker. Er sammelt instinktiv aus Allem, was er sieht, hört, erlebt, *seine* Summe: er ist ein auswählendes Princip, er lässt Viel durchfallen. Er ist immer in *seiner* Gesellschaft, ob er mit Büchern, Menschen oder Landschaften verkehrt: er ehrt, indem er *wählt*, indem er *zulässt*, indem er *vertraut*. Er reagirt auf alle Art Reize langsam, mit jener Langsamkeit, die eine lange Vorsicht und ein gewollter Stolz ihm angezüchtet haben, – er prüft den Reiz, der herankommt, er ist fern davon, ihm entgegenzugehn. Er glaubt weder an »Unglück«, noch an »Schuld«: er wird fertig, mit sich, mit Anderen, er weiss zu *vergessen*, – er ist stark genug, dass ihm Alles zum Besten gereichen *muss*. – Wohlan, ich bin das *Gegenstück* eines décadent: denn ich beschrieb eben *mich*. 6, 267

Ich bin ein polnischer Edelmann pur sang, dem auch nicht ein Tropfen schlechtes Blut beigemischt ist, am wenigsten deutsches. Wenn ich den tiefsten Gegensatz zu mir suche, die unausrechenbare Gemeinheit der Instinkte, so finde ich immer meine Mutter und Schwester, – mit solcher canaille mich verwandt zu glauben wäre eine Lästerung auf meine Göttlichkeit. Die Behandlung, die ich von Seiten meiner Mutter und Schwester erfahre, bis auf diesen Augenblick, flösst mir ein unsägliches Grauen ein: hier arbeitet eine vollkommene Höllenmaschine, mit unfehlbarer Sicherheit über den Augenblick, wo man mich blutig verwunden kann – in meinen höchsten Augenblicken, … denn da fehlt jede Kraft, sich gegen giftiges Gewürm zu wehren … Die physiologische Contiguität ermöglicht eine solche disharmonia praestabilita … Aber ich bekenne, dass der tiefste Einwand gegen die »ewige Wiederkunft«, mein eigentlich *abgründlicher* Gedanke, immer Mutter und Schwester sind. – Aber auch als Pole bin ich ein ungeheurer Atavismus. Man würde Jahrhunderte zurückzugehn haben, um diese vornehmste Rasse, die es auf Erden gab, in dem Masse instinktrein zu finden, wie ich sie darstelle. Ich habe gegen Alles, was heute noblesse heisst, ein souveraines Gefühl von Distinktion, – ich würde dem jungen deutschen Kaiser nicht die Ehre zugestehn, mein Kutscher zu sein. Es giebt einen einzigen Fall, wo ich meines Gleichen anerkenne – ich bekenne es mit tiefer Dankbarkeit. Frau Cosima Wagner ist bei Weitem die vornehmste Natur; und, damit ich kein Wort zu wenig sage, sage ich, dass Richard Wagner der mir bei Weitem verwandteste Mann war … Der Rest ist Schweigen … Alle herrschenden Begriffe über Verwandtschafts-Grade sind ein physiologischer Widersinn, der nicht überboten werden kann. Der Papst treibt heute noch Handel mit diesem Widersinn. Man ist *am wenigsten* mit seinen Eltern verwandt: es wäre das äusserste Zeichen von Gemeinheit, seinen Eltern verwandt zu sein. Die höheren Naturen haben ihren Ursprung unendlich weiter zurück, auf sie hin hat am längsten gesammelt, gespart, gehäuft werden müssen. Die *grossen* Individuen sind die ältesten: ich verstehe es nicht, aber Julius Cäsar könnte mein Vater sein – *oder* Alexander, dieser leibhafte Dionysos … In diesem Augenblick, wo ich dies schreibe, bringt die Post mir einen Dionysos-Kopf …

6, 268 f.

Meine Art Vergeltung besteht darin, der Dummheit so schnell wie möglich eine Klugheit nachzuschicken: so holt man sie vielleicht noch ein. Im Gleichniss geredet: ich schicke einen Topf mit Confitüren, um eine *sauere* Geschichte loszuwerden ... Man hat nur Etwas an mir schlimm zu machen, ich »vergelte« es, dessen sei man sicher: ich finde über Kurzem eine Gelegenheit, dem »Missethäter« meinen Dank auszudrücken (mitunter sogar für die Missethat) – oder ihn um Etwas zu *bitten*, was verbindlicher sein kann als Etwas geben ... Auch scheint es mir, dass das gröbste Wort, der gröbste Brief noch gutartiger, noch honnetter sind als Schweigen. Solchen, die schweigen, fehlt es fast immer an Feinheit und Höflichkeit des Herzens; Schweigen ist ein Einwand, Hinunterschlucken macht nothwendig einen schlechten Charakter, – es verdirbt selbst den Magen. Alle Schweiger sind dyspeptisch.

6, 271

AUS DEM NACHLASS 1869-1874

Der letzte Philosoph – es können ganze Generationen sein. Er hat nur zum *Leben* zu helfen. Der »letzte«, natürlich relativ. Für unsere Welt. Er beweist die Nothwendigkeit der Illusion, der Kunst und der das Leben beherrschenden Kunst. Es ist für uns nicht möglich, wieder eine solche Reihe von Philosophen zu erzeugen, wie Griechenland zur Zeit der Tragödie. Ihre Aufgabe erfüllt jetzt *ganz allein die Kunst*. Nur als *Kunst* ist noch so ein System möglich. Vom jetzigen Standpunkt aus fällt auch jene ganze Periode der griechischen Philosophie mit ins Bereich ihrer Kunst.

Die Bändigung der Wissenschaft geschieht jetzt nur noch durch die Kunst. Es handelt sich um *Werth*urtheile über das Wissen und Vielwissen.

Ungeheure Aufgabe und Würde der Kunst in dieser Aufgabe!

Sie muß alles neu schaffen und *ganz allein das Leben neu gebären!* Was sie kann, zeigen *uns die Griechen*: hätten wir diese nicht, so wäre unser Glaube chimärisch.

Ob eine Religion hier hinein, in das Vacuum hinein, sich bauen kann, hängt von ihrer Kraft ab. *Wir* sind der *Kultur* zugekehrt: das »Deutsche« als *erlösende* Kraft!

Jedenfalls müßte die Religion, welche es könnte, eine ungeheure *Liebeskraft* haben: an der zerbricht auch das Wissen, wie es an der Sprache der Kunst zerbricht.

Aber vielleicht vermag die Kunst sogar sich eine Religion zu schaffen, den Mythus zu gebären? So bei den Griechen. 7, 428 f.

Die gute Meinung über mich habe ich von Anderen erst gelernt und subtrahire fortwährend davon ab, mit Grübelei, wenn ich krank bin.

Ein ruhiges freudiges Alleinsein mit mir, in guten Gedanken und Lachen – wie ich auch bin – 8, 391

AUS DEM NACHLASS 1880-1882

Ich habe meine Schriften jederzeit mit meinem ganzen Leib und Leben geschrieben: ich weiß nicht, was »rein geistige« Probleme sind. 9, 170

Ich weiß so wenig von den Ergebnissen der Wissenschaft. Und doch scheint mir bereits dies Wenige *unerschöpfbar reich* zu sein zur Erhellung des Dunklen und zur Beseitigung der früheren Arten zu denken und zu handeln. 9, 171

Mich interessirt nichts mehr als wenn einer einen Umweg über ferne Völker und Sterne macht, um schließlich so etwas von *sich* zu erzählen. 9, 185

Den Deutschen fehlt es an esprit, weil sie keinen Überschuß von Geist besitzen: haben sie den ihren angewendet, so sind sie arm und sitzen da. Sie hassen ihn, und doch fühlen sie, daß ohne ihn die Geselligkeit eine langweilige Flegelei ist: – daher »Gemüth«. 9, 282

Es ist eine Beschränktheit, aber so empfinde ich. Das *Bedürfniß* ‹nach› *Luxus* scheint mir immer auf eine tiefe innerliche *Geistlosigkeit* hinzudeuten: wie als ob jemand sich selber mit Koulissen umstellt, weil er nichts Volles Wirkliches ist, sondern nur etwas, das ein Ding vorstellen soll, vor ihm und vor Anderen. Ich meine, wer Geist habe, könne viel Schmerzen und Entbehrung aushalten und dabei noch glücklich sein, ja er müsse sich im Verhältniß zu einem, der Ehren und Luxus und Kameradschaft nöthig hat, schämen, weil er bei der Vertheilung der Güter zu gut weggekommen ist. Ich habe eine tiefe Verachtung gegen einen Banquier. Wer Luxus um sich hat, nun, mitunter muß er sich so stellen, daß er Anderer wegen hineinpaßt, aber dann soll er auch die Ansichten dieser Anderen haben und ertragen. Freisinnige kühne neue Ansichten halte ich für Schwindel oder eine widerliche Art Luxus, wenn sie nicht zur Armut und zur Niedrigkeit drängen. Mit einer Art von weißer Wäsche hat sich z. B. Las‹s›alle für mich widerlegt. Leute mit solchen Bedürfnissen sollten fromm werden und als Magistratspersonen Ansehen erstreben, es giebt so viel Gutes zu erhalten und zu repräsentiren. Aber den *Geist* sollen sie nicht repräsentiren wollen! Wer geistig reich und unabhängig ist, ist so wie so auch der mächtigste Mensch, es ist, wenigstens für so humane Zeiten, schimpflich, wenn er noch mehr haben will: es sind die Unersättlichen. Einfachheit in Speise und Trank, Haß gegen geistige Getränke – es gehört zu ihm, wie die Getränke zu jenen gehören, welche sagen könnten »das Leben wäre völlig reizlos« usw. – Es drängt mich zu einer idealen Unabhängigkeit: Ort Gesellschaft Gegend Bücher können *nicht hoch genug* gewählt werden, und anstatt sich zu akkommodiren und gemein zu werden muß man entbehren können *ohne* Dulderfalten.

9, 283 f.

Wenn ich über Motive bestimmter Personen rede, so ist es eine Ehrensache für mich. 9, 293

Ich will den Leuten keine neue große Last auflegen, sondern ihnen eine Last abnehmen 9, 293

Erhebt euch und geht, Freunde, schon viel zu lange habt ihr mich reden lassen. Der Wind wird kühler und lebhafter, das Gras auch – diese stille Höhe zittert, und es geht gen Abend. Geht und thut sofort, ich bitte euch, wenn ihr in das Thal kommt, eine kleine Thorheit, damit alle Welt sehe, wessen ihr hier von mir belehrt seid. 9, 299

Täglich erstaune ich: *ich kenne mich selber nicht*! 9, 325

Ich will nur mit Menschen umgehen, welche ihr eigenes Muster haben und *nicht* in *mir* es sehen. Denn dies machte mich für sie verantwortlich und zum Sklaven. 9, 331

Ich habe die M‹uster› durchsucht und mein Ideal nicht unter ihnen gefunden. 9, 332

Etwas zu schreiben, das in ein paar Jahren alle Bedeutung verloren hat – das wird mir unmöglich, mir vorzustellen. Es ist wohl ein Zeichen von Beschränktheit. Denn alles, was ich selber *überlebe*, gilt mir immer noch wichtig als Denkmal eines Zustandes, der mir werthvoll war. Ich wünsche mein Alter umringt von solchen Denkmälern. 9, 335

Ich bin *passionirt für die Unabhängigkeit*, ich opfere ihr alles – wahrscheinlich weil ich die abhängigste Seele habe und an allen kleinsten Stricken mehr gequält werde als andere an Ketten. 9, 335

Es ist mein Fleiß und mein Müssiggang, meine Überwindung und mein Nachhängen, meine Tapferkeit und mein Zittern, es ist mein Sonnenlicht und mein Blitz aus dunklem Wolkenhimmel, es ist meine Seele und auch mein Geist, mein schweres ernstes granitenes Ich, das aber wieder zu sich sprechen kann »was liegt an mir!« 9, 338

Seltsam! Ich werde in jedem Augenblick von dem Gedanken beherrscht, daß meine Geschichte nicht nur eine persönliche ist, daß ich für Viele etwas thue, wenn ich so lebe und mich forme und verzeichne: es ist immer als ob ich eine Mehrheit wäre, und ich rede zu ihr traulich-ernst-tröstend. 9, 339

Zeichen des nächsten Jahrhunderts: 1) das Eintreten der Russen in die Cultur. Ein grandioses Ziel. Nähe der Barbarei, Erwachen der Künste. Großherzigkeit der Jugend und phantastischer Wahnsinn und wirkliche Willenskraft. 2) die Socialisten. Ebenfalls wirkliche Triebe und Willenskraft. Association. Unerhörter Einfluß Einzelner. Das Ideal des armen Weisen ist hier möglich. Feurige Verschwörer und Phantasten ebenso wie die großen Seelen finden ihres Gleichen. – Es kommt eine Zeit der Wildheit und Kraftverjüngung. 3) die religiösen Kräfte könnten immer noch stark genug sein zu einer atheistischen *Religion* à la Buddha, welche über die Unterschiede der Confession hinweg striche, und die Wissenschaft hätte nichts gegen ein neues Ideal. Aber allgemeine Menschenliebe wird es nicht sein! Ein neuer Mensch muß sich zeigen. – Ich selber bin ferne davon und wünsche es *gar nicht*! es ist aber wahrscheinlich.

die *individuelle Opferung* zu massenhaft bei Socialisten und Anderen erzeugt einen zusammenfassenden Ausdruck: *Großmuth!* und die kaufmännische kalte Klugheit wird ihre Reaktion haben in einer absoluten Verachtung der Klugheit und des Respektabeln: *folglich* sehr viel Narrheit. 9, 340 f.

Ah ich bin es müde Meinungen über Meinungen zu haben oder gar zu hören! Ich will selber vor den Dingen Recht und Unrecht haben. 9, 341

Ich finde an nichts genug Freude – da fange ich an, mir selber ein Buch nach dem Herzen zu schreiben. 9, 342

Ich glaube, ich stelle mir die Freude der Weisheit und Gerechtigkeit zu hoch vor – wie die Griechen. Ich bin bezaubert bei allem, was dorthin winkt – wahrscheinlich weil ich sehr leidenschaftlich bin! – Ich bin äußerst mißtrauisch gegen die beredten Verehrer der Leidenschaftlichkeit – ich muthmaaße, sie *möchten* gern etwas vorstellen. – Die Griechen lebten nur in der Gefahr: sie verehrten in der Kraft, der Ruhe der Gerechtigkeit ihre *Erholung*, ihr *Aufathmen*, ihr *Fest*. Sie wollten nicht die Emotion noch – nur in der Tragödie, die des Mitleids (weil sie für gewöhnlich *hart* waren).

9, 343

Ich hasse den Ruhm, der nur die Liebe der Frauen, Ansehen Reichthum Glück bringt. Ich *will* nicht klug, mäßig, weise sein! Einsam, wild – – – 9, 346

»Soll man das Leben nach der *Länge* alberner Tage abschätzen? Oder nach der Zahl starker Freuden?« 9, 346

Man muß verstehen, die Hand von seinem Werke zu thun.

9, 347

Ich erinnere mich kaum noch der Zeit, wo ich Gewissensbisse hatte. Zwischen meinem Träumen und meinem Wachen ist fast Gleichgewicht: nur daß meine Narrheiten in den Handlungen des Traumes und mehr in den Gedanken des Tages hervortreten – doch in gleicher Art. Auch denke ich viel in den Träumen, und nicht viel *vernünftiger* als jetzt. 9, 349

Ihr gewöhnt euch an die große Unruhe des Lebens, an den kopf- und seelenfressenden Fleiß, an die Betäubtheit. – Ihr meint zuletzt, es sei nicht anders *möglich* zu leben – ihr seid es eben gewohnt und tragt euer Joch! Es *ist* anders möglich. 9, 350

Ich will nie zum Widersprechen herausfordern: vielmehr: *helft*, mit mir das Problem zu gestalten! Sobald ihr *gegen mich* empfindet, versteht ihr meinen Zustand und folglich meine Argumente nicht! Ihr müßt das Opfer *derselben Leidenschaft* sein! 9, 351

Ich gebe meinem Hange zur Einsamkeit nach, ich kann nicht anders: »ob‹gleich› ich es nicht nöthig hätte« – wie die Leute sagen. Aber ich *habe* es nöthig. Ich verbanne mich selber. 9, 354

Jener plötzliche Haß gegen das, was ich liebte. Jene Schüchternheit und jenes »was liegt an mir«! 9, 354

Es sind Aphorismen! Sind es Aphorismen? – mögen die welche mir daraus einen Vorwurf machen, ein wenig nachdenken und dann *sich* vor sich selber entschuldigen – ich brauche kein Wort für mich 9, 356

Freude bei schönen Gärten und Häusern, daß es Leute giebt, welche für diese Art Liebe Dauer haben und daß *ich* diese Gärten und Häuser nicht habe – doppelte Freude!
9, 356

Was ich an mir *vermisse*: jenes tiefe Interesse für mich selber. Ich stelle mich zu gerne außer mir heraus und gebe allem zu leicht Recht, was mich umgiebt. Ich werde schnell müde, beim Versuch, mich pathetisch zu nehmen. Ich habe nie tief über mich nachgedacht. 9, 358

Ich hasse jene unfeinen Menschen, welche kaum daß wir uns ihnen genähert haben, mit ihrer tölpelhaften Herrschsucht auf uns ihre Hand legen, wie als ob wir Geräthschaft und Werkzeug für sie seien. Schon der Anspruch, daß sie nunmehr meinen, uns zu kennen um ein Urtheil fällen zu dürfen, ist eine Unverschämtheit des schlechtesten Geschmacks. Es ist die Art der geistigen Parvenus; die adelige Natur ist nicht in ihrem Grunde.

sie haben keinen Begriff von der Herablassung, welche nöthig ist, um ihnen von uns aus Ehre und Auszeichnung zu erweisen, mögen sie nun sein, wer sie wollen 9, 359

eine angenehme Handlung thue ich nicht, weil ihr Zweck, ihr *Ende* eine angenehme Empfindung mit sich bringt: sie ist nicht Mittel zu diesem Ende. Sondern das Angenehme ist so in sie gedrungen, daß sie sofort, *nicht erst am Ende*, angenehm ist. Mit den Zwecken machen wir Menschen uns vernünftiger als wir sind! »Warum schmeckt uns diese Speise? Quem in finem?« Keine Antwort! – Überall wo unsere Triebe reden, ist der »*Zweck*« eine Großthuerei!

9, 362 f.

»Wir kommen nie zum Kern der Dinge«: ich sage, wir kommen nie zum letzten Zipfel unserer Leidenschaften und sehen höchstens vermittelst der Einen über die andere *hinaus*. 9, 364

Was sind mir Freunde, welche nicht wissen, wo unser Schweres und wo unser Leichtes liegt! Es giebt Stunden, in denen wir unsere Freundschaften wiegen. 9, 366

Man wird älter, es ist mir schwer mich von einer Gegend, und führe sie die berühmtesten Namen, zu überzeugen. Ich habe fehlerhafte Linien bei Sorrent gesehen. Die bleichsüchtige Schönheit des lago maggiore im Spätherbst, welche alle Linien vergeistigt und die Gegend halb zur Vision macht, entzückt mich nicht, aber redet *traulich-traurig* zu mir – ich kenne dergleichen nicht nur aus der Natur.

9, 366

Ich muß zu den Dingen reden, ich bin zu lange allein und ohne Zwiegespräch gewesen; ich will ihnen schmeicheln und ihnen Gutes nachsagen. 9, 366

Ich sage zu oft »ihr«? Aber die Dinge reden zu mir und ich antworte ihnen, sie haben mich verwöhnt. 9, 369

Euer Leben sei durch eine hohe Gartenmauer von der Landstraße getrennt: und wenn der Rosenduft aus euren Gärten hinüber weht, so mag Jemandem das Herz einmal sehnsüchtig werden. 9, 369

Ich habe oft geglaubt daß ich die Menschen belehren könne – und eine aus Stolz und Liebe gemischte Empfindung gegen sie gehabt. Jetzt, am Schlusse, sehe ich ein, daß ich nichts zu lehren habe, aber daß ich von Herzen bitte, es möchte solche geben, welche mich würdigten von ihnen zu lernen: denn die Fragen, die ich mir aufgeworfen habe, sind mächtig und – – – 9, 397

Warum ich der Leidenschaft ins Wort falle?

Ich könnte volltönend und heftig und hinreißend meine Sache vorbringen, wie ich sie empfinde – aber hinterher bin ich halbtodt und leidend, auch voller Verdruß, über Übertreibungen Auslassungen usw. Andere haben in der Leidenschaft erst ihren *Geist* ganz: ich in der *unterdrückten* und bekämpften Leidenschaft. Es thut mir alles *wohl*, was mich *an diesen meinen Zustand* erinnert!! 9, 401

Als ich mich analysirte nach Fundamenten religiöser Empfindung, fand ich Tapferkeit als das erhebendste Gefühl.

9, 403

Ich bin oft beschämt darüber, wie gut ich es jetzt habe, und es spornt mich gewaltig an, zu denken, was Einer mit dieser Mus‹se› machen könnte – und ich! 9, 418

Zuspruch an einen Freund. Es ist noch nicht zu spät für dich, zur Größe des Charakters zukommen. 9, 419

Ich bin peinlich *gerecht*, weil es die *Distanz* aufrecht erhält.

9, 421

Mit sich behaftet wie mit einer Krankheit – so fand ich die Begabungen. 9, 455

Der Mensch als das wahnsinnig gewordene Thier: lebt in lauter Wahn, bis jetzt, mehr als irgend wer geahnt hat. So fand ich ihn vor. 9, 471

Ich habe *alle* meine Galle nöthig zur Wissenschaft. – 9, 484

Ich stelle mich vor mir selber erzürnt über die Kälte und Vernachlässigung, die ich von Freunden erfahre – im tiefsten Grunde läßt mich dies unbewegt, und ich *wünschte* fast, es zu einem Motiv zu machen, das mich etwas erregte. Ich suche Gründe gegen die Langeweile und finde nicht viel.

9, 579

Wer du auch sein magst, geliebter Fremdling, dem ich hier zum ersten Male begegne: nimm diese frohe Stunde wahr und die Stille um uns und über uns und laß dir von einem Gedanken erzählen, der vor mir aufgegangen ist, gleich einem Gestirne und der zu dir und zu Jedermann hinunterleuchten möchte, wie es die Art des Lichtes ist. 9, 614

Meine Art krank *und* gesund zu sein, ist ein gutes Stück meines Charakters – es rechtfertigt sich und mich. 9, 620

Hier sitzest du, unerbittlich wie meine Neubegier, die mich zu dir zwang: wohlan, Sphinx, ich bin ein Fragender, gleich dir: dieser Abgrund ist uns gemeinsam – es wäre möglich, daß wir mit Einem Munde redeten? 9, 622

Hier rollte Gold hier spielte ich mit Golde –
In Wahrheit spielte Gold mit mir – ich rollte!

9, 673

»Dies habe ich zu hoch geschätzt und zu theuer bezahlt – wie so Vieles! ich wähnte zu bezahlen und ich beschenkte. Ich bin arm geworden, weil ich an einige Dinge geglaubt habe, als seien sie überaus schätzenswerth – ach, und so wie ich bin, werde ich immer noch ärmer werden!« 9, 675

Aus der Tonne des Diogenes

»Nothdurft ist wohlfeil, Glück ist ohne Preis:
Drum sitz' ich statt auf Gold auf meinem Steiß.«

9, 675

Desperat

Fürchterlich sind meinem Sinn
Spuckende Gesellen!
Lauf' ich schon, wo lauf ich hin?
Spring' ich in die Wellen?

Alle Münder stets gespitzt,
Gurgelnd alle Kehlen,
Wand und Boden stets bespritzt –
Fluch auf Speichelseelen!

Lieber lebt' ich schlecht und schlicht
Vogelfrei auf Dächern,
Lieber unter Diebsgezücht,
Eid- und Ehebrechern!

Fluch der Bildung, wenn sie speit!
Fluch dem Tugendbunde!
Auch die reinste Heiligkeit
Trägt nicht Gold im Munde.

9, 677

AUS DEM NACHLASS 1882-1885

Columbus novus

Dorthin will ich, und ich traue
Mir fortan und meinem Griff!
Offen ist das Meer: in's Blaue
Treibt mein Genueser Schiff.

Alles wird mir neu und neuer
Hinter mir liegt Genua.
Muth! Stehst du doch selber am Steuer
Liebliche Victoria!

10, 34

Der Baum spricht

Zu einsam wuchs ich und zu hoch:
Ich warte: worauf wart' ich doch?

Zu nah ist mir der Wolken Sitz:
Ich warte auf den ersten Blitz.

10, 34

An das Ideal

Wen liebt ich so wie dich, geliebter Schatten!
Ich zog dich an mich, in mich – und seitdem
Ward ich beinah zum Schatten, du zum Leibe.
Nur daß mein Auge unbelehrbar ist,
Gewöhnt, die Dinge außer sich zu sehen:
Ihm bleibst du stets das ew'ge »Außer-mir«.
Ach, dieses Auge bringt mich außer mich!

10, 34 f.

»Die fröhliche Wissenschaft«
(Sanctus Januarius)

Dies ist kein Buch: was liegt an Büchern!
An diesen Särgen und Leichentüchern!
Vergangnes ist der Bücher Beute:
Doch hierin lebt ein ewig *Heute.*

10, 35

Im Gebirge
(1876)

Nicht mehr zurück? Und nicht hinan?
Auch für die Gemse keine Bahn?

So wart' ich hier und *fasse* fest,
Was Aug' und Hand mich fassen läßt!

Fünf Fuß breit Erde, Morgenroth,
Und *unter* mir – Welt, Mensch und – Tod.

10, 35

»Du bist gegen Alles, was bisher Werth hatte, kalt geworden, du bist kälter als Eis – aber wer dich jetzt anrührt, sagt du seist glühend geworden: und zieht schnell seinen Finger zurück, im Glauben, du habest ihn verbrannt. Und es wird bald Menschen geben, welche dich aufsuchen, um sich an dir zu *wärmen.*« 10, 55

Du willst gerecht sein? Unglückseliger, wie willst du *Jedem das Seine* geben? – Nein, das will ich nicht. Ich gebe *Jedem das Meine*: das ist genug für einen, der nicht der Reichste ist.

10, 67

»Ich glaube an nichts mehr«. – Dies ist die richtige Denkweise eines *schöpferischen* Menschen. 10, 67

Ich würde nur an einen Gott glauben, der zu tanzen verstünde. 10, 69

Gewissensbisse erziehn zum Beißen. 10, 69

»Ich bin zum Schauen und nicht zum Glauben vorherbestimmt, alle Gläubigen sind mir etwas Fremdes und Lärmendes.« 10, 101

Mein Auge sieht die Ideale anderer Menschen, und dieser Anblick entzückt mich oft: aber ihr Kurzsichtigen denkt dann, es seien *meine* Ideale! 10, 104

Es ist wie mit einem Baum: je mehr er hinauf – in die Höhe und Helle will, um so stärker streben seine Wurzeln nach der entgegengesetzten Richtung: einwärts, abwärts, ins Dunkle, Tiefe, Breite – in's »Böse«, wie man sagt. 10, 105

Portofino

Hier sitz ich wartend – wartend? Doch auf nichts,
Jenseits von gut und böse, und des Lichts
Nicht mehr gelüstend als der Dunkelheit,
Dem Mittag Freund und Freund der Ewigkeit.

10, 107 f.

Ich habe von allen Europäern, die leben und gelebt haben, die *umfänglichste* Seele: Plato Voltaire – – – es hängt von Zuständen ab, die nicht ganz bei mir stehen, sondern beim »Wesen der Dinge« – ich könnte der Buddha Europas werden: was freilich ein Gegenstück zum indischen wäre.

10, 109

Aus meinem eignen Gifte mache ich Balsam für meine Gebresten.

Ich melke deine Euter, geliebte Trübsal! 10, 111

Ich komme euch zu helfen – und ihr beklagt euch, daß ich nicht mit euch weinen will. 10, 111

Ich weiß dies längst: Menschen von der Art, wie meine Mu‹tter› und S‹chwester› müssen meine natürlichen Feinde sein – daran ist nichts zu ändern: der Grund liegt im Wesen aller Dinge. Es verdirbt mir die Luft, unter solchen M‹enschen› zu sein und ich habe viel Selbstüberwindung nöthig. 10, 111

Ich würde an jedem einzelnen meiner Affekte zu Grunde gegangen sein. Ich habe immer einen gegen den anderen gesetzt. 10, 112

Meine stärkste Eigenschaft ist die Selbstüberwindung. Aber ich habe sie auch am meisten nöthig – ich bin immer am Abgrunde. 10, 112

Ich rede und das Kind spielt: kann man ernsthafter sein als wir Beide es jetzt sind? 10, 112

Ich bin nicht groß genug, diese Empfindungen *nicht* zu haben. aber ich bin groß genug, mich ihrer nicht zu schämen. 10, 112

Ich weckte euch aus eurem Schlaf, denn ein Alp drückte euch. Und nun sagt ihr: »was sollen wir nun thun! Alles ist Nacht.« – ihr Undankbaren! 10, 118

Mémoires:

Primum vivere begriff ich, und *was* gehört alles zum vivere!

erkennen um zu *leben* – *früher*: um das Leben verneinen. 10, 138

Ich habe alle diese wilden Hunde noch bei ‹mir›, aber in meinem Keller. Ich will sie nicht einmal bellen hören.

10, 139

Es kommt Niemand zu mir. Und ich selber – ich gieng zu allen und ich *kam zu Niemand.* 10, 139

Ich habe auf der schmalsten Stufe des Lebens gelebt.

Solche Leiden wie die meinigen sind die Leiden des *Vergrabenen.* 10, 141

Und hast du den Menschen nichts mehr zu sagen?

Nein, sagte Zarathustra, der Becher ist leer. Und als er das gesagt hat‹te›, gieng er seines Weges und allein. Seine Jünger aber weinten. 10, 142

Hütet euch dem Einsiedler wehe zu thun. Der Einsiedler ist wie ein tiefer Brunnen: leicht ist es, einen Stein hinein zu werfen, aber wie willst du ihn wieder herausbringen? Der Einsiedler vergiebt niemals. 10, 142

Vergeßt mir dies nicht! Ich lehrte die M‹enschen› den Übermenschen schaffen, ich lehrte Mittag und Ewigkeit und die Erlösung vom Flusse, und meine Lehre ist: das für Alle ist älter und eher gut geworden als das »für mich«; ihr müßt das »für mich« erst noch heiligen.

Ihr sollt eure Sinne nicht tödten sondern heiligen – unschuldig machen. 10, 142

Ich liege nieder eingehüllt durch eine dicke Melancholie – mein Leben hängt an kleinen Zufällen. 10, 151

Als ich den *Zweck* dachte, dachte ich auch den *Zufall.*

Es muß möglich sein die Welt nach Zwecken und die Welt durch Zufall zu erklären: ebenso als Denken, ebenso als Wollen, ebenso als Bewegung, ebenso als Ruhe: ebenso als Gott und ebenso als Teufel. Denn das Alles *ist* das Ich.

Es sind nicht *unsere* Perspektiven, in denen wir die Dinge sehen; aber es sind Perspektiven eines Wesens nach unserer Art, eines *größeren: in dessen Bilder wir hineinblicken.* 10, 162

Um das zu lernen, beschloß ich zu hassen die ich liebte, das zu tadeln was ich bisher lobte und zu sehen, was an den Bösen erst Gutes und an den Guten Böses sei. Gerechtigkeit nannte ich's.

Endlich fand ich das Schwerste: nicht zu lieben und nicht

zu hassen, nicht zu loben und nicht zu tade‹ln› und zu sagen: es giebt nichts Gutes und nichts Böses.

Als ich das gefunden hatte, gieng ich in die Wüste. 10, 162

Reden an meine Freunde
Ich habe mich immer darum bemüht, die *Unschuld* des Werdens mir zu beweisen: und wahrscheinlich wollte ich so das Gefühl der völligen »Unverantwortlichkeit« gewinnen – mich unabhängig machen von Lob und Tadel, von allem Heute und Ehedem: um Ziele zu verfolgen, die sich auf die Zukunft der Menschheit beziehen. 10, 237 f.

Ich schreibe für mich selber: und welchen Sinn hätte Schreiben in diesem zerschriebenen Zeitalter? wenig: denn abgesehen von den Gelehrten versteht Niemand mehr zu lesen, und auch die Gelehrten – – – 10, 341

Als ich jung war, gehörte ich im Grunde zu den Welt-Verleumdern und Pessimisten; wie es billig und verzeihlich in einem Zeitalter ist, das dazu gemacht scheint, gerade Jünglinge zum Verzweifeln zu bringen. Der Jüngling, je mehr er an seinem eigenen Werden leidet, will in's Ganze, Volle und Fertige; er will vor Allem Sicherheit, *Halt*: dies Zeitalter aber ist durch Gedanken aller Zeiten zerdacht, mißtrauisch, mit einem Mißtrauen, das unter Menschen noch nicht da war, und daher oft denkmüde, oft mißtrauensmüde, oft greisenhaft und »vorläufig« in seinem Ja und in seinem Nein: es denkt nämlich in jedem Falle e‹in› Ja, wo – – –

10, 341

Jedesmal, daß ich eine scharfe Brille aufsetze, wundere ich mich, wie häßlich die M‹enschen› sind und wie man es unter ihnen aushält. 10, 357

Nacht ist es – nun reden
lauter alle springenden Brunnen
– und auch du, meine Seele
bist ein springender Brunnen.
Nacht ist es – nun erst erwachen
alle Lieder der Liebenden.
Und auch du, meine Seele, bist
das Lied eines Liebenden.

10, 363

indem ich emporstrebte gegen meine Last, verjüngte ich mich: und gerade als ich härter in mir wurde, lernte ich noch die Anmuth. 10, 365

Wild warf sich mein Strom in Irrnisse und unwegsame Schluchten: aber wie sollte es zugehen, daß ein Strom nicht zum Meere käme?

Einen See fand ich, einen Einsiedler und Selbstgenügsamen: aber mein Strom warf sich in diesen See ‹und› riß ihn mit sich zum Meere. 10, 365

Prophezeiung
Einst werde ich meinen Sommer haben: und es wird ein Sommer sein, wie in hohen Bergen.

Ein Sommer, nahe dem Schnee, nahe dem Adler, nahe dem Tode. 10, 372

Gegenwärtige
Ihr rauscht gegen mich auf, denn ich schlage euch mit meinem Ruder – und doch müßt ihr auch meinen Nachen in die Unsterblichkeit tragen. 10, 428

Meine Gedanken sind Farben: meine Farben sind Gesänge. 10, 428

Schlief ich je auf meinem Ruhm ein? Wie ein Bett von Stacheln war mir jeder Ruhm. 10, 429

Blind wurde ich.

Meine Blindheit und das Tappen und Tasten des Blinden, mag euch noch von der Macht der Sonne erzählen, die ich sah. 10, 429

Ich hasse die Menschen, die nicht zu vergeben wissen. 10, 479

An Stelle des Heiligen-Liebenden stellte ich den, der alle Phasen der Cultur liebevoll-gerecht nachempfindet: den *historischen Menschen der höchsten Pietät.*

An Stelle des Genies setzte ich den Menschen, der über sich selber *den Menschen hinausschafft* (neuer Begriff der Kunst, gegen die Kunst der Kunstwerke)

An Stelle des Philosophen setzte ich den freien Geist, der dem Gelehrten, Forscher, Kritiker überlegen ist und über vielen Idealen noch leben bleibt: der ohne Jesuit zu werden, trotzdem die unlogische Beschaffenheit des Daseins ergründet: *der Erlöser von der Moral.*

Schopenhauer als Erzieher p. 60 »Erst, wenn wir in der jetzigen oder in einer kommenden Geburt, selber in jenen erhabenen Orden der Philosophen, der Künstler und der Heiligen aufgenommen sind, wird uns auch ein neues Ziel unserer Liebe und unseres Hasses gesteckt sein – *einstweilen haben wir unsere Aufgabe.*«

Der Werth des Irrthums (Wahns)
des Vergessens
endlich der Werth des Bösen
der Feindschaft 10, 503

Wenn nicht der höchste M‹ensch› Herr des Volckes ist, werden die Krämer Herr sein. 10, 560

Sprich früh und abends: ich verachte die Krämer, ich will ihre Finger zerbrechen.

Lieber noch Händel als Händler! 10, 560

Meine Freunde, ich bin der Lehrer der ewigen Wiederkunft.

Das ist: ich lehre, daß alle Dinge ewig wiederkehren und ihr selber mit –, und daß ihr schon unzählige Male dagewesen seid und alle Dinge mit euch; ich lehre, daß es ein großes langes ungeheures Jahr des Werdens giebt, das, wenn es abgelaufen, ausgelaufen ist, gleich einer Sanduhr immer wieder umgedreht wird: so daß alle diese Jahre sich selber gleich sind, im Kleinsten und im Größten.

Und zu einem Sterbenden würde ich sprechen: »Siehe, du stirbst und vergehst jetzt und verschwindest: und da ist Nichts, das von dir als ein »Du« übrig bliebe, denn die Seelen sind so sterblich wie die Leiber. Aber dieselbe Gewalt von Ursachen, welche dich dies Mal schuf, wird wiederkehren und wird dich wiederschaffen müssen: du selber, Stäubchen vom Staube, gehörst zu Ursachen, an denen die Wiederkehr *aller* Dinge hängt. Und wenn du einstmals wiedergeboren wirst, so wird es nicht zu einem neuen Leben oder besseren Leben oder ähnlichen Leben sein, sondern zu einem gleichen und selbigen Leben, wie du es jetzt beschließest, im Kleinsten und im Größten.«

Diese Lehre ist noch nicht auf Erden gelehrt worden: nämlich auf der diesmaligen Erde und im diesmaligen großen Jahre. 11, 10f.

Entschluß. Ich will reden, und nicht mehr Zarathustra.

11, 83

Mein Haß gegen die großen Phrasen in Bezug auf mich. Wer könnte es mit seiner Phantasie erreichen, *was* ich alles mir bisher im Leben zugemuthet habe und welche Opfer ich gebracht habe, auch unter was für Widerständen ich meinen harten Gang weiter gegangen bin, eingerechnet, daß ich, was Länge und Stärke körperlicher Martern betrifft, vielleicht zu den erfahrensten Menschen gehöre. Und nun mich plötzlich wieder zu sehen in dem verkleinerten Aspekt durch die verkleinernden Augen von Verwandten Freunden, kurz von Jedermann, überschüttet von Verdächtigungen, ebenso wie von Vorwürfen der Schwäche, nebst Ermahnungen. – Und wer hätte auch nur das Recht mich zu ermuthigen! II, 84

Um *mich* zu erhalten, habe *ich* meine schirmenden Instinkte, von Verachtung, Ekel, Gleichgültigkeit usw. – sie treiben mich in die Einsamkeit: in der Einsamkeit aber, wo ich *alles als nothwendig verbunden fühle*, ist mir jedes Wesen *göttlich*.

II, 180

Wenn ich mich jetzt nach einer langen freiwilligen Vereinsamung wieder den Menschen zuwende, und wenn ich rufe: wo seid ihr meine Freunde? so geschieht dies um großer Dinge willen.

ich will einen neuen Stand schaffen: einen Ordensbund höherer Menschen, bei denen sich bedrängte Geister und Gewissen Raths erholen können; welche gleich mir nicht nur jenseits der politischen und religiösen Glaubenslehren zu leben wissen, sondern auch die Moral überwunden haben. II, 195

Immer strenger fragen: für wen noch schreiben? – Für Vieles von mir Gedachte fand ich keinen reif; und Zarathustra ist ein Beweis daß Einer mit der größten Deutlichkeit reden kann, aber von Niemandem gehört wird II, 212

Ich interessire mich *nicht*

1) für den nationalen Staat, als etwas Ephemeres gegenüber der demokratischen Gesamtbewegung.

2) für die Arbeiter-Frage, weil der Arbeiter selber nur ein Zwischenakt ist.

3) für die Differenzen der Religion und Philosophie, weil sie in der Hauptsache Eins sind, nämlich über gut und böse – wo *ich* zweifle.

4) für die Denkweisen, welche nicht den Leib und die Sinne festhalten, und die Erde

5) *nicht* für die l'art pour l'art, die Objektiven usw.

11, 242 f.

Als ich 12 Jahre alt war, erdachte ich mir eine wunderliche Drei-Einigkeit: nämlich Gott-Vater, Gott-Sohn und Gott-Teufel. Mein Schluß, war, daß Gott, sich selber denkend, die zweite Person der Gottheit schuf: daß aber, um sich selber denken zu können, er seinen Gegensatz denken mußte, also schaffen mußte. – Damit fieng ich an, zu philosophiren.

11, 253

Es scheint, ich bin etwas von einem Deutschen einer aussterbenden Art. Gut deutsch sein heißt sich entdeutschen – habe ich einmal gesagt: aber das will man mir heute nicht zugeben. Goethe hätte mir vielleicht Recht gegeben. 11, 255

Zarathustra 3 »ich gab euch den schwersten Gedanken: vielleicht geht die Menschheit daran zu Grunde, vielleicht erhebt sie sich, dadurch daß die überwundenen lebensfeindlichen Elemente ausscheiden.« »Nicht dem Leben zu zürnen, sondern *euch*!« – Bestimmung des höheren Menschen als des Schaffenden. Organisation der höheren Menschen, Erziehung der zukünftigen *Herrschenden* als Thema von Zarathustra 3. Eure Übermacht muß ihrer selber froh werden im Herrschen und Gestalten. Nicht nur der Mensch *auch der Übermensch kehrt ewig wieder*!« 11, 281

Mißverständniß meiner Jugend: ich hatte mich noch nicht ganz von der Metaphysik losgemacht – aber das tiefste Bedürfniß nach einem *andern Bilde des Menschen.* An Stelle der Sündhaftigkeit erlebte ich ein viel *volleres* Phänomen – ich durchschaute die Armseligkeit in aller modernen Zufriedenheit.

»alles Falsche an den Dingen an's Licht zu bringen« p. 49.

– ich als ernsthafter *Fortsetzer* des Schopenhauerschen Pessimismus. 11, 294

Hat schon je ein Mensch auf dem Wege der Wahrheit gesucht wie ich es bisher gethan habe – nämlich allem widerstrebend und zuwiderredend, was meinem nächsten Gefühle wohl that? und – – – 11, 296

Baum im Herbste

Was habt ihr plumpen Tölpel mich gerüttelt
Als ich in seliger Blindheit stand:
Nie hat ein Schreck grausamer mich geschüttelt
Mein Traum, mein goldner Traum entschwand!

Nashörner ihr mit Elephanten-Rüsseln
Macht man nicht höflich erst: Klopf! Klopf?
Vor Schrecken warf ich euch die Schüsseln
Goldreifer Früchte – an den Kopf.

11, 300

Fern brummt der Donner übers Land
Der Regen tropft und tropft:
Geschwätzig früh schon, der Pedant,
Dem Nichts das Maul mehr stopft.

Der Tag schielt boshaft nach mir hin
Löscht mir die Lampe aus!
Oh gute Nacht! Oh Einsamkeit!
Oh Buch! Oh Tintenfaß!
Nun wird mir alles grau und leid

11, 300

An Hafis
Frage eines Wassertrinkers

Die Schenke, die du dir gebaut,
ist größer als jed‹es› Haus,
Die Tränke, die du drin gebraut,
die trinkt die Welt nicht aus.
Der Vogel, der einst Phönix war,
der wohnt bei dir zu Gast,
Die Maus, die einen Berg gebar,
die – bist du selber fast!
Bist Alles und Keins, bist Schenke und Wein,
Bist Phönix, Berg und Maus,
Fällst ewiglich in dich hinein,
Fliegst ewig aus dir hinaus –
Bist aller Höhen Versunkenheit,
Bist aller Tiefen Schein,
Bist aller Trunkenen Trunkenheit
– wozu, wozu *dir* – Wein?

11, 316

Wer hier nicht lachen kann, soll hier nicht lesen!
Denn, lacht er nicht, faßt ihn »das böse Wesen«. 11, 317

Der Wanderer

Es geht ein Wandrer durch die Nacht
Mit gutem Schritt;
Und krummes Thal und lange Höhn –
Er nimmt sie mit.
Er schreitet zu und steht nicht still,
Weiß nicht, wohin sein Weg noch will.

Da singt ein Vogel durch die Nacht:
»Ach Vogel, was hast du gemacht!
Was hemmst du meinen Sinn und Fuß
Und gießest süßen Herz-Verdruß
In's Ohr mir, daß ich stehen muß
Und lauschen muß – –
Was *lockst* du mich mit Ton und Gruß?« –

Der gute Vogel schweigt und spricht:
»Nein, Wandrer, nein! Dich lock' ich nicht
Mit dem Getön –
Ein Weibchen lock' ich von den Höhn –
Was geht's dich an?
Allein ist mir die Nacht nicht schön.
Was geht's dich an? Denn du sollst gehn
Und nimmer, nimmer stille stehn!
Was stehst du noch?
Was that mein Flötenlied dir an,
Du Wandersmann?«

Der gute Vogel schwieg und sann:
»Was that mein Flötenlied ihm an?
Was steht er noch? –
Der arme, arme Wandersmann!«

11, 322 f.

Ihr habt mich mit Ketten gebunden: aber selbst meine Henker sollen noch meine Jünger werden. 11, 339

sie sind schlecht gegen mich – aber deshalb will *ich* sie nicht verlassen; sie denken klein von mir: so will ich zusehn, wie ich sie selber vergrößere. 11, 339

Ich bin ein Worte-macher: was liegt an Worten! was liegt an mir! 11, 349

Das Heimweh, nicht nach einem Heim, nicht nach einem Vaterhause und Vaterlande, denn ich hatte Beides nicht: sondern das Weh darob, daß ich kein Heim habe. 11, 349

Nun, du Rattenfänger, was treibst du da? Du halber Jesuit und Musikant –, beinahe ein Deutscher!

Es wunderte mich, daß mir der Gott auf diese Art zu schmeicheln suchte: und nahm mir vor, gegen ihn auf der Hut zu sein. 11, 482

Als ich jung war, bin ich einer gefährlichen Gottheit begegnet, und ich möchte Niemandem das wieder erzählen, was mir damals über die Seele gelaufen ist – sowohl von guten als von schlimmen Dingen. So lernte ich bei Zeiten schweigen, so wie, daß man reden lernen müsse, um recht zu schweigen: daß ein Mensch mit Hintergründen Vordergründe nöthig habe, sei es für Andere, sei es für sich selber: denn die Vordergründe sind einem nöthig, um von sich selber sich zu erholen und um es Anderen möglich zu machen, mit uns zu leben. 11, 498

Der Durst nach großen und tiefen Seelen – und immer nur dem Heerdenthier zu begegnen! 11, 518

Menschliches Allzumenschliches: mit diesem Titel ist der Wille zu einer großen *Loslösung* angedeutet, der Versuch eines Einzelnen, – sich von jeglichem Vorurtheile welches zu *Gunsten* des Menschen redet loszumachen und alle Wege zu gehn, welche hoch genug führen, um, für einen Augenblick wenigstens, auf den Menschen *hinab* zu sehen. Nicht das Verächtliche am Menschen zu verachten, sondern bis in die letzten Gründe hinein zu fragen, ob nicht selbst noch im Höchsten und Besten und an Allem, worauf der bisherige Mensch stolz war, ob nicht ‹an› diesem Stolze selber und der harmlosen oberflächlichen Zuversichtlichkeit seiner Werthschätzungen etwas zu verachten bleibt: diese nicht unbedenkliche Aufgabe war Ein Mittel unter allen den Mitteln, zu denen eine *größere*, eine umfänglichere Aufgabe mich gezwungen hat. Will jemand mit mir diese Wege gehn? Ich *rathe* Niemandem dazu. – Aber ihr wollt es? So gehn wir denn! 11, 566 f.

Es ist ein schlechter Geschmack mit Vielen übereinstimmen zu wollen. Mir genügt im Grunde schon mein Freund Satis: ihr wißt doch wer das ist? Satis sunt mihi pauci, satis est unus, satis est nullus. Und zuletzt bleibt es dabei: die großen Dinge bleiben für die Großen übrig und aufgespart, die Abgründe für die Tiefen, die Zartheiten und Schauder für die Feinen, und, im Ganzen, und Kurzen, alles Seltene für die Seltenen. Mein Urtheil ist *mein* Urtheil: dazu hat nicht leicht auch ein Anderer das Recht. – Und Sie, mein Herr Nachbar, der Sie mir eben über die Achsel in's Buch gucken, Sie sogar bestehen darauf, mir hierin zuzustimmen? Sie schauen in dieß Buch und sagen Ja dazu? Fort mit Ihnen! Ich will durchaus nicht Ihrethalben gegen das, was ich eben schrieb, mißtrauisch werden. Auch ich nämlich liebe die Wahrheit, gleich allen Philosophen: alle Philosophen liebten bisher ihre Wahrheiten – – 11, 575 f.

In Aphorismenbüchern gleich den meinigen stehen zwischen und hinter kurzen Aphorismen lauter verbotene lange Dinge und Gedanken-Ketten; und Manches darunter, das für Oedipus und seine Sphinx fragwürdig genug sein mag. Abhandlungen schreibe ich nicht: die sind für Esel und Zeitschriften-Leser. Ebensowenig Reden. Meine »unzeitgemäßen Betrachtungen« richtete ich als junger Mensch an junge Menschen, welchen ich von meinen Erlebnissen und Gelöbnissen sprach, um sie in meine Labyrinthe zu locken, – an deutsche Jünglinge: aber man überredet mich zu glauben, daß die deutschen Jünglinge ausgestorben seien. Wohlan: so habe ich keinen Grund mehr, in jener früheren Manier »beredt« zu sein; heute – könnte ich es vielleicht nicht mehr. Wer Tags, Nachts und Jahrein Jahraus mit seiner Seele im vertraulichsten Zwiste und Zwiegespräche zusammengesessen hat, wer in seiner Höhle – es kann ein Labyrinth oder auch ein Goldschacht sein – zum Höhlenbär oder Schatzgräber wurde, wer wie ich sich allerhand Gedanken, Bedenken und Bedenkliches durch den Kopf über das Herz laufen ließ und läßt, das er nicht immer mittheilen würde, selbst wenn er Geister seiner Art und ausgelassene tapfere Kameraden um sich hätte: dessen Begriffe selber erhalten zuletzt eine eigene Zwielicht-Farbe, einen Geruch ebensosehr der Tiefe als des Moders, etwas Unmittheilsames und Widerwilliges, welches jeden Neugierigen kalt anbläst: – und eine Einsiedler-Philosophie, wenn sie selbst mit einer Löwenklaue geschrieben wäre, würde doch immer wie eine Philosophie der »Gänsefüßchen« aussehen. 11, 579 f.

Ich habe seltsame Dinge in Bezug auf Wirkung von meinen Büchern erlebt. Kürzlich traf der Brief eines alten vornehmen Holländers ein, welcher Menschliches Allzumenschliches als seinen treuesten Lebensgesellen betrachtet; die Geburt der Tragödie hat vielleicht im Leben R‹ichard›

W‹agner›'s den größten Glücks-Klang hervorgebracht, er war außer sich, und es giebt wunderschöne Dinge in der Götter-Dämmerung, welche er in diesem Zustande einer unerwarteten äußersten Hoffnung hervorgebracht hat. (Damals – – –

Ich möchte wissen, ob dies Buch von jemandem verstanden ist: seine Hintergründe gehören zu meinem persönlichsten Eigenthum. Zarathustra hat die Werthschätzungen von ein paar Jahrtausenden gegen sich; ich glaube absolut nicht daran, daß jemand heute im Stande ist, seinen Gesammt-Ton klingen zu hören: auch setzt sein Verstehen eine solche philologische und mehr als philologische Arbeit voraus, wie sie heute Niemand daran setzen wird, aus Mangel an Zeit.

Ich selber bin mit der Thatsache sehr zufrieden, daß mein Geschmack in musicis und philosophicis, welcher 1865 (wo ich vielleicht der einzige Deutsche war, der Sch‹openhauer› und W‹agner› gleich und – – – jetzt zum deutschen Geschmack gehört. 11, 615

Der ersten Spur philosophischen Nachdenkens, der ich, bei einem Überblick meines Lebens, habhaft werden kann, begegne ich in einer kleinen Niederschrift aus meinem 13. Lebensjahre: dieselbe enthält einen Einfall über den Ursprung des Bösen. Meine Voraussetzung war, daß für einen Gott Etwas denken und Etwas schaffen Eins und Dasselbe sei. Nun schloß ich so: Gott hat sich selbst gedacht, damals als er die zweite Person der Gottheit schuf: um aber sich selber denken zu können mußte er erst seinen Gegensatz denken. Der Teufel hatte also in meiner Vorstellung ein ebensolches Alter wie der Sohn Gottes, sogar einen klareren Ursprung – und dieselbe *Herkunft*. Über die Frage, ob es einem Gott möglich sei seinen Gegensatz zu denken, half ich mir damit hinweg, zu sagen: ihm ist aber Alles möglich. Und zweitens: *daß* er es gethan hat, ist eine Thatsache, falls die Existenz eines Gott-Wesens Thatsache ist, folglich war es ihm auch möglich, – – – 11, 616

Habe ich euch damit beschrieben? Oder nur auf eine neue Weise *verschwiegen*? Ich weiß es nicht: aber ihr sagt mir, ihr befürchtet in jedem Falle, daß ich mich mit diesem Namen *vergriffen* habe? Daß der Name »freier Geist« vorweggenommen sei? Daß er irre führe? Daß man uns, auf diesen Namen hin, verwechseln werde? – Aber warum, unter uns gesagt, warum doch, meine Freunde, sollten wir *nicht* irreführen? Was liegt daran, daß *man* uns verwechselt? Werden *wir* uns deshalb verwechseln? Und zuletzt: wäre es vielleicht nicht schlimmer, wenn – –?

Wohlan, ich verstehe euch. ihr wollt durchaus einen anderen, einen neuen Namen! »Aus Stolz«, sagt ihr mir: das beste Argument, auf das hin man jede Dummheit thun darf. So fange ich denn von Neuem an: macht nur eure Ohren für meine Neuigkeiten auf!

– Aber hier unterbrecht ihr mich, ihr freien Geister. Genug! Genug! höre ich euch schreien und lachen – wir halten es nicht mehr aus! Oh über diesen schauerlichen Hanswurst! Diesen tugendhaften Verräther und Verleumder! Willst du uns bei der ganzen Welt den Ruf verderben? Unseren guten Namen anschwärzen? Uns Zunamen anhängen, die sich nicht nur in die Haut einfressen? Stille, du Gewissens-Störenfried! Und wozu am hellen blauen Tage diese düsteren Fratzen, diese Gurgeltöne, diese ganze rabenschwarze Musik? Sprichst du Wahrheiten: nach solchen Wahrheiten können keine Füße *tanzen*, also sind es keine Wahrheiten für *uns*. Ecce nostrum veritatis sigillum! Und hier ist Rasen und weicher Grund: was gäbe es Besseres als geschwind deine Grillen wegjagen und uns, nach deiner Nacht, einen guten Tag machen! Aber Jemand muß uns dazu auch spielen! Und fort erst mit allen Wetterwolken! Es wäre Zeit, daß sich endlich wieder ein Regenbogen über dies Land ausspannte; irgend eine bunte schöne Lügen-Brücke, auf der nur Geister, sehr freie, sehr luftige lustige Geister wandeln können! Und zuguterletzt und allererst: hast du keine *Milch* zu trinken? Du selber hast uns Durst gemacht nach deiner Milch!«

– »So viel ihr wollt, meine Freunde. Dort seht ihr ja meine Heerde springen, alle meine zarten sonnigen windstillen Lämmer und Böcke: und hier steht schon für euch ein ganzer Eimer Milch bereit, ein Eimer voll frischgemolkener Wahrheiten, noch warm genug, um euch warm zu machen. Incipit: »Menschliches, Allzumenschliches. Gute Milch für freie Geister.« Wollt ihr davon trinken?

Schön ist's, mit einander schweigen – – – 11, 659 f.

Neue unzeitgemäße Betrachtung

1.

Man verehrt und verachtet in jungen Jahren wie ein Narr und bringt wohl seine zartesten und höchsten Gefühle zur Auslegung von Menschen und Dingen dar, welche nicht zu uns gehören, so wenig als wir zu ihnen gehören. *Jugend* selber ist etwas Fälschendes und Betrügerisches. Es scheint, daß das Ehrfürchtige und Zornige, was der Jugend eignet, durchaus keine Ruhe hat, als bis es sich Menschen und Dinge so zurecht »gefälscht hat«, bis es an denselben seine Affekte entladen kann. Später, wo man stärker, tiefer, auch »wahrhaftiger« geworden ist, erschrickt man zu entdecken, wie wenig man damals die Augen offen gehabt hat, als man auf diesen Altären opferte. Man zürnt sich, all das Eitle, Übertreibende, Unächte, Geschminkte, Schauspielerische an unseren geliebten Götzen nicht gesehn zu haben, – man zürnt sich wegen dieser Selbst-Verblendung, wie als ob sie eine unredliche Blindheit gewesen sei. In diesem Übergange nimmt man Rache an sich, durch Mißtrauen; man ist auf der Hut gegen seine »begeisterten Gefühle« – ja das »gute Gewissen« selber erscheint Einem schon wie eine Gefahr, wie eine Selbst-Verschleierung und Ermüdung der inneren Redlichkeit. Wieder ein Jahrzehend später: und man begreift, daß auch dies Alles noch – *Jugend* war.

11, 669 f.

Das Unglück fieng den Flüchtigen ein – und sei's
Sorglos und selber uneingedenk
Warf er die Perlen weg

Das den Besiegten nieder zwingt
Das jeden Stolz zu Thränen kehrt:
Unheimliches Gebild, –
Warfst du die Perlen in den Sand –
Das Meer schlang sie in seinen Schlund!
Was dankt das Leben dem Verschwendenden

11, 710

AUS DEM NACHLASS 1885-1889

Möge Niemand glauben, daß man unversehens und mit den Füßen eines Tags in einen solchen herzhaften Zustand der Seele hineinspringt, dessen Zeugniß oder Gleichniß das eben abgesungene Tanzlied sein mag. Bevor man solchermaaßen tanzen lernt, muß man gründlich gehn und laufen gelernt haben, und schon auf eigenen Beinen stehn ist Etwas, für das, wie mir scheint, immer nur Wenige vorbestimmt sind. In der Zeit, wo man sich zuerst auf den eignen Gliedmaaßen hinauswagte, ohne Gängelbänder und Geländer, in den Zeiten der ersten jungen Kraft und aller Anreize eines eigenen Frühlings, ist man am schlimmsten gefährdet und geht oft schüchtern, verzagt wie ein Entlaufener, wie ein Verbannter, mit einem zitternden Gewissen und mit wunderlichem Mißtrauen seines Wegs: – wenn die junge Freiheit des Geistes wie ein Wein ist 12, 9

Ich habe den heiligen Namen der Liebe nie entweiht. 12, 58

Meine Schriften sind sehr gut vertheidigt: wer zu ihnen greift und sich dabei vergreift als Einer, der kein Recht auf solche Bücher hat – der macht sich sofort lächerlich –, ein kleiner Anfall von Wuth treibt ihn, sein Innerstes und Lächerlichstes auszuschütten: und wer wüßte nicht, was da immer herauskommt! 12, 99

Zur »Geburt der Tragödie«
Das »Sein« als die Erdichtung des am Werden Leidenden.

Ein Buch aus lauter Erlebnissen über ästhetische Lust- und Unlustzustände aufgebaut, mit einer Artisten-Metaphysik im Hintergrunde. Zugleich ein Romantiker-Bekenntniß, ein Jugend-Werk voller Jugend-Muth und Melancholie. Der Leidendste verlangt am tiefsten nach Schönheit – er *erzeugt* sie. 12, 115

Man bemerkt, bei meinen früheren Schriften, einen guten Willen zu unabgeschlossenen Horizonten, eine gewisse kluge Vorsicht vor Überzeugungen, ein Mißtrauen gegen die Bezauberungen und Gewissens-Überlistungen, welche jeder starke Glaube mit sich bringt; mag man darin zu einem Theile die Behutsamkeit des gebrannten Kindes, des betrogenen Idealisten sehen – wesentlicher scheint mir der epikureische Instinkt eines Räthselfreundes, der sich den änigmatischen Charakter der Dinge nicht leichten Kaufs nehmen lassen will, am wesentlichsten endlich ein aesthetischer Widerwille gegen die großen tugendhaften unbedingten Worte, ein Geschmack, der sich gegen alle viereckigen Gegensätze zur Wehr setzt, ein gut Theil Unsicherheit in den Dingen *wünscht* und die Gegensätze wegnimmt, als Freund der Zwischenfarben, Schatten, Nachmittagslichter und endlosen Meere. 12, 144

Vorrede zur »Fröhlichen Wissenschaft«

Eine Lustbarkeit vor einer großen Unternehmung, zu der man jetzt endlich die Kraft bei sich zurückkehren fühlt: wie Buddha sich 10 Tage den weltl‹ichen› Vergnügungen ergab, als er seinen Hauptsatz gefunden. 12, 149 f.

Diesem Buche thut vielleicht nicht nur Eine Vorrede noth: von seiner »fröhlichen Wissenschaft« hat man gar nichts verstanden. Selbst über den Titel – – –

Von dieser »fröhlichen Wissenschaft« hat man gar Nichts verstanden: nicht einmal den Titel, über dessen provenzalischem Sinn vergaßen viele Gelehrten – – – 12, 150

Es gehört zu den Dingen, die ich nicht vergessen werde, daß man mir zu keinem Buche so aufrichtig gratulirt hat wie zu diesem, man gab mir selbst zu verstehen, wie gesund eine solche Denkweise sei 12, 151

Nichts beleidigt so tief, nichts trennt so gründlich ab, als etwas von der Strenge, mit der man sich selbst behandelt, merken zu lassen: oh wie entgegenkommend und liebreich zeigt sich alle Welt gegen uns, sobald wir es machen wie alle Welt und uns »gehen lassen« wie alle Welt! 12, 151

Woher kommen alle Verstimmungen, Trauer, Furcht, Neid? Aus Einer Quelle: aus unserer Liebe zu den *vergänglichen* Dingen. Mit dieser Liebe verschwindet auch das ganze Geschlecht jener Begierden

»Obgleich ich die Nichtigkeit der Güter der Welt klar durchschaute, so konnte ich doch Habsucht, Sinneslust und Ergeiz nicht ganz ablegen. Eins aber erfuhr ich: *so lange mein Geist in jener Betrachtung lebte, war er diesen Begierden abgewendet* – und dies gereichte mir zu großem Troste. Denn daraus sah ich, daß jene Übel nicht unheilbar seien. Anfangs das neue Leben seltene, kurze Augenblicke –«

12, 263

Neulich hat ein Herr Theodor Fritsch aus Leipzig an mich geschrieben. Es giebt gar keine unverschämtere und stupidere Bande in Deutschland als diese Antisemiten. Ich habe ihm brieflich zum Danke einen ordentlichen Fußtritt versetzt. Dies Gesindel wagt es, den Namen Z‹arathustra› in den Mund zu nehmen! Ekel! Ekel! Ekel! 12, 321

Zarathustra

An diesem Werk muß Einem jedes Wort einmal wehgethan und verwundet, und wieder einmal tief entzückt haben: – was man nicht *so* verstanden hat, hat man gar nicht verstanden. 12, 338

Man geht zu Grunde, wenn man immer *zu den Gründen* geht. 13, 10

Was mich betrifft, der ich bisweilen das Lächerliche eines Propheten in mir fühle, ich weiß, daß ich niemals la charité d'un médecin darin finden werde. Verloren in dieser erbärmlichen Welt, coudoyé par les foules, bin ich wie ein müder Mensch, der rückwärts blickend nichts sieht, als désabusement et amertume in langen tiefen Jahren und vor sich einen Sturm, in dem es Nichts Neues giebt, weder Lehre, noch Schmerz. 13, 92

Ich bin nicht eine Stunde meines Lebens Christ gewesen: ich betrachte alles, was ich gesehen habe, als Christenthum, als eine *verächtliche Zweideutigkeit der Worte*, eine wirkliche *Feigheit* vor allen Mächten, die sonst herrschen ...

Christen der allgemeinen Wehrpflicht, des parlamentarischen Stimmrechts, der Zeitungs-Cultur und zwischen dem Allen von »Sünde« »Erlösung« »Jenseits« Tod am Kreuze redende –: wie kann man in einer solchen unsauberen Wirthschaft es aushalten! 13, 96 f.

Meine tiefe Gleichgültigkeit gegen mich: ich will keinen Vortheil aus meinen Erkenntnissen und weiche auch den Nachtheilen nicht aus, die sie mit sich bringen – hier ist eingerechnet das, was man *Verderbniß* des Charakters nennen könnte; diese Perspektive liegt außerhalb: ich handhabe meinen Charakter, aber denke weder daran, ihn zu verstehen, noch ihn zu verändern – der persönliche calcul der Tugend ist mir nicht einen Augenblick in den Kopf gekommen. Es scheint mir, daß man sich die Thore der Erkenntniß zumacht, sobald man sich für seinen persönlichen Fall interessirt – oder gar für das »Heil« seiner Seele! ... Man muß seine Moralität nicht zu wichtig nehmen und sich bescheidenes Anrecht auf deren Gegentheil nicht nehmen lassen ... 13, 126 f.

Niemanden anklagen – 13, 141

Meine Wünsche haben nicht genug Kraft, um mich zu leiten – 13, 141

Mit ihnen mich zu verbinden, daran verhinderte mich nicht die Furcht vor dem Lächerlichen – darüber bin ich hinaus – sondern der Haß und die Verachtung, die sie mir einflößen. Ich habe, trotz allem, die Gewohnheiten eines homme, comme il faut, und ihr Verkehr widersteht mir.

»Hätte ich noch mehr Haß und Eifersucht in Hinsicht auf sie empfunden, vielleicht hätte ich mich mit ihnen ins Einvernehmen gesetzt.« 13, 141

Wenn die Natur selbst ihr Meisterstück nicht geschont hat, wenn sie Jesus hat leben lassen in mitten der Lüge und für eine Lüge (– und ihm schuldet die Erde Alles, was sie hat leben lassen –) ohne ihn wäre der Planet, mit Allem, was darauf ist, bloße Thorheit, nun, so ruht der Planet auf einer Lüge, auf einer dummen Verspottung. Folglich sind die Gesetze der Natur selbst eine Imposture und eine diabolische farce. Warum also leben, wenn du ein Mensch bist? …

»Wenn Sie aber enttäuscht sind? wenn Sie begriffen haben, daß der ganze Irrthum im Glauben an den alten Gott lag?«

Das Heil der Menschheit hängt davon ab, ihr diesen Gedanken zu beweisen –

Ich begreife nicht, wie bisher ein Atheist hat wissen können, daß es keinen Gott giebt und sich nicht sofort getödtet hat …

»Fühlen daß Gott nicht ist und nicht zugleich fühlen, daß man eben damit Gott geworden ist, ist eine Absurdität: andernfalls würde man nicht verfehlen, sich zu tödten. Wenn du das fühlst, bist du tzar, und, fern davon dich zu tödten, wirst du auf dem Gipfel der Glorie leben …

»Ich bin Gott nur durch Zwang und ich bin unglücklich, denn ich bin *verpflichtet*, meine Freiheit zu beweisen. Alle sind unglücklich, weil sie Furcht haben, ihre Freiheit zu beweisen. Wenn der Mensch bis jetzt so unglücklich und so arm war, *so* geschah dies, weil er nicht wagte, sich in der höchsten Bedeutung des Wortes frei zu zeigen, weil er sich mit einer schülermäßigen Insubordination begnügte … Denn ich bin schrecklich unglücklich, denn ich habe schrecklich Furcht. *Die Furcht ist der Fluch des Menschen* –

Dies wird alle Menschen retten und physisch die folgende Generation umbilden: denn, nach mir zu urtheilen, kann unter seiner gegenwärtigen *physischen* Form der Mensch des alten Gottes nicht entrathen … Ich suche seit 3 Jahren das Attribut meiner Göttlichkeit: und ich habe es gefunden – die *Unabhängigkeit.* Ich will *mich* tödten, um meine Insubordination zu beweisen, meine neue und schreckliche Freiheit« – 13, 144f.

Fünf, sechs Sekunden und nicht mehr: da fühlt ihr plötzlich die Gegenwart der ewigen Harmonie. Der Mensch kann, in seiner sterblichen Hülle, das nicht aushalten; er muß sich physisch umformen oder sterben. Es ist ein klares und indiskutables Gefühl. Ihr scheint euch in Contakt mit der ganzen Natur und ihr sagt: »Ja, dies ist wahr!« Als Gott die Welt geschaffen hatte, sagte er am Ende jedes Tags: »Ja, dies ist wahr, dies ist gut!« Das ist nicht Rührung, das ist Freude. Ihr verzeiht nichts, weil es nichts zu verzeihen giebt. Ihr liebt nicht mehr – oh, dies Gefühl ist höher als die Liebe. Das schrecklichste ist die schauerliche *Bestimmtheit,* mit der es sich ausdrückt und die Freude, mit der es erfüllt. Wenn das länger dauerte, könnte die Seele es nicht aushalten, sie müßte verschwinden – In diesen 5 Sekunden lebe ich eine ganze Menschen-Existenz, für sie würde ich mein ganzes Leben geben, es wäre nicht zu theuer bezahlt. Um dies länger zu ertragen, müßte man sich physisch transformiren. Ich glaube, der Mensch hört auf zu zeugen. *Wozu Kinder, wenn das Ziel erreicht ist?* – 13, 146

Woran mir am meisten Verdruß entstanden ist? Zu sehen, daß Niemand mehr den Muth hat, *zu Ende zu denken* …

13, 146

Philosoph

Pyrrho, der mildeste und geduldigste Mensch, der je unter Griechen gelebt hat, ein Buddhist obschon Grieche, ein Buddha selbst, wurde ein einziges Mal außer Rand und Band gebracht, durch wen? – durch seine Schwester, mit der er zusammenlebte: sie war Hebamme. Seitdem fürchteten sich am Allermeisten die Philosophen vor der Schwester – die Schwester! Schwester! 's klingt so fürchterlich! – *und* vor der Hebamme! … (Ursprung des Coelibats) 13, 347

Ich gebe meine Argumentation in allen wesentlichen Schritten, Punkt für Punkt. Mit etwas Logik in dem Leibe und einer mir verwandten Energie, mit einem Muth zu dem, was man eigentlich weiß … hätte man diese Argumentation auch schon meinen früheren Schriften entnehmen können. Man hat das Umgekehrte gethan und sich darüber beschwert, daß es denselben an Consequenz fehle: dieses Mischmasch-Gesindel von heute wagt das Wort Consequenz in den Mund zu nehmen! 13, 370

Sprüche eines Hyperboreers

Wir Hyperboreer, wir wissen gut genug, wie abseits wir leben. »Weder zu Wasser, noch zu Lande kannst du den Weg zu den Hyperboreern finden«: das hat Pindar schon von uns gewußt. 13, 477

Auch der Muthigste von uns hat nur selten den Muth zu dem, was er eigentlich – *weiß* … 13, 477

– und wenn meine Philosophie eine Hölle ist, so will ich wenigstens den Weg zu ihr mit guten Sentenzen pflastern. 13, 488

– Oh Dionysos, Göttlicher, warum ziehst Du mich an den Ohren? Ich finde eine Art Humor in deinen Ohren, Ariadne: warum sind sie nicht noch länger? … 13, 498

In meinem Leben giebt es wirklich Überraschungen: das kommt daher, daß ‹ich› nicht gern mit dem, was möglich sein könnte, beschäftigt bin: Beweis, wie sehr ich in Gedanken lebe ... Ein Zufall brachte mir das vor einigen Tagen zu Bewußtsein: in mir fehlt der Begriff »Zukunft«, ich sehe vorwärts wie über eine glatte Fläche: kein Wunsch, kein Wünschchen selbst, kein Plänemachen, kein Anders-haben-wollen. Vielmehr bloß das, was von jenem heiligen Epicureer uns verboten ist: die Sorge für den nächsten Tag, für Morgen ... das ist mein einziger Kunstgriff: ich weiß heute, was morgen geschehen soll.

naufragium feci: bene navigavi, – – – 13, 501

Ich suche mir ein Thier, das mir nach tanzt und ein ganz klein Bischen mich – liebt ... 13, 503

Daß er niemals im Schweigen des Waldes, oder am Rande klarer Quellen oder in der tiefen, tiefen Mitternacht das Gebet vernachlässige, dessen unendlicher Inhalt inbegriffen ist in der Einsilbe »Om« 13, 505

Ich habe den Menschen das tiefste Buch gegeben, das sie besitzen, den Zarathustra; ein Buch, das so sehr auszeichnet, daß wenn Jemand sagen kann »ich habe sechs Sätze davon verstanden, das heißt *erlebt*« zu einer höheren Ordnung der Menschen gehört ... Aber wie man das büßen muß! abzahlen muß! es verdirbt beinahe den Charakter ... Die Kluft ist zu groß geworden ... 13, 514

Man fragt mich oft, warum ich ‹eigen›tlich meine Bücher *deutsch* schriebe? Meine Antwort darauf ist immer die gleiche: ich liebe die Deutschen, – Jeder hat seine kleine Unvernunft. Was macht es mir, wenn die Deutschen mich nicht lesen? Um so mehr bemühe ich mich noch darum, ihnen *gerecht* zu sein.

– Und, wer weiß? vielleicht lesen sie mich übermorgen.

13, 539

Das neue Deutschland stellt ein großes Quantum vererbter und angeschulter Tüchtigkeit dar: so daß es den aufgehäuften Schatz von Kraft eine Zeitlang selbst verschwenderisch ausgeben darf. Es ist *nicht* eine hohe Cultur, die mit ihm Herr geworden, noch weniger ein delikater Geschmack, eine vornehme »Schönheit« der Instinkte; aber *männlichere* Tugenden, als sonst ein Land Europa's aufweisen kann. Viel guter Muth und Achtung vor sich selber, viel Sicherheit im Verkehr, in der Gegenseitigkeit der Pflichten, viel Arbeitsamkeit, viel Ausdauer – und eine angeerbte Mäßigung, welche eher des Stachels als des Hemmschuh's bedarf. Ich füge hinzu daß hier noch gehorcht wird, ohne daß das Gehorchen demüthigt ... Und Niemand verachtet seinen Gegner ... 13, 539

Nachdem ich auf diese Weise den Deutschen gerecht geworden – denn ich liebe sie, trotzalledem – habe ich keinen Grund mehr, ihnen meinen Einwand vorzuenthalten. Sie waren einst das »Volk der Denker«: *denken sie heute überhaupt noch*? – Sie haben keine Zeit mehr dafür ... Deutscher »Geist« – ich fürchte, das ist eine contradictio in adjecto. – Sie werden langweilig, sie sind es vielleicht, die große Politik verschlingt den *Ernst* für alle wirklich großen Dinge –, »Deutschland, Deutschland über alles« – ein kostspieliges, aber *nicht* ein philosophisches Princip. – »Giebt es deutsche Philosophen? Giebt es deutsche Dichter? Giebt es *gute* deutsche Bücher?« – so fragt man mich im Ausland. Ich erröthe, aber mit der Tapferkeit, die mir auch in verzweifelten Fällen zu eigen ist, antworte ich: »*Ja! Bismarck!*« ... Sollte ich eingestehn, welche Bücher man jetzt liest? – Dahn? Ebers? Ferdinand Meyer? – Ich habe Universitäts-Professoren diesen bescheidenen Bieder-Meyer auf Unkosten Gottfried Kellers loben hören. Vermaledeiter Instinkt der Mediokrität! 13, 540

Ich gestatte mir noch eine Erheiterung. Ich erzä‹hle,› was ein kleines Buch mir erzählt hat, als es von seiner ersten Reise nach Deutschland zu mir zurückkam. Dasselbe heißt: *Jenseits von Gut und Böse*, – es war unter uns gesagt, das Vorspiel zu eben dem Werke, das man hier in den Händen hat. Das kleine Buch sagte zu mir: »ich weiß ganz gut, was mein Fehler ist, ich bin zu neu, zu reich, zu leidenschaftlich, – ich störe die Nachtruhe. Es giebt Worte in mir, die einem Gott noch das Herz zerreißen, ich bin ein Rendez-vous von Erfahrungen, die man nur 6000 Fuß über jedem menschlichen Dunstkreis macht. – Grund genug, daß die Deutschen *mich verstanden* ...« Aber, antwortete ich, mein armes Buch, wie konntest du auch deine Perlen – vor die Deutschen werfen? Es war eine Dummheit! – Und nun erzählte mir das Buch, was ihm begegnet sei. 13, 540 f.

In der That, man hat sich seit 1871 nur zu gründlich in Deutschland über mich unterrichtet: der Fall bewies es. Ich wundere mich *nicht*, wenn man meinen Zarathustra nicht versteht, ich sehe keinen Vorwurf darin: ein Buch so tief, so fremd, daß sechs Sätze daraus verstanden, das heißt *erlebt* haben, in eine höhere Ordnung der Sterblichen erhebt. Aber jenes Jenseits *nicht* zu verstehn – das bewundere ich beinahe ... Ein Referent der Nationalzeitung verstand das Buch als Zeichen der Zeit, als echte rechte Junker-Philosophie, zu der es der Kreuzzeitung nur an Muth gebreche. Ein kleines Licht der Berliner Universität erklärte in der »Rundschau«, offenbar in Rücksicht auf seine eigne Erleuchtung, das Buch für psychiatrisch und citirte sogar Stellen dafür: Stellen, die das Unglück hatten, Etwas zu beweisen. – Ein Hamburger Blatt erkannte in mir den alten Hegelianer. Das litterarische Centralblatt gestand ein, »den Faden« für mich verloren zu haben (wann hat es ihn gehabt? –) und citirte, zur Begründung, ein paar Worte über den »Süden in der Musik«: als ob eine Musik, die nicht in Leipziger Ohren geht, damit aufhöre, Musik zu sein. Es bleibt dennoch wahr, was ich dort im Princip bekenne: il faut méditerraniser la musique. – Eine theologische Unschuld gab mir zu verstehn, mir liege gar nichts an der Logik, sondern einzig an »schönem Stile«: wie könne man ernst nehmen, was ich selbst so wenig ernst nähme? – Dies Alles mag noch hingehn: aber ich habe Fälle erlebt, wo das »Verständniß« das Maaß des Menschlichen überschritt und an's Thierische streifte. Ein Schweizer Redakteur, vom »Bund«, wußte dem Studium des genannten Werks nichts Anderes zu entnehmen als daß ich mit demselben die Abschaffung aller anständigen Gefühle beantragte: man sieht er hatte sich bei den Worten »Jenseits von Gut und Böse« wirklich Etwas *gedacht* ... Aber einem solchen Falle war meine Humanität noch immer gewachsen. Ich dankte ihm dafür, ich gab ihm selbst zu verstehn, Niemand habe mich besser verstanden – er hat's geglaubt ... Ein Jahr darauf behandelte dasselbe Blatt meinen Zarathustra als höhere Stilübung, mit geistreichen Winken über die Unvollkommenheit meines Stils –

– und ich hatte mein *Vergnügen* an dem Allen: warum sollte ich's verschweigen? Man ist nicht umsonst Einsiedler. Das Gebirge ist ein stummer Nachbar, es vergehen Jahre, ohne daß Einen ein Wort er‹re›ichte. Aber der Anblick des Lebenden *erquickt*: man läßt endlich alle Kindlein zu sich kommen, man ‹stre›ichelt jede Art Gethier noch, selbst wenn es Hörner hat. (Ich rede eine Kuh immer mit »mein Fräulein« an: das schmeichelt ihrem alten Herzen.) Nur der Einsiedler kennt die große Toleranz. *Die Liebe zu den Thieren* – zu allen Zeiten hat man die Einsiedler daran erkannt ...

13, 540-542

verkennt ihn nicht!
Wohl lacht er
wie ein Blitz:
aber hinterdrein
grollt zornig sein langer Donner. 13, 552

so ist's jetzt mein Wille:
und seit das mein Wille ist,
geht Alles mir auch nach Wunsche –
Dies war meine letzte Klugheit:
Ich wollte das, was ich muß:
damit zwang ich mir jedes »Muß« ...
seitdem giebt es für mich kein »Muß« ... 13, 553

Hochmüthig gegen kleine
Vortheile: wo ich der Krämer
lange Finger sehe,
Da gelüstet's mich sofort,
den Kürzeren zu ziehn:
so wills mein spröder Geschmack von mir. 13, 553

deine großen Gedanken,
die aus dem Herzen kommen,
und alle deine kleinen
– sie kommen aus dem Kopfe –
sind sie nicht alle *schlecht* gedacht? 13, 554

hüte dich,
sei nicht der Paukenschläger
deines Schicksals!
gehe aus dem Weg
allen Bumbums des Ruhmes! 13, 554

willst du sie fangen?
rede ihnen zu,
als verirrten Schafen:
»euren Weg, oh euren Weg
ihr habt ihn verloren«
Sie folgen Jedem nach,
der so ihnen schmeichelt.
»Wie? hatten wir einen Weg?
reden sie zu sich heimlich:
es scheint wirklich, wir haben einen Weg!« 13, 554

unbehülflich wie ein Leichnam,
im Leben schon todt, vergraben 13, 555

strecke die Hand aus nach kleinen Zufällen
sei lieblich gegen das Unwillkommene:
Gegen sein Schicksal soll man nicht stachlicht sein,
man sei denn ein Igel. 13, 555

Steigt ihr,
ist es wahr, daß ihr steigt
ihr höheren Menschen?
Werdet ihr nicht, verzeiht,
dem Balle gleich
in die Höhe *gedrückt*
– durch euer Niedrigstes? …
flieht ihr nicht vor euch, ihr Steigenden? … 13, 555

mit erdrosseltem Ehrgeize:
unter solchen gelüstet's mich,
der Letzte zu sein – 13, 555

was hilft's! sein Herz
ist eng und all sein Geist
ist in diesen engen Käfig
eingefangen, eingeklemmt 13, 556

ihr steifen Weisen,
mir ward Alles Spiel 13, 556

liebe ich euch? ..
So liebt der Reiter sein Pferd:
es trägt ihn zu seinem Ziele. 13, 556

enge Seelen,
Krämerseelen!
Wenn das Geld in den Kasten springt,
springt die Seele immer mit hinein! 13, 556

du hältst es nicht mehr aus,
dein herrisches Schicksal?
Liebe es, es bleibt dir keine Wahl! 13, 556

der Wille erlöst.
Wer nichts zu thun hat, dem macht
ein Nichts zu schaffen. 13, 556

die Einsamkeit
pflanzt nicht: sie reift ..
Und dazu noch mußt du die Sonne zur Freundin haben
13, 557

Wirf dein Schweres in die Tiefe!
Mensch vergiß! Mensch vergiß!
Göttlich ist des Vergessens Kunst!
Willst du fliegen,
willst du in Höhen heimisch sein:

wirf dein Schwerstes in das Meer!
Hier ist das Meer, wirf dich ins Meer!
Göttlich ist des Vergessens Kunst! 13, 557

die Hexe
wir dachten übel von einander? …
wir waren uns zu fern.
Aber nun, in dieser kleinsten Hütte, angepflockt an Ein Schicksal,
wie sollten wir noch uns feind sein?
man muß sich schon lieben, wenn man sich nicht entlaufen kann 13, 557

Die Wahrheit –
ein Weib, nichts Besseres:
arglistig in ihrer Scham:
was sie am liebsten möchte,
sie will's nicht wissen,
sie hält die Finger vor …
Wem giebt sie nach? Der Gewalt allein!
So braucht Gewalt,
seid hart, ihr Weisesten!
ihr müßt sie zwingen
die verschämte Wahrheit …
zu ihrer Seligkeit
braucht's des Zwanges –
– sie ist ein Weib, nicht‹s› Besseres … 13, 557

Jenseits des Nordens, des Eises, des Heute
jenseits des Todes,
abseits –
unser Leben, *unser* Glück!
Weder zu Lande,
noch zu Wasser

kannst du den Weg
zu uns Hyperboreern finden:
von *uns* wahrsagte so ein weiser Mund. 13, 562

oh diese Dichter!
Hengste sind unter ihnen,
die auf eine keusche Weise wiehern 13, 562

ein Blitz wurde meine Weisheit;
mit diamantenem Schwerte durchhieb sie mir jede Finsterniß 13, 562

rathe, Räthselfreund,
wo weilt jetzt meine Tugend?
sie lief mir davon,
sie fürchtete die Arglist
meiner Angeln und Netze 13, 562 f.

mein Glück macht ihnen wehe:
diesen Neidbolden wird mein Glück zum Schatten;
sie frösteln bei sich: blicken grün dazu – 13, 563

einsame Tage,
ihr wollt auf tapferen Füßen gehn! 13, 563

ein Gefangner, der das härteste Loos zog:
gebückt arbeiten,
im dumpfen dunklen Schachte arbeiten:
ein Gelehrter ... 13, 563

wohin er gieng? wer weiß es?
aber gewiß ist, daß er untergieng
Ein Stern erlosch im öden Raum:
öde ward der Raum ... 13, 563

noch rauscht die Wetterwolke:
aber schon hängt
glitzernd still schwer –
Zarathustra's Reichthum über die Felder hin. 13, 564

du wirst absurd,
du wirst tugendhaft 13, 564

die heilige Krankheit,
der Glaube 13, 564

bist du stark?
stark als Esel? stark als Gott?
bist du stolz?
stolz genug, daß du deiner Eitelkeit dich nicht zu schämen weißt? 13, 564

sie haben ihren Gott aus Nichts geschaffen:
was Wunder: nun ward er ihnen zu nichte – 13, 565

da stehn sie da,
die schweren granitnen Katzen,
die Werthe aus Urzeiten:
wehe! wie willst du *die* umwerfen? 13, 565

ihr Sinn ist ein Widersinn,
ihr Witz ist ein Doch- und Aber-Witz 13, 565

den Tapferen, den Frohgemuthen,
den Enthaltsamen
singe ich dies Lied. 13, 576

Ich möchte wagen dürfen, den Namen eines Gelehrten jüdischer Abkunft zu nennen, der mir durch eine Instinkt gewordene vornehme Kühle und Klarheit gegen *sich* jeder

Zeit ein tiefes Gefühl von Schönheit, von *Reinlichkeit* in meinem Sinn gegeben hat: er vergaß sich keinen Augenblick, er war immer kein Anderer, er verlor *sich* weder vor Zeugen noch ohne Zeugen. Dazu gehört nicht nur eine vollkommene Gewöhnung an Härte und Freimuth gegen sich; es gehört eine große Widerstandskraft dazu, um sich unter dem Eindruck von Gesellschaft oder Buch oder Zufall nicht zu verderben. Es ist ebenso ein Zeichen der Stärke wie – – – 13, 582

Den Gegensatz zu dem geschilderten *reinlichen* Typus geben mir im Durchschnitt fast alle Deutschen, die ich kenne; im Besonderen die Herren Antisemiten, die ich als [–] par excellence empfinde. Schlechte Instinkte, ein absurder Ehrgeiz, die Eitelkeit, [– – –] und dabei die Attitüde der »höheren Werthe«, des »Idealismus« … 13, 582

Ich habe Fälle erlebt, wo junge Männer achtbarer Herkunft, die lange ihrem Leben kein Ziel zu geben verstehn, zuletzt in geradezu schmutzigen Bewegungen verschwinden, – nur weil diese ihnen ein Ziel geben … Einige z. B. werden sogar Antisemiten … 13, 588 f.

Das Kunststück meines Lebens liegt in der *Bescheidenheit*, – in dem Willen, in der Kraft dazu, sich klein zu machen … *Nicht* sich klein zu stellen: sondern gleichsam Etwas zu vergessen, von sich ablösen, eine Distanz schaffen *in* sich – anders ausgedrückt – im *Bewußtsein* vollkommener Freiheit [– – –] die Aufgabe, der Wille, der unbarmherzige Instinkt, den sie bedingt … 13, 595

Die Kunst, mich zu trennen, – auseinander zu halten, Eine Hälfte Jahre lang zu vergessen … 13, 596

Vortheile aus meiner *Krankheit* ziehen: die Entlastung von der großen Spannung
das liebevolle Rachenehmen-Lernen für das Kleine.

13, 596

Es würde mir unmöglich sein, zu erklären, was ich als den schlimmsten Zufall meines Lebens betrachte, – es klänge nicht nur paradox, es klänge undankbar, niedrig.

Die Art Wohlwollen, die ich erfahren habe, hat in vielen Fällen auf mich einen schlimmeren Eindruck gemacht als irgend eine Art Bosheit und Feindseligkeit. Es ist so viel Zudringlichkeit, so viel Mangel an Distanz-Gefühl im Glauben, wohlthun zu können: ich habe öfter das Wohlthun-wollen unter den allgemeinen Begriff der Brutalität gefaßt 13, 596f.

Warum ich nie gelitten habe: »unerkannt« zu sein, nicht gelesen zu werden

Noch in meinem 45ten Jahre geben mir Gelehrte der Basler Universität in aller Gutmüthigkeit zu verstehen, die litterarische Form meiner Schriften sei der Grund, weshalb man mich nicht lese, ich sollte das anders machen. 13, 597

Mein Vorrecht, mein *Voraus* vor den Menschen überhaupt ist, eine Fülle höchster und neuester Zustände erlebt zu haben, in Bezug auf welche zwischen Geist und Seele zu trennen ein Cynismus wäre. Unzweifelhaft muß man Philosoph sein, tief sein bis zum [–], um von dieser Lichtfülle herauszutreten: aber die Richtigkeit des Gefühls, die lange Tyrannei einer großen Aufgabe sind die noch unentbehrlicheren Vorbedingungen dazu. 13, 597

Auf die Gefahr hin, den Herren Antisemiten einen »gut‹be›messenen« Tritt zu versetzen, bekenne ich, daß die Kunst zu lügen, das »unbewußte« Ausstrecken langer, allzulanger

Finger, das *Verschlucken* fremden Eigenthums mir an jedem Antisemiten bisher handgreiflicher erschienen als an irgend welchem Juden. Ein Antisemit stiehlt immer, lügt immer – er kann gar nicht anders ... *Denn er hat* [–] ... Man sollte die Antisemiten beklagen, man sollte für sie sammeln. »– – –

13, 611

Das Glück meines Daseins, seine Einzigkeit vielleicht liegt in seinem Verhängniß: ich bin, um es in Räthselform auszudrücken, als mein Vater bereits gestorben, als meine Mutter lebe ich noch. Diese doppelte Herkunft, gleichsam aus der obersten und der untersten Sprosse an der Leiter des Lebens – décadent zugleich und *Anfang* – dies, wenn irgend Etwas, erklärt jene Neutralität, jene Freiheit von Partei im Verhältniß ‹zum› großen Gesammt-Problem des Lebens, die mich auszeichnet. Ich kenne Beides, ich bin Beides. – Mein Vater starb mit 36 Jahren: er war zart, liebenswürdig und morbid, wie ein bloß zum Vorübergehn bestimmtes Wesen, – eher eine gütige Erinnerung ans Leben als das Leben selbst. In dem gleichen Jahr, wo sein Leben abwärts ging, ging auch das meine abwärts: im 36ten Jahr kam ich auf den niedrigsten Punkt meiner Vitalität, – ich lebte noch, doch ohne drei Schritte weit vor mich zu sehn. Im Jahr 1879 legte ich meine Basler Professur nieder, lebte den Sommer über wie ein Schatten, in St. Moritz und den nächsten Winter, den sonnenärmsten meines Lebens, in Naumburg. Das war mein minimum: der »Wanderer und sein Schatten« entstand währenddem. Unzweifelhaft, ich kannte mich damals als Schatten ... Im Winter darauf, meinem ersten Genueser Winter, brachte jene wunderliche Vergeistigung, die mit einer extremen Verarmung an Muskel und Blut beinahe bedingt ist, die »Morgenröthe« hervor. Die vollkommene Helle und Heiterkeit des Geistes verträgt sich bei mir nicht nur mit der tiefsten physiologischen Schwäche, sondern sogar mit einem extremen Schmerzgefühl. In jenen Höllenqualen, die ein ununterbrochener Schmerz unter mühseligen Schleim-Erbrechen mit sich bringt, besaß ich die dialektische Klarheit par excellence und dachte Dinge durch, zu denen ich in gesünderen Verhältnissen nicht Kletterer, nicht raffinirt genug bin. (Meine Leser wissen, in wiefern ich Dialektik als décadence-Symptom betrachte, zum Beispiel im allerberühmtesten Fall, dem des Sokrates) Alle krankhaften Störungen des Intellekts, selbst die Halbbetäubung, die das Fieber im Gefolge hat, sind mir bis heute vollkommen fremde Dinge, über deren Häufigkeit ich mich erst auf belesen-gelehrtem Wege zu unterrichten hatte. Mein Blut läuft langsam, – ich hatte in den Krankheits-Jahren den Puls Napoleon's – Niemand hat je Fieber bei mir constatiren können. Ein ‹Arzt, der› mich länger als Nervenleidenden behandelte, sagte selbst »nein! an Ihren Nerven liegt's nicht, *ich* selber bin nur nervös.« Vollkommen unnachweisbar irgend eine lokale Entartung; keine organisch bedingten Magenleiden, wie sehr auch immer, als Folge der Gehirn-Erschöpfung, die tiefste Schwäche des gastrischen Systems herantrat. Auch das Augenleiden, dem Blindwerden sich gefährlich annähernd, Folge, nicht ursächlich: so daß mit jeder Zunahme an Lebenskraft auch die Sehkraft, als [– –], zugenommen hat. Eine lange, allzulange Reihe von Jahren bedeutet bei mir Genesung, – sie bedeutet leider auch Rückfall, Verfall und Periodik einer Art décadence. Brauche ich zu sagen, daß ich in Fragen der décadence erfahren bin? Ich habe sie vorwärts und rückwärts buchstabirt. Selbst jene Kunst des Greifens und Begreifens, jene Finger für nuances, jene ganze Psychologie des »Um die Ecke Sehens«, die mich vielleicht auszeichnet, ist damals erlernt, ist das eigentliche Geschenk jener Zeit, in der Alles sich verfeinerte, die Beobachtung sowohl als die Organe der Beobachtung. Von der Kranken-Optik aus nach gesünderen Begriffen und Werthen und wiederum umgekehrt aus der Fülle und Selbstgewißheit des vollen Lebens hinunter sehen in die Filigran-Arbeit des décadent-Instinkts – das ist meine größte Übung, meine längste Erfahrung gewesen: wenn irgendworin, so bin ich hier Meister. Ich habe es in der Hand, ich habe die Hand dafür, *Perspektiven umzustellen*: weshalb für mich allein eine *Umwerthung der Werthe* überhaupt möglich war.

Abgerechnet nämlich davon, daß ich ein décadent bin, bin ich dessen Gegentheil im vollsten Sinne. Mein Beweis dafür ist, daß ich instinktiv auch *gegen* jene schlimmen Zustände die rechten Mittel wählte: während der décadent an sich erkennbar die schädlichen Mittel wählt. Als summa summarum war ich gesund: als Winkel, als Specialität war ich décadent. Jene Energie der absoluten Vereinsamung und Herauslösung aus gewohnten Verhältnissen und Aufgaben, der Zwang gegen mich selbst, mich nicht besorgen, bedienen, *beärzteln* zu lassen – das verräth die unbedingte Instinkt-Gewißheit darüber, was noth thut. Ich nahm mich selbst in die Hand, ich machte mich gesund: die Voraussetzung dafür ist – jeder Physiologe wird mir das zugestehen – daß man im Grund gesund *ist*. Ein typisch morbider Mensch wird nicht gesund: für einen typisch Gesunden kann Kranksein ein energisches Stimulans sein. So in der That erscheint mir zuletzt jene lange Krankheits-Periode: ich entdeckte das Leben gleichsam neu, ich schmeckte alle guten und selbst kleinen Dinge, wie sie ein Anderer nicht leicht geschmeckt haben wird, – ich machte aus meinem Willen zur Gesundheit, zum *Leben* meine Philosophie ... Denn man gebe Acht darauf: die Jahre meiner niedrigsten Vitalität waren es, wo ich *aufhörte*, Pessimist zu sein, – mein Instinkt der Selbst-Wiederherstellung *verbot* mir eine Philosophie der Armut und Entmuthigung ... Woran erkennt man im Grunde die Wohlgerathenheit? Ein wohlgerathener Mensch ist aus einem Holze geschnitzt, welches hart, zart und wohlriechend ist, er thut selbst noch unserem Geruche wohl. Ihm schmeckt, was ihm zuträglich ist; sein Gefallen, seine Lust hört auf, wo das Maß des Zuträglichen überschritten ist. Er erräth Heilmittel gegen Schädigungen, er nützt schlimme Zufälle zu seiner Verstärkung aus. Er sammelt instinktiv aus Allem, was er sieht, hört, erlebt, *seine* Summe: er ist ein auswählendes Princip, er läßt viel durchfallen. Er ist immer in *seiner* Gesellschaft, ob er mit Büchern, Menschen oder Landschaften verkehrt: er ehrt, indem er *wählt*, indem er *zuläßt*, indem er *vertraut*. Er reagiert auf alle Art Reize langsam, mit jener Langsamkeit, die eine lange Vorsicht und ein gewollter Stolz ihm eingezüchtet haben – er prüft den Reiz, der herankommt, er ist fern davon, ihm entgegenzukommen. Er glaubt weder an »Unglück«, noch an »Schuld«: er ist stark genug, daß ihm Alles zum Besten gereichen muß. – Wohlan, ich bin das Gegenstück eines décadent: denn ich beschrieb eben mich. – 13, 629-632

Die Klugheit meines Instinkts besteht darin, die eigentlichen Nothstände und Gefahren für *mich* als solche zu fühlen.

insgleichen die Mittel zu errathen, mit denen man ihnen aus dem Wege geht *oder* sie zu seinem Vortheil einordnet und gleichsam um eine *höhere* Absicht herum organisirt.

13, 633

Ein letzter Gesichtspunkt, der höchste vielleicht: ich *rechtfertige* die Deutschen, ich allein. Wir sind im Gegensatz, wir sind selbst unberührbar für einander, – es giebt keine Brücke, keine Frage, keinen Blick zwischen uns. Aber das erst ist die Bedingung für jenen äußersten Grad von Selbstigkeit, von Selbsterlösung, der in mir Mensch wurde: ich bin die *Einsamkeit* als Mensch … Daß mich nie ein Wort erreicht hat, das *zwang* mich, mich selber zu erreichen … Ich wäre nicht möglich ohne eine Gegensatz-Art von Rasse, ohne Deutsche, ohne *diese* Deutschen, ohne Bismarck, ohne 1848, ohne »Freiheitskriege«, ohne Kant, ohne Luther selbst ... Die großen Cultur-Verbrechen der Deutschen rechtfertigen sich in einer höheren Ökonomik der Cultur... Ich will Nichts anders, auch rückwärts nicht, – ich *durfte* Nichts anders wollen ... Amor fati ... Selbst das Christenthum wird nothwendig: die höchste Form, die gefährlichste, die verführerischeste im Nein zum Leben fordert erst seine höchste Bejahung heraus – *mich* ... Was sind zuletzt diese zwei Jahrtausende? Unser *lehrreichstes* Experiment, eine Vivisektion am Leben selbst ... Bloß zwei Jahrtaus<ende>! ... 13, 641

Oh Mensch! Gieb Acht!

DIE NIHILISTISCHE KATASTROPHE

DIE GEBURT DER TRAGÖDIE AUS DEM GEISTE DER MUSIK (1872)

Alsbald sollen auch die Mächte bei Namen genannt werden, welche mir *eine Wiedergeburt der Tragödie* – und welche andere selige Hoffnungen für das deutsche Wesen! – zu verbürgen scheinen. 1, 103

Unsere Kunst offenbart diese allgemeine Noth: umsonst dass man sich an alle grossen productiven Perioden und Naturen imitatorisch anlehnt, umsonst dass man die ganze »Weltlitteratur« zum Troste des modernen Menschen um ihn versammelt und ihn mitten unter die Kunststile und Künstler aller Zeiten hinstellt, damit er ihnen, wie Adam den Thieren, einen Namen gebe: er bleibt doch der ewig Hungernde, der »Kritiker« ohne Lust und Kraft, der alexandrinische Mensch, der im Grunde Bibliothekar und Corrector ist und an Bücherstaub und Druckfehlern elend erblindet. 1, 119 f.

Der »gute Urmensch« will seine Rechte: welche paradiesischen Aussichten! 1, 123

Und wann brauchten wir diese allerhöchsten Lehrmeister mehr als jetzt, wo wir *die Wiedergeburt der Tragödie* erleben und in Gefahr sind, weder zu wissen, woher sie kommt, noch uns deuten zu können, wohin sie will? 1, 129

Zwischen Indien und Rom hingestellt und zu verführerischer Wahl gedrängt, ist es den Griechen gelungen, in classischer Reinheit eine dritte Form hinzuzuerfinden, freilich nicht zu langem eigenen Gebrauche, aber eben darum für die Unsterblichkeit. Denn dass die Lieblinge der Götter früh sterben, gilt in allen Dingen, aber eben so gewiss, dass sie mit den Göttern dann ewig leben. Man verlange doch von dem Alleredelsten nicht, dass es die haltbare Zähigkeit des Leders habe; die derbe Dauerhaftkeit, wie sie z. B. dem römischen Nationaltriebe zu eigen war, gehört wahrscheinlich nicht zu den nothwendigen Prädicaten der Vollkommenheit. Wenn wir aber fragen, mit welchem Heilmittel es den Griechen ermöglicht war, in ihrer grossen Zeit, bei der ausserordentlichen Stärke ihrer dionysischen und politischen Triebe, weder durch ein ekstatisches Brüten, noch durch ein verehrendes Haschen nach Weltmacht und Weltehre sich zu erschöpfen, sondern jene herrliche Mischung zu erreichen, wie sie ein edler, zugleich befeuernder und beschaulich stimmender Wein hat, so müssen wir der ungeheuren, das ganze Volksleben erregenden, reinigenden und entladenen Gewalt der *Tragödie* eingedenk sein; deren höchsten Wert wir erst ahnen werden, wenn sie uns, wie bei den Griechen, als Inbegriff aller prophylaktischen Heilkräfte, als die zwischen den stärksten und an sich verhängnisvollsten Eigenschaften des Volkes waltende Mittlerin entgegentritt.

1, 133 f.

Und nun steht der mythenlose Mensch, ewig hungernd, unter allen Vergangenheiten und sucht grabend und wühlend nach Wurzeln, sei es dass er auch in den entlegensten Alterthümern nach ihnen graben müsste. Worauf weist das ungeheure historische Bedürfniss der unbefriedigten modernen Cultur, das Umsichsammeln zahlloser anderer Culturen, das verzehrende Erkennenwollen, wenn nicht auf den Verlust des Mythus, auf den Verlust der mythischen Heimat, des mythischen Mutterschoosses? Man frage sich, ob das fieberhafte und so unheimliche Sichregen dieser Cultur etwas Anderes ist, als das gierige Zugreifen und Nach-Nahrung-Haschen des Hungernden – und wer möchte einer solchen Cultur noch etwas geben wollen, die durch alles, was sie verschlingt, nicht zu sättigen ist und bei deren Berührung sich die kräftigste, heilsamste Nahrung in »Historie und Kritik« zu verwandeln pflegt? 1, 146

Für die Erklärung des tragischen Mythus ist es gerade die erste Forderung, die ihm eigenthümliche Lust in der rein aesthetischen Sphäre zu suchen, ohne in das Gebiet des Mitleids, der Furcht, des Sittlich-Erhabenen überzugreifen. Wie kann das Hässliche und das Disharmonische, der Inhalt des tragischen Mythus, eine aesthetische Lust erregen?
1, 152

Das Dionysische, mit seiner selbst am Schmerz percipirten Urlust, ist der gemeinsame Geburtsschooss der Musik und des tragischen Mythus. 1, 152

UNZEITGEMÄSSE BETRACHTUNGEN I
(1873)

Trotzdem sei es gesagt: ein grosser Sieg ist eine grosse Gefahr. Die menschliche Natur erträgt ihn schwerer als eine Niederlage; ja es scheint selbst leichter zu sein, einen solchen Sieg zu erringen, als ihn so zu ertragen, dass daraus keine schwerere Niederlage entsteht. Von allen schlimmen Folgen aber, die der letzte mit Frankreich geführte Krieg hinter sich drein zieht, ist vielleicht die schlimmste ein weitverbreiteter, ja allgemeiner Irrthum: der Irrthum der öffentlichen Meinung und aller öffentlich Meinenden, dass auch die deutsche Kultur in jenem Kampfe gesiegt habe und deshalb jetzt mit den Kränzen geschmückt werden müsse, die so ausserordentlichen Begebnissen und Erfolgen gemäss seien. Dieser Wahn ist höchst verderblich: nicht etwa weil er ein Wahn ist – denn es giebt die heilsamsten und segensreichsten Irrthümer – sondern weil er im Stande ist, unseren

Sieg in eine völlige Niederlage zu verwandeln: *in die Niederlage, ja Exstirpation des deutschen Geistes zu Gunsten des »deutschen Reiches«.* 1, 159 f.

Dem sorgsameren Betrachter, zumal wenn er Ausländer ist, kann es übrigens nicht entgehen, dass zwischen dem, was jetzt der deutsche Gelehrte seine Bildung nennt, und jener triumphirenden Bildung der neuen deutschen Klassiker ein Gegensatz nur in Hinsicht auf das Quantum des Wissens besteht: überall wo nicht das Wissen, sondern das Können, wo nicht die Kunde sondern die Kunst in Frage kommt, also überall, wo das Leben von der Art der Bildung Zeugniss ablegen soll, giebt es jetzt nur Eine deutsche Bildung – und diese sollte über Frankreich gesiegt haben? 1, 162

Eine unglückliche Verdrehung muss im Gehirne des gebildeten Philisters vor sich gegangen sein: er hält gerade das, was die Kultur verneint, für die Kultur, und da er consequent verfährt, so bekommt er endlich eine zusammenhängende Gruppe von solchen Verneinungen, ein System der Nicht-Kultur, der man selbst eine gewisse »Einheit des Stils« zugestehen dürfte, falls es nämlich noch einen Sinn hat, von einer stilisirten Barbarei zu reden. Ist ihm die Entscheidung frei gegeben zwischen einer stilgemässen Handlung und einer entgegengesetzten, so greift er immer nach der letzteren, und weil er immer nach ihr greift, so ist allen seinen Handlungen ein negativ gleichartiges Gepräge aufgedrückt. 1, 166

MENSCHLICHES, ALLZUMENSCHLICHES I
(1878)

– So habe ich denn einstmals, als ich es nöthig hatte, mir auch die »freien Geister« *erfunden*, denen dieses schwermüthig-muthige Buch mit dem Titel »Menschliches, Allzumenschliches« gewidmet ist: dergleichen »freie Geister« giebt es nicht, gab es nicht, – aber ich hatte sie damals, wie gesagt, zur Gesellschaft nöthig, um guter Dinge zu bleiben inmitten schlimmer Dinge (Krankheit, Vereinsamung, Fremde, Acedia, Unthätigkeit): als tapfere Gesellen und Gespenster, mit denen man schwätzt und lacht, wenn man Lust hat zu schwätzen und lachen, und die man zum Teufel schickt, wenn sie langweilig werden, – als ein Schadenersatz für mangelnde Freunde. Dass es dergleichen freie Geister einmal geben *könnte*, dass unser Europa unter seinen Söhnen von Morgen und Uebermorgen solche muntere und verwegene Gesellen haben wird, leibhaft und handgreiflich und nicht nur, wie in meinem Falle, als Schemen und Einsiedler-Schattenspiel: daran möchte *ich* am wenigsten zweifeln. Ich sehe sie bereits *kommen*, langsam, langsam; und vielleicht thue ich etwas, um ihr Kommen zu beschleunigen, wenn ich zum Voraus beschreibe, unter welch Schicksalen ich sie entstehn, auf welchen Wegen ich sie kommen *sehe*? – – 2, 15

MENSCHLICHES, ALLZUMENSCHLICHES II
(1879/80)

Die alte Welt und die Freude. – Die Menschen der alten Welt wussten sich besser *zu freuen*: wir, uns *weniger zu betrüben*; jene machten immerfort neue Anlässe, sich wohl zu fühlen und Feste zu feiern, ausfindig, mit allem ihrem Reichthum von Scharfsinn und Nachdenken: während wir unsern Geist auf Lösung von Aufgaben verwenden, welche mehr die Schmerzlosigkeit, die Beseitigung von Unlustquellen im Auge haben. In Betreff des leidenden Daseins suchten die Alten zu vergessen oder die Empfindung in's Angenehme irgendwie umzubiegen: so dass sie hierin palliativisch zu helfen suchten, während wir den Ursachen des Leidens zu Leibe gehen und im Ganzen lieber prophylaktisch wirken. – Vielleicht bauen wir nur die Grundlagen, auf denen spätere Menschen auch wieder den Tempel der Freude errichten. 2, 462

Wie paradox Homer sein kann. – Giebt es etwas Verwegeneres, Schauerlicheres, Unglaublicheres, das über Menschenschicksal, gleich der Wintersonne, so hinleuchtet, wie jener Gedanke, der sich bei Homer findet:

Das ja fügte der Götter Beschluss und verhängte den Menschen
Untergang, dass es wär' ein Gesang auch späten Geschlechtern.

Also: wir leiden und gehen zu Grunde, damit es den Dichtern nicht an *Stoff* fehle – und diess ordnen gerade so die Götter Homer's an, welchen an der Lustbarkeit der kommenden Geschlechter sehr viel gelegen scheint, aber allzuwenig an uns, den Gegenwärtigen. – Dass je solche Gedanken in den Kopf eines Griechen gekommen sind!

2, 463

Allzuschönes und Menschliches. – »Die Natur ist zu schön für dich armen Sterblichen« – so empfindet man nicht selten: aber ein paarmal, bei einem innigen Anschauen alles Menschlichen, seiner Fülle, Kraft, Zartheit, Verflochtenheit, war es mir zu Muthe, als ob ich sagen müsste, in aller Demuth: »auch der *Mensch* ist zu schön für den betrachtenden Menschen!« – und zwar nicht etwa nur der moralische Mensch, sondern jeder. 2, 518

Die Grundirrthümer. – Damit der Mensch irgend eine seelische Lust oder Unlust empfinde, muss er von einer dieser beiden Illusionen beherrscht sein: *entweder* glaubt er an die Gleichheit gewisser Facta, gewisser Empfindungen: dann hat er durch die Vergleichung jetziger Zustände mit früheren und durch Gleich- oder Ungleichsetzung derselben (wie sie bei aller Erinnerung Statt findet) eine seelische Lust oder Unlust; *oder* er glaubt an die *Willens-Freiheit*, etwa wenn er denkt »diess hätte ich nicht thun müssen,« »dies hätte anders auslaufen können,« und gewinnt daraus ebenfalls Lust oder Unlust. Ohne die Irrthümer, welche bei jeder seelischen Lust und Unlust thätig sind, würde niemals ein Menschenthum entstanden sein, – dessen Grundempfindung ist und bleibt, dass der Mensch der Freie in der Welt der Unfreiheit sei, der ewige *Wunderthäter*, sei es dass er gut oder böse handelt, die erstaunliche Ausnahme, das Ueberthier, der Fast-Gott, der Sinn der Schöpfung, der Nichthinwegzudenkende, das Lösungswort des kosmischen Räthsels, der grosse Herrscher über die Natur und Verächter derselben, das Wesen, das seine Geschichte *Weltgeschichte* nennt! – Vanitas vanitatum homo. 2, 547 f.

Bescheidenheit des Menschen. – Wie wenig Lust genügt den Meisten, um das Leben gut zu finden, wie bescheiden ist der Mensch! 2, 549

ALSO SPRACH ZARATHUSTRA
(1883/84/85)

»Aller Werth ward schon geschaffen, und aller geschaffene Werth – das bin ich. Wahrlich, es soll kein ›Ich will‹ mehr geben!« Also spricht der Drache.

Meine Brüder, wozu bedarf es des Löwen im Geiste? Was genügt nicht das lastbare Thier, das entsagt und ehrfürchtig ist?

Neue Werthe schaffen – das vermag auch der Löwe noch nicht: aber Freiheit sich schaffen zu neuem Schaffen – das vermag die Macht des Löwen.

Freiheit sich schaffen und ein heiliges Nein auch vor der Pflicht: dazu, meine Brüder, bedarf es des Löwen.

Recht sich nehmen zu neuen Werthen – das ist das furchtbarste Nehmen für einen tragsamen und ehrfürchtigen Geist. Wahrlich, ein Rauben ist es ihm und eines raubenden Thieres Sache.

Als sein Heiligstes liebte er einst das »Du-sollst«: nun muss er Wahn und Willkür auch noch im Heiligsten finden, dass er sich Freiheit raube von seiner Liebe: des Löwen bedarf es zu diesem Raube.

Aber sagt, meine Brüder, was vermag noch das Kind, das auch der Löwe nicht vermochte? Was muss der raubende Löwe auch noch zum Kinde werden?

Unschuld ist das Kind und Vergessen, ein Neubeginnen, ein Spiel, ein aus sich rollendes Rad, eine erste Bewegung, ein heiliges Ja-sagen.

Ja, zum Spiele des Schaffens, meine Brüder, bedarf es eines heiligen Ja-sagens: *seinen* Willen will nun der Geist, *seine* Welt gewinnt sich der Weltverlorene.

Drei Verwandlungen nannte ich euch des Geistes: wie der Geist zum Kameele ward, und zum Löwen das Kameel, und der Löwe zuletzt zum Kinde. – – 4, 30 f.

Um die Erfinder von neuen Werthen dreht sich die Welt: – unsichtbar dreht sie sich. Doch um die Schauspieler dreht sich das Volk und der Ruhm: so ist es der Welt Lauf.

4, 65

Glaubt es mir, meine Brüder! Er starb zu früh; er selber hätte seine Lehre widerrufen, wäre er bis zu meinem Alter gekommen! Edel genug war er zum Widerrufen!

Aber ungereift war er noch. Unreif liebt der Jüngling und

unreif hasst er auch Mensch und Erde. Angebunden und schwer ist ihm noch Gemüth und Geistesflügel.

Aber im Manne ist mehr Kind als im Jünglinge, und weniger Schwermuth: besser versteht er sich auf Tod und Leben.

Frei zum Tode und frei im Tode, ein heiliger Nein-sager, wenn es nicht Zeit mehr ist zum Ja: also versteht er sich auf Tod und Leben.

Dass euer Sterben keine Lästerung sei auf Mensch und Erde, meine Freunde: das erbitte ich mir von dem Honig eurer Seele.

In eurem Sterben soll noch euer Geist und eure Tugend glühn, gleich einem Abendroth um die Erde: oder aber das Sterben ist euch schlecht gerathen.

Also will ich selber sterben, dass ihr Freunde um meinetwillen die Erde mehr liebt; und zur Erde will ich wieder werden, dass ich in Der Ruhe habe, die mich gebar. 4, 95

Gut und Böse, und Reich und Arm, und Hoch und Gering, und alle Namen der Werthe: Waffen sollen es sein und klirrende Merkmale davon, dass das Leben sich immer wieder selber überwinden muss! 4, 130

Und diess Geheimniss redete das Leben selber zu mir. »Siehe, sprach es, ich bin das, *was sich immer selber überwinden muss.*« 4, 148

Mit euren Werthen und Worten von Gut und Böse übt ihr Gewalt, ihr Werthschätzenden: und diess ist eure verborgene Liebe und eurer Seele Glänzen, Zittern und Überwallen.

Aber eine stärkere Gewalt wächst aus euren Werthen und eine neue Überwindung: an der zerbricht Ei und Eierschale.

Und wer ein Schöpfer sein muss im Guten und Bösen:

wahrlich, der muss ein Vernichter erst sein und Werthe zerbrechen.

Also gehört das höchste Böse zur höchsten Güte: diese aber ist die schöpferische. –

Reden wir nur davon, ihr Weisesten, ob es gleich schlimm ist. Schweigen ist schlimmer; alle verschwiegenen Wahrheiten werden giftig.

Und mag doch Alles zerbrechen, was an unseren Wahrheiten zerbrechen – kann! Manches Haus giebt es noch zu bauen!

4, 149

Eins!
Oh Mensch! Gieb Acht!
Zwei!
Was spricht die tiefe Mitternacht?
Drei!
»Ich schlief, ich schlief –,
Vier!
»Aus tiefem Traum bin ich erwacht: –
Fünf!
»Die Welt ist tief,
Sechs!
»Und tiefer als der Tag gedacht.
Sieben!
»Tief ist ihr Weh –,
Acht!
»Lust – tiefer noch als Herzeleid:
Neun!
»Weh spricht: Vergeh!
Zehn!
»Doch alle Lust will Ewigkeit –,
Elf!
»– will tiefe, tiefe Ewigkeit!
Zwölf

4, 285 f.

Mit dir verlernte ich den Glauben an Worte und Werthe und grosse Namen. Wenn der Teufel sich häutet, fällt da nicht auch sein Name ab? der ist nämlich auch Haut. Der Teufel selber ist vielleicht – Haut.

»Nichts ist wahr, Alles ist erlaubt«: so sprach ich mir zu. In die kältesten Wasser stürzte ich mich, mit Kopf und Herzen. Ach, wie oft stand ich darob nackt als rother Krebs da!

Ach, wohin kam mir alles Gute und alle Scham und aller Glaube an die Guten! Ach, wohin ist jene verlogne Unschuld, die ich einst besass, die Unschuld der Guten und ihrer edlen Lügen!

Zu oft, wahrlich, folgte ich der Wahrheit dicht auf dem Fusse: da trat sie mir vor den Kopf. Manchmal meinte ich zu lügen, und siehe! da erst traf ich – die Wahrheit.

Zu Viel klärte sich mir auf – nun geht es mich Nichts mehr an. Nichts lebt mehr, das ich liebe, – wie sollte ich noch mich selber lieben?

»Leben, wie ich Lust habe, oder gar nicht leben«: so will ich's, so will's auch der Heiligste. Aber, wehe! wie habe *ich* noch – Lust?

Habe *ich* – noch ein Ziel? Einen Hafen, nach dem *mein* Segel läuft?

Einen guten Wind? Ach, nur wer weiss, *wohin* er fährt, weiss auch, welcher Wind gut und sein Fahrwind ist.

Was blieb mir noch zurück? Ein Herz müde und frech; ein unstäter Wille; Flatter-Flügel; ein zerbrochnes Rückgrat.

4, 340

JENSEITS VON GUT UND BÖSE
(1886)

Wer nicht im Verkehr mit Menschen gelegentlich in allen Farben der Noth, grün und grau vor Ekel, Überdruss, Mitgefühl, Verdüsterung, Vereinsamung schillert, der ist gewiss kein Mensch höheren Geschmacks; gesetzt aber, er nimmt alle diese Last und Unlust nicht freiwillig auf sich, er weicht ihr immerdar aus und bleibt, wie gesagt, still und stolz auf seiner Burg versteckt, nun, so ist Eins gewiss: er ist zur Erkenntniss nicht gemacht, nicht vorherbestimmt. Denn als solcher würde er eines Tages sich sagen müssen »hole der Teufel meinen guten Geschmack! aber die Regel ist interessanter als die Ausnahme, – als ich, die Ausnahme!« – und würde sich *hinab* begeben, vor Allem »hinein«. Das Studium des *durchschnittlichen* Menschen, lang, ernsthaft, und zu diesem Zwecke viel Verkleidung, Selbstüberwindung, Vertraulichkeit, schlechter Umgang – jeder Umgang ist schlechter Umgang ausser dem mit Seines-Gleichen –: das macht ein nothwendiges Stück der Lebensgeschichte jedes Philosophen aus, vielleicht das unangenehmste, übelriechendste, an Enttäuschungen reichste Stück. Hat er aber Glück, wie es einem Glückskinde der Erkenntniss geziemt, so begegnet er eigentlichen Abkürzern und Erleichterern seiner Aufgabe, – ich meine sogenannten Cynikern, also Solchen, welche das Thier, die Gemeinheit, die »Regel« an sich einfach anerkennen und dabei noch jenen Grad von Geistigkeit und Kitzel haben, um über sich und ihres Gleichen *vor Zeugen* reden zu müssen: – mitunter wälzen sie sich sogar in Büchern wie auf ihrem eignen Miste. Cynismus ist die einzige Form, in welcher gemeine Seelen an Das streifen, was Redlichkeit ist; und der höhere Mensch hat bei jedem gröberen und feineren Cynismus die Ohren aufzumachen und sich jedes Mal Glück zu wünschen, wenn gerade vor ihm der Possenreisser ohne Scham oder der wissenschaftliche Satyr laut werden. Es giebt sogar Fälle, wo zum Ekel sich die Bezauberung mischt: da nämlich, wo an einen solchen indiskreten Bock und Affen, durch eine Laune der Natur, das Genie gebunden ist, wie bei dem Abbé Galiani, dem tiefsten, scharfsichtigsten und vielleicht auch schmutzigsten Menschen seines Jahrhunderts – er war viel tiefer als Voltaire und folglich auch ein gut Theil schweigsamer. Häufiger schon geschieht es, dass, wie angedeutet, der wissenschaftliche Kopf auf einen Affenleib, ein feiner Ausnahme-Verstand auf eine gemeine Seele gesetzt ist, – unter Ärzten und Moral-Physiologen namentlich kein seltenes Vorkommniss. Und wo nur Einer ohne Erbitterung, vielmehr harmlos vom Menschen redet als von einem Bauche mit zweierlei Bedürfnissen und einem Kopfe mit Einem; überall wo Jemand immer nur Hunger, Geschlechts-Begierde und Eitelkeit sieht, sucht und sehn *will*, als seien es die eigentlichen und einzigen Triebfedern der menschlichen Handlungen; kurz, wo man »schlecht« vom Menschen redet – und nicht einmal *schlimm* –, da soll der Liebhaber der Erkenntniss fein und fleissig hinhorchen, er soll seine Ohren überhaupt dort haben, wo ohne Entrüstung geredet wird. Denn der entrüstete Mensch, und wer immer mit seinen eignen Zähnen sich selbst (oder, zum Ersatz dafür, die Welt, oder Gott, oder die Gesellschaft) zerreisst und zerfleischt, mag zwar moralisch gerechnet, höher stehn als der lachende und selbstzufriedene Satyr, in jedem anderen Sinne aber ist er der gewöhnlichere, gleichgültigere, unbelehrendere Fall. Und Niemand *lügt* soviel als der Entrüstete. – 5, 44 f.

Unter friedlichen Umständen fällt der kriegerische Mensch über sich selber her. 5, 87

Man missversteht das Raubthier und den Raubmenschen (zum Beispiele Cesare Borgia) gründlich, man missversteht die »Natur«, so lange man noch nach einer »Krankhaftigkeit« im Grunde dieser gesündesten aller tropischen Unthiere und Gewächse sucht, oder gar nach einer ihnen eingeborenen »Hölle« –: wie es bisher fast alle Moralisten gethan haben. Es scheint, dass es bei den Moralisten einen Hass gegen den Urwald und gegen die Tropen giebt? Und dass der »tropische Mensch« um jeden Preis diskreditirt werden muss, sei es als Krankheit und Entartung des Menschen, sei es als eigne Hölle und Selbst-Marterung? Warum doch? Zu Gunsten der »gemässigten Zonen«? Zu Gunsten der gemässigten Menschen? Der »Moralischen«? Der Mittelmässigen? – Dies zum Kapitel »Moral als Furchtsamkeit«. – 5, 117

Inwiefern das neue kriegerische Zeitalter, in welches wir Europäer ersichtlich eingetreten sind, vielleicht auch der Entwicklung einer anderen und stärkeren Art von Skepsis günstig sein mag, darüber möchte ich mich vorläufig nur durch ein Gleichniss ausdrücken, welches die Freunde der deutschen Geschichte schon verstehen werden. Jener unbedenkliche Enthusiast für schöne grossgewachsene Grenadiere, welcher, als König von Preussen, einem militärischen und skeptischen Genie – und damit im Grunde jenem neuen, jetzt eben siegreich heraufgekommenen Typus des Deutschen – das Dasein gab, der fragwürdige tolle Vater Friedrichs des Grossen, hatte in Einem Punkte selbst den Griff und die Glücks-Kralle des Genies: er wusste, woran es damals in Deutschland fehlte, und welcher Mangel hundert Mal ängstlicher und dringender war, als etwa der Mangel an Bildung und gesellschaftlicher Form, – sein Widerwille gegen den jungen Friedrich kam aus der Angst eines tiefen Instinktes. *Männer fehlten*; und er argwöhnte zu seinem bittersten Verdrusse, dass sein eigner Sohn nicht

Manns genug sei. Darin betrog er sich: aber wer hätte an seiner Stelle sich nicht betrogen? Er sah seinen Sohn dem Atheismus, dem esprit, der genüsslichen Leichtlebigkeit geistreicher Franzosen verfallen: – er sah im Hintergrunde die grosse Blutaussaugerin, die Spinne Skepsis, er argwöhnte das unheilbare Elend eines Herzens, das zum Bösen wie zum Guten nicht mehr hart genug ist, eines zerbrochnen Willens, der nicht mehr befiehlt, nicht mehr befehlen *kann*. Aber inzwischen wuchs in seinem Sohne jene gefährlichere und härtere neue Art der Skepsis empor – wer weiss, *wie sehr* gerade durch den Hass des Vaters und durch die eisige Melancholie eines einsam gemachten Willens begünstigt? – die Skepsis der verwegenen Männlichkeit, welche dem Genie zum Kriege und zur Eroberung nächst verwandt ist und in der Gestalt des grossen Friedrich ihren ersten Einzug in Deutschland hielt. Diese Skepsis verachtet und reisst trotzdem an sich; sie untergräbt und nimmt in Besitz; sie glaubt nicht, aber sie verliert sich nicht dabei; sie giebt dem Geiste gefährliche Freiheit, aber sie hält das Herz streng; es ist die *deutsche* Form der Skepsis, welche, als ein fortgesetzter und in's Geistigste gesteigerter Fridericianismus, Europa eine gute Zeit unter die Botmässigkeit des deutschen Geistes und seines kritischen und historischen Misstrauens gebracht hat. Dank dem unbezwinglich starken und zähen Manns-Charakter der grossen deutschen Philologen und Geschichts-Kritiker (welche, richtig angesehn, allesammt auch Artisten der Zerstörung und Zersetzung waren) stellte sich allmählich und trotz aller Romantik in Musik und Philosophie ein *neuer* Begriff vom deutschen Geiste fest, in dem der Zug zur männlichen Skepsis entscheidend hervortrat –. Sei es zum Beispiel als Unerschrokkenheit des Blicks, als Tapferkeit und Härte der zerlegenden Hand, als zäher Wille zu gefährlichen Entdeckungsreisen, zu vergeistigten Nordpol-Expeditionen unter öden und gefährlichen Himmeln. Es mag seine guten Gründe haben, wenn sich warmblütige und oberflächliche Menschlichkeits-Menschen gerade vor diesem Geiste bekreuzigen: cet esprit fataliste, ironique, méphistophélique nennt ihn, nicht ohne Schauder, Michelet. Aber will man nachfühlen, wie auszeichnend diese Furcht vor dem »Mann« im deutschen Geiste ist, durch den Europa aus seinem »dogmatischen Schlummer« geweckt wurde, so möge man sich des ehemaligen Begriffs erinnern, der mit ihm überwunden werden musste, – und wie es noch nicht zu lange her ist, dass ein vermännlichtes Weib es in zügelloser Anmaassung wagen durfte, die Deutschen als sanfte herzensgute willensschwache und dichterische Tölpel der Theilnahme Europa's zu empfehlen. Man verstehe doch endlich das Erstaunen Napoleon's tief genug, als er Goethen zu sehen bekam: es verräth, was man sich Jahrhunderte lang unter dem »deutschen Geiste« gedacht hatte. »Voilà un homme!« – das wollte sagen: »Das ist ja ein *Mann*! Und ich hatte nur einen Deutschen erwartet!« – 5, 140-142

Der europäische Mischmensch – ein leidlich hässlicher Plebejer, Alles in Allem – braucht schlechterdings ein Kostüm: er hat die Historie nöthig als die Vorrathskammer der Kostüme. Freilich bemerkt er dabei, dass ihm keines recht auf den Leib passt, – er wechselt und wechselt. Man sehe sich das neunzehnte Jahrhundert auf diese schnellen Vorlieben und Wechsel der Stil-Maskeraden an; auch auf die Augenblicke der Verzweiflung darüber, dass uns »nichts steht« –. Unnütz, sich romantisch oder klassisch oder christlich oder florentinisch oder barokko oder »national« vorzuführen, in moribus et artibus: es »kleidet nicht«! Aber der Geist, insbesondere der »historische Geist«, ersieht sich auch noch an dieser Verzweiflung seinen Vortheil: immer wieder wird ein neues Stück Vorzeit und Ausland versucht, umgelegt, abgelegt, eingepackt, vor allem *studirt* –: wir sind das erste studirte Zeitalter in puncto der »Kostüme«, ich meine der Moralen, Glaubensartikel, Kunstgeschmäcker und Religionen, vorbereitet wie noch keine Zeit es war, zum Karneval grossen Stils, zum geistigsten Fasching-Gelächter und Übermuth, zur transscendentalen Höhe des höchsten Blödsinns und der aristophanischen Welt-Verspottung. Vielleicht, dass wir hier gerade das Reich unsrer *Erfindung* noch entdecken, jenes Reich, wo auch wir noch original sein können, etwa als Parodisten der Weltgeschichte und Hanswürste Gottes, – vielleicht dass, wenn auch Nichts von heute sonst Zukunft hat, doch gerade unser *Lachen* noch Zukunft hat! 5, 157

Was Europa den Juden verdankt? – Vielerlei, Gutes und Schlimmes, und vor allem Eins, das vom Besten und Schlimmsten zugleich ist: den grossen Stil in der Moral, die Furchtbarkeit und Majestät unendlicher Forderungen, unendlicher Bedeutungen, die ganze Romantik und Erhabenheit der moralischen Fragwürdigkeiten – und folglich gerade den anziehendsten, verfänglichsten und ausgesuchtesten Theil jener Farbenspiele und Verführungen zum Leben, in deren Nachschimmer heute der Himmel unsrer europäischen Cultur, ihr Abend-Himmel, glüht, – vielleicht verglüht. Wir Artisten unter den Zuschauern und Philosophen sind dafür den Juden – dankbar. 5, 192

Es giebt ein Sprüchwort bei den Chinesen, das die Mütter schon ihre Kinder lehren: siao-sin »mache dein Herz *klein*!« Dies ist der eigentliche Grundhang in späten Civilisationen: ich zweifle nicht, dass ein antiker Grieche auch an uns Europäern von Heute zuerst die Selbstverkleinerung herauserkennen würde, – damit allein schon giengen wir ihm »wider den Geschmack.« – 5, 220 f.

GÖTZEN-DÄMMERUNG
(1889)

Wir schätzen uns nicht genug mehr, wenn wir uns mittheilen. Unsre eigentlichen Erlebnisse sind ganz und gar nicht geschwätzig. Sie könnten sich selbst nicht mittheilen, wenn sie wollten. Das macht, es fehlt ihnen das Wort. Wofür wir Worte haben, darüber sind wir auch schon hinaus. In allem Reden liegt ein Gran Verachtung. Die Sprache, scheint es, ist nur für Durchschnittliches, Mittleres, Mittheilsames erfunden. Mit der Sprache *vulgarisirt* sich bereits der Sprechende. – Aus einer Moral für Taubstumme und andere Philosophen. 6, 128

DER ANTICHRIST
(1889)

Man nennt das Christenthum die Religion des *Mitleidens*. – Das Mitleiden steht im Gegensatz zu den tonischen Affekten, welche die Energie des Lebensgefühls erhöhn: es wirkt depressiv. Man verliert Kraft, wenn man mitleide‹t›. Durch das Mitleiden vermehrt und vervielfältigt sich die Einbusse an Kraft noch, die an sich schon das Leiden dem Leben br‹ingt.› Das Leiden selbst wird durch das Mitleiden ansteckend; unter Umständen kann mit ihm eine Gesammt-Einbusse an Leben und Lebens-Energie erreicht werden, die in einem absurden Verhältniss zum Quantum der Ursache steht (– der Fall vom Tode des Nazareners). Das ist der erste Gesichtspunkt; es giebt aber noch einen wichtigeren. Gesetzt, man misst das Mitleiden nach dem Werthe der Reaktionen, die es hervorzubringen pflegt, so erscheint sein lebensgefährlicher Charakter in einem noch viel helleren Lichte. Das Mitleiden kreuzt im Ganzen Grossen das

Gesetz der Entwicklung, welches das Gesetz der *Selection* ist. Es erhält, was zum Untergange reif ist, es wehrt sich zu Gunsten der Enterbten und Verurtheilten des Lebens, es giebt durch die Fülle des Missrathnen aller Art, das es im Leben *festhält*, dem Leben selbst einen düsteren und fragwürdigen Aspekt. Man hat gewagt, das Mitleiden eine Tugend zu nennen (– in jeder *vornehmen* Moral gilt es als Schwäche –); man ist weiter gegangen, man hat aus ihm *die* Tugend, den Boden und Ursprung aller Tugenden gemacht, – nur freilich, was man stets im Auge behalten muss‹,› vom Gesichtspunkte einer Philosophie aus, welche nihilistisch war, welche die *Verneinung des Lebens* auf ihr Schil‹d schr›ieb. Schopenhauer war in seinem Rechte damit: durch das Mit‹leid› wird das Leben verneint, *verneinungswü‹rdiger›* gemacht, – Mitleiden ist die *Praxis* des Nihilismus. 6, 172 f.

AUS DEM NACHLASS 1869-1874

Der Pessimismus ist unpraktisch und ohne die Möglichkeit der Konsequenz! Das Nichtsein kann nicht Ziel sein.

Der Pessimismus ist nur im Reiche des *Begriffs* möglich. Es ist nur erträglich zu existieren mit dem Glauben an die Nothwendigkeit des Weltprozesses. Dies ist die große Illusion: der Wille hält uns am Dasein fest und wendet jede Überzeugung hin zu einer Ansicht, die das Dasein ermöglicht. Dies ist der Grund, weshalb der Glaube an eine Vorsehung so unvertilgbar ist, weil er über das Übel hinweghilft. Ebendaher der Unsterblichkeitsglaube. 7, 86

Es giebt keine schöne Fläche ohne eine schreckliche Tiefe. 7, 159

Bekämpfung der Ansicht daß der Zweck der Menschheit in der Zukunft liege, etwa eine völlige Verneinung en masse. Die Menschheit ist nicht ihretwegen da, in ihren Spitzen, den großen Heiligen und Künstlern liegt das Ziel, also weder vor noch hinter uns. Der Wille erstrebt *Heilung*, höchste schmerzlose Genüsse. Dazu braucht er die Wahnvorstellungen als die bis zur Heiligung und zum Kunstwerk sich steigernden Trugmechanismen. 7, 161

AUS DEM NACHLASS 1875-1879

Mit dem Verschwinden des Christenthums ist auch ein guter Theil des Alterthums unverständlicher geworden, zumal die ganze religiöse Basis des Lebens. Schon deshalb ist eine Nachahmung des Alterthums eine falsche Tendenz; Betrüger oder Betrogene sind die Philologen, welche noch daran denken. Wir leben in der Periode, wo verschiedene Lebensauffassungen neben einander stehen: deshalb ist die Zeit so lehrreich, wie selten eine, deshalb so krank, weil sie an den Übeln aller Richtungen zugleich leidet. Zukunftsmensch: der europäische Mensch. 8, 43 f.

Die Verneinung des Lebens ist nicht mehr so leicht zu erreichen: man mag Einsiedler oder Mönch sein – was ist da verneint! Dieser Begriff wird jetzt tiefer: es ist vor allem *erkennende Verneinung, gerecht sein wollende Verneinung, nicht mehr in Bausch und Bogen.*

Wer heute gut und heilig sein wollte, hätte es schwerer: er dürfte, um gut zu sein, nicht so *ungerecht* gegen das *Wissen* sein, wie es die frühern Heiligen waren. Es müsste ein Wissender-Heiliger sein: Liebe und Weisheit verbindend; und mit einem Glauben an Götter oder Halbgötter oder Vorsehungen dürfte er nichts mehr zu schaffen haben; wie damit auch die indischen Heiligen nichts zu thun hatten. Auch müsste er gesund sein und sich gesund erhalten; sonst würde er gegen sich misstrauisch werden müssen. Und vielleicht würde er gar nicht einem asketisch Heiligen ähnlich sehen, vielleicht gar einem Lebemanne. 8, 47

Das Negative muß in der Entstehung des Bedürfnisses gesucht werden. 8, 156

Lust und Unlust können sich gar nicht aufheben. 8, 180

AUS DEM NACHLASS 1880-1882

Unsere Werthschätzungen bestimmen unsere Lebensweise (Aufenthalt, Beruf, Umgang usw.), und unsere Lebensweise bestimmt, wie sehr oder wie wenig wir einen Schmerz oder eine Lust fühlen, nicht nur im Feineren und Geistigsten, sondern bis aufs Körperlichste herab. Wer die Werthschätzungen verändert, verändert mittelbar auch die Lust- und Unlust-Arten und -Grade der Menschen. 9, 64

Alles, was wir jetzt unmoralisch nennen, ist irgendwann und irgendwo einmal moralisch gewesen. Was bürgt dafür, daß es seinen Namen nicht noch einmal verändert? 9, 65

Die moralische Beurtheilung der Menschen und Dinge ist ein Trostmittel der Leidenden, Unterdrückten, innerlich Gequälten: eine Art Rache-nehmen. 9, 65

Ein Jahrtausend lang war es den freisinnigsten Geistern nicht möglich, sich eine unreligiöse Denkungsart vorzustellen; jetzt besitzen wir dieselbe, sind aber wiederum außer Stande, uns eine außermoralische Denkungsart vorzustellen; spätere Menschen werden vielleicht auch diese haben.
9, 65

Der Trost Luthers als die Sache nicht vorwärts gieng, »Untergang der Welt«. Die Nihilisten hatten Schopenhauer als Philosophen. Alle die extrem Aktiven wollen die Welt in Stücke gehen lassen, wenn sie ihren Willen als unmöglich erkennen (Wotan) 9, 125

Ach die Entwerthung der einfachen Freuden! Die Griechen haben damit angefangen; es sei sclavenhaft, sich mit den ἀναγκαῖα genügen lassen. *Fröhlich* soll es zugehen! Das niedere Volk hat recht! – Luxus herrscht im Geistigen, daran kranken wir. Die Wahrheit ist: ihr lebt sklavenhaft in eurer Überarbeitung, in eurem Zwange der Gesellschaft, ihr braucht die Geistigkeit als *Rausch*: und sie bekommt euch schlecht. 9, 167

Je mehr wir begreifen, *wie* unsere Werthschätzungen entstanden sind, um so mehr verringert sich ihr Werth und das Bedürfniß nach neuen Abschätzungen stellt sich heraus. Das Studium der ersten und letzten Fragen z. B. verliert jene centnerschwere Bedeutung, wenn wir sehen, durch welche Irrthümer wir unser gegenwärtiges Befinden und ewiges Heil daran *gehängt* haben. 9, 172

Nur ist es nicht so leicht, *nicht* zu glauben – denn wir selber haben einmal daran geglaubt und alle Welt glaubt oder scheint doch daran zu glauben. Wir müssen nicht nur umlernen, sondern unsere Schätzungen *umgewöhnen* – es bedarf der *Übung*. 9, 188

Skepticismus! Ja, aber ein *Scepticismus der Experimente*! nicht die Trägheit der Verzweiflung 9, 287

Das Widerwärtige wird jetzt *sehr genau gemalt* – warum? – Dahin gehört auch der Pessimismus. Nicht Entartung der Sitten, sondern *Überbeschäftigung* ist der Grund. 9, 297

Es giebt wirklich Menschen welche eine Sache damit geehrt zu haben glauben, daß sie dieselbe *deutsch* nennen. Es ist der Gipfel der nationalen Verdummung und Frechheit.

9, 375

Keine Erziehung, wirkliche Bedürfnisse erhalten Energie. Was soll aus der civilisirten Welt werden! *Sand* und *Schleim*!

9, 387

»alle großen Interessen mit Ironie behandeln« weil man keine Zeit hat, sie tief zu nehmen – jetzt europäisch

9, 387

so kindlich wie Pascal und unsere Theologen, welche bei Wissen und Glauben unwillkürlich meinen, bei Glauben handle es sich immer und allein um den christlichen Glauben 9, 387

Es fehlen nur noch die großen überzeugenden Menschen – sonst ist alles zu einer völligen Veränderung vorbereitet, Principien, Mißtrauen, Auflösung aller Verträge, die Gewöhnung, ja das Bedürfniß der Erschütterung, die Unzufriedenheit. 9, 402

In dem Grade als die Welt *zähl-* und *meßbar* sich zeigt, also *zuverlässig* – erhält sie *Würde* bei uns. Ehedem hatte die *unberechenbare* Welt (der Geister – des Geistes) Würde, sie erregte mehr Furcht. *Wir* aber sehen die ewige *Macht* ganz wo anders. Unsere Empfindung über die Welt *dreht sich um: Pessimismus* des *Intellekts.* 9, 468 f.

Unglückseliger! Du hast nun auch das Leben des Einsamen, Freien durchschaut: und wieder, wie ehedem, hast du dir den Weg dazu eben durch dein Erkennen *verschlossen.*

Ich will alles, was ich verneine, ordnen und das ganze

Lied absingen: es giebt keine Vergeltung keine Weisheit keine Güte keine Zwecke keinen Willen: um zu handeln, mußt du an Irrthümer glauben; und du wirst noch nach diesen Irrthümern handeln, wenn du sie als Irrthümer durchschaut hast. 9, 478

Inwiefern jeder hellere Gesichtskreis als Nihilism erscheint 9, 586

Es genügen außerordentlich *kleine* Veränderungen der Werthschätzung, um ganz ungeheuer *verschiedene Werthbilder* zu bekommen (Anordnung der Güter) 9, 587

Wir dürfen nicht *wider den Strich* die Vernunft der Menschheit entwickeln, aber es ist auch dafür gesorgt, daß wir es nicht können. 9, 587

AUS DEM NACHLASS 1882-1885

Wenn wir nicht uns selber erhalten, geht Alles zu Ende. *Uns selber durch eine Organisation.*

Die Freunde des Lebens.

Nihilismus als kleines Vorspiel. 10, 43

Meine Liebe zum Menschen hat Ebbe und Fluth: und jeder einzelne geliebte Mensch ist für diese Liebe nur eine Gelegenheits-Ursache. Dies zu erkennen betrübt. 10, 92

Wir stehen vor der *größten Erregung* – und hinter ihr *der Rückschlag*! die Sehnsucht ins Nichts! – Und wir wollen weder in dieser Erregung noch in dieser Sehnsucht zu Grunde gehen – wir Freunde des Lebens. 10, 109 ich möchte der Welt ihren herzbrechenden Charakter nehmen. 10, 117

Schaffende sind nur die Schätzende und die Erfinder der neuen Werthe: um sie allein dreht sich die Welt. Wer den neuen Werthe Glauben macht, der heißt dem Volke aber »Schaffender« – 10, 117 f.

Die Skepsis an allen moralischen Werthen ist ein Symptom davon, daß eine neue Werthtafel im Entstehen ist. 10, 126

Wenn wir einen Menschen los sein wollen, so brauchen wir uns nur vor ihm zu verkleinern – das wirkt sofort auf seine Eitelkeit und er läuft davon. 10, 130

So lange du auch noch angefeindet wirst, bist du noch nicht über deine Zeit hinaus – sie darf dich gar nicht sehen können, so hoch und ferne sollst du ihr sein. 10, 130

Bei der Freizügigkeit des Verkehrs können *Gruppen gleichartiger* Menschen sich zusammenthun und Gemeinwesen gründen. *Überwindung der Nationen.* 10, 255

Woraus wird gehandelt? Das ist *meine* Frage. Das wozu? wohin? ist etwas Zweites. Entweder *aus Lust* (*überströmendem* Kraftgefühl, welches sich austhun muß) *oder aus Unlust* (Hemmung des Machtgefühls, welches sich befreien oder entschädigen muß) Die Frage: wie soll gehandelt werden? wird gestellt: als ob mit dem Handeln erst etwas erreicht werden solle: aber das Nächste ist *das Handeln selber als der Erfolg*, das Erreichte, *abgesehen* von den Folgen das Handelns.

Also nicht *um des Glücks wegen* oder *Nutzens wegen* oder um Unlust abzuwehren handelt der Mensch – sondern eine *gewisse Kraftmenge* giebt sich aus, ergreift etwas, woran sie sich auslassen kann. Das, was man *»Ziel«*, *»Zweck«* nennt, ist in Wahrheit das *Mittel* für diesen unwillkürlichen Explosions-Vorgang.

Und *Ein und dieselbe Kraftgefühls-Menge kann sich auf tausend Weisen entladen*: dies ist »Freiheit des Willens« – das Gefühl, daß im Verhältniß zu der nothwendigen Explosion hundert von Handlungen gleich gut dienen. Das Gefühl einer gewissen *Beliebigkeit* der Handlung in Betreff dieser Spannungs-Erleichterung.

Meine Lösung: der Grad des Kraftgefühls befruchtet den Geist; der führt viele Ziele vor, wählt sich ein Ziel aus, dessen Folgen für das Gefühl ausspannend sind: also giebt es eine doppelte Entladung: einmal in der *Vorwegnahme* eines ausspannenden Ziels, sodann im Handeln selber.

»wenn ich Jenes thäte, so würde ich mich verachten, so würde ich unglücklich sein.« Dies wäre also: eine That nicht thun *wegen der Folgen für meine Empfindung*. 10, 268 f.

der Edle sieht Etwas, wovon eine gemeine Seele keine Idee hat. 10, 269

Die Werthlosigkeit des Lebens ist erkannt im Cynismus, aber hat sich noch nicht *gegen* das Leben gewendet.

Nein: viel kleine Überwindungen und ein loses Maul *befriedigen* da! 10, 310

Ich will eure Heimlichkeiten ans Licht bringen: darum lache ich euch ins Antlitz mein Gelächter der Höhe. 10, 427

Dunkel ist mir euer Antlitz, ihr Handelnden: eurer Hände Schatten spielt auf ihm, versteckt ist mir der Sinn eures Auges. 10, 427

Ein Gedanke, der im Granit verschlafen auf seinen Erwekker wartet. 10, 427

Das Auseinanderfallen, also die Ungewißheit ist dieser Zeit eigen: nichts steht auf festen Füßen und hartem Glauben an sich: man lebt für morgen, denn das Übermorgen ist zweifelhaft. Es ist Alles glatt und gefährlich auf unsrer Bahn, und dabei ist das Eis, das uns noch trägt, so dünn geworden: wir fühlen Alle den warmen unheimlichen Athem des Thauwindes – *wo* wir noch gehen, da wird bald Niemand mehr gehen *können*. 11, 12

Der europäische Pessimismus ist noch in seinen Anfängen: er hat noch nicht jene ungeheure sehnsüchtige Starrheit des Blicks, in welchem das Nichts sich spiegelt, wie er sie einmal in Indien hatte, es ist noch zu viel Gemachtes und nicht »Gewordenes« daran, zu viel Gelehrten- und Dichter-Pessimismus: ich meine ein gutes Theil darin ist hinzu erdacht und hinzu erfunden, ist »geschaffen«, aber nicht *Ursache*, gemacht und nicht »geworden«. 11, 15

Den vollkommenen Pessimism imaginiren (Schopenhauer hat ihn *verdorben*?) Unerkennbarkeit. – in wie fern *betrübend*? (nur für eine dogmatisch geübte Menschheit!)

der Gedanke des Todes: »Todesfurcht« angezüchtet, »europäische Krankheit« (Mittelalterliche Todes-Sucht)

die Nutzlosigkeit alles Ringens – *betrübend* unter Voraussetzung moralischer Grundurtheile d. h. wenn etwas festgehalten wird als *Maaßstab*, – es könnte auch Anlaß zum Lachen sein!

der vollkommene Pessimism wäre der, welcher die Lüge begreift, aber zugleich unfähig ist, sein Ideal *abzuwerfen*: Kluft zwischen Wollen und Erkennen. Absoluter Widerspruch – der Mensch ein Dividuum zweier feindseligen Mächte, die zu einander nur *Nein* sagen.

Begehren absolut unentrinnbar, aber zugleich als dumm *begriffen* und *geschätzt* (d. h. ein zweites Gegen-Begehren!) es *gehört* also zum Pessimism, daß er an gebrochenen, zweitheiligen Wesen hervortritt – es ist ein Zeichen des *Verfalls* – als Zeit-Krankheit. Das Ideal wirkt nicht belebend, sondern hemmend. 11, 55

Lob der Nihilisten: lieber vernichten und selber zu Grunde gehn! 11, 83

In wiefern es nöthig ist, für den Menschen höchsten Ranges, von den Vertretern einer *bestimmten* Moral tödtlich *gehaßt* zu werden. Wer die Welt liebt, den müssen alle Einzelnen verdammen: die Perspektive ihrer Erhaltung *fordert*, daß es keinen Zerstörer aller Perspectiven giebt. 11, 162

Über den deutschen Pessimismus. –

Die Verdüsterung, die pessimistische Färbung, kommt nothwendig im Gefolge der Aufklärung. Gegen 1770 bemerkte man bereits die Abnahme der Heiterkeit; Frauen dachten, mit jenem weiblichen Instinkt, der immer zu Gunsten der Tugend Partei nimmt, daß die Immoralität daran Schuld sei. Galiani traf ins Schwarze: er citirt Voltaires Vers. – Wenn ich nun vermeine, jetzt um ein paar Jahrhunderte Voltairen und sogar Galiani – der etwas viel Tieferes war – in der Aufklärung voraus zu sein: wie weit mußte ich also gar in der Verdüsterung gelangt sein! Dies ist auch wahr: und ich nahm zeitig mit einer Art Bedauern Acht vor der deutschen und christlichen Enge und Folge-Unrichtigkeit des Schopenhauerschen oder gar Leopardischen Pessimismus und suchte die principiellsten Formen auf (– Asien –) Unter die Fortdenker des Pessimismus rechne ich *nicht* E‹duard› v‹on› H‹artmann›, vielmehr unter die »angenehmen Litteraturen« – – – usw. Um aber *diesen* extremen Pessimismus zu ertragen (wie er, hier und da aus meiner »Geburt der Tragödie« heraus klingt) »ohne Gott und Moral« allein zu leben, mußte ich mir ein Gegenstück erfinden. Vielleicht weiß ich am besten, warum der Mensch allein lacht: er allein leidet so tief, daß er das Lachen erfinden *mußte*. Das unglückliche und melancholische Thier ist, wie billig, das heiterste. II, 571

Die Deutschen, an deren germanischen Vorfahren kein Tacitus den Geist, oder auch nur eine Lust am Geistigen, etwa am argute loqui, zu rühmen wußte, haben noch dazu alles gethan, durch viele Jahrhunderte hindurch, sich dumm zu machen; und ein boshafter Gott, welcher deutschfeindlich – vielleicht in Furcht vor ihrem vorbestimmten Atheismus und Götterdämmerung? – über ihnen waltete, gab ihnen lauter Neigungen ein, mit welchen ein Volk die Thüren auch für das *Kommen des* Geistes zuschließt: z. B. indem er sie hieß, in überheißen Betten schwitzen, – in dumpfen engen Stuben hocken, lauter Schwerverdauliches wie Klöse und schwere fettige Brühen zu ihren Leibspeisen machen, vor Allem trinken bis sie sanken: so daß schlafen gehen und angetrunken sein lange Zeiten hindurch zu den Nachbar-Vorstellungen eines deutschen Kopfes gehörte. Man möchte fast glauben, daß, wenn es endlich doch so etwas geben sollte, wie »*deutschen* Geist«, er erst durch Entdeutschung, ich meine durch Mischung mit ausländischem Blut ermöglicht worden ist. Wer rechnet nach, was den Slaven oder den Kelten oder den Juden für die Vergeistigung Deutschlands alles verdankt wird! II, 702

AUS DEM NACHLASS 1885-1889

– Seele und Athem und *Dasein* esse gleich gesetzt. Das *Lebende* ist das Sein: weiter giebt es kein Sein. 12, 16

Denken wir diesen Gedanken in seiner furchtbarsten Form: das Dasein, so wie es ist, ohne Sinn und Ziel, aber unvermeidlich, wiederkehrend, ohne ein Finale ins Nichts: »die ewige Wiederkehr«.

Das ist die extremste Form des Nihilismus: das Nichts (das »Sinnlose«) ewig!

Europäische Form des Buddhismus: Energie des Wissens und der Kraft *zwingt* zu einem solchen Glauben. Es ist die *wissenschaftlichste* aller möglichen Hypothesen. Wir leugnen Schluß-Ziele: hätte das Dasein eins, so müßte es erreicht sein. 12, 213

Das tragische Zeitalter für Europa: bedingt durch den Kampf mit dem Nihilismus. 12, 306

Mein neuer Weg zum »Ja«
Meine neue Fassung des *Pessimimus* als ein freiwilliges Aufsuchen der furchtbaren und fragwürdigen Seiten des Daseins: womit mir verwandte Erscheinungen der Vergangenheit deutlich wurden. »Wie viel Wahrheit erträgt und wagt ein Geist?« Frage seiner Stärke. Ein solcher Pessimism *könnte münden* in jene Form eines dionysischen *Jasagens* zur Welt wie sie ist: bis zum Wunsche ihrer absoluten Wiederkunft und Ewigkeit: womit ein neues Ideal von Philosophie und Sensibilität geben wäre.

Die bisher *verneinten* Seiten des Daseins nicht nur als nothwendig zu begreifen, sondern als wünschenswerth; und nicht nur wünschenswerth in Hinsicht auf die bisher bejahten Seiten (etwa als deren Complement Vorbedingungen), sondern um ihrer selber willen, als mächtigeren, fruchtbareren, wahreren Seiten des Daseins in denen sich sein Wille deutlicher ausspricht

Die bisher allein *bejahten* Seiten des Daseins abzuschätzen; das, was hier eigentlich Ja sagt, herauszuziehn (der Instinkt der Leidenden einmal, der Instinkt der Heerde andrerseits und jener dritte Instinkt: der Instinkt der Meisten gegen die Ausnahme)

Conception einer *höheren* Art Wesen als eine »unmoralische« nach den bisherigen Begriffen: die Ansätze dazu in der Geschichte (die heidnischen Götter, die Ideale der Renaissance) 12, 455

Ich verachte diesen *Pessimismus der Sensibilität*: er ist selbst ein Zeichen tiefer Verarmung an Leben. Ich werde nie zulassen, daß solch ein magerer Affe wie Hartmann von seinem philosophischen »Pessimismus« redet. – 13, 30

Ich beschreibe, was kommt: die Heraufkunft des Nihilismus. Ich kann hier beschreiben, weil hier etwas Nothwendiges sich begiebt – die Zeichen davon sind überall, die *Augen* nur für diese Zeichen fehlen noch. Ich lobe, ich tadle hier nicht, daß er kommt: ich glaube, es giebt eine der größten *Krisen*, einen Augenblick der *allertiefsten* Selbstbesinnung des Menschen: ob der Mensch sich davon erholt, ob er Herr wird über diese Krise, das ist eine Frage seiner Kraft: es ist *möglich* …

der moderne Mensch glaubt versuchsweise bald an diesen, bald an jenen *Werth* und läßt ihn dann fallen: der Kreis der überlebten und fallengelassenen Werthe wird immervoller; die *Leere* und *Armut an Werthen* kommt immer mehr zum Gefühl; die Bewegung ist unaufhaltsam – obwohl im großen Stil die Verzögerung versucht ist –

Endlich wagt er eine Kritik der Werthe überhaupt; er *erkennt* deren Herkunft; er erkennt genug, um an keinen

Werth mehr zu glauben; das *Pathos* ist da, der neue Schauder...

Was ich erzähle, ist die Geschichte der nächsten zwei Jahrhunderte ... 13, 56f.

Der Nationalism hat in Frankreich den Charakter, in Deutschland den Geist und Geschmack verdorben: um eine große Niederlage – und zwar eine definitive – zu vertragen, muß man jünger und gesünder sein als der Sieger 13, 134

Tagebuch des Nihilisten ...
der Schauder über die entdeckte »Falschheit«
leer: kein Gedanke mehr; die starken Affekte um Objekte ohne Werth sich drehend:
– Zuschauer für diese absurden Regungen für und wider
– überlegen, höhnisch, kalt gegen sich
– die stärksten Regungen erscheinen wie Lügner: als ob wir an ihre Objekte glauben sollten, als ob sie uns verführen wollten –
– die stärkste Kraft weiß nicht mehr, wozu?
– es ist Alles da, aber keine Zwecke –
der Atheismus als die Ideallosigkeit

Phase des leidenschaftlichen Neins und Neinthuns: in ihm entladet sich die aufgespeicherte Begierde nach Bejahung, nach Anbetung ..
Phase der Verachtung selbst gegen das Nein ...
selbst gegen den Zweifel ..
selbst gegen die Ironie ..
selbst gegen die Verachtung ..

Katastrophe: ob nicht die Lüge etwas Göttliches ist ..
ob nicht der Werth aller Dinge darin beruht, daß sie falsch sind? ..
ob nicht die Verzweiflung bloß die Folge eines Glaubens an die *Gottheit der Wahrheit* ist
ob nicht gerade das *Lügen und Falschmachen* (Umfälschen) das Sinn-Einlegen ein Werth, ein Sinn, ein Zweck ist
ob man nicht an Gott glauben sollte, nicht weil er wahr ist (*sondern weil er falsch* –? 13, 139 f.

Die absolute Veränderung, welche mit der Negation Gottes eintritt –

Wir haben absolut keinen Herrn mehr über uns; die alte Werthungs-Welt ist theologisch – sie ist umgeworfen –

Kürzer: es giebt keine höhere Instanz über uns: so weit Gott sein könne, sind wir selbst jetzt Gott ...

Wir müssen uns die Attribute zuschreiben, die wir Gott zuschrieben ... 13, 143

Wenn Gott existirt, hängt Alles von seinem Willen ab und ich bin nichts außer seinem Willen. Wenn er *nicht* existirt, so hängt Alles von mir ab, und ich muß meine Unabhängigkeit beweisen –

Der Selbstmord die completeste Art, seine Unabhängigkeit zu beweisen –

Gott ist nothwendig, folglich muß er existiren
Aber er existirt nicht
Also kann man nicht mehr leben.
dieser Gedanke hat auch Stavrogin verzehrt: »wenn er glaubt, glaubt er nicht, daß er glaubt. Wenn er nicht glaubt, glaubt er nicht, daß er nicht glaubt.«

die *klassische Formel* Kiriloffs bei Dostoj‹ewski:›

Ich bin gehalten, meinen *Unglauben* zu affirmiren; in meinen Augen giebt es keine größere Idee als die Leugnung Gottes. Was ist die Geschichte der Menschheit? Der Mensch hat nichts gemacht als Gott erfinden, um sich nicht zu tödten. Ich, als der Erste, stoße die Fiktion Gottes zurück …

Einen anderen tödten – das wäre die Unabhängigkeit in der niedrigsten Form: ich will den höchsten Punkt der Unabhängigkeit erreichen 13, 143 f.

das Christenthum war im Alterthum die große *nihilistische Bewegung*, die damit endete, daß sie siegte: und nun mehr regierte sie … 13, 167

Denn man vergreife sich nicht über den Sinn des Titels, mit dem dies Zukunfts-Evangelium benannt sein will. »*Der Wille zur Macht.* Versuch einer Umwerthung aller Werthe« – mit dieser Formel ist eine *Gegenbewegung* zum Ausdruck gebracht, in Absicht auf Princip und Aufgabe: eine Bewegung, welche in irgend einer Zukunft jenen vollkommenen Nihilismus ablösen wird; welche ihn aber *voraussetzt*, logisch und psychologisch, welche schlechterdings nur *auf ihn* und *aus ihm* kommen kann. Denn warum ist die Heraufkunft des Nihilismus nunmehr *nothwendig*? Weil unsere bisherigen Werthe selbst es sind, die in ihm ihre letzte Folgerung ziehn; weil der Nihilism die zu Ende gedachte Logik unserer großen Werthe und Ideale ist, – weil wir den Nihilismus erst erleben müssen, um dahinter zu kommen, was eigentlich der *Werth* dieser »Werthe« war … Wir haben, irgendwann, *neue Werthe* nöthig … 13, 190

Dies Buch ist antipessimistisch: es lehrt eine Gegenkraft gegen alles Neinsagen und Neinthun, ein Heilmittel der großen Müdigkeit 13, 225

Man hat mit einem willkürlichen und in jedem Betracht zufälligen Wort, dem Worte »Pessimismus« einen Mißbrauch getrieben, der wie ein Contagium um sich greift: man hat das Problem dabei übersehen in dem wir leben, das wir *sind* –

es handelt sich nicht darum, wer Recht hat, – es fragt sich, wohin wir gehören, ob zu den Verurtheilten, den Niedergangs-Gebilden … In diesem Fall *urtheilen* wir nihilistisch.

Man hat zwei Denkweisen gegen einander gestellt, wie als ob sie miteinander über die Wahrheit zu streiten hätten: während sie beide nur Symptome von Zuständen sind, während ihr *Kampf* das Vorhandensein eines cardinalen Lebens-Problems – und *nicht* eines Philosophen-Problems beweist. Wohin gehören wir? – sind wir – – – 13, 398 f.

Meine Schrift wendet sich gegen alle natürlichen Typen der décadence: ich habe die Phänomene des Nihilismus am umfänglichsten durchdacht

d. h. der geborene Vernichter – – – 13, 414

– Heute, wo Europa in die umgekehrte Bewegung eingetreten scheint, wo wir Halkyonier zumal mit aller Kraft den *Schuldbegriff* und *Strafbegriff* aus der Welt wieder zurückzuziehen, herauszunehmen, auszulöschen suchen, wo unser größter Ernst darauf aus ist, die Psychologie, die Moral, die Geschichte, die Natur, die gesellschaftlichen Institutionen und Sanktionen, Gott selbst von diesem Schmutz zu reinigen – in wem müssen wir unsre natürlichsten Antagonisten sehen? Eben in jenen Aposteln der Rache und des Ressentiments, in jenen Entrüstungs-Pessimisten par excellence, welche eine Mission daraus machen, ihren Schmutz unter dem Namen »Entrüstung« zu heiligen … Wir Anderen, die wir dem Werden seine Unschuld zurückzugewinnen wünschen, möchten die Missionare eines reinlicheren Gedankens sein; daß Niemand dem Menschen seine Eigenschaften gegeben hat, weder Gott, noch die Gesellschaft, noch seine Eltern und Vorfahren, noch er selbst, – daß Niemand *schuld* an ihm ist … Es fehlt ein Wesen, das dafür verantwortlich gemacht werden könnte, daß Jemand überhaupt da ist, daß Jemand so und so ist, daß Jemand unter diesen Umständen, in dieser Umgebung geboren ist. – *Es ist ein großes Labsal, daß solch ein Wesen fehlt* … Wir sind *nicht* das Resultat einer ewigen Absicht, eines Willens, eines Wunsches: mit uns wird *nicht* der Versuch gemacht, ein »Ideal von Vollkommenheit« oder ein »Ideal von Glück« oder ein »Ideal von Tugend« zu erreichen, – wir sind ebensowenig der Fehlgriff Gottes, vor dem ihm selber angst werden müßte (– mit welchem Gedanken bekanntlich das alte Testament beginnt). Es fehlt jeder Ort, jeder Zweck, jeder Sinn, wohin wir unser Sein, unser So-und-so-sein abwälzen könnten. Vor allem: Niemand *könnte* es: man *kann* das Ganze nicht richten, messen, vergleichen oder gar verneinen. Warum nicht? – Aus fünf Gründen, allesammt selbst bescheidenen Intelligenzen zugänglich: zum Beispiel, *weil es nichts giebt außer dem* Ganzen. – Und nochmals gesagt, das ist ein großes Labsal, darin liegt die Unschuld alles Daseins. 13, 425 f.

Grundeinsicht über das Wesen der décadence:

was man bisher als deren Ursachen angesehen hat, sind deren Folgen.

Damit verändert sich die ganze Perspektive der *moralischen Probleme.*

Laster:

Luxus:

Verbrechen:

selbst Krankheit:

: der ganze Moral-Kampf gegen Laster, Luxus usw. erscheint als Naivetät, als überflüssig …:

: es giebt keine »*Besserung*« – gegen die *Reue*

Die décadence selbst ist nichts, *was zu bekämpfen wäre*:

sie ist absolut nothwendig und jeder Zeit und jedem Volk eigen. *Was* mit aller Kraft zu bekämpfen, das ist die Einschleppung des Contagiums in die gesunden Theile des Organismus.

Thut man das? Man thut das *Gegentheil.*

Genau darum bemüht man sich seitens der *Humanität*

Wie verhalten sich zu dieser *biologischen* Grundfrage die bisherigen *obersten Werthe*?

I) Die Philosophie
die Religion
die Moral
die Kunst
usw. 13, 426 f.

Das gegenwärtige Deutschland, das mit Anspannung aller Kräfte arbeitet und eine Überladung und frühzeitiges Alter zu seinen normalen Folgen zählt, wird sich schon in 2 Generationen abzahlen mit einer tiefen Degenerescenz-Erscheinung ... Einstweilen constatiren wir nur die zunehmende Entgeistigung und Verpöbelung des Geschmacks – ein immer vulgäreres Erholungs-Bedürfniß: die späteren Zeiten werden die krankhaften Bedürfnisse im Vordergrunde finden, die Steigerung der Reizmittel, die alkoholischen und Musik Opiate. 13, 429

Was man früher nicht wußte, eine *Rückbildung* ist nicht *möglich.* Aber alle Moralisten und Priester suchen die Menschen auf ein früheres Schema zurückzubringen und Tugenden an ihnen zu entwickeln, die ehemals Tugenden gewesen sind. Selbst die Politiker sind nicht frei davon, – namentlich die Conservativen. Man kann eine Entwicklung *hemmen*, und durch Hemmung, selbst eine Entartung und Vernichtung herbeiführen – mehr kann man nicht.

Die ganze Romantik des Ideals ist darin falsch, daß sie rückbilden für möglich hält. Thatsächlich stellen die Romantiker eine krankhafte décadence-Form vor: sie sind sehr weit voraus, sehr spät und ganz und gar unfruchtbar... Das Verlangen nach ehedem ist selbst ein Zeugniß für eine tiefe Unlust und Zukunftslosigkeit 13, 463

Für einen Kriegsmann der Erkenntniß, der immer im Kampf mit häßlichen Wahrheiten liegt, ist der Glaube, *daß es gar keine Wahrheit giebt*, ein großes Bad und Gliederstrekken. – Der Nihilismus ist *unsre* Art Müssiggang ... 13, 491

Die Necessität der falschen Werthe.
Man kann ein Urtheil widerlegen, indem man seine Bedingtheit nachweist: damit ist die Nothwendigkeit, es zu haben, nicht abgeschafft. Die *falschen Werthe* sind nicht durch Gründe auszurotten: so wenig wie eine krumme Optik im Auge eines Kranken. Man muß ihre Nothwendigkeit, *dazusein*, begreifen: sie sind eine *Folge* von Ursachen, die mit Gründen nichts zu thun haben 13, 515

Die Kunst als einzig überlegene Gegenkraft gegen allen Willen zur Verneinung des Lebens, als das Antichristliche, Antibuddhistische, Antinihilistische par excellence.

13, 521

Zu beweisen, daß die nihilistische Denkungsweise die *Folge* vom Glauben an die *Moral* und *Priester-Werthe* ist: wenn man den Werth falsch angesetzt hat, so erscheint, bei der Einsicht in diese Falschheit, die Welt *entwerthet* ... 13, 585

Der neue Glaube kann keine Berge,
wohl aber Worte versetzen

RELIGION

DIE GEBURT DER TRAGÖDIE AUS DEM GEISTE DER MUSIK (1872)

Es ist des grössten Helden nicht unwürdig, sich nach dem Weiterleben zu sehnen, sei es selbst als Tagelöhner. 1, 36f.

Denn dies ist die Art, wie Religionen abzusterben pflegen: wenn nämlich die mythischen Voraussetzungen einer Religion unter den strengen, verstandesmässigen Augen eines rechtgläubigen Dogmatismus als eine fertige Summe von historischen Ereignissen systematisirt werden und man anfängt, ängstlich die Glaubwürdigkeit der Mythen zu vertheidigen, aber gegen jedes natürliche Weiterleben und Weiterwuchern derselben sich zu sträuben, wenn also das Gefühl für den Mythus abstirbt und an seine Stelle der Anspruch der Religion auf historische Grundlagen tritt. 1, 74

Wer wagt es, solchen drohenden Stürmen entgegen, sicheren Muthes an unsere blassen und ermüdeten Religionen zu appelliren, die selbst in ihren Fundamenten zu Gelehrtenreligionen entartet sind: so dass der Mythus, die nothwendige Voraussetzung jeder Religion, bereits überall gelähmt ist, und selbst auf diesem Bereich jener optimistische Geist zur Herrschaft gekommen ist, den wir als den Vernichtungskeim unserer Gesellschaft eben bezeichnet haben. 1, 117

UNZEITGEMÄSSE BETRACHTUNGEN I (1873)

»... Ist es Schatten! ist's Wirklichkeit? Wie wird mein Pudel lang und breit!« Denn jetzt wälzt er sich bereits wie ein Nilpferd auf der »Weltstrasse der Zukunft« hin, und aus dem Knurren und Bellen ist ein stolzer Religionsstifter-Ton geworden. Beliebt Ihnen vielleicht, Herr Magister, die Religion der Zukunft zu gründen? »Die Zeit scheint mir noch nicht gekommen (p. 8). Es fällt mir nicht einmal ein, irgend eine Kirche zerstören zu wollen.« – Aber warum nicht, Herr Magister? Es kommt nur darauf an, dass man's kann. Uebrigens, ehrlich gesprochen, Sie glauben selbst daran, dass Sie es können: sehen Sie nur Ihre letzte Seite an. Dort wissen Sie ja, dass Ihre neue Strasse »einzig die Weltstrasse der Zukunft ist, die nur stellenweise vollends fertig gemacht und hauptsächlich allgemeiner befahren zu werden braucht, um auch bequem und angenehm zu werden. Leugnen Sie nun nicht länger: der Religionsstifter ist erkannt, die neue, bequeme und angenehme Fahrstrasse zum Straussischen Paradies gebaut. Nur mit dem Wagen, in dem Sie uns kutschiren wollen, Sie bescheidener Mann, sind Sie nicht recht zufrieden; Sie sagen uns schliesslich »dass der Wagen, dem sich meine werthen Leser mit mir haben anvertrauen müssen, allen Anforderungen entspräche, will ich nicht behaupten« (p. 367): »durchaus fühlt man sich übel zerstossen.« Ach, Sie wollen etwas Verbindliches hören, Sie galanter Religionsstifter. Aber wir wollen Ihnen etwas Aufrichtiges sagen. Wenn Ihr Leser die 368 Seiten Ihres Religionskatechismus nur so sich verordnet, dass er jeden Tag des Jahres eine Seite liest, also in allerkleinsten Dosen, so glauben wir selbst, dass er sich zuletzt übel befindet: aus Aerger nämlich, dass die Wirkung ausbleibt. Vielmehr herzhaft geschluckt! möglichst viel auf einmal! wie das Recept bei allen zeitgemässen Büchern lautet. Dann kann der Trank nichts schaden, dann fühlt sich der Trinker hinterdrein keineswegs übel und ärgerlich, sondern lustig und gut gelaunt, als ob nichts geschehen, keine Religion zerstört, keine Weltstrasse gebaut, kein Bekenntniss gemacht wäre – das nenne ich doch eine Wirkung! Arzt und Arzenei und Krankheit, alles vergessen! Und das fröhliche Lachen! Der fortwährende Kitzel zum Lachen! Sie sind zu beneiden, mein Herr, denn Sie haben die angenehmste Religion gegründet, die nämlich, deren Stifter fortwährend dadurch geehrt wird, dass man ihn auslacht. 1, 176 f.

UNZEITGEMÄSSE BETRACHTUNGEN II
(1874)

Mit dem Worte »das Unhistorische« bezeichne ich die Kunst und Kraft *vergessen* zu können und sich in einen begrenzten *Horizont* einzuschliessen; »überhistorisch« nenne ich die Mächte, die den Blick von dem Werden ablenken, hin zu dem, was dem Dasein den Charakter des Ewigen und Gleichbedeutenden giebt, zu *Kunst* und *Religion.* 1, 330

MENSCHLICHES, ALLZUMENSCHLICHES I
(1878)

Ersatz der Religion. – Man glaubt einer Philosophie etwas Gutes nachzusagen, wenn man sie als Ersatz der Religion für das Volk hinstellt. In der That bedarf es in der geistigen Oekonomie gelegentlich überleitender Gedankenkreise; so ist der Uebergang aus Religion in wissenschaftliche Betrachtung ein gewaltsamer, gefährlicher Sprung, Etwas, das zu widerrathen ist. Insofern hat man mit jener Anempfehlung Recht. Aber endlich sollte man doch auch lernen, dass die Bedürfnisse, welche die Religion befriedigt hat und nun die Philosophie befriedigen soll, nicht unwandelbar sind; diese selbst kann man *schwächen* und *ausrotten*. Man denke zum Beispiel an die christliche Seelennoth, das Seufzen über die innere Verderbtheit, die Sorge um das Heil, – alles Vorstellungen, welche nur aus Irrthümern der Vernunft herrühren und gar keine Befriedigung, sondern Vernichtung verdienen. Eine Philosophie kann entweder so nützen, dass sie jene Bedürfnisse auch *befriedigt* oder dass sie dieselben *beseitigt*; denn es sind angelernte, zeitlich begränzte Bedürfnisse, welche auf Voraussetzungen beruhen, die denen der Wissenschaft widersprechen. Hier ist, um einen Uebergang zu machen, die *Kunst* viel eher zu benutzen, um das mit Empfindungen überladene Gemüth zu erleichtern; denn durch sie werden jene Vorstellungen viel weniger unterhalten, als durch eine metaphysische Philosophie. Von der Kunst aus kann man dann leichter in eine wirklich befreiende philosophische Wissenschaft übergehen. 2, 48

Der Alltags-Christ – Wenn das Christentum mit seinen Sätzen vom rächenden Gotte, der allgemeinen Sündhaftigkeit, der Gnadenwahl und der Gefahr einer ewigen Verdammniss, Recht hätte, so wäre es ein Zeichen von Schwachsinn und Charakterlosigkeit, *nicht* Priester, Apostel oder Einsiedler zu werden und mit Furcht und Zittern einzig am eigenen Heile zu arbeiten; es wäre unsinnig, den ewigen Vortheil gegen die zeitliche Bequemlichkeit so aus dem Auge zu lassen. Vorausgesetzt, dass überhaupt *geglaubt* wird, so ist der Alltags-Christ eine erbärmliche Figur, ein Mensch, der wirklich nicht bis drei zählen kann, und der übrigens, gerade wegen seiner geistigen Unzurechnungsfähigkeit, es nicht verdiente, so hart bestraft zu werden, als das Christenthum ihm verheisst. 2, 118 f.

Von der Klugheit des Christenthums. – Es ist ein Kunstgriff des Christenthums, die völlige Unwürdigkeit, Sündhaftigkeit und Verächtlichkeit des Menschen überhaupt so laut zu lehren, dass die Verachtung der Mitmenschen dabei nicht mehr möglich ist. »Er mag sündigen, wie er wolle, er unterscheidet sich doch nicht wesentlich von mir: ich bin es, der in jedem Grade unwürdig und verächtlich ist,« so sagt sich der Christ. Aber auch dieses Gefühl hat seinen spitzigsten Stachel verloren, weil der Christ nicht an seine individuelle Verächtlichkeit glaubt: er ist böse als Mensch überhaupt und beruhigt sich ein Wenig bei dem Satze: Wir Alle sind Einer Art. 2, 118 f.

Schicksal des Christenthums. – Das Christenthum entstand, um das Herz zu erleichtern; aber jetzt müsste es das Herz erst beschweren, um es nachher erleichtern zu können. Folglich wird es zu Grunde gehen. 2, 120

Abbruch der Kirchen. – Es ist nicht genug an Religion in der Welt, um die Religionen auch nur zu vernichten. 2, 121

Herkunft des Glaubens. – Der gebundene Geist nimmt seine Stellung nicht aus Gründen ein, sondern aus Gewöhnung; er ist zum Beispiel Christ, nicht weil er die Einsicht in die verschiedenen Religionen und die Wahl zwischen ihnen gehabt hätte; er ist Engländer, nicht weil er sich für England entschieden hat, sondern er fand das Christenthum und das Engländerthum vor und nahm sie an ohne Gründe, wie Jemand, der in einem Weinlande geboren wurde, ein Weintrinker wird. Später, als er Christ und Engländer war, hat er vielleicht auch einige Gründe zu Gunsten seiner Gewöhnung ausfindig gemacht; man mag diese Gründe umwerfen, damit wirft man ihn in seiner ganzen Stellung nicht um. Man nöthige zum Beispiel einen gebundenen Geist, seine Gründe gegen die Bigamie vorzubringen, dann wird man erfahren, ob sein heiliger Eifer für die Monogamie auf Gründen oder auf Angewöhnung beruht. Angewöhnung geistiger Grundsätze ohne Gründe nennt man Glauben.

2, 190

MENSCHLICHES, ALLZUMENSCHLICHES II
(1879/80)

Natureindruck der Frommen und Unfrommen. – Ein ganz frommer Mensch muss uns ein Gegenstand der Verehrung sein: aber ebenso ein ganzer aufrichtiger, durchdrungener Unfrommer. Ist man bei Menschen der letzteren Art wie in der Nähe des Hochgebirges, wo die kräftigsten Ströme ihren Ursprung haben, so bei den Frommen wie unter saftvollen, breitschattigen, ruhigen Bäumen. 2, 414

DIE FRÖHLICHE WISSENSCHAFT
(1882/87)

Vom Ursprunge der Religion. – Das metaphysische Bedürfniss ist nicht der Ursprung der Religionen, wie Schopenhauer will, sondern nur ein *Nachschössling* derselben. Man hat sich unter der Herrschaft religiöser Gedanken an die Vorstellung einer »anderen (hinteren, unteren, oberen) Welt« gewöhnt und fühlt bei der Vernichtung des religiösen Wahns eine unbehagliche Leere und Entbehrung, – und nun wächst aus diesem Gefühle wieder eine »andere Welt« heraus, aber jetzt nur eine metaphysische und nicht mehr religiöse. Das aber, was in Urzeiten zur Annahme einer »anderen Welt« überhaupt führte, war *nicht* ein Trieb und Bedürfniss, sondern ein *Irrthum* in der Auslegung bestimmter Naturvorgänge, eine Verlegenheit des Intellects.

3, 494 f.

ALSO SPRACH ZARATHUSTRA
(1883/84/85)

»Was machst du da? sagte er endlich, ich wusste es lange, dass mir der Teufel ein Bein stellen werde. Nun schleppt er mich zur Hölle: willst du's ihm wehren?«

»Bei meiner Ehre, Freund, antwortete Zarathustra, das giebt es Alles nicht, wovon du sprichst: es giebt keinen Teufel und keine Hölle. Deine Seele wird noch schneller todt sein als dein Leib: fürchte nun Nichts mehr!«

Der Mann blickte misstrauisch auf. »Wenn du die Wahrheit sprichst, sagte er dann, so verliere ich Nichts, wenn ich das Leben verliere. Ich bin nicht viel mehr als ein Thier, das man tanzen gelehrt hat, durch Schläge und schmale Bissen.«

»Nicht doch, sprach Zarathustra; du hast aus der Gefahr deinen Beruf gemacht, daran ist Nichts zu verachten. Nun gehst du an deinem Beruf zu Grunde: dafür will ich dich mit meinen Händen begraben.«

Als Zarathustra diess gesagt hatte, antwortete der Sterbende nicht mehr; aber er bewegte die Hand, wie als ob er die Hand Zarathustra's zum Danke suche. – 4, 22

Wahrlich nicht an Hinterwelten und erlösende Blutstropfen: sondern an den Leib glauben auch sie am besten, und ihr eigener Leib ist ihnen ihr Ding an sich.

Aber ein krankhaftes Ding ist er ihnen: und gerne möchten sie aus der Haut fahren. Darum horchen sie nach den Predigern des Todes und predigen selber Hinterwelten.

Hört mir lieber, meine Brüder, auf die Stimme des gesunden Leibes: eine redlichere und reinere Simme ist diess.

Redlicher redet und reiner der gesunde Leib, der vollkommne und rechtwinklige: und er redet vom Sinn der Erde. 4, 38

Ihr hattet euch noch nicht gesucht: da fandet ihr mich. So thun alle Gläubigen; darum ist es so wenig mit allem Glauben.
4, 101

»Todt sind alle Götter: nun wollen wir, dass der Übermensch lebe.« – diess sei einst am grossen Mittage unser letzter Wille! –
4, 102

Eifrig trieben sie und mit Geschrei ihre Heerde über ihren Steg: wie als ob es zur Zukunft nur Einen Steg gäbe! Wahrlich, auch diese Hirten gehörten noch zu den Schafen!
4, 119

Denn *dass der Mensch erlöst werde von der Rache*: das ist mir die Brücke zur höchsten Hoffnung und ein Regenbogen nach langen Unwettern.
4, 128

In dir lebt auch noch das Unerlöste meiner Jugend; und als Leben und Jugend sitzest du hoffend hier auf gelben Grab-Trümmern.

Ja, noch bist du mir aller Gräber Zertrümmerer: Heil dir, mein Wille! Und nur wo Gräber sind, giebt es Auferstehungen. –
4, 145

Unfruchtbare seid ihr: *darum* fehlt es euch an Glauben.

Aber wer schaffen musste, der hatte auch immer seine Wahr-Träume und Stern-Zeichen – und glaubte an Glauben! –
4, 154

Denn, was laufen *kann* von allen Dingen: auch in dieser langen Gasse *hinaus – muss* es einmal noch laufen! –

Und diese langsame Spinne, die im Mondscheine kriecht, und dieser Mondschein selber, und ich und du im Thorwege, zusammen flüsternd, von ewigen Dingen flüsternd – müssen wir nicht Alle schon dagewesen sein?

– und wiederkommen und in jener anderen Gasse laufen, hinaus, vor uns, in dieser langen schaurigen Gasse – müssen wir nicht ewig wiederkommen? – 4, 200

Du weisst es wohl: dein feiger Teufel in dir, der gerne Hände-falten und Hände-in-den-Schooss-legen und es bequemer haben möchte: – dieser feige Teufel redet dir zu »es *giebt* einen Gott!« 4, 227 f.

Das geschah, als das gottloseste Wort von einem Gotte selber ausgieng, – das Wort: »Es ist Ein Gott! Du sollst keinen andern Gott haben neben mir!« –

– ein alter Grimm-Bart von Gott, ein eifersüchtiger vergass sich also:

Und alle Götter lachten damals und wackelten auf ihren Stühlen und riefen: »Ist das nicht eben Göttlichkeit, dass es Götter, aber keinen Gott giebt?«

Wer Ohren hat, der höre. – 4, 230

Oh meine Brüder, den Guten und Gerechten sah Einer einmal in's Herz, der da sprach: »es sind die Pharisäer.« Aber man verstand ihn nicht.

Die Guten und Gerechten selber durften ihn nicht verstehen: ihr Geist ist eingefangen in ihr gutes Gewissen. Die Dummheit der Guten ist unergründlich klug.

Das aber ist die Wahrheit: die Guten *müssen* Pharisäer sein, – sie haben keine Wahl!

Die Guten *müssen* Den kreuzigen, der sich seine eigne Tugend erfindet! Das *ist* die Wahrheit!

Der Zweite aber, der ihr Land entdeckte, Land, Herz und Erdreich der Guten und Gerechten: das war, der da fragte: »wen hassen sie am meisten?«

Den *Schaffenden* hassen sie am meisten den, der Tafeln bricht und alte Werthe, den Brecher – den heissen sie Verbrecher.

Die Guten nämlich – die *können* nicht schaffen: die sind immer der Anfang vom Ende: –

– sie kreuzigen Den, der neue Werthe auf neue Tafeln schreibt, sie opfern *sich* die Zukunft, – sie kreuzigen alle Menschen-Zukunft!

Die Guten – die waren immer der Anfang vom Ende. –

4, 266

Zu jeder Seele gehört eine andre Welt; für jede Seele ist jede andre Seele eine Hinterwelt. 4, 272

Alles geht, Alles kommt zurück; ewig rollt das Rad des Seins. Alles stirbt, Alles blüht wieder auf, ewig läuft das Jahr des Seins.

Alles bricht, Alles wird neu gefügt; ewig baut sich das gleiche Haus des Seins. Alles scheidet, Alles grüsst sich wieder; ewig bleibt sich treu der Ring des Seins.

In jedem Nu beginnt das Sein; um jedes Hier rollt sich die Kugel Dort. Die Mitte ist überall. Krumm ist der Pfad der Ewigkeit. – 4, 272 f.

Der Mensch ist gegen sich selber das grausamste Thier; und bei Allem, was sich »Sünder« und »Kreuzträger« und »Büsser« heisst, überhört mir die Wollust nicht, die in diesem Klagen und Anklagen ist! 4, 273

»Ewig kehrt er wieder, der Mensch, dess du müde bist, der kleine Mensch« – so gähnte meine Traurigkeit und schleppte den Fuss und konnte nicht einschlafen.

Zur Höhle wandelte sich mir die Menschen-Erde, ihre Brust sank hinein, alles Lebendige ward mir Menschen-Moder und Knochen und morsche Vergangenheit.

4, 274

Denn deine Thiere wissen es wohl, oh Zarathustra, wer du bist und werden musst: siehe, *du bist der Lehrer der ewigen Wiederkunft* –, das ist nun dein Schicksal! 4, 275

Aber der Knoten von Ursachen kehrt wieder, in den ich verschlungen bin, – der wird mich wieder schaffen! Ich selber gehöre zu den Ursachen der ewigen Wiederkunft.

4, 276

Nun aber bin ich ausser Dienst, ohne Herrn, und doch nicht frei, auch keine Stunde mehr lustig, es sei denn in Erinnerungen –

Dazu stieg ich in diese Berge, dass ich endlich wieder ein Fest mir machte, wie es einem alten Papste und Kirchen-Vater zukommt: denn wisse, ich bin der letzte Papst! – ein Fest frommer Erinnerungen und Gottesdienste. 4, 322

Unter drei Augen gesprochen, sagte erheitert der alte Papst (denn er war auf Einem Auge blind), in Dingen Gottes bin ich aufgeklärter als Zarathustra selber – und darf es sein.

Meine Liebe diente ihm lange Jahre, mein Wille gieng allem seinen Willen nach. Ein guter Diener aber weiss Alles, und Mancherlei auch, was sein Herr sich selbst verbirgt.

4, 323

»Ich erkenne dich wohl, sprach er mit einer erzenen Stimme: *du bist der Mörder Gottes!* Lass mich gehn.

Du ertrugst Den nicht, der *dich* sah, – der dich immer und durch und durch sah, du hässlichster Mensch! Du nahmst Rache an diesem Zeugen!« 4, 328

Dieser Tag ist ein Sieg: er weicht schon, er flieht, *der Geist der Schwere*, mein alter Erzfeind! Wie gut will dieser Tag enden, der so schlimm und schwer begann!

Und enden *will* er. Schon kommt der Abend: über das

Meer herreitet er, der gute Reiter! Wie er sich wiegt, der Selige, Heimkehrende, in seinen purpurnen Sätteln!

Der Himmel blickt klar dazu, die Welt liegt tief: oh all ihr Wunderlichen, die ihr zu mir kamt, es lohnt sich schon, bei mir zu leben! 4, 386 f.

JENSEITS VON GUT UND BÖSE
(1886)

»Wie? Heisst das nicht, populär geredet: Gott ist widerlegt, der Teufel aber nicht –?« Im Gegentheil! Im Gegentheil, meine Freunde! Und, zum Teufel auch, wer zwingt euch, populär zu reden! – 5, 56

Das, was an der Religiosität der alten Griechen staunen macht, ist die unbändige Fülle von Dankbarkeit, welche sie ausströmt: – es ist eine sehr vornehme Art Mensch, welche *so* vor der Natur und vor dem Leben steht! – Später, als der Pöbel in Griechenland zum Übergewicht kommt, überwuchert die *Furcht* auch in der Religion; und das Christenthum bereitete sich vor. – 5, 70

Im jüdischen »alten Testament«, dem Buche von der göttlichen Gerechtigkeit, giebt es Menschen, Dinge und Reden in einem so grossen Stile, dass das griechische und indische Schriftenthum ihm nichts zur Seite zu stellen hat. Man steht mit Schrecken und Ehrfurcht vor diesen ungeheuren Überbleibseln dessen, was der Mensch einstmals war, und wird dabei über das alte Asien und sein vorgeschobenes Halbinselchen Europa, das durchaus gegen Asien den »Fortschritt des Menschen« bedeuten möchte, seine traurigen Gedanken haben. Freilich: wer selbst nur ein dünnes zahmes Hausthier ist und nur Hausthier-Bedürfnisse kennt (gleich unsren Gebildeten von heute, die Christen des »gebildeten« Christenthums hinzugenommen –), der hat unter jenen Ruinen weder sich zu verwundern, noch gar sich zu betrüben – der Geschmack am alten Testament ist ein Prüfstein in Hinsicht auf »Gross« und »Klein« –: vielleicht, dass er das neue Testament, das Buch von der Gnade, immer noch eher nach seinem Herzen findet (in ihm ist viel von dem rechten zärtlichen dumpfen Betbrüder- und Kleinen-Seelen-Geruch). Dieses neue Testament, eine Art Rokoko des Geschmacks in jedem Betrachte, mit dem alten Testament zu Einem Buche zusammengeleimt zu haben, als »Bibel«, als »das Buch an sich«: das ist vielleicht die grösste Verwegenheit und »Sünde wider den Geist«, welche das litterarische Europa auf dem Gewissen hat. 5, 72

Warum heute Atheismus? – »Der Vater« in Gott ist gründlich widerlegt; ebenso »der Richter«, »der Belohner«. Insgleichen sein »freier Wille«: er hört nicht, – und wenn er hörte, wüsste er trotzdem nicht zu helfen. Das Schlimmste ist: er scheint unfähig, sich deutlich mitzutheilen: ist er unklar? – Dies ist es, was ich, als Ursachen für den Niedergang des europäischen Theismus, aus vielerlei Gesprächen, fragend, hinhorchend, ausfindig gemacht habe; es scheint mir, dass zwar der religiöse Instinkt mächtig im Wachsen ist, – dass er aber gerade die theistische Befriedigung mit tiefem Misstrauen ablehnt. 5, 72 f.

Es giebt eine grosse Leiter der religiösen Grausamkeit, mit vielen Sprossen; aber drei davon sind die wichtigsten. Einst opferte man seinem Gotte Menschen, vielleicht gerade solche, welche man am besten liebte, – dahin gehören die Erstlings-Opfer aller Vorzeit-Religionen, dahin auch das Opfer des Kaisers Tiberius in der Mithrasgrotte der Insel Capri, jener schauerlichste aller römischen Anachronismen. Dann, in der moralischen Epoche der Menschheit, opferte man seinem Gotte die stärksten Instinkte, die man besass, seine »Natur«; *diese* Festfreude glänzt im grausamen Blicke des Asketen, des begeisterten »Wider-Natürlichen«. Endlich: was blieb noch übrig zu opfern? Musste man nicht endlich einmal alles Tröstliche, Heilige, Heilende, alle Hoffnung, allen Glauben an verborgene Harmonie, an zukünftige Seligkeiten und Gerechtigkeiten opfern? Musste man nicht Gott selber opfern und, aus Grausamkeit gegen sich, den Stein, die Dummheit, die Schwere, das Schicksal, das Nichts anbeten? Für das Nichts Gott opfern – dieses paradoxe Mysterium der letzten Grausamkeit blieb dem Geschlechte, welches jetzt eben herauf kommt, aufgespart: wir Alle kennen schon etwas davon. – 5, 74

Man soll vom Leben scheiden wie Odysseus von Nausikaa schied, – mehr segnend als verliebt. 5, 90

Nicht ihre Menschenliebe, sondern die Ohnmacht ihrer Menschenliebe hindert die Christen von heute, uns – zu verbrennen. 5, 91

Dem freien Geiste, dem »Frommen der Erkenntniss« – geht die pia fraus noch mehr wider den Geschmack (wider *seine* »Frömmigkeit«) als die impia fraus. Daher sein tiefer Unverstand gegen die Kirche, wie er zum Typus »freier Geist« gehört, – als *seine* Unfreiheit. 5, 92

Es ist eine Feinheit, dass Gott griechisch lernte, als er Schriftsteller werden wollte – und dass er es nicht besser lernte. 5, 94

Jesus sagte zu seinen Juden: »das Gesetz war für Knechte, – liebt Gott, wie ich ihn liebe, als sein Sohn! Was geht uns Söhne Gottes die Moral an!« – 5, 101

Das Christenthum gab dem Eros Gift zu trinken: – er starb zwar nicht daran, aber entartete, zum Laster. 5, 102

GÖTZEN-DÄMMERUNG
(1889)

Goethe – kein deutsches Ereigniss, sondern ein europäisches: ein grossartiger Versuch, das achtzehnte Jahrhundert zu überwinden durch eine Rückkehr zur Natur, durch ein *Hinauf*kommen zur Natürlichkeit der Renaissance, eine Art Selbstüberwindung von Seiten dieses Jahrhunderts. – Er trug dessen stärkste Instinkte in sich: die Gefühlsamkeit, die Natur-Idolatrie, das Antihistorische, das Idealistische, das Unreale und Revolutionäre (– letzteres ist nur eine Form des Unrealen). Er nahm die Historie, die Naturwissenschaft, die Antike, insgleichen Spinoza zu Hülfe, vor Allem die praktische Thätigkeit; er umstellte sich mit lauter geschlossenen Horizonten; er löste sich nicht vom Leben ab, er stellte sich hinein; er war nicht verzagt und nahm so viel als möglich auf sich, über sich, in sich. Was er wollte, das war *Totalität*; er bekämpfte das Auseinander von Vernunft, Sinnlichkeit, Gefühl, Wille (– in abschreckendster Scholastik durch *Kant* gepredigt, den Antipoden Goethe's), er disciplinirte sich zur Ganzheit, er *schuf* sich ... Goethe war, inmitten eines unreal gesinnten Zeitalters, ein überzeugter Realist: er sagte ja zu Allem, was ihm hierin verwandt war, – er hatte kein grösseres Erlebniss als jenes ens realissimum, genannt Napoleon. Goethe concipirte einen starken, hochgebildeten, in allen Leiblichkeiten geschickten, sich selbst im Zaume habenden, vor sich selber ehrfürchtigen Menschen, der sich den ganzen Umfang und Reichthum der Natürlichkeit zu gönnen wagen darf, der stark genug zu dieser Freiheit ist; den Menschen der Toleranz, nicht aus Schwäche, sondern aus Stärke, weil er Das, woran die durchschnittliche Natur zu Grunde gehn würde, noch zu seinem Vortheile zu brauchen weiss; den Menschen, für den es nichts Verbotenes mehr giebt, es sei denn die *Schwäche*, heisse sie nun Laster oder Tugend ... Ein solcher *freigewordner* Geist steht mit einem freudigen und vertrauenden Fatalismus mitten im All, im *Glauben*, dass nur das Einzelne verwerflich ist, dass im Ganzen sich Alles erlöst und bejaht – *er verneint nicht mehr*... Aber ein solcher Glaube ist der höchste aller möglichen Glauben: ich habe ihn auf den Namen des *Dionysos* getauft. – 6, 151 f.

DER ANTICHRIST
(1889)

Diesem Theologen-Instinkte mache ich den Krieg: ich fand seine Spur überall. Wer Theologen-Blut im Leibe hat, steht von vornherein zu allen Dingen schief und unehrlich. Das Pathos, das sich daraus entwickelt, heisst sich *Glaube*: das Auge Ein-für-alle Mal vor sich schliessen, um nicht am Aspekt unheilbarer Falschheit zu leiden. Man macht bei sich eine Moral, eine Tugend, eine Heiligkeit aus dieser fehlerhaften Optik zu allen Dingen, man knüpft das *gute* Gewissen an das *Falsch*-sehen, – man fordert, dass keine *andre Art Optik* mehr Werth haben dürfe, nachdem man die eigne mit den Namen »Gott« »Erlösung« »Ewigkeit« sakrosankt gemacht hat. Ich grub den Theologen-Instinkt noch überall aus: er ist die verbreitetste, die eigentlich *unterirdische* Form der Falschheit, die es auf Erden giebt. Was ein Theologe als wahr empfindet, das *muss* falsch sein: man hat daran beinahe ein Kriterium der Wahrheit. Es ist sein unterster Selbsterhaltungs-Instinkt, der verbietet, dass die Realität in irgend einem Punkte zu Ehren oder auch nur zu Worte käme. So weit der Theologen-Einfluss reicht, ist das *Werth-Urtheil* auf den Kopf gestellt, sind die Begriffe »wahr«

und »falsch« nothwendig umgekehrt: was dem Leben am schädlichsten ist, das heisst hier »wahr«, was es hebt, steigert, bejaht, rechtfertigt und triumphiren macht, das heisst »falsch« … Kommt es vor, dass Theologen durch das »Gewissen« der Fürsten (*oder* der Völker –) hindurch nach der *Macht* die Hand ausstrecken, zweifeln wir nicht, *was* jedes Mal im Grunde sich begiebt: der Wille zum Ende, der *nihilistische* Wille will zur Macht … 6, 175 f.

Unter Deutschen versteht man sofort, wenn ich sage, dass die Philosophie durch Theologen-Blut verderbt ist. Der protestantische Pfarrer ist Grossvater der deutschen Philosophie, der Protestantismus selbst ihr peccatum originale. Definition des Protestantismus: die halbseitige Lähmung des Christenthums – *und* der Vernunft … Man hat nur das Wort »Tübinger Stift« auszusprechen, um zu begreifen, *was* die deutsche Philosophie im Grunde ist – eine *hinterlistige* Theologie … Die Schwaben sind die besten Lügner in Deutschland, sie lügen unschuldig … Woher das Frohlokken, das beim Auftreten *Kants* durch die deutsche Gelehrtenwelt gieng, die zu drei Viertel aus Pfarrer- und Lehrer-Söhnen besteht –, woher die deutsche Überzeugung, die auch heute noch ihr Echo findet, dass mit Kant eine Wendung zum Besseren beginne? Der Theologen-Instinkt im deutschen Gelehrten errieth, *was* nunmehr wieder möglich war … Ein Schleichweg zum alten Ideal stand offen, der Begriff »*wahre* Welt«, der Begriff der Moral als *Essenz* der Welt (– diese zwei bösartigsten Irrthümer, die es giebt!) waren jetzt wieder, Dank einer verschmitzt-klugen Skepsis, wenn nicht beweisbar, so doch nicht mehr *widerlegbar* … Die Vernunft, das *Recht* der Vernunft reicht nicht so weit … Man hatte aus der Realität eine »Scheinbarkeit« gemacht; man hatte eine vollkommen *erlogne* Welt, die des Seienden, zur Realität gemacht … Der Erfolg Kant's ist bloss ein Theologen-Erfolg: Kant war, gleich Luther, gleich Leibnitz, ein Hemmschuh mehr in der an sich nicht taktfesten deutschen Rechtschaffenheit – – 6, 176 f.

Mit meiner Verurtheilung des Christenthums möchte ich kein Unrecht gegen eine verwandte Religion begangen haben, die der Zahl der Bekenner nach sogar überwiegt, gegen den *Buddhismus*. Beide gehören als nihilistische Religionen zusammen – sie sind décadence-Religionen –, beide sind von einander in der merkwürdigsten Weise getrennt. Dass man sie jetzt *vergleichen* kann, dafür ist der Kritiker des Christenthums den indischen Gelehrten tief dankbar. – Der Buddhismus ist hundert Mal realistischer als das Christenthum, – er hat die Erbschaft des objektiven und kühlen Probleme-Stellens im Leibe, er kommt *nach* einer Hunderte von Jahren dauernden philosophischen Bewegung, der Begriff »Gott« ist bereits abgethan, als er kommt. Der Buddhismus ist die einzige eigentlich *positivistische* Religion, die uns die Geschichte zeigt, auch noch in seiner Erkenntnisstheorie (einem strengen Phänomenalismus –), er sagt nicht mehr »Kampf gegen *Sünde*«, sondern, ganz der Wirklichkeit das Recht gebend, »Kampf gegen das *Leiden*«. Er hat – dies unterscheidet ihn tief vom Christenthum – die Selbst-Betrügerei der Moral-Begriffe bereits hinter sich, – er steht, in meiner Sprache geredet, *jenseits* von Gut und Böse. – Die *zwei* physiologischen Thatsachen, auf denen er ruht und die er ins Auge fasst, sind: *einmal* eine übergrosse Reizbarkeit der Sensibilität, welche sich als raffinirte Schmerzfähigkeit ausdrückt, *sodann* eine Übergeistigung, ein allzulanges Leben in Begriffen und logischen Prozeduren, unter dem der Person-Instinkt zum Vortheil des »Unpersönlichen« Schaden genommen hat (– Beides Zustände, die wenigstens Einige meiner Leser, die »Objektiven«, gleich mir selbst, aus Erfahrung kennen werden) Auf Grund dieser physiologischen Bedingungen ist eine *Depression* entstanden: gegen diese geht Buddha hygienisch vor. Er wendet dagegen das

Leben im Freien an, das Wanderleben, die Mässigung und die Wahl in der Kost; die Vorsicht gegen alle Spirituosa; die Vorsicht insgleichen gegen alle Affekte, die Galle machen, die das Blut erhitzen; keine *Sorge*, weder für sich, noch für Andre. Er fordert Vorstellungen, die entweder Ruhe geben oder erheitern – er erfindet Mittel, die andren sich abzugewöhnen. Er versteht die Güte, das Gütig-sein als gesundheitfördernd. *Gebet* ist ausgeschlossen, ebenso wie die *Askese*; kein kategorischer Imperativ, kein *Zwang* überhaupt, selbst nicht innerhalb der Klostergemeinschaft (– man kann wieder hinaus –) Das Alles wären Mittel, um jene übergrosse Reizbarkeit zu verstärken. Eben darum fordert er auch keinen Kampf gegen Andersdenkende; seine Lehre wehrt sich gegen nichts mehr als gegen das Gefühl der Rache, der Abneigung, des ressentiment (»nicht durch Feindschaft kommt Feindschaft zu Ende«: der rührende Refrain des ganzen Buddhismus ...) Und das mit Recht: gerade diese Affekte wären vollkommen *ungesund* in Hinsicht auf die diätetische Hauptabsicht. Die geistige Ermüdung, die er vorfindet, und die sich in einer allzugrossen »Objektivität« (das heisst Schwächung des Individual-Interesses, Verlust an Schwergewicht, an »Egoismus«) ausdrückt, bekämpft ‹er› mit einer strengen Zurückführung auch der geistigsten Interessen auf die *Person*. In der Lehre Buddhas wird der Egoismus Pflicht: das »Eins ist Noth«, das »wie kommst du vom Leiden los« regulirt und begrenzt die ganze geistige Diät (– man darf sich vielleicht an jenen Athener erinnern, der der reinen »Wissenschaftlichkeit« gleichfalls den Krieg machte, an Sokrates, der den Personal-Egoismus auch im Reich der Probleme zur Moral erhob.) 6, 186 f.

Die Voraussetzung für den Buddhismus ist ein sehr mildes Klima, eine grosse Sanftmuth und Liberalität in den Sitten, *kein* Militarismus; und dass es die höheren und selbst gelehrten Stände sind, in denen die Bewegung ihren Heerd hat. Man will die Heiterkeit, die Stille, die Wunschlosigkeit als höchstes Ziel, und man *ereicht* sein Ziel. Der Buddhismus ist keine Religion, in der man bloss auf Vollkommenheit aspirirt: das Vollkommne ist der normale Fall. –

Im Christenthume kommen die Instinkte Unterworfner und Unterdrückter in den Vordergrund: es sind die niedersten Stände, die in ihm ihr Heil suchen. Hier wird als *Beschäftigung*, als Mittel gegen die Langeweile, die Casuistik der Sünde, die Selbstkritik, die Gewissens-Inquisition geübt; hier wird der Affekt gegen einen *Mächtigen*, »Gott« genannt, beständig aufrecht erhalten (durch das Gebet); hier gilt das Höchste als unerreichbar, als Geschenk, als »Gnade«. Hier fehlt auch die Öffentlichkeit; der Versteck, der dunkle Raum ist christlich. Hier wird der Leib verachtet, die Hygiene als Sinnlichkeit abgelehnt; die Kirche wehrt sich selbst gegen die Reinlichkeit (– die erste christliche Massregel nach Vertreibung der Mauren war die Schliessung der öffentlichen Bäder, von denen Cordova allein 270 besass). Christlich ist ein gewisser Sinn der Grausamkeit, gegen sich und Andre; der Hass gegen die Andersdenkenden; der Wille, zu verfolgen. Düstere und aufregende Vorstellungen sind im Vordergrunde; die höchstbegehrten, mit den höchsten Namen bezeichneten Zustände sind Epilepsoiden; die Diät wird so gewählt, dass sie morbide Erscheinungen begünstigt und die Nerven überreizt. Christlich ist die Todfeindschaft gegen die Herren der Erde, gegen die »Vornehmen« – und zugleich ein versteckter heimlicher Wettbewerb (– man lässt ihnen den »Leib«, man will *nur* die »Seele« ...) Christlich ist der Hass gegen den *Geist*, gegen Stolz, Muth, Freiheit, libertinage des Geistes; christlich ist der Hass gegen die *Sinne*, gegen die Freuden der Sinne, gegen die Freude überhaupt ... 6, 187 f.

Dies Christenthum, als es seinen ersten Boden verliess, die niedrigsten Stände, die *Unterwelt* der antiken Welt, als es unter Barbaren-Völkern nach Macht ausgieng, hatte hier nicht mehr *müde* Menschen zur Voraussetzung, sondern innerlich verwilderte und sich zerreissende, – den starken Menschen, aber den missrathenen. Die Unzufriedenheit mit sich, das Leiden an sich ist hier *nicht* wie bei dem Buddhisten eine übermässige Reizbarkeit und Schmerzfähigkeit, vielmehr umgekehrt ein übermächtiges Verlangen nach Wehethun, nach Auslassung der inneren Spannung in feindseligen Handlungen und Vorstellungen. Das Christenthum hatte *barbarische* Begriffe und Werthe nöthig, um über Barbaren Herr zu werden: solche sind das Erstlingsopfer, das Bluttrinken im Abendmahl, die Verachtung des Geistes und der Cultur; die Folterung in allen Formen, sinnlich und unsinnlich; der grosse Pomp des Cultus. Der Buddhismus ist eine Religion für *späte* Menschen, für gütige, sanfte, übergeistig gewordne Rassen, die zu leicht Schmerz empfinden (Europa ist noch lange nicht reif für ihn –): er ist eine Rückführung derselben zu Frieden und Heiterkeit, zur Diät im Geistigen, zu einer gewissen Abhärtung im Leiblichen. Das Christenthum will über *Raubthiere* Herr werden; sein Mittel ist, sie *krank* zu machen, – die Schwächung ist das christliche Rezept zur *Zähmung*, zur »Civilisation«. Der Buddhismus ist eine Religion für den Schluss und die Müdigkeit der Civilisation, das Christenthum findet sie noch nicht einmal vor, – es begründet sie unter Umständen. 6, 188 f.

Der Buddhismus, nochmals gesagt, ist hundert Mal kälter, wahrhafter, objektiver. Er hat nicht mehr nöthig, sich sein Leiden, seine Schmerzfähigkeit *anständig* zu machen durch die Interpretation der Sünde, – er sagt bloss, was er denkt »ich leide«. Dem Barbaren dagegen ist Leiden an sich nichts Anständiges: er braucht erst eine Auslegung, um es sich einzugestehn, *dass* er leidet (sein Instinkt weist ihn eher auf Verleugnung des Leidens, auf stilles Ertragen hin) Hier war das Wort »Teufel« eine Wohlthat: man hatte einen übermächtigen und furchtbaren Feind, – man brauchte sich nicht zu schämen, an einem solchen Feind zu leiden. –

Das Christenthum hat einige Feinheiten auf dem Grunde, die zum Orient gehören. Vor allem weiss es, dass es an sich ganz gleichgültig ist, ob Etwas wahr ‹ist›, aber von höchster Wichtigkeit, *sofern* es als wahr geglaubt wird. Die Wahrheit und der *Glaube*, dass Etwas wahr sei: zwei ganz auseinanderliegende Interessen-Welten, fast *Gegensatz*-Welten – man kommt zum Einen und zum Andren auf grundverschiednen Wegen. Hierüber wissend zu sein – das *macht* im Orient beinahe den Weisen: so verstehn es die Brahmanen, so versteht es Plato, so jeder Schüler esoterischer Weisheit. Wenn zum Beispiel ein *Glück* darin liegt, sich von der Sünde erlöst zu glauben, so thut als Voraussetzung dazu *nicht* noth, dass der Mensch sündig sei, sondern dass er sich sündig *fühlt*. Wenn aber überhaupt vor allem *Glaube* noth thut, so muss man die Vernunft, die Erkenntniss, die Forschung in Misskredit bringen: der Weg zur Wahrheit wird zum *verbotnen* Weg. – Die starke *Hoffnung* ist ein viel grösseres Stimulans des Lebens, als irgend ein einzelnes wirklich eintretendes Glück. Man muss Leidende durch eine Hoffnung aufrecht erhalten, welcher durch keine Wirklichkeit widersprochen werden kann, – welche nicht durch eine Erfüllung *abgethan* wird: eine Jenseits-Hoffnung. (Gerade wegen dieser Fähigkeit, den Unglücklichen hinzuhalten, galt die Hoffnung bei den Griechen als Übel der Übel, als das eigentlich *tückische* Übel: es blieb im Fass des Übels zurück). – Damit *Liebe* möglich ist, muss Gott Person sein; damit die untersten Instinkte mitreden können, muss Gott jung sein. Man hat für die Inbrunst der Weiber einen schönen Heiligen, für die der Männer eine Maria in den Vordergrund zu rücken. Dies unter der Voraussetzung, dass das Christenthum auf einem Boden Herr werden will, wo aphrodisische oder Adonis-Culte den *Begriff* des Cultus bereits bestimmt haben. Die Forderung der *Keuschheit* verstärkt die Vehemenz und Innerlichkeit des religiösen Instinkts – sie macht den Cultus wärmer, schwärmerischer, seelenvoller. – Die Liebe ist der Zustand, wo der Mensch die Dinge am meisten so sieht, wie sie *nicht* sind. Die illusorische Kraft ist da auf ihrer Höhe, ebenso die versüssende, die *verklärende* Kraft. Man erträgt in der Liebe mehr als sonst, man duldet Alles. Es galt eine Religion zu erfinden, in der geliebt werden kann: damit ist man über das Schlimmste am Leben hinaus – man sieht es gar nicht mehr. – So viel über die drei christlichen Tugenden Glaube, Liebe, Hoffnung: ich nenne sie die drei christlichen *Klugheiten*. – Der Buddhismus ist zu spät, zu positivistisch dazu, um noch auf diese Weise klug zu sein. 6, 189-191

Erst jetzt trat die Kluft auseinander: »*wer* hat ihn getödtet? *wer* war sein natürlicher Feind?« – diese Frage sp‹r›ang wie ein Blitz hervor. Antwort: das *herrschende* Judenthum, sein oberster Stand. Man empfand sich von diesem Augenblick im Aufruhr *gegen* die Ordnung, man verstand hinterdrein Jesus als im Aufruhr *gegen* die Ordnung. Bis dahin *fehlte* dieser kriegerische, dieser neinsagende, neinthuende Zug in seinem Bilde; mehr noch, er war dessen Widerspruch. Offenbar hat die kleine Gemeinde gerade die Hauptsache *nicht* verstanden, das Vorbildliche in dieser Art zu sterben, die Freiheit, die Überlegenheit *über* jedes Gefühl von ressentiment: – ein Zeichen dafür, wie wenig überhaupt sie von ihm verstand! An sich konnte Jesus mit seinem Tode nichts wollen als öffentlich die stärkste Probe, den *Beweis* seiner Lehre zu geben ... Aber seine Jünger waren ferne davon, diesen Tod zu *verzeihen*, – was evangelisch im höchsten Sinne gewesen wäre; oder gar sich zu einem gleichen Tode in sanfter und lieblicher Ruhe des Herzens *anzubieten* ... Gerade das am meisten unevangelische Gefühl, die *Rache*, kam wieder obenauf. Unmöglich konnte die Sache mit diesem Tode zu Ende sein: man brauchte »Vergeltung«, »Gericht« (– und doch was kann noch unevangelischer sein als »Vergeltung«, »Strafe«, »Gericht-halten«!) Noch einmal kam die populäre Erwartung eines Messias in den Vordergrund; ein historischer Augenblick wurde in's Auge gefasst: das »Reich Gottes« kommt zum Gericht über seine Feinde ... Aber damit ist Alles missverstanden: das »Reich Gottes« als Schlussakt, als Verheissung! Das Evangelium war doch gerade das Dasein, das Erfülltsein, die *Wirklichkeit* dieses »Reichs« gewesen. Gerade ein solcher Tod *war* eben dieses »Reich Gottes« ... Jetzt erst trug man die ganze Verachtung und Bitterkeit gegen Pharisäer und Theologen in den Typus des Meisters ein, man *machte* damit aus ihm einen Pharisäer und Theologen! Andrerseits hielt die wildgewordne Verehrung dieser ganz aus den Fugen gerathenen Seelen jene evangelische Gleichberechtigung von Jedermann zum Kind Gottes, die Jesus gelehrt hatte, nicht mehr aus: ihre Rache war, auf eine ausschweifende Weise Jesus *emporzuheben*, von sich abzulösen: ganz so, wie ehedem die Juden aus Rache an ihren Feinden ihren Gott von sich losgetrennt und in die Höhe gehoben haben. Der Eine Gott und der Eine Sohn Gottes: Beides Erzeugnisse des ressentiment ...

6, 213 f.

Man sieht, *was* mit dem Tode am Kreuz zu Ende war: ein neuer, ein durchaus ursprünglicher Ansatz zu einer buddhistischen Friedensbewegung, zu einem thatsächlichen, *nicht* bloss verheissenen *Glück auf Erden*. Denn dies bleibt – ich hob es schon hervor – der Grundunterschied zwischen den beiden décadence-Religionen: der Buddhismus verspricht nicht, sondern hält, das Christenthum verspricht Alles, aber *hält Nichts*. – Der »frohen Botschaft« folgte auf dem Fuss die *allerschlimmste:* die des Paulus. In Paulus verkörpert sich der Gegensatz-Typus zum »frohen Botschafter«, das Genie im Hass, in der Vision des Hasses, in der unerbittlichen Logik des Hasses. *Was* hat dieser Dysangelist Alles dem

Hasse zum Opfer gebracht! Vor allem den Erlöser: er schlug ihn an *sein* Kreuz. Das Leben, das Beispiel, die Lehre, der Tod, der Sinn und das Recht des ganzen Evangeliums – Nichts war mehr vorhanden, als dieser Falschmünzer aus Hass begriff, was allein er brauchen konnte. *Nicht* die Realität, *nicht* die historische Wahrheit! ... Und noch einmal verübte der Priester-Instinkt des Juden das gleiche grosse Verbrechen an der Historie, – er strich das Gestern, das Vorgestern des Christenthums einfach durch, er *erfand sich eine Geschichte des ersten Christenthums.* Mehr noch: er fälschte die Geschichte Israels nochmals um, um als Vorgeschichte für *seine* That zu erscheinen: alle Propheten haben von *seinem* »Erlöser« geredet ... Die Kirche fälschte später sogar die Geschichte der Menschheit zur Vorgeschichte des Christenthums ... Der Typus des Erlösers, die Lehre, die Praktik, der Tod, der Sinn des Todes, selbst das Nachher des Todes – Nichts blieb unangetastet, Nichts blieb auch nur ähnlich der Wirklichkeit. Paulus verlegte einfach das Schwergewicht jenes ganzen Daseins *hinter* dies Dasein, – in die *Lüge* vom »wiederauferstandenen« Jesus. Er konnte im Grunde das Leben des Erlösers überhaupt nicht brauchen, er hatte den Tod am Kreuz nöthig *und* etwas mehr noch ... Einen Paulus, der seine Heimath an dem Hauptsitz der stoischen Aufklärung hatte, für ehrlich halten, wenn er sich aus einer Hallucination den *Beweis* vom *Noch*-Leben des Erlösers zurecht macht, oder auch nur seiner Erzählung, *dass* er diese Hallucination gehabt hat, Glauben schenken, wäre eine wahre niaiserie seitens eines Psychologen: Paulus wollte den Zweck, *folglich* wollte er auch die Mittel ... Was er selbst nicht glaubte, die Idioten, unter die er *seine* Lehre warf, glaubten es.- *Sein* Bedürfniss war die *Macht*; mit Paulus wollte nochmals der Priester zur Macht, – er konnte nur Begriffe, Lehren, Symbole brauchen, mit denen man Massen tyrannisirt, Heerden bildet. – *Was* allein entlehnte später Muhamed dem Christenthum? Die Erfindung des

Paulus, sein Mittel zur Priester-Tyrannei, zur Heerden-Bildung, den Unsterblichkeits-Glauben – *das heisst die Lehre vom »Gericht«* … 6, 215-217

AUS DEM NACHLASS 1869-1874

Nachweis: für den Idealisten ist das Dasein nicht zu ertragen ohne eine Utopie (in Religion- Kunst- Staatsträumen).

Die großen Idealisten: Pythagoras, Heraclit, Empedocles, Plato. Der ἀνὴρ θεωρητικός als Aufklärer und Auflöser der Natur und des Instinktes. Poesie der Begriffe.

Aristoteles und Plato wollen aber Praktiker sein. 7, 85

Monotheismus als ein Minimum von poetischer Welterklärung. 7, 99

Die jüdische Religion hat einen unsäglichen Schauder vor dem Tod, das Hauptziel ihrer Gebete – um langes Leben.

– Bei den Griechen ist auch hierin alles mäßig. Bei aller pessimistischen Erkenntniß kommt es nie zur That des Pessimismus. 7, 106

Die Parsis haben eine unerklärliche Scheu vor Licht und Feuer, die einzigen Orientalen, die nicht rauchen, sie hüten sich ein Licht auszublasen. 7, 106

Die Religion des Zoroaster hätte, wenn Darius nicht überwunden wäre, Griechenland beherrscht. 7, 106

»Der Parsi glaubt an einen Gott, an den er seine Gebete richtet: Seine Moral – Reinheit der Gedanken, der Worte, der Handlungen. Er glaubt an die Strafe des Bösen, Belohnung des Guten, er erwartet seine Sündenvergebung von der Gnade Gottes.« 7, 107

»Ein freidenkender Inka bemerkte, daß das beständige Wandern der Sonne ein Zeichen von Knechtschaft sei.«

7, 107

»Alle Götter müssen sterben« die urdeutsche Vorstellung, die die Wissenschaft mit höchster Kraft bis jetzt durchführt. »Der Tod Sigurds, des Abkömmlings Odins, konnte den Tod Balders, des Sohns des Odin, nicht abwenden: auf Balders Tod folgte bald der Tod Odins und der andren Götter.« 7, 107

Das siebente Gebot Buddha's an seine Jünger ist – sich öffentlicher Schauspiele zu enthalten. 7, 107

Buddha: »lebt ihr Heiligen, indem ihr eure guten Werke verheimlicht und eure Sünden sehen laßt.« 7, 107

Wir haben es Buddha nachzumachen, der die Weisheit der Wenigen nahm und davon einen Theil zum Nutzen der Menge ausprägte. 7, 108

Goethe's Hingebung an Natur und Kunst: eine Religion.

7, 108

Das Wohlergehen auf Erden ist die jüdische Religionstendenz.

Die christliche liegt im Leiden. Der Kontrast ist ungeheuer. 7, 119

Sokrates ließ sich nicht in die Mysterien einweihen. 7, 128

Die Vorstellung daß sich der Mensch erlösen müsse – als ob es nicht das Weltwesen wäre, das in uns erlöst würde!

7, 131

Das Christenthum ist nicht schöpferisch in Mythen.

7, 396

Die alten Griechen ohne normative Theologie: jeder hat das Recht daran zu dichten und er kann glauben was er will.

Die ungeheure *Masse* philosophischen Denkens bei den Griechen (mit der Fortsetzung als Theologie durch alle Jahrhunderte). 7, 455

Nehmen wir an, die historische Untersuchung vermöchte in Betreff von etwas Lebendigem die Wahrheit zu erreichen, z. B. in Betreff des Christenthums: dann hätte sie jedenfalls den *Wahn* zerstört, der um alles Lebendige und Thätige, wie eine Atmosphaere, sich breitet, – nämlich

»bei allen grossen Dingen,
»die nie ohn' einigen Wahn gelingen.«

Man hätte durch die Beseitigung des Wahns, z. B. in Betreff der Religion, die Religiosität bei sich selbst, d. h. die productive Stimmung, zerstört und hätte ein kaltes leeres Wissen, nebst dem Gefühle der Enttäuschung in den Händen zurück behalten. 7, 670 f.

AUS DEM NACHLASS 1875-1879

Jede Religion hat für ihre höchsten Bilder ein Analogon in einem Seelenzustande. Der Gott *Mahomets* die Einsamkeit der Wüste, fernes Gebrüll des Löwen, Vision eines schrecklichen Kämpfers. Der Gott der *Christen* – alles was sich Männer und Weiber bei dem Worte »Liebe« denken. Der Gott der *Griechen*: eine schöne Traumgestalt. 8, 28 f.

Am Ausgange des Alterthums stehen noch ganz unchristliche Gestalten, die schöner reiner und harmonischer sind als alle christlichen, z. B. Proklos; die Mystik sein Synkretismos sind Dinge, die ihm gerade das Christenthum nicht vorwerfen darf. Jedenfalls wäre es mein Wunsch, mit *denen* zusammenzuleben. *Denen* gegenüber erscheint das Christenthum nur wie die roheste Vergröberung für den Haufen und die Ruchlosen hergerichtet. 8, 44 f.

Die deutsche Reformation entfernte uns vom Alterthum: musste sie das? Sie entdeckte den alten Widerspruch »Heidenthum, Christenthum« von neuem; sie war zugleich ein Protest gegen die *dekorative Cultur* der Renaissance; es war ein Sieg über dieselbe Cultur, die beim Beginn des Christenthums besiegt wurde. 8, 47

Religionen verstehe ich als *Narkosen*: aber werden sie solchen Völkern gegeben wie den Germanen, so sind es reine *Gifte*. 8, 58

Es ist gar nicht wahr, daß die Griechen nur auf dieses Leben ihre Blicke gerichtet hatten. Sie litten auch an der Todes- und Höllenangst. Aber keine Reue und Zerknirschung. 8, 73

Wissenschaft ergründet den Naturverlauf, kann aber niemals dem Menschen *befehlen*. Neigung Liebe Lust Unlust Erhebung Erschöpfung – das kennt alles die Wissenschaft nicht. Das was der Mensch lebt und erlebt, muss er sich irgendworaus *deuten*; dadurch abschätzen. Die Religionen haben ihre Kraft ‹darin›, dass sie *Werthmesser* sind, Maassstäbe. Im Mythus gesehen sieht ein Ereigniss anders aus. Die Deutung der Religionen hat das an sich, dass sie menschliches Leben nach menschenartigen Idealen misst. 8, 113

Die, welche das Strafgericht der Ewigkeit anrufen, zeigen im Spiegel ihr eignes Bild. 8, 177

Die Vorstellung eines transscendenten Strafgerichts ist Dichtung und streitet sodann mit der edleren Haltung des Bewußtseins, als Erzeugniß des Rachegefühls. Am meisten nehmen wir den Arm der Götter in Anspruch, wenn wir über erlittenes Unrecht empört sind.

Die letzte Stütze des wankenden Glaubens steht hier: die moralische Welt sollte einer Ergänzung bedürftig sein, sonst geschehe unserem Verlangen nach einer gerechten Ordnung der Dinge kein Genüge. Dazu müsse es eine über den irdischen Dingen stehende ewige Gerechtigkeit geben. Dazu wurde Gott als Forderung des Vergeltungstriebes herangezogen: der Vergelter, der Vertreter der ewigen Gerechtigkeit. Dazu die individuelle Unsterblichkeit. Die Voraussetzung einer eigentlichen metaphysischen Vergeltung ist metaphysische Schuld, und diese ist nicht ohne *metaphysische Freiheit* denkbar. Die zweite Voraussetzung einer metaphysischen Vergeltung ist metaphysische Fortexistenz des Schuldigen; die dritte – ein metaphysischer Richter und Vollstrecker. Dies ist die *Religion der Rache.* – So hat Kant die Religion verstanden. 8, 177 f.

Du sollst über alle Dinge Gott lieben (eben nicht fürchten) und ihm vertrauen. 8, 186

Der neue Glaube kann keine Berge, wohl aber Worte versetzen. – 8, 281

Die Schule soll die grösste Freiheit im Rel‹igiösen› lehren, das nüchternste strenge Denken. Die Unklarheit und die gewohnten Neigungen werden sehr weite Grenzen ziehen. 8, 387

Freundin! Der sich vermass, dich dem Glauben an's Kreuz zu entreissen,
schickt dir dies Buch: doch er selbst macht vor dem Buch ein Kreuz.

8, 394

Als der Buddaismus mit seiner milden Reisesser-Moral den Kriegen entgegen arbeitete, wurde Indien aus der Geschichte der Culturmächte gestrichen. 8, 394

Doch hinter seiner viel werthen Gestalt
Hat jeder ein Bündel angeschnallt
Da steckt er die Seele wohl hinein
Er schont sie auf Reisen wie ich vermein'

8, 402

Wie der Leib den Schatten wirft
Wirft die Seele Licht
Schatten haben sie allgesamt
Seele aber nicht

8, 402

Zeichen höherer Naturen. – Die metaphysischen Vorstellungen eines Menschen sind Zeugnisse für seine höhere Natur, edlere Bedürfnisse: insofern soll man immer im würdigsten Tone von ihnen reden. 8, 425

AUS DEM NACHLASS 1880-1882

Dadurch daß das Christenthum entwurzelt ist, wächst unsere Jugend ohne Erziehung. 9, 13

Das Christenthum gieng in dem Grade bei dem alten Testament in die Schule, als es sich bemühte eine Weltreligion zu werden. Das weltflüchtige Christenthum brauchte das alte Testament nicht. 9, 21

Wer jetzt zum Christenthum eine zweideutige Stellung einnimmt, sieht sich sofort von der besten strengeren edleren Gesellschaft verlassen. 9, 44

Bevor wir die physiologischen Zustände physiologisch verstehen lernten, meinten die Menschen mit moralischen Zuständen zu thun zu haben. Folglich hat sich das Bereich des Moralischen außerordentlich verkleinert – und wird fortwährend noch kleiner: ganz so wie die Religion im Leben der Alten umfänglicher war als im Leben des katholischen Christen, und wie wiederum der Protestant den Umfang der Religion noch einmal verkleinert hat. 9, 50

Die Natur ist böse, sagt das Christenthum; sollte das Christenthum also nicht ein Ding wider die Natur sein? Sonst wäre es ja, nach seinem eigenen Urtheil, etwas Böses.

9, 50

Das Christenthum hält 1. eine fundamentale Verbesserung des Menschen für möglich ohne Verbesserung ihres Wissens, ohne Verbesserung ihrer gesellschaftlichen Zustände; 2. es will Enthaltung von der Welt, aber nicht Förderung der Welt; 3. es zieht Leid und Trübsal vor, und erweckt Argwohn gegen das Wohlbefinden; 4. es zieht den Glauben dem Wissen und die Unbegreiflichkeit dem Verständniß vor und macht argwöhnisch gegen die Vernunft; 5. es beachtet Geschlecht, Stand, Volk nicht, diese Unterscheidungen sind ihm unwesentlich; wenn aber mit diesen Unterscheidungen Nothstände verbunden sind, so findet es die Aufrechterhaltung der Unterschiede wünschenswerth, um der Nothstände und ihrer Heilswirkungen halber; 6. es setzt die tiefe Verderbtheit aller Dinge und Menschen voraus und sieht den Untergang als bevorstehend an; es will diesen Untergang nicht aufhalten, es will die Welt sich möglichst verleiden. – Dächte man sich das Christenthum, in seiner ganzen Stärke aufgefaßt, als herrschend, dächte man sich, daß keine Kräfte dagegen wirken, so würde es in kurzer Zeit den Untergang des Menschengeschlechtes herbeiführen: es nimmt den Menschen die Gesundheit, die Freude, das Zutrauen, die Absichten für die Zukunft der Welt (also die Thätigkeit). Diese Consequenz geben einige Kirchenväter zu: sie sehen hier keinen Vorwurf und Einwand. 9, 76

Wir verehren, wo wir nicht begreifen, zum Beispiel bei alten Sitten, bei Worten, die mit feierlichem Tone gesprochen werden usw. Aber wir sollten unser Urtheil zurückhalten, wo wir nicht begreifen, damit der aufgethürmten Verehrung ohne Kern nicht noch mehr auf Erden werde: sieht doch unsere geistige Welt noch sehr ägyptisch aus, Wüste und ungeheure Pyramiden darin – und in den Pyramiden, meist unzugänglich, ein erbärmlicher Leichnam. 9, 87

Das Christenthum (und nicht nur die katholische Kirche) fährt fort, sich zu stellen, als ob es alles forderte, aber es ist sehr zufrieden, sehr dankbar, wenn es nur *etwas* erhält. In dieser Genügsamkeit ist jetzt auch der beste Christ, nach christlichem Maaße gemessen, schlimmer als ein Heide; er will weder *für* seinen Glauben leben, noch *mit* seinem Glauben sterben; er ist zufrieden, wenn man ihnen beiden ein Almosen giebt. 9, 92

Das Christenthum ist aus dem Judenthum *hervorgegangen* und aus nichts Anderem, aber es ist in die römische Welt hineingewachsen und hat Früchte hervorgetrieben, welche sowohl jüdisch als römisch sind. Dieses gekreuzte Christenthum hat im Katholicismus eine Form gefunden, bei der das römische Element zum Übergewicht gekommen ist: und im Protestantismus eine andere, bei der das jüdische Element vorherrscht; dies liegt nicht daran, daß die Germanen, die Träger der protestantischen Gesinnung, den Juden verwandter sind, sondern daß sie den Römern ferner stehen, als die katholische Bevölkerung Süd-Europas. 9, 93

Die Tugend des Buddh‹ismus› ist: – zu deinem Leid noch fremdes Leid hinzunehmen (während alles voll Leid ist) Die Tugend Christi: die Sündenstrafe auf sich zu nehmen, und die Tugend des Christen, *freiwillig* zu leiden nach seinem Vorbild (nicht Mitleiden –) Dies sind Anfänge der Moral mit dem Zwecke *individueller Folgen.* Dies der Fortschritt. Der *Aberglaube* daß sich mit Leiden eine Schuld *tilgen* lasse – ein mysteriöser Vorgang, nicht Abschreckung, nicht Rache, sondern Purgation von der Befleckung. 9, 105

Luther läugnet daß Gott Gefallen haben könne an den »gerühmten geistlichen Werken der Heiligen« – etwas boshaft. Nur an den 10 Geboten. 9, 112 f.

Luther ließ seine Wuth gegen die vita contemplativa aus, nachdem ihm das Mönchsleben mißrathen war und er sich zum Heiligen unfähig fühlte, rachsüchtig und rechthaberisch, wie er war, trat er auf die Seite der vita practica, der Ackerbauer und Schmiede. 9, 113

Die Juden haben das Irdische als das Schwache Vergängliche gegenüber dem Erhabenen im Himmel Thronenden empfunden – in »demüthigster Unterordnung«

Das rein geistige Sein ist eine griechische, *nicht* jüdische Erfindung. Aber die himmlische und die irdische Welt ist jüdisch.

Die Juden glauben *nicht* an *unerfüllbare* Ideale, die »himmlischen Tafeln« (verwandt mit den platonischen Ideen) verwirklichen sich vollständig, die himmlische Weisheit erscheint adäquat im Gesetz. Anders Plato. 9, 141

Hellenistisch: für Offenbarung zugänglich durch Enthaltung von Fleisch und Wein. Solcher Bedingungen braucht es beim Jüdischen *nicht*. 9, 141

Durch die Essener dringt Hellenistisches ein. 9, 141

Die leibliche Auferstehung ist *jüdisches* Dogma. Dem Todten bleibt Fleisch und Blut. Beides nimmt am seligen Leben Theil. Ein Märtyrer hofft seine herausgerissenen Eingeweide bei der Auferstehung wieder zu erhalten (2 Macc.) 9, 141

Die Verbindung von Tod und Sünde! Weil alle sterben, müssen alle gesündigt haben. 9, 142

Die kosmische Stellung Jesu, der Erlöser der Natur. Sehnsucht nach Vollendung, oft ohne Ausdruck zu finden, Seufzer. Der Rest der Sarx wird ganz entfernt, wir werden »Söhne Gottes« – bei der Auferstehung. 9, 144

Wenn dem Gesetze durch Christi Tod genug gethan, kann man sich von ihm *emancipirt* fühlen. Das gottfeindliche Princip ist vernichtet, indem der Fleischesleib Christi untergeht: nicht nur ist eine Schuld abgetragen – sondern die »Schuld« an sich aus der Welt verdrängt. 9, 144

Das Gefühl der Macht? Die Askese als Mittel dazu (Vereinigung mit Gott, Verkehr mit Todten usw.) Das der-Welt-absterben ist schon Hochmuth. 9, 145

Die Herrschaft über die Natur, die fixe Idee des 20. Jahrhunderts ist Bramanismus, indogermanisch. 9, 146

Trostmittel: *mehr* zu ertragen haben als alle anderen, das giebt ein Gefühl von Vorrecht, von Macht. 9, 154

Das Herz als jüdischer Begriff, unverständig verfinstert erblindet verhärtet, durch Schmeicheleien zu berücken oder das Gegentheil: seine Funktionen sind die Affekte: das Alte Testament theilt das Vermögen des νοῦς dem Herzen zu: nur Gott vermag in das Herz zu blicken. Das fleischerne Herz: in den Affekten sind die Eingeweide thätig. Ungefähr entspricht es dem Schopenhauerschen »Willen« 9, 154

Die Sünde bald als Schwäche und Unvollkommenheit gegen den heiligen Gott – bald als selbstthätiges diabolisches Princip. 9, 156

Sobald etwas als wahr gilt, hört alles feinere Verstehen auf, z. B. hat die ganze Christenheit ihren Paulus wort- und satzweise zur Erbauung gelesen, aber die eigentliche Dialektik, seine widerstrebenden Gedankengänge, seine eigentliche Noth und crux: also den leidenden und kämpfenden Paulus *gar nicht* gefaßt: er war todt d. h. er redete inspirirt, als Mundstück Gottes. 9, 156

Wenn die Don Quixoterie unseres Gefühls von Macht einmal uns zum Bewußtsein kommt und wir aufwachen – dann kriechen wir zu *Kreuze* wie Don Quixote, – entsetzliches Ende! Die Menschheit ist immer bedroht von dieser schmählichen *Sich-selbst-Verleugnung am Ende* ihres Strebens. 9, 156

An der Herrlichkeit Glorie (Ruhm) Gottes theilhaben, Söhne Gottes werden – das ist freilich ein Ziel! Da ist keine Bescheidenheit mehr! Es darf nur ihrer nicht zu Viele geben, sonst ist die Ehre zu gering! *Dafür* wird gesorgt! 9, 162

Es ist unwahr, daß die Religion die Moral gegeben hätte – umgekehrt! Wir beweisen die Religion *mit* der Moral als wahr oder unwahr. 9, 228

Das Christenthum *verlangte* eigentlich nichts als ein *intellektuelles* Opfer: daß an Christus geglaubt werde. – Wer solchen Werth darauf legt, daß an ihn geglaubt werde, daß er den Himmel dafür garantirt – muß einen furchtbaren Zweifel gehabt haben? Oder? 9, 244

Wie streng ist man gegen Calvin wegen Einer Hinrichtung! Und Christus verwies alle, die nicht an ihn glaubten, in die Hölle – und Menschen, noch furchtbarer als er, fügten hinzu: »mit rückwirkender Kraft«. 9, 245

Das Ende aller großen Denker und Künstler ist düster, bei denen die Redlichkeit gegen sich immer abgenommen hat. Das freudige Ausleben und Hineinströmen in die andere Welt fehlt ihnen. 9, 254

Unter allen, die sich um Gründung und Verbreitung von Religionen verdient gemacht haben, hat es noch keinen ausgezeichneten Kopf und ebenso wenig einen redlichen Menschen gegeben. Diese großen Massen-Leidenschaften sind von den gröbsten Köpfen, *solchen die blinden Glauben an sich haben, wie die Thiere*, gemacht worden. 9, 255

Für jeden Abfall eines Freundes eine höhere Seele eintauschen. 9, 265

Vor Menschen mit *großer Seele* zeigen wir den *großen* Zusammenhang unser selbst und *glauben vor ihnen* an denselben *mehr* als allein. Deshalb sind sie uns nöthig. Unsäglich viel kleine verschobene Linien können wir *preisgeben* – das thut wohl! Andere *können* nur diese Kleinigkeiten sehen, vor ihnen müssen wir sie eingestehen oder läugnen, in beiden Fällen ohne Genugthuung. 9, 268

Das verfluchte Lehrer- und Reformatoren- und Bußprediger-Pathos »und unsere Pflicht gebeut, die Menschen unglücklich zu machen«. 9, 269

Die wortkarge Leidenschaft mit düsteren Augen bei Calvin wird leicht verleumdet. Grazie und Geist in der Leidenschaft wird in Deutschland nicht geglaubt. 9, 269

Wenn jemand zu den Juden übergeht (nach Tacitus) muß er die Götter verachten, seinem Vaterland entsagen und Eltern Kinder Geschwister verleugnen. Die Seelen derer, die in der Schlacht oder durch Hinrichtung umkommen, sind unsterblich (Märtyrer-Gedanke des Christenthums) Verachtung des Todes daher. Als Kaligula befahl sein Bildniß im Tempel aufzustellen, griffen sie zu den Waffen. 9, 270

Den Unterschied zwischen Juden und Römern drückt Tacitus so aus: »bei ihnen ist alles heilig, was bei uns unheilig ist, so wie gegentheils bei ihnen alles erlaubt ist, was bei uns verabscheut wird« Diese Paradoxie wurde von den Christen verbreitet, sie machten Propaganda, »sie sind sich unentwegbar treu und unterstützen sich in der Noth, so wie sie alle anderen Menschen als Feinde hassen.« 9, 277

Sein Erlebniß so streng und wahrhaftig ansehen, wie ein wissenschaftliches Experiment – da darf man nicht von Wundern und »Engeln um uns« und der Hand des Herrn fabeln: das erscheint einem unredlich. 9, 280

Mit den Fürsten der Unterwelt selber habe ich Würfel gespielt. 9, 287

Die *Spannung* zwischen dem immer reiner und ferner gedachten Gott und dem immer sündiger gedachten Menschen, – einer der größten Kraftversuche der Menschheit.

Die Liebe: Gottes zum Sünder ist wundervoll. Warum haben die *Griechen* nicht eine solche Spannung von göttlicher Schönheit und menschlicher Häßlichkeit gehabt? Oder göttlicher Erkenntniß und menschlicher Unwissenheit? Die vermittelnden Brücken zwischen zwei solchen Klüften wären Neuschöpfungen, die nicht da sind (Engel? Offenbarung? Gottessohn?) 9, 287 f.

Pascal's Gespräch mit Jesus ist schöner als irgend etwas im neuen Testament! Es ist die schwermüthigste Holdseligkeit, die je zu Worte gekommen ist. An diesem Jesus ist seitdem nicht mehr fortgedichtet worden, deshalb ist nach Port-Royal das Christenthum überall im Verfall. 9, 324

Auch Kant, so dürftig sich seine Seele neben der Pascal's ausnimmt, hat einen ähnlichen Hintergedanken bei allen Bewegungen seines Kopfes: den Intellekt zu entthronen, das Wissen zu köpfen – zu Gunsten des christlichen Glaubens. Und nun muß es der *christliche* Glaube sein! als ob nicht wenn das Wissen geköpft wäre, *alle* Arten Glauben zugänglich würden! 9, 325

Der Christ (namentlich der *müssige*!) auf der *Jagd* nach seinen Sünden – um dann das große Drama der Verzweiflung und der Gnade wieder zu durchleben. Eine schwerlich schöne Art, sich zu unterhalten und dabei mag aus der Welt werden, was sie wolle – das »ewige Heil« geht über alles. 9, 344

Hat die Menschheit dasselbe Verfahren, wie die griechischen Künstler, welche um einen Gott auszudrücken ihren Statuen das Allzumenschliche der Muskeln usw. nahmen? die sämmtlichen *Details* wegnahmen? Ist der große Mensch ein Mensch, dessen Details *hinweggedacht* werden, vermöge der zwingenden vergötternden Gewalt seines *Ganzen*? Ist so die Tugend entstanden daß man das Mikroskop des

Blickes abwandte, also *unredlicher* sah? Ist so die Gottheit vom Menschen gebildet, daß er immer *mehr* Menschliches übersah? 9, 347

Es giebt einen *christlichen* Zug im alten Testament – man begreift die Entstehung des Gottes der Liebe! 9, 363

Der Mangel am *Edelmüthigen* in den Voraussetzungen des Christenthums 1) wozu mußte die Gerechtigkeit Gottes ein Opfer haben? Der Martertod Chr‹isti› war nicht nöthig außer bei einem Gott der Rache (der sich überdieß den *Stellvertreter* gefallen läßt: ohne Generosität!) 2) wozu ist der Glaube an Chr‹istus› nöthig, wenn es sein Wille ist, den Menschen zu helfen! 3) wozu der deus absconditus!

9, 369

Die Sünde erfinden und dann den erlösenden Zustand ist die unvergleichlichste Leistung der Menschheit. Diese Tragödie macht die anderen sehr blaß! 9, 369

Die Wissenschaft von 1650-1800 wollte die Weisheit und Güte Gottes *erweisen*: das Umgekehrte war das Ergebniß. Jetzt ist man versucht, *einem Reste von Gott*, einem mangelhaften Intellekt, listige und böse Umwege zum Guten usw. zuzugestehen. Aber 1) es zeigen sich *ganz verschiedene* Grade von Unvernunft 2) und ebenso von Güte: es würde ein Wesen *ohne* Charakter sein. Wozu ein solches *Wesen annehmen*? – Weder gut noch böse ist die Welt! Und der Mensch also! – 9, 472

Die Thatsache an der *Hexerei* ist, daß ungeheure Massen Menschen damals die Lust empfanden, Anderen zu schaden und sich schädigend zu denken, ebenfalls in Gedanken sinnlich auszuschweifen und sich *mächtig* im Bösen und Gemeinsten zu fühlen. Woher *das* ? – ist die Frage. 9, 473

Ein großer Schritt in der Grausamkeit, sich an geistigen statt an leiblichen Martern zu genügen und gar am Vorstellen dieser Martern und nicht-mehr-sehen-wollen. 9, 475

Die Hexen wollten den Schaden *sehen*, die christlichen Verfolger und Inquisitoren auch, auch Gott vor der Hölle. Dies der Einfluß der Barbaren (Deutschen) auf Europa – ein Rückschritt. Die Sklaven haben die Demuth und die Barbaren die Grausamkeit in's Christentum gebracht. 9, 475

Deus nudus est sagt Seneca. Ich fürchte, er steckt ganz in Kleidern. Und noch mehr: Kleider machen nicht nur Leute, sondern auch Götter. 9, 475

Rede ich wie einer, dem es offenbart worden ist? So verachtet mich und hört mir nicht zu. – Seid ihr noch solche welche Götter nöthig haben? Hat eure Vernunft noch keinen Ekel dabei, so billig und schlecht sich speisen zu lassen? 9, 496

Drücken wir das Abbild der Ewigkeit auf *unser* Leben! Dieser Gedanke enthält mehr als alle Religionen, welche dies Leben als ein flüchtiges verachten und nach einem unbestimmten *anderen* Leben hinblicken lehrten. 9, 503

Diese Lehre ist milde gegen die, welche nicht an sie glauben, sie hat keine Höllen und Drohungen. Wer nicht glaubt, hat ein *flüchtiges* Leben in seinem Bewußtsein. 9, 503

Nicht nach fernen unbekannten Seligkeiten und *Segnungen* und *Begnadigungen* ausschauen, sondern so leben, daß wir nochmals leben wollen und in Ewigkeit *so* leben wollen! – Unsere Aufgabe tritt in jedem Augenblick an uns heran.

9, 503

Wie geben wir dem inneren Leben Schwere, ohne es böse und fanatisch gegen Anders-denkende zu machen? Der religiöse Glaube nimmt ab und der Mensch lernt sich als flüchtig begreifen und als unwesentlich, er wird endlich dabei schwach; er übt sich nicht so im Erstreben Ertragen, er will den gegenwärtigen Genuß, er macht sich's leicht – und viel Geist verwendet er vielleicht dabei. 9, 507

Wie gemein hat sich das Christenthum gegen das Alterthum benommen, indem es dasselbe ganz *durchteufelte*! Gipfel aller verleumderischen Bosheit! 9, 507

Er schämte sich seiner Heiligkeit und verkleidete sie. 9, 560

Ihr meint, ihr hättet lange Ruhe bis zur Wiedergeburt – aber täuscht euch nicht! Zwischen dem letzten Augenblick des Bewußtseins und dem ersten Schein des neuen Lebens liegt »keine Zeit« – es ist schnell wie ein Blitzschlag vorbei, wenn es auch lebende Geschöpfe nach Jahrbillionen messen und nicht einmal messen könnten. Zeitlosigkeit und Succession vertragen sich miteinander, so bald der Intellekt weg ist.
9, 564 f.

Wenn wir nicht aus dem *Tode Gottes* eine großartige *Entsagung* und einen fortwährenden Sieg über uns machen, so haben wir den *Verlust zu tragen.* 9, 577

Dieser einsamste der Einsamen, der Mensch, sucht nun nicht mehr einen Gott, sondern einen *Genossen.* Dies wird der *mythenbildende* Trieb der Zukunft sein. Er sucht den *Freund des Menschen.* 9, 580

Aus dem Paradiese.
»Gut und Böse sind die Vorurtheile
Gottes« – sprach die Schlange und floh in Eile. 9, 674

AUS DEM NACHLASS 1882-1885

Leben nach dem Tode. – Wer Gründe hat, an sein »Leben nach dem Tode« zu glauben, muß seinen »Tod« während seines Lebens ertragen lernen. 10, 11

Das National-Princip wird die Muhamedaner die Inder entfesseln. 10, 18

Der Freigeist als der religiöseste Mensch, den es jetzt giebt. 10, 30

Der gläubige Mensch ist der Gegensatz des religiösen Menschen. 10, 30

Wer das Große nicht mehr in Gott findet, findet es überhaupt nicht *vor* und muß es entweder leugnen oder – schaffen (schaffenhelfen) 10, 37

Gott erstickte an der Theologie; und die Moral an der Moralität. 10, 54

Der Gläubige hat seinen natürlichen Widersacher nicht im Freigeiste, sondern im religiösen Menschen. 10, 57

»Hast du deinen Teufel gesehen?« – »Ja, schwer ernst tief gründlich pathetisch: so stand er da, recht als genius gravitationis, durch den alle Wesen und Dinge – fallen.« 10, 58

Was aus Liebe gethan wird, das ist *nicht* moralisch sondern religiös. 10, 70

Der christliche Gott, der »die Liebe« ist, entstand in Zeiten, wo die Liebe noch zu wenig göttlich war. 10, 70

Wessen Gedanken nur Ein Mal die Brücke zur Mystik überschritten hat, kommt nicht davon ohne ein Stigma auf allen seinen Gedanken. 10, 86

So du weißt, was du thust, bist du selig. So du es aber nicht weißt, bist du verflucht und ein Frevler am Gesetz – sagte Jesus zu einem, der den Sabbat brach – ein Wort für alle Brecher und Verbrecher. 10, 87

»Die Liebe Gottes zu den Menschen ist *seine* Hölle« – sagte der Teufel. »Wie kann man sich aber auch in die Menschen verlieben!« 10, 87

Allen Frauen, denen die Sitte und die Scham die Befriedigung des Geschlechtstriebes untersagt, ist die Religion, als eine geistigere Auslösung erotischer Bedürfnisse, etwas Unersetzbares. 10, 92

Es gab viele Gottmenschen auf Erden: und jeder Gottmensch schuf seinen Gott.

Es giebt nicht ärgere Feindschaft auf Erden als zwischen Gottmenschen und ihren Göttern. 10, 111

Liebesmahle heißen sie's, wenn man seinen Erlöser aus Liebe auffrißt. 10, 117

Nicht der Finger Gottes ist es, der dir die Kehle eindrückt. Einst, so sagt man, trat Gott an die Sterbenden: da wurde ihm wehe und gräßlich. 10, 117

Ich kenne alles Gute und alles Böse: ich kenne auch das was jenseits des Guten und des Bösen ist. 10, 119

Gut und Böse sind die Vorurtheile Gottes – sagte die Schlange. Aber auch die Schlange war ein Vorurtheil Gottes. 10, 119

Die Kirche ist der Stein am Grabe eines Gottmenschen: sie will, daß er nicht wieder auferstehe. 10, 119

Die Kirche ist nichts als eine von Grund aus verlogene Art des St‹aat›es. 10, 126

Sie werfen die Bilder um und sagen: es giebt nichts Hohes und Anbetungswürdiges – weil sie selber kein Bild und keinen Gott schaffen können.

Erbarmt euch ihrer! Hört doch die Verachtung aus ihrer Wuth gegen die Bilder – die große Verachtung gegen sich selber! 10, 221

Wir müssen die Erhabenheit, vor der wir uns in der Natur *beugen*, in unsern Absichten und Willen *begehren* – wir sollen die Erlöser der Natur und nicht ihre Vergöttlicher sein! »Vergöttlichung der Natur« – das ist die Folge der Armut, Scham, Angst, Thorheit! 10, 293

Eure Kraft sollte die sein, noch hundert Meilen höhere Wesen *über ihm* zu sehen! Und das nenne ich Idealität: einen Sonnenaufgang zu sehen, wo – eine Kerze angezündet wird!

Das wäre der höchste Glanz auf dem *Tode*, daß er uns *weiter führt* in die andre Welt, und daß wir *Lust* haben an allem Werdenden und darum auch an unsrem Vergehen! 10, 294

Wenn Glückseligkeit *unmöglich* ist (Hegesias), so ist das Ziel des Lebens Leidlosigkeit: *ohne Zweck konnte man's nicht fassen!* 10, 309

Ihr glaubt, wie ihr sagt, an die Nothwendigkeit der Religion? Seid ehrlich! Ihr glaubt nur an die Nothwendigkeit der Polizei.

10, 391

Der Mensch war es, der zwei Jahrtausende am Kreuze hieng: und ein gräßlicher Gott trieb seine Grausamkeit und nannte sie Liebe.

10, 424

Oh über dies verfälschte Licht, diese versüßte dumpfe Luft! Hier wo die Seele nicht fliegen darf, sondern nur hinauf zur Höhe – knien soll.

10, 425

Oh Leben! Wie in ein Auge blicke ich in dich.

Was ich von dir sehe, das ist, daß *du* mich ansiehst: was ich von dir errathe, das ist, daß *du* mich errathen hast!

10, 425

Und wo euer Verstand eine Lücke hat, da stellt ihr flugs den ärmsten aller Lückenbüßer hinein: »Gott« ist sein Name.

10, 427

Zarathustra kocht in seinem eigenen Safte.

Seine Entschließung als *größte Entscheidung* über das Loos der Menschheit empfunden.

»das All zum Einklang zur Versöhnung und zur Erkenntniß bringen« die menschliche Seele das größte *Kunstwerk* darin.

Größtes Bewußtsein der Wichtigkeit!

das All *sucht* nicht seine Erlösung, aber es *findet* sie.

10, 491

Das Alterthum hatte jene kleine Dosis von Christenthum schon in sich, welche dem Aufblühen der Künste gut ist. Der Katholicismus aber war eine barbarische Vergröberung davon: einen Kirchenvater aus einem Plato gemacht!

11, 23

»Seele« als Vielheit der Affekte, mit Einem Intellekte, mit unsicheren Grenzen. 11, 33

Die Frage nach unserem »Wohl« ist durch das Christenthum und den Buddhism *vertieft*: *dagegen* ist die Engländerei blödsinnig-alltäglich: der Engländer meint »comfort«. Die Welt nicht nach unseren persönlichsten Begleit-Gefühlen messen, sondern *wie als ob* sie ein Schauspiel wäre und *wir zum Schauspiel gehörten*! 11, 34

Man muß sich zu einer solchen Denkweise (wie die christliche ist) den idealen, ganz zu ihr geschaffenen Menschen denken – Pascal z.B. Denn für den durchschnittlichen Menschen giebt es auch immer nur ein Surrogat-Christenthum, selbst für solche Naturen, wie Luther – er machte sich ein Pöbel- und Bauern-Christenthum zurecht.

11, 200

Darin, daß die Welt ein göttliches Spiel sei und jenseits von Gut und Böse – habe ich die Vedantaphilos‹ophie› und Heraclit zum Vorgänger.

11, 201

Gebotene und verbotene Werke = gut und böse. 11, 201

Der Puritanismus hat als Hintergrund die Überzeugung von der gründlichen *eigenen Gemeinheit*, vom allgegenwärtigen *»inneren Vieh«* (ego) – und der düstere trockene *Stolz* des puritanischen Engländers *will*, daß mindestens *Jeder* ebenso schlecht von seinem »inwendigen Menschen« denken soll wie er selber denkt! 11, 218

Zur Erklärung jenes innerlichen verwegenen Scepticismus in Deutschland, der daselbst größer und seiner selber gewisser ist als in irgend einem Lande Europa's, gehört jene

Thatsache, daß die protestantische Geistlichkeit immer an Kindern fruchtbar gewesen ist und gleich Luthern nicht nur auf der Kanzel ihre Stärke gehabt hat: und aus dem gleichen Grunde, aus dem Machiavell den Scepticismus der Italiäner ableitet – sie haben den Stellvertreter Gottes und seinen Hof immer zu nahe vor Augen gehabt – haben Allzuviele von den deutschen Philosophen und Gelehrten als Kinder von Predigern und sonstigem Kirchen-Zubehör dem »Priester« *zugesehn* – und glauben *folglich* nicht mehr an Gott. Der Protestantismus ist von vornherein wesentlich Unglaube an »den Heiligen«; die deutsche Philosophie ist wesentlich Unglaube an die homines religiosi und die Heiligen zweiten Ranges, an alle die Land- und Stadtpfarrer, hinzugenommen die Theologen der Universität – und insofern mag die deutsche Philosophie eine Fortsetzung des Protestantismus sein.

11, 473

Hätte die Welt ein Ziel, so müßte es erreicht sein. Gäbe es für sie einen unbeabsichtigten Endzustand, so müßte er ebenfalls erreicht sein. Wäre sie überhaupt eines Verharrens und Starrwerdens, eines »Seins« fähig, hätte sie nur Einen Augenblick in allem ihrem Werden diese Fähigkeit des »Seins«, so wäre es wiederum mit allem Werden längst zu Ende, also auch mit allem Denken, mit allem »Geiste«. Die Thatsache des »Geistes« *als eines Werdens* beweist, daß die Welt kein Ziel, keinen Endzustand hat und des Seins unfähig ist. – Die alte Gewohnheit aber, bei allem Geschehen an Ziele und bei der Welt an einen lenkenden schöpferischen Gott zu denken, ist so mächtig, daß der Denker Mühe hat, sich selber die Ziellosigkeit der Welt nicht wieder als Absicht zu denken. Auf diesen Einfall – daß also die Welt absichtlich einem Ziele *ausweiche* und sogar das Hineingerathen in einen Kreislauf künstlich zu verhüten wisse – müssen alle die verfallen, welche der Welt das Vermögen zur *ewigen Neuheit* aufdekretiren möchten, das heißt einer endlichen, bestimmten, unveränderlich gleich großen Kraft, wie es »die Welt« ist – die Wunder-Fähigkeit zur *unendlichen* Neugestaltung ihrer Formen und Lagen. Die Welt, wenn auch kein Gott mehr, soll doch der göttlichen Schöpferkraft, der unendlichen Verwandlungs-Kraft fähig sein; sie soll es sich willkürlich *verwehren*, in eine ihrer alten Formen zurückzugerathen, sie soll nicht nur die Absicht, sondern auch die *Mittel* haben, sich selber vor jeder Wiederholung zu *bewahren*; sie soll somit in jedem Augenblick jede ihrer Bewegungen auf die Vermeidung von Zielen, Endzuständen, Wiederholungen hin *controliren* – und was Alles die Folgen einer solchen unverzeihlich-verrückten Denk- und Wunschweise sein mögen. Das ist immer noch die alte religiöse Denk- und Wunschweise, eine Art Sehnsucht zu glauben, daß *irgendworin* doch die Welt dem alten geliebten, unendlichen, unbegrenzt-schöpferischen Gotte gleich sei – daß irgendworin doch »der alte Gott noch lebe«, – jene Sehnsucht Spinoza's, die sich in dem Worte »deus sive natura« (er empfand sogar »natura sive deus« –) ausdrückt. Welches ist denn aber der Satz und Glaube, mit welchem sich die entscheidende Wendung, das jetzt erreichte *Übergewicht* des wissenschaftlichen Geistes über den religiösen götter-erdichtenden Geist, am bestimmtesten formulirt? Heißt er nicht: die Welt, als Kraft, darf nicht unbegrenzt gedacht werden, denn sie *kann* nicht so gedacht werden – wir verbieten uns den Begriff einer *unendlichen* Kraft *als mit dem Begriff »Kraft« unverträglich*. Also – fehlt der Welt auch das Vermögen zur ewigen Neuheit. 11, 556 f.

Die Vergöttlichung des Teufels – wie geschah diese himmlische Illusion! –

Der Glaube an die Güte Gerechtigkeit und Wahrheit im Grunde der Dinge hat etwas Haarsträubendes.

Die Masken des Teufels. 11, 622

AUS DEM NACHLASS 1885-1889

– die Auslegung aller Unglücksfälle als die Wirkungen unversöhnter Geister ist das, was bisher die großen Massen zu religiösen Culten trieb. Selbst das höhere moralische Leben, das des Heiligen, ist nur als *eines* der Mittel erfunden worden, um unversöhnte Geister zu befriedigen. 12, 11

– die absolute Verderbtheit des Menschen, die Unfreiheit zum Guten und folglich die Auslegung aller unserer Handlungen mit der Interpretation des bösen Gewissens: endlich Gnade. Wunder-Akt. Plötzliche Umkehr. Paulus, Augustin, Luther 12, 11 f.

– »es ist unmöglich, seine *Schulden* zu bezahlen«, Ausbrüche der Heilsbegierde und der Culte und Mysterien. »Es ist unmöglich, seine Sünde loszuwerden« Ausbruch des Christenthums des Paulus Augustin und Luther. Ehemals war das äußere Unglück der Anstoß religiös zu werden: später das innere Unglücks-Gefühl, die Unerlöstheit, Angst, Unsicherheit. Was Christus und Buddha auszuzeichnen scheint: es scheint das innere Glück zu sein, das sie religiös mache 12, 12

gin ist arabisch und heißt spiritus (= g'inn) 12, 16

Die Religionen leben die längste Zeit ohne mit der Moral verquickt zu sein: moralfrei. Man erwäge, was eigentlich jede Religion will – man kann es ja heute noch mit Händen greifen: man will durch sie nicht nur Erlösung von der *Noth*, sondern vor Allem Erlösung von der *Furcht vor Noth*. Alle Noth gilt als Folge von bösem, feindseligem Walten von Geistern: alle Noth, die einen trifft, ist zwar nicht »verdient«, aber es weckt den Gedanken, *wodurch* ein Geist gegen uns gereizt sein mag; der Mensch zittert vor unbekannten schweifenden Unholden und möchte sie hold stimmen. Dabei prüft er sein Verhalten: und wenn es überhaupt Mittel giebt, bestimmte Geister, die er kennt, sich freundlich zu stimmen, so fragt sich, *ob* er auch wirklich Alles gethan habe, was er dazu hätte thun können. Wie ein Höfling sein Verhalten zu dem Fürsten prüft, wenn er an ihm eine ungnädige Stimmung wahrgenommen hat: – er sucht nach einer Unterlassung usw. »Sünde« ist ursprünglich das, wodurch irgend ein Geist sehr beleidigt werden könnte, irgend eine Unterlassung, ein – – –: da hat man etwas wieder *gut zu machen.* – Nur insofern ein Geist, eine Gottheit ausdrücklich auch gewisse moralische Gebote als Mittel, *ihm* zu gefallen und zu dienen hingestellt hat, kommt in die »Sünde« auch die sittliche Werthschätzung: oder vielmehr: dann erst kann ein Verstoß gegen ein sittliches Gebot als »Sünde« empfunden werden, als etwas, das von Gott trennt, ihn beleidigt und auch von seiner Seite Gefahr und Noth im Gefolge hat. 12, 21

– es muß solche geben, die alle Verrichtungen heiligen, nicht nur Essen und Trinken: und nicht nur im Gedächtniß an sie, oder im Eins-Werden mit ihnen, *sondern immer von Neuem und auf neue Weise* soll diese Welt erklärt werden.

12, 40

– die Heiligen als die *stärksten Menschen* (durch Selbstüberwindung und Freiheit, Treue usw. 12, 41

»Gott will mein Bestes, als er mir das Leid schickte«. – Das steht bei *dir*, es zu deinem Besten auszulegen: *mehr* bedeutete es auch bei dem religiösen Menschen nicht. 12, 43

Das tiefste Mißverständniß der Religion, »böse Mensch haben keine Religion«. 12, 57

Der Hegelische Ausweg, im Anschluß an Plato, ein Stück Romantik und Reaktion, zugleich das Symptom des historischen Sinns, einer neuen *Kraft*: der »Geist« selbst ist das sich enthüllende und verwirklichende Ideal, im »Prozeß«, im »Werden« offenbart sich ein immer Mehr von diesem Ideal, an das wir glauben – also das Ideal verwirklicht sich, der Glaube richtet sich auf die *Zukunft*, in der er seinem edlen Bedürfnisse nach anbeten kann. Kurz,

1) Gott ist *uns* unerkennbar und unnachweisbar – Hintersinn der erkenntnißtheoretischen Bewegung

2) Gott ist nachweisbar, aber als etwas Werdendes –, und wir gehören dazu, eben mit unsrem Drang zum Idealen – Hintersinn der historisirenden Bewegung

Aber derselbe historische Sinn, in die Natur übertretend, hat – – –

Man sieht: es ist *niemals* die Kritik an das Ideal selbst gerückt, sondern nur an das Problem, woher der Widerspruch gegen dasselbe kommt, warum es noch nicht erreicht oder warum es nicht nachweisbar im Kleinen und Großen ist.

Das Ideal des *Weisen* in wiefern grundmoralisch bisher? – – –

Es macht den größten Unterschied: ob man aus der Leidenschaft heraus, aus einem Verlangen heraus diesen Nothstand als Nothstand fühlt oder ob man ihn mit der Spitze des Gedankens und einer gewissen Kraft der historischen Imagination gerade noch als ein Problem erreicht ...

Abseits von der religiös-philosophischen Betrachtung finden wir dasselbe Phänomen: der Utilitarismus (der Socialismus, der Demokratismus) kritisirt die Herkunft der moralischen Werthschätzungen, *aber er glaubt an sie*, ebenso wie der Christ. (Naivetät, als ob Moral übrig bliebe, wenn der sanktionirende *Gott* fehlt. Das »Jenseits« absolut nothwendig, wenn der Glaube an Moral aufrecht erhalten werden soll.) 12, 148

An sich hat eine Religion nichts mit der Moral zu thun: aber die beiden Abkömmlinge der jüdischen R‹eligion› sind beide *wesentlich* moralische Religionen, solche, die darüber Vorschriften geben, wie gelebt werden *soll* und mit Lohn und Strafe ihren Forderungen Gehör schaffen. 12, 164

Kritik des *christlichen Ideals*
der Armut,
der Keuschheit,
der Demuth.
Die europäischen Aspirationen zum *Fakirthum.* 12, 199

Der Satz vom Bestehen der Energie fordert die *ewige Wiederkehr.* 12, 205

homines religiosi
Die Reformation: Eine der verlogensten Eruptionen von gemeinen Instinkten

Eine Anzahl starker, unbändig gewordener und gründlich gemeiner Triebe will freie Luft: es thut Nichts noth als Vorwände, namentlich großartige Worte zu erfinden, unter denen diese wilden Thiere herausgelassen werden dürfen.

Luther der psychologische Typus: ein wüster und uneigentlicher Bauer, der mit der »evangelischen Freiheit« allen aufgehäuften gewaltthätigen Bedürfnissen Luft macht.

man will einmal wieder Herr sein, rauben, niederwerfen, verfluchen, eingerechnet daß die Sinne ihre Rechnung finden wollen: vor Allem, man sieht lüstern nach dem ungeheuren Reichtum der Kirche. 12, 271

Pascal sah in zwei Gestalten, in Epictet und Montaigne, seine eigentlichen Versucher, gegen die er nöthig hatte sein Christenthum immer wieder zu vertheidigen und sicher zu stellen. 12, 321

Die Christen haben niemals die Handlungen praktizirt, welche ihnen Jesus vorgeschrieben hat: und das unverschämte Gerede vom »Glauben« und von der »Rechtfertigung durch den Glauben« und dessen oberster und einziger Bedeutsamkeit ist nur die Folge davon, daß die Kirche nicht den Muth, noch den Willen hatte, sich zu den *Werken* zu bekennen, welche Jesus forderte. 13, 95

Der Buddhist handelt anders als der Nichtbuddhist; *der Christ handelt wie alle Welt* und hat ein Christenthum der Ceremonien und der *Stimmungen* – 13, 95

Die tiefe und verächtliche Verlogenheit des Christenthums in Europa: wir verdienen wirklich die Verachtung der Araber, Hindus, Chinesen ... Man höre die Reden des ersten deutschen Staatsmanns über das, was jetzt 40 Jahre Europa eigentlich beschäftigt hat ... man höre die Sprache des Hofprediger-Tartüffes 13, 95

Der intellektuelle Zustand Europas: unsere *Barbarei*

der verächtliche und armselige Unsinn einer persönlichen Fortdauer des Einzelnen: ein Standpunkt, über den Hindus, Juden und Chinesen hinaus seien

der Glaube an Gott 13, 97

– »was thun, um zu glauben?« – eine absurde Frage.

13, 98

Gott schuf den Menschen glücklich, müssig, unschuldig und unsterblich: unser wirkliches Leben ist ein falsches, abgefallenes, sündhaftes Dasein, eine Straf-existenz ... Das Leiden, der Kampf, die Arbeit, der Tod werden als Einwände und Fragezeichen gegen das Leben abgeschätzt, als etwas Unnatürliches, etwas, das nicht dauern soll; gegen das man Heilmittel braucht – und *hat*! ... 13, 98

Die Lehre besteht in der Verzichtleistung auf das persönliche Leben: und ihr verlangt den persönlichen Ruhm, – eine persönliche Belohnung ... In der Welt giebt es Ruhm und persönliche Macht; ihr, meine Schüler, sollt wissen, daß der wahre Sinn des Lebens sich nicht im persönlichen Glück befindet, sondern darin, daß man jedem dient und sich vor jedem erniedrigt ... Christus empfiehlt ihnen nicht zu glauben: er lehrt sie die wahre Unterscheidung von Gut und Böse, von Wichtig und Sekundär ...

Petrus begreift die Lehre nicht: daher sein Mangel an Glauben. *Die Belohnung proportional der Arbeit* hat nur Wichtigkeit in Hinsicht auf das persönliche Leben. Der Glaube an die Belohnung für die Arbeit, in Proportion der Arbeit, ist eine Folge der Theorie des *persönlichen Lebens* ...

13, 102

Der Glaube kann nicht kommen aus dem Vertrauen in seine Worte: er kann nur kommen aus *Einsicht in unsere Lage.* Man kann ihn nicht durch Versprechen von Belohnung und Strafe schaffen – der Glaube der »Berge versetzt« kann nur sich auf das Bewußtsein unseres unvermeidlichen Schiffbruchs gründen, wenn wir nicht die Rettung acceptiren, die uns noch offen steht ... – das Leben *conform dem Willen des Herrn* – 13, 102

Die fünf Commandos: erzürnt euch nicht; begeht keinen Ehebruch; leistet keinen Eid; wehrt euch nicht durch Gewalt; zieht nicht in den Krieg: Ihr könnt, in Augenblicken, gegen diese Gebote fehlen, wie ihr jetzt gegen die Artikel des code civil und des code mondain fehlt. Aber, in Momenten der Ruhe, werdet ihr dann nicht das thun, was ihr jetzt thut: ihr werdet euch nicht eine Existenz *organisiren*, welche die Aufgabe so schwierig macht, nicht zu zürnen, nicht die Ehe zu brechen, nicht zu schwören, nicht sich mit Gewalt zu wehren, nicht in den Krieg zu ziehen. *Organisirt euch vielmehr eine Existenz, welche es euch schwer machen würde, dies zu thun!* 13, 103

Nachdem die Kirche die *ganze christliche Praxis* sich hatte nehmen lassen und ganz eigentlich das Leben im Staate, jene Art Leben, welche Jesus bekämpft und verurtheilt hatte, sanktionirt hatte, mußte sie den *Sinn* des Christenthums irgendwo anders hin legen: in den *Glauben* an unglaubwürdige Dinge, in das Ceremoniell von Gebet, Anbetung, Fest usw. Die Begriffe »Sünde«, »Vergebung«, »Strafe«, »Belohnung« – Alles ganz unbeträchtlich und fast *ausgeschlossen* vom ersten Christenthum, kommt jetzt in den Vordergrund

Ein schauderhafter Mischmasch von griechischer Philosophie und Judenthum; der Asketismus; das beständige Richten und Verurteilen;die Rangordung; – – – 13, 104

Wenn man nicht begreift, daß die Kirche nicht nur die Carikatur des Christenthums, sondern der organisierte *Krieg gegen das Christenthum ist*: – – – 13, 104

Jesus stellte ein wirkliches Leben, ein Leben in der Wahrheit jenem gewöhnlichen Leben gegenüber: nichts liegt ihm ferner als der plumpe Unsinn eines »verewigten Petrus«, einer ewigen Personal-Fortdauer. Was er bekämpft, das ist die Wichtigthuerei der »Person«: wie kann er gerade *die* verewigen wollen?

Er bekämpft insgleichen die Hierarchie innerhalb der Gemeinde: er verspricht nicht irgend eine Proportion von Lohn je nach der Leistung: wie kann er Strafe und Lohn im Jenseits gemeint haben! 13, 106

Das ist der Humor der Sache, ein tragischer Humor: Paulus hat gerade das im großen Stile wieder aufgerichtet, was Christus durch sein Leben annullirt hatte. Endlich, als die

Kirche fertig ist, nimmt sie sogar das *Staats-Dasein* unter ihre Sanktion ... 13, 108

Man sieht, was mit dem Tode am Kreuze geschehen war. Als der Dämon des Dysangeliums erscheint *Paulus* ...

13, 109

Der Sinn der Beschneidung ist eine Probe der Mannhaftigkeit ersten Ranges (ein *Maturitäts-Zeugniß*, bevor man heirathen darf): die Araber heißen sie »Schindung«. Die Scene findet im Freien statt: der Vater und die Freunde umstehen den Jüngling. Der tonsor zieht das Messer und entblößt, nachdem er die Vorhaut abgeschnitten hat, das *Glied* (Schamtheil) samt dem Bauch vom Nabel aufwärts bis zu den Hüften von aller Haut. Der Jüngling schwingt dabei mit der Rechten ein Messer über dem Rücken des tonsor und schreit »schneide ohne Furcht!« Wehe, wenn der tonsor zögert und seine Hand zittert! Der Vater aber tödtet seinen Sohn auf der Stelle, wenn er vor Schmerz schreit. Schließlich stimmt der Jüngling ein gloria Deo an und begiebt sich ins Zelt, wo er vor Schmerz auf den Boden niederfällt. Manche gehen an der ungeheuren Eiterung zu Grunde, von zehn bleiben meistens acht übrig: die haben kein pecten und ihren Bauch deckt eine bleiche Haut. (bei den 'Asîr)

13, 112 f.

Das Christenthum hat das Abendmahl nicht verstanden: die communio durch Fleisch und Trank, die sich auf natürlichem Wege in Fleisch und Blut transsubstantiiren –

Alle Gemeinschaft ist Blutgemeinschaft. Diese ist nicht nur angeboren, sie wird auch erworben; ebenso wie das Blut nicht bloß angeboren ist, sondern auch erworben wird. Wer mit einander ißt und trinkt, erneuert sein Blut aus demselben Quell, bringt dasselbe Blut in seine Adern. Ein Fremder, sogar ein Feind, der unser Mahl theilt (auch ohne und gegen unseren Willen) wird dadurch, wenigstens für eine Weile, in die Gemeinschaft unseres Fleisches und Bluts aufgenommen. 13, 113

Gemeinsamer Blutgenuß das älteste Mittel der Verbündung, der Bundschließung. Die Eßgesellschaft ist Sakralgemeinschaft. Das Thier, welches das Bundesblut liefert, ist ein Opfer; die Bundschließung geschieht durch jedes Opfer. 13, 113 f.

Das »Christenthum« ist etwas Grundverschiedenes von dem geworden, was sein Stifter that und wollte

es ist die große *antiheidnische Bewegung* des Alterthums, formulirt mit Benutzung von Leben, Lehre und »Worten« des Stifters des Christenthums, aber in einer absolut *willkürlichen* Interpretation nach dem Schema *grundverschiedener Bedürfnisse*: übersetzt in die Sprache aller schon bestehenden *unterirdischen Religionen* –

es ist die Heraufkunft des Pessimismus, während Jesus den Frieden und das Glück der Lämmer bringen wollte

: und zwar des Pessimismus der Schwachen, der Unterlegenen, der Leidenden, der Unterdrückten

ihr Todfeind ist 1) *Macht* in Charakter, Geist und Geschmack; die »Weltlichkeit« 2) das klassische »Glück«, die vornehme Leichtfertigkeit und Skepsis, der harte Stolz, die excentrische Ausschweifung und die kühle Selbstgenügsamkeit des Weisen, das griechische Raffinement in Gebärde, Wort und Form, – ihr Todfeind ist der *Römer* ebensosehr als der *Grieche*. 13, 114

‹...› Insgleichen für den Stoicismus, der wesentlich das Werk von Semiten ist (– die »Würde« als Strenge, Gesetz, die Tugend als Größe, Selbstverantwortung, Autorität, als höchste Personal-Souveränität – das ist semitisch:

der Stoiker ist ein arabischer Sheik in griechische Windeln und Begriffe gewickelt 13, 114

Das Christenthum hat von vornherein das Symbolische in *Cruditäten* umgesetzt:

1) der Gegensatz »wahres Leben« und »falsches« Leben: mißverstanden als »Leben diesseits« und »Leben jenseits«

2) der Begriff »ewiges Leben« im Gegensatz zum Personal-Leben der Vergänglichkeit als »Personal-Unsterblichkeit«

3) die Verbrüderung durch gemeinsamen Genuß von Speise und Trank nach hebräisch-arabischer Gewohnheit als »Wunder der Transsubstantiation«

4) die »Auferstehung« – als Eintritt in das »wahre Leben«, als »Wiedergeboren« – daraus: eine historische Eventualität, die irgendwann nach dem Tode eintritt

5) die Lehre vom Menschensohn als dem »Sohn Gottes«, das Lebens-Verhältniß zwischen Mensch und Gott – daraus: die »zweite Person der Gottheit« – gerade das *weggeschafft*: das Sohnverhältniß jedes Menschen zu Gott, auch des niedrigsten

6) die Erlösung durch den Glauben, nämlich daß es keinen anderen Weg zur Sohnschaft Gottes giebt als die von Christus gelehrte Praxis des *Lebens* – umgekehrt in den Glauben, daß man an irgend eine wunderbare *Abzahlung* der *Sünde* zu glauben habe, welche nicht durch den Menschen sondern durch die That Christi bewerkstelligt ist: damit mußte »Christus am Kreuze« neu gedeutet werden.

Dieser Tod war an sich durchaus *nicht* die Hauptsache ... es war nur ein Zeichen mehr, wie man sich gegen die Obrigkeit, und Gesetze der Welt zu verhalten habe – *nicht sich wehrend ... Darin lag das Vorbild.* 13, 115

Wir haben also als *Mißverständniß*:

1) die Unsterblichkeit der Person

2) die angebliche *andere* Welt

3) die Absurdität des Strafbegriffs und Sühnebegriffs im Centrum der Daseins-Interpretation

4) die Entgöttlichung des Menschen statt seiner *Vergöttlichung* die Aufreißung der tiefsten Kluft, über die nur das Wunder, nur die Prostration der tiefsten Selbstverachtung hinweghilft

5) die ganze Welt der verdorbenen Imagination und des krankhaften Affekts, statt der liebevollen einfältigen Praxis, statt eines auf Erden erreichbaren buddhistischen Glükkes …

6) eine kirchliche Ordnung, mit Priesterschaft, Theologie, Cultus, Sakramenten; kurz, alles das, was Jesus von Nazareth *bekämpft* hatte

7) das *Wunder* in Allem und Jedem, der Aberglaube: während gerade das Auszeichnende des Judenthums und des ältesten Christenthums sein *Widerwille* gegen die Wunder ist, seine relative *Rationalität* 13, 116 f.

»ein Gott à l'américaine, der Gott auf eine ganz menschliche Weise ist, der Brille trägt, über den es Zeugnisse der kleinen Zeitungen giebt« – ein Gott in Photographie –

13, 117

… sie verlangt Neuigkeiten über Ihre Seele »sind Sie im Zustand der Gnade?«, wie als ob sie fragte: »haben Sie Schnupfen?« 13, 117

»man fühlt sich in einer Synagoge wie im Orient, in einer glücklichen Religion. Eine Art Familiarität mit Gott, kein Gebet, wie in der christlichen Kirche, wo man immer etwas vergeben haben will … 13, 118

Man giebt sich nicht genug Rechenschaft darüber, in welcher Barbarei der Begriffe wir Europäer noch leben.

NB: Daß man hat glauben können, das Heil der Seele hänge an einem Buche! … Und man sagt mir, man glaube das heute noch.

Was hilft alle wissenschaftliche Erziehung, alle Kritik und Hermeneutik, wenn ein solcher Widersinn von Bibel-Auslegung, wie ihn die Kirche aufrecht erhält, noch nicht die Schamröthe zur Leibfarbe gemacht hat? 13, 128

Gott als Attribut der Nationalität

Das Volk, das ist der Leib Gottes. Eine Nation verdient diesen Namen nur, so lange sie einen eignen Gott hat und hartnäckig alle anderen von sich stößt; so lange nur als sie rechnet, mit ihrem Gott zu siegen und die fremden Götter aus der ganzen Welt fortzujagen.

Die Völker bewegen sich durch die Kraft eines unersättlichen Bedürfnisses zum Ziel zu kommen: es ist die unermüdliche beständige Affirmation seiner Existenz und Negation des Todes. »Der Geist des Lebens«, der »Strom lebendigen Wassers«, das aesthetische oder moralische Prinzip der Philosophen, la »recherche de Dieu«. Bei jedem Volke, auf jeder Phase seiner Existenz, ist das Ziel seiner Bewegung la recherche de Dieu, eines Gottes für sich, an den es als den allein wahren glaubt. Gott ist die synthetische Person eines ganzen Volkes, betrachtet von seinem Anfang bis zu seinem Ende. Wenn die Culte anfangen sich zu generalisiren, ist die Destruktion der Nationalitäten nahe. Wenn die Götter ihren Einzel-Charakter verlieren, sterben sie und mit ihnen die Völker. Je stärker eine Nation, um so stärker unterscheidet sich ihr Gott. Man hat niemals ein Volk ohne Religion gefunden (d. h. *ohne den Begriff von Gut und Böse*) Jedes Volk versteht diese Worte auf seine Manier. Wenn diese Ideen auf gleiche Weise bei mehreren Völkern verstanden werden, so sterben sie und die Differenz zwischen Gut und Böse beginnt zu erlöschen und zu verschwinden. Die Vernunft hat diese Begriffe nie definiren können, und selbst nicht einmal sie auch nur annähernd *trennen*: immer hat sie dieselben auf eine schmähliche Weise vermengt: la science a conclu en faveur de la force brutale. Das ist namentlich durch die *Halb-Wissenschaft* geschehen, der größte Fluch, der Despot, vor dem sich Alles neigt, *selbst die Wissenschaft* … 13, 151 f.

Die Juden haben nur gelebt, um den wahren Gott zu erwarten; die Griechen haben die Natur vergöttlicht und haben der Welt ihre Religion, das heißt die Philosophie und die Kunst, vererbt. Rom hat das Volk im Staate vergöttlicht.

13, 152

der tiefe Instinkt dafür, wie man leben müsse, um sich im »Himmel« zu fühlen, während man sich im anderen Falle durchaus nicht im Himmel fühlt … das ist die psychologische Realität des Christenthums. 13, 157

der Typus »Christ« nimmt schrittweise Alles wieder an, was er ursprünglich negirte (*in dessen Negation er bestand* –)

der Christ wird Bürger, Soldat, Gerichtsperson, Arbeiter, Handelsmann, Gelehrter, Theolog, Priester, Philosoph, Landwirth, Künstler, Patriot, Politiker, »Fürst« … er nimmt alle *Thätigkeiten* wieder auf, die er abgeschworen hat (– die Selbstvertheidigung, das Gerichthalten, das Strafen, das Schwören, das Unterscheiden zwischen Volk und Volk, das Geringschätzen, das Zürnen …)

Das ganze Leben des Christen ist endlich genau das Leben, *von dem Christus die Loslösung predigte* …

Die *Kirche* gehört so gut zum Triumph des Antichristlichen, wie der moderne Staat, der moderne Nationalismus …

Die Kirche ist die Barbarisirung des Christenthums.

13, 161

Wer jetzt sagte »ich will nicht Soldat sein«, »Ich kümmere mich nicht um die Gerichte«, »die Dienste der Polizei werden von mir nicht in Anspruch genommen« – der wäre

Christ ... »ich will nichts thun, was den Frieden in mir selbst stört: und wenn ich daran leiden muß, nichts wird mehr mir den Frieden erhalten als Leiden« ...

Die ganze christliche Lehre von dem, was geglaubt werden *soll*, die ganze christliche »Wahrheit« ist eitel Lug und Trug: und genau das Gegentheil von dem, was den Anfang der christlichen Bewegung gegeben hat ..

das gerade, was im *kirchlichen* Sinn das Christliche ist, ist das *Antichristliche* von Vornherein: lauter Sachen und Personen statt der Symbole, lauter Historie statt der ewigen Thatsachen, lauter Formeln, Riten, Dogmen statt einer Praxis des Lebens ... Christlich ist die vollkommene Gleichgültigkeit gegen Dogmen, Cultus, Priester, Kirche, Theologie.

Die Praxis des Christenthums ist keine Phantasterei, so wenig die Praxis des B‹uddhismus› sie ist: sie ist ein Mittel, glücklich zu sein ... 13, 162

Christianismi et buddhismi Essentia.
(Vergleichung des ersten *Buddhismus*
und der ersten *Christlichkeit*)

Buddhismus Christlichkeit sind *Schluß-Religionen*: jenseits der Cultur, der Philosophie, der Kunst, des Staates

A. Gemeinsam: der Kampf gegen die feindseligen Gefühle, – diese als Quell des Übels erkannt. Das »Glück«: nur als innerlich, – Indifferenz gegen den Anschein und Prunk des Glückes.

Buddhism: loskommen-wollen vom Leben, philosophische Klarheit; einem hohen Grad von Geistigkeit entsprungen, mitten aus den höheren Ständen ..

Christlichkeit: will im Grunde dasselbe (– schon »die jüdische Kirche« ist ein décadence-Phänomen des Lebens), aber, gemäß einer tiefen Unkultur, ohne Wissen um das, was man will ... hängen bleibend bei der »Seligkeit« als Ziel ...

B. die kräftigsten Instinkte des Lebens nicht mehr als lustvoll empfunden vielmehr als Leidens-Ursachen
für den *Buddhisten*: insofern diese Instinkte zum Handeln antreiben (das Handeln aber als *Unlust gilt* ...)
für den *Christen*: insofern sie Anlaß zur Feindschaft und Widerspruch geben (das Feindsein, das Wehe-thun aber als Unlust, als Störung des »Seelen-Friedens« gilt)
(Ein tüchtiger Soldat hat umgekehrt keine Freude außer in einem rechtschaffenen Kriegführen und Feindsein-wollen.) 13, 163

Die beiden großen nihilistischen Bewegungen: a) der Buddhism b) das Christenthum: letzteres hat erst jetzt ungefähr Cultur-Zustände erreicht, in denen es seine ursprüngliche Bestimmung erfüllen kann – ein *Niveau*, zu dem es *gehört* ... in dem es sich *rein* zeigen kann ... 13, 167

Unser Vorrang: wir leben im Zeitalter der *Vergleichung*, wir können nachrechnen, wie nie nachgerechnet worden ist: wir sind das Selbstbewußtsein der Historie überhaupt ...

Wir genießen anders, wir leiden anders: die Vergleichung eines unerhört Vielfachen ist unsere instinktivste Thätigkeit ...

Wir verstehen Alles, wir leben Alles, wir haben kein feindseliges Gefühl mehr zurück ... Ob wir selbst dabei schlecht wegkommen, unsere entgegenkommende und beinahe liebevolle Neugierde geht ungescheut auf die gefährlichsten Dinge los ...

»Alles ist gut« – es kostet uns Mühe, zu verneinen ...

Wir leiden, wenn wir einmal so unintelligent werden, Partei gegen etwas zu nehmen ...

Im Grunde erfüllen wir Gelehrten heute am besten die Lehre Christi – – 13, 167

Was hat der deutsche Geist aus dem Christenthum gemacht! – Und daß ich beim Protestantismus stehen bleibe, wie viel Bier ist wieder in der protestantischen Christlichkeit! Ist eine geistig verdumpftere, faulere, gliederstreckendere Form des Christen-Glaubens noch denkbar! als die eines deutschen Durchschnitts-Protestanten? ... Das nenne ich mir ein bescheidenes Christenthum! eine Homöopathie des Christenthums nenne ich's! – Man erinnert mich daran, daß es heute auch einen *unbescheidenen* Protestantismus giebt, den der Hofprediger und antisemitischen Spekulanten: – aber Niemand hat noch behauptet, daß irgend ein »Geist« auf diesen Gewässern »schwebe« ... Das ist bloß eine unanständigere Form der Christlichkeit, durchaus noch keine verständigere ... 13, 240

Die Religion hat den Begriff »Mensch« erniedrigt; ihre extreme Consequenz ist, daß alles Gute, Große, Wahre übermenschlich ist und nur durch eine Gnade geschenkt ...

13, 307

Noch eine Form der Religion. Der Gott wählt aus, der Gott wird Mensch, oder Gott wohnt mit Menschen zusammen und hinterläßt große Wohlthaten, die Ortslegende, als »Drama« ewig dargestellt

Schrittweises Besitz-ergreifen von seinen hohen und stolzen Zuständen, Besitz-ergreifen von seinen Handlungen und Werken

– ehedem glaubte man sich zu ehren, wenn man für die höchsten Dinge, die man that, sich nicht verantwortlich wußte, sondern – Gott – 13, 309

»Gott kommt zu den »Menschen«, der »Nächste« wird transfigurirt, in einen Gott (insofern an ihm das Gefühl der Liebe sich auslöst) *Jesus ist der Nächste*, so wie dieser zur Gottheit, zur *Machtgefühl erregenden* Ursache umgedacht wurde 13, 313

»Für das praktische Leben ist ein Glaube nothwendig«

13, 332

Die Kirche glaubt an Dinge die es nicht giebt, an »Seelen«; sie glaubt an Wirkungen, die es nicht giebt, an göttliche Wirkungen; sie glaubt an Zustände, die es nicht giebt, an Sünde, an Erlösung, an das Heil der Seele; sie bleibt überall bei der Oberfläche stehen, bei Zeichen, Gebärden, Worten, Emblemen denen sie eine arbiträre Auslegung giebt: sie hat eine zu Ende gedachte Methodik der psychologischen Falschmünzerei. 13, 333

Alcoholismus

Der Brahmane, der sich berauscht, in Vergessenheit der göttlichen Substanz, aus der seine Person gebildet ist, sinkt zum Rang des unreinen Sudra hinab.

Der dwidja, der sich gegorenen Getränken hingiebt, wird durch ihr Feuer innerlich verbrannt werden. Er reinige sich, indem er *kochenden Urin der Kühe trinkt* 13, 362

Möge er eine Kuh retten: diese verdienstliche Handlung sühnt den Mord eines Brahmanen. 13, 362

Priester

– Der Brahmane ist eine Autorität in dieser Welt und in der anderen; der Brahmane ist ein Objekt der Verehrung für die Götter.

Der Mörder einer Kuh soll drei Monate bedeckt bleiben mit der Haut dieser Kuh und dann drei Monate im Dienste eines Kuhhirten zubringen. Dann soll er den Brahmanen zehn Kühe und einen Stier zum Geschenk ‹machen› oder besser noch, Alles, was er besitzt: dann ist sein Fehler gebüßt.

Wer einen *Beschnittenen* tödtet, reinigt sich durch eine einfache Darbringung (während überhaupt ein Thier tödten sechs Monate Pönitenz im Wald, mit Wachsenlassen von Bart und Haar fordert.) 13, 363

»Bei Gott ist kein Ding unmöglich« denkt der Christ. Aber der Inder sagt: bei Frömmigkeit und Wissenschaft des Veda ist kein Ding unmöglich: die Götter sind denen unterworfen und gehorsam. Wo ist der Gott, der dem frommen Ernst und Gebet eines in den Wald zurückgezogenen Yati widerstehen könnte?

Wie ein Stein, den man in den See wirft, im Augenblick verschwindet, so tauchen die Sünden unter und verschwinden in der Wissenschaft des Veda. 13, 382

Muhammedanismus hat von den Christen wiederum gelernt: die Benutzung des »Jenseits« als Straf-Organ.

13, 386

Renaissance und Reformation

Was *beweist* die Renaissance? Daß das Reich des »Individuums« nur kurz sein kann. Die Verschwendung ist zu groß; es fehlt die Möglichkeit selbst, zu sammeln, zu capitalisiren, und die Erschöpfung folgt auf dem Fuße. Es sind Zeiten, wo Alles *verthan* wird, wo die Kraft selbst verthan wird, mit der man sammelt, capitalisirt, Reichthum auf Reichthum häuft ... Selbst die Gegner solcher Bewegungen sind zu einer unsinnigen Kraft-Vergeudung gezwungen; auch sie werden alsbald erschöpft, ausgebraucht, öde.

Wir haben in der Reformation ein wüstes und pöbelhaftes Gegenstück zur Renaissance Italiens, verwandten Antrieben entsprungen, nur daß diese im zurückgebliebenen, gemeingebliebenen Norden sich religiös verkleiden mußten, – dort hatte sich der Begriff des höheren Lebens von dem des religiösen Lebens noch nicht abgelöst.

Auch mit der Reformation will das Individuum zur Freiheit; »jeder sein eigner Priester« ist auch nur eine Formel der

Libertinage. In Wahrheit genügte Ein Wort – »evangelische Freiheit« – und alle Instinkte, die Grund hatten, im Verborgenen zu bleiben, brachen wie wilde Hunde heraus, die brutalsten Bedürfnisse bekamen mit Einem Male den Muth zu sich, Alles schien gerechtfertigt ... Man hütete sich zu begreifen, welche Freiheit man im Grunde gemeint hatte, man schloß die Augen vor sich ... Aber daß man die Augen zumachte und die Lippen mit schwärmerischen Reden netzte, hinderte nicht, daß die Hände zugriffen wo etwas zu greifen war, daß der Bauch der Gott des »freien Evangeliums« wurde, daß alle Rache- und Neidgelüste sich in unersättlicher Wuth befriedigten ... Dies dauerte eine Weile: dann kam die Erschöpfung, ganz so wie sie im Süden Europas gekommen war; und auch hier wieder eine *gemeine* Art der Erschöpfung, ein allgemeines ruere in servitium ... Es kam das *unanständige* Jahrhundert Deutschlands ...

13, 419 f.

Zur Geschichte des Gottesbegriffs

1.

Ein Volk, das noch an sich selbst glaubt, hat auch seinen Gott noch. In ihm verehrt es die Bedingungen, durch die es obenauf ist, – es projicirt seine Lust an sich, sein Machtgefühl in ein Wesen, dem man dafür *danken* kann. Religion, innerhalb solcher Voraussetzungen, ist eine Form der Dankbarkeit. Ein solcher Gott muß nutzen und schaden können, muß Freund und Feind sein können: die widernatürliche Castration eines Gottes zu einem Gott *des Guten* kommt diesen starken Realisten nicht in den Sinn. Was liegt an einem Volke, das nicht furchtbar sein kann? Was liegt an einem Gotte, der nicht Zorn, Rache, Neid, Gewaltthat und vielleicht nicht einmal die gefährlichen ardeurs der Zerstörung kennt? – Wenn ein Volk zu Grunde geht; wenn es den Glauben an seine Zukunft, an Freiheit und Übermacht schwinden fühlt; wenn ihm die Unterwerfung als erste

Nützlichkeit, die Tugenden der Unterworfenen als Erhaltungsbedingungen ins Bewußtsein treten: dann freilich ändert sich auch sein Gott. Er wird Duckmäuser, furchtsam, bescheiden, räth zum »Frieden der Seele«, zum Nicht-mehr-hassen, zur Nachsicht, zur Liebe selbst gegen Freund und Feind. Er kriecht in die Höhle der Privattugend zurück, wird der Gott der kleinen Leute, – er stellt nicht mehr die aggressive und machtdurstige Seele eines Volkes, seinen *Willen zur Macht* dar ... 13, 523

– Und wie viele neue Götter sind noch möglich! ... Mir selber, in dem der religiöse, das heißt gott*bildende* Instinkt mitunter wieder lebendig werden will: wie anders, wie verschieden hat sich mir jedes Mal das Göttliche offenbart! ... So vieles Seltsame gieng schon an mir vorüber, in jenen zeitlosen Augenblicken, die in's Leben hinein wie aus dem Monde fallen, wo man schlechterdings nicht mehr weiß, wie alt man schon ist und wie jung man noch sein wird ... Ich würde nicht zweifeln, daß es viele Arten Götter giebt .. Es fehlt nicht an solchen, aus denen man selbst einen gewissen Halkyonismus und Leichtsinn nicht hinwegdenken darf ... Die leichten Füße gehören vielleicht sogar zum Begriffe »Gott« .. 13, 525 f.

Zehn Wahrheiten mußt du des Tages finden

WAHRHEIT UND ERKENNTNIS

UNZEITGEMÄSSE BETRACHTUNGEN II
(1874)

Soll nun das Leben über das Erkennen, über die Wissenschaft, soll das Erkennen über das Leben herrschen? Welche von beiden Gewalten ist die höhere und entscheidende? Niemand wird zweifeln: das Leben ist die höhere, die herrschende Gewalt, denn ein Erkennen, welches das Leben vernichtete, würde sich selbst mit vernichten haben. 1, 330f.

MENSCHLICHES, ALLZUMENSCHLICHES I
(1878)

»– eine Zeit lang erwog ich die verschiedenen Beschäftigungen, denen sich die Menschen in diesem Leben überlassen und machte den Versuch, die beste von ihnen auszuwählen. Aber es thut nicht noth, hier zu erzählen, auf was für Gedanken ich dabei kam: genug, dass für meinen Theil mir Nichts besser erschien, als wenn ich streng bei meinem Vorhaben verbliebe, das heisst: wenn ich die ganze Frist des Lebens darauf verwendete, meine Vernunft auszubilden und den Spuren der Wahrheit in der Art und Weise, welche ich mir vorgesetzt hatte, nachzugehen. Denn die Früchte, welche ich auf diesem Wege schon gekostet hatte, waren der Art, dass nach meinem Urtheile in diesem Leben nichts Angenehmeres, nichts Unschuldigeres gefunden werden kann; zudem liess mich jeder Tag, seit ich jene Art der Betrachtung zu Hülfe nahm, etwas Neues entdecken, das immer von einigem Gewichte und durchaus nicht allgemein bekannt war. Da wurde endlich meine Seele so voll von Freudigkeit, dass alle übrigen Dinge ihr Nichts mehr anthun konnten.« 2, 11

Das Unlogische nothwendig. – Zu den Dingen, welche einen Denker in Verzweifelung bringen können, gehört die Erkenntniss, dass das Unlogische für den Menschen nöthig ist, und dass aus dem Unlogischen vieles Gute entsteht. Es steckt so fest in den Leidenschaften, in der Sprache, in der Kunst, in der Religion und überhaupt in Allem, was dem Leben Werth verleiht, dass man es nicht herausziehen kann, ohne damit diese schönen Dinge heillos zu beschädigen. Es sind nur die allzu naiven Menschen, welche glauben können, dass die Natur des Menschen in eine rein logische verwandelt werden könne; wenn es aber Grade der Annäherung an dieses Ziel geben sollte, was würde da nicht Alles auf diesem Wege verloren gehen müssen! Auch der vernünftigste Mensch bedarf von Zeit zu Zeit wieder der Natur, das heisst seiner *unlogischen Grundstellung zu allen Dingen.* 2, 51

Klagelied. – Es sind vielleicht die Vorzüge unserer Zeiten, welche ein Zurücktreten und eine gelegentliche Unterschätzung der vita contemplativa mit sich bringen. Aber eingestehen muss man es sich, dass unsere Zeit arm ist an grossen Moralisten, dass Pascal, Epictet, Seneca, Plutarch wenig noch gelesen werden, dass Arbeit und Fleiss – sonst im Gefolge der grossen Göttin Gesundheit – mitunter wie eine Krankheit zu wüthen scheinen. Weil Zeit zum Denken und Ruhe im Denken fehlt, so erwägt man abweichende Ansichten nicht mehr: man begnügt sich, sie zu hassen. Bei der ungeheuren Beschleunigung des Lebens wird Geist und Auge an ein halbes oder falsches Sehen und Urtheilen gewöhnt, und jedermann gleicht den Reisenden, welche Land und Volk von der Eisenbahn aus kennen lernen. Selbständige und vorsichtige Haltung der Erkenntniss schätzt man beinahe als eine Art Verrücktheit ab, der Freigeist ist in Verruf gebracht, namentlich durch Gelehrte, welche an seiner Kunst, die Dinge zu betrachten, ihre Gründlichkeit und ihren Ameisenfleiss vermissen und ihn gern in einen einzelnen Winkel der Wissenschaft bannen möchten: während er die ganz andere und höhere Aufgabe hat, von einem einsam gelegenen Standorte aus den ganzen Heerbann der wissenschaftlichen und gelehrten Menschen zu befehligen und ihnen die Wege und Ziele der Cultur zu zeigen. – Eine solche Klage, wie die eben abgesungene, wird wahrscheinlich ihre Zeit haben und von selber einmal, bei einer gewaltigen Rückkehr des Genius' der Meditation, verstummen.

2, 230 f.

Das Leben als Ertrag des Lebens. – Der Mensch mag sich noch so weit mit seiner Erkenntniss ausrecken, sich selber noch so objectiv vorkommen: zuletzt trägt er doch Nichts davon, als seine eigene Biographie. 2, 323

Wahrheit. – Niemand stirbt jetzt an tödtlichen Wahrheiten: es giebt zu viele Gegengifte. 2, 323

Grundeinsicht. – Es giebt keine prästabilirte Harmonie zwischen der Förderung der Wahrheit und dem Wohle der Menschheit. 2, 323

Wahrheit als Circe. – Der Irrthum hat aus Thieren Menschen gemacht; sollte die Wahrheit im Stande sein, aus dem Menschen wieder ein Thier zu machen? 2, 324

Festhalten einer Meinung. – Der Eine hält eine Meinung fest, weil er sich Etwas darauf einbildet, von selbst auf sie gekommen zu sein, der Andere, weil er sie mit Mühe gelernt hat und stolz darauf ist, sie begriffen zu haben: Beide also aus Eitelkeit. 2, 325

MENSCHLICHES, ALLZUMENSCHLICHES II (1879/80)

Wahrheit will keine Götter neben sich. – Der Glaube an die Wahrheit beginnt mit dem Zweifel an allen bis dahin geglaubten »Wahrheiten«. 2, 387

Vom Baum der Erkenntniss. – Wahrscheinlichkeit, aber keine Wahrheit: Freischeinlichkeit, aber keine Freiheit, – diese beiden Früchte sind es, derentwegen der Baum der Erkenntniss nicht mit dem Baum des Lebens verwechselt werden kann. 2, 540

»Am Anfang war«. – Die Entstehung verherrlichen – das ist der metaphysische Nachtrieb, welcher bei der Betrachtung der Historie wieder ausschlägt und durchaus meinen macht, am Anfang aller Dinge stehe das Werthvollste und Wesentlichste. 2, 540

Maass für den Werth der Wahrheit. – Für die Höhe der Berge ist die Mühsal ihrer Besteigung durchaus kein Maassstab. Und in der Wissenschaft soll es anders sein! – sagen uns Einige, die für eingeweiht gelten wollen –, die Mühsal um die Wahrheit soll gerade über den Werth der Wahrheit entscheiden! Diese tolle Moral geht von dem Gedanken aus, dass die »Wahrheiten« eigentlich Nichts weiter seien, als Turngeräthschaften, an denen wir uns wacker müde zu arbeiten hätten, – eine Moral für Athleten und Festturner des Geistes. 2, 540 f.

MORGENRÖTHE. GEDANKEN ÜBER DIE MORALISCHEN VORURTHEILE (1881)

Die persönlichsten Fragen der Wahrheit. – »Was ist Das eigentlich, was ich *thue*? Und was will gerade *ich* damit?« – das ist die Frage der Wahrheit, welche bei unserer jetzigen Art Bildung nicht gelehrt und folglich nicht gefragt wird, für sie giebt es keine Zeit. Dagegen mit Kindern von Possen zu reden und nicht von der Wahrheit, mit Frauen, die später Mütter werden sollen, Artigkeiten zu reden und nicht von der Wahrheit, mit Jünglingen von ihrer Zukunft und ihrem Vergnügen zu reden und nicht von der Wahrheit, – dafür ist immer Zeit und Lust da! – Aber was sind auch siebenzig Jahre! – das läuft hin und ist bald zu Ende; es liegt so Wenig daran, dass die Welle wisse, wie und wohin sie laufe! Ja, es könnte Klugheit sein, es *nicht zu wissen.* – »Zugegeben: aber stolz ist es nicht, auch nicht einmal darnach zu *fragen*; unsere Bildung macht die Menschen nicht stolz.« Um so besser! – »Wirklich?« 3, 170 f.

DIE FRÖHLICHE WISSENSCHAFT (1882/87)

Ursprung der Erkenntniss. – Der Intellect hat ungeheure Zeitstrecken hindurch Nichts als Irrthümer erzeugt; einige davon ergaben sich als nützlich und arterhaltend: wer auf sie stiess, oder sie vererbt bekam, kämpfte seinen Kampf für sich und seinen Nachwuchs mit grösserem Glücke. Solche irrthümliche Glaubenssätze, die immer weiter vererbt und endlich fast zum menschlichen Art- und Grundbestand wurden, sind zum Beispiel diese: dass es dauernde Dinge gebe, dass es gleiche Dinge gebe, dass es Dinge, Stoffe,

Körper gebe, dass ein Ding Das sei, als was es erscheine, dass unser Wollen frei sei, dass was für mich gut ist, auch an und für sich gut sei. Sehr spät erst traten die Leugner und Anzweifler solcher Sätze auf, – sehr spät erst trat die Wahrheit auf, als die unkräftigste Form der Erkenntniss. Es schien, dass man mit ihr nicht zu leben vermöge, unser Organismus war auf ihren Gegensatz eingerichtet; alle seine höheren Functionen, die Wahrnehmungen der Sinne und jede Art von Empfindung überhaupt, arbeiteten mit jenen uralt einverleibten Grundirrthümern. Mehr noch: jene Sätze wurden selbst innerhalb der Erkenntniss zu den Normen, nach denen man »wahr« und »unwahr« bemass – bis hinein in die entlegensten Gegenden der reinen Logik. Also: die *Kraft* der Erkenntnisse liegt nicht in ihrem Grade von Wahrheit, sondern in ihrem Alter, ihrer Einverleibtheit, ihrem Charakter als Lebensbedingung. Wo Leben und Erkennen in Widerspruch zu kommen schienen, ist nie ernstlich gekämpft worden; da galt Leugnung und Zweifel als Tollheit. Jene Ausnahme-Denker, wie die Eleaten, welche trotzdem die Gegensätze der natürlichen Irrthümer aufstellten und festhielten, glaubten daran, dass es möglich sei, dieses Gegentheil auch zu *leben*: sie erfanden den Weisen als den Menschen der Unveränderlichkeit, Unpersönlichkeit, Universalität der Anschauung, als Eins und Alles zugleich, mit einem eigenen Vermögen für jene umgekehrte Erkenntniss, sie waren des Glaubens, dass ihre Erkenntniss zugleich das Princip des *Lebens* sei. Um diess Alles aber behaupten zu können, mussten sie sich über ihren eigenen Zustand *täuschen*: sie mussten sich Unpersönlichkeit und Dauer ohne Wechsel andichten, das Wesen des Erkennenden verkennen, die Gewalt der Triebe im Erkennen leugnen und überhaupt die Vernunft als völlig freie, sich selbst entsprungene Activität fassen; sie hielten sich die Augen dafür zu, dass auch sie im Widersprechen gegen das Gültige, oder im Verlangen nach Ruhe oder Alleinbesitz oder Herrschaft zu ihren Sätzen gekommen waren. Die feinere Entwickelung der Redlichkeit und der Skepsis machte endlich auch diese Menschen unmöglich; auch ihr Leben und Urtheilen ergab sich als abhängig von den uralten Trieben und Grundirrthümern alles empfindenden Daseins. – Jene feinere Redlichkeit und Skepsis hatte überall dort ihre Entstehung, wo zwei entgegengesetzte Sätze auf das Leben *anwendbar* erschienen, weil sich beide mit den Grundirrthümern vertrugen, wo also über den höheren oder geringeren Grad des *Nutzens* für das Leben gestritten werden konnte; ebenfalls dort, wo neue Sätze sich dem Leben zwar nicht nützlich, aber wenigstens auch nicht schädlich zeigten, als Aeusserungen eines intellectuellen Spieltriebes, und unschuldig und glücklich gleich allem Spiele. Allmählich füllte sich das menschliche Gehirn mit solchen Urtheilen und Ueberzeugungen, so entstand in diesem Knäuel Gährung, Kampf und Machtgelüst. Nützlichkeit und Lust nicht nur, sondern jede Art von Trieben nahm Partei in dem Kampfe um die »Wahrheiten«; der intellectuelle Kampf wurde Beschäftigung, Reiz, Beruf, Pflicht, Würde –: das Erkennen und das Streben nach dem Wahren ordnete sich endlich als Bedürfniss in die anderen Bedürfnisse ein. Von da an war nicht nur der Glaube und die Ueberzeugung, sondern auch die Prüfung, die Leugnung, das Misstrauen, der Widerspruch eine *Macht*, alle »bösen« Instincte waren der Erkenntniss untergeordnet und in ihren Dienst gestellt und bekamen den Glanz des Erlaubten, Geehrten, Nützlichen und zuletzt das Auge und die Unschuld des *Guten*. Die Erkenntniss wurde also zu einem Stück Leben selber und als Leben zu einer immerfort wachsenden Macht: bis endlich die Erkenntnisse und jene uralten Grundirrthümer auf einander stiessen, beide als Leben, beide als Macht, beide in dem selben Menschen. Der Denker: das ist jetzt das Wesen, in dem der Trieb zur Wahrheit und jene lebenerhaltenden Irrthümer ihren ersten Kampf kämpfen, nachdem auch der Trieb zur

Wahrheit sich als eine lebenerhaltende Macht *bewiesen* hat. Im Verhältniss zu der Wichtigkeit dieses Kampfes ist alles Andere gleichgültig: die letzte Frage um die Bedingung des Lebens ist hier gestellt, und der erste Versuch wird hier gemacht, mit dem Experiment auf diese Frage zu antworten. Inwieweit verträgt die Wahrheit die Einverleibung? – das ist die Frage, das ist das Experiment. 3, 469-471

ALSO SPRACH ZARATHUSTRA
(1883/84/85)

Zehn Wahrheiten musst du des Tages finden: sonst suchst du noch des Nachts nach Wahrheit, und deine Seele blieb hungrig. 4, 32

Was der Sinn fühlt, was der Geist erkennt, das hat niemals in sich sein Ende. Aber Sinn und Geist möchten dich überreden, sie seien aller Dinge Ende: so eitel sind sie. 4, 39

Macht ist sie, diese neue Tugend; ein herrschender Gedanke ist sie und um ihn eine kluge Seele: eine goldene Sonne und um sie die Schlange der Erkenntniss. 4, 99

Wissend reinigt sich der Leib; mit Wissen versuchend erhöht er sich; dem Erkennenden heiligen sich alle Triebe; dem Erhöhten wird die Seele fröhlich. 4, 100

Könntet ihr einen Gott *denken*? – Aber diess bedeute Euch Wille zur Wahrheit, dass Alles verwandelt werde in Menschen-Denkbares, Menschen-Sichtbares, Menschen-Fühlbares! Eure eignen Sinne sollt ihr zu Ende denken!

Und was ihr Welt nanntet, das soll erst von euch geschaffen werden: eure Vernunft, euer Bild, euer Wille, eure Liebe soll es selber werden! Und wahrlich, zu eurer Seligkeit, ihr Erkennenden! 4, 109 f.

Aber so ist es besser geredet: »der Erkennende wandelt unter Menschen *als* unter Thieren.«

Der Mensch selber aber heisst dem Erkennenden: das Thier, das rothe Backen hat.

Wie geschah ihm das? Ist es nicht, weil er sich zu oft hat schämen müssen?

Oh meine Freunde! So spricht der Erkennende: Scham, Scham, Scham – das ist die Geschichte des Menschen!

4, 113

Eurem Volke wolltet ihr Recht schaffen in seiner Verehrung: das hiesset ihr »Wille zur Wahrheit,« ihr berühmten Weisen! 4, 132

»Alles Gerade lügt, murmelte verächtlich der Zwerg. Alle Wahrheit ist krumm, die Zeit selber ist ein Kreis.«

Du Geist der Schwere! sprach ich zürnend, mache dir es nicht zu leicht! 4, 200

Hütet euch auch vor den Gelehrten! Die hassen euch: denn sie sind unfruchtbar! Sie haben kalte vertrocknete Augen, vor ihnen liegt jeder Vogel entfedert.

Solche brüsten sich damit, dass sie nicht lügen: aber Ohnmacht zur Lüge ist lange noch nicht Liebe zur Wahrheit. Hütet euch!

Freiheit von Fieber ist lange noch nicht Erkenntniss! Ausgekälteten Geistern glaube ich nicht. Wer nicht lügen kann, weiss nicht, was Wahrheit ist. 4, 361

»*Das* – der Wahrheit Freier?
Nicht still, starr, glatt, kalt,
Zum Bilde worden,
Zur Gottes-Säule,
Nicht aufgestellt vor Tempeln,
Eines Gottes Thürwart:
Nein! Feindselig solchen Wahrheits-Standbildern,
In jeder Wildniss heimischer als vor Tempeln,
Voll Katzen-Muthwillens,
Durch jedes Fenster springend
Husch! in jeden Zufall,
Jedem Urwalde zuschnüffelnd,
Süchtig-sehnsüchtig zuschnüffelnd,
Dass du in Urwäldern
Unter buntgefleckten Raubthieren
Sündlich-gesund und bunt und schön liefest,
Mit lüsternen Lefzen,
Selig-höhnisch, selig-höllisch, selig-blutgierig,
Raubend, schleichend, lügend liefest: –

Oder, dem Adler gleich, der lange,
Lange starr in Abgründe blickt,
In *seine* Abgründe: – –
Oh wie sie sich hier hinab,
Hinunter, hinein,
In immer tiefere Tiefen ringeln! –
Dann,
Plötzlich, geraden Zugs,
Gezückten Flugs,
Auf Lämmer stossen,
Jach hinab, heisshungrig,
Nach Lämmern lüstern,
Gram allen Lamms-Seelen,
Grimmig-gram Allem, was blickt
Schafmässig, lammäugig, krauswollig,
Grau, mit Lamms-Schafs-Wohlwollen!

Also
Adlerhaft, pantherhaft
Sind des Dichters Sehnsüchte,
Sind *deine* Sehnsüchte unter tausend Larven,
Du Narr! Du Dichter!

Der du den Menschen schautest
So Gott als Schaf –:
Den Gott *zerreissen* im Menschen
Wie das Schaf im Menschen,
Und zerreisend *lachen* –

Das, *Das* ist deine Seligkeit!
Eines Panthers und Adlers Seligkeit!
Eines Dichters und Narren Seligkeit!« – –

Bei abgehellter Luft,
Wenn schon des Monds Sichel
Grün zwischen Purpurröthen
Und neidisch hinschleicht:
– dem Tage feind,
Mit jedem Schritte heimlich
An Rosen-Hängematten
Hinsichelnd, bis sie sinken,
Nacht-abwärts blass hinabsinken: –

So sank ich selber einstmals
Aus meinem Wahrheits-Wahnsinne,
Aus meinen Tages-Sehnsüchten,
Des Tages müde, krank vom Lichte,
– sank abwärts, abendwärts, schattenwärts:
Von Einer Wahrheit
Verbrannt und durstig:
– gedenkst du noch, gedenkst du, heisses Herz,
Wie da du durstetest? –

Dass ich verbannt sei
Von *aller* Wahrheit,
Nur Narr!
Nur Dichter!

4, 371-374

JENSEITS VON GUT UND BÖSE
(1886)

»Die Erkenntniss um ihrer selbst willen« – das ist der letzte Fallstrick, den die Moral legt: damit verwickelt man sich noch einmal völlig in sie. 5, 85

Der Weise als Astronom. – So lange du noch die Sterne fühlst als ein »Über-dir«, fehlt dir noch der Blick des Erkennenden. 5, 86

Es ist furchtbar, im Meere vor Durst zu sterben. Müsst ihr denn gleich eure Wahrheit so salzen, dass sie nicht einmal mehr – den Durst löscht? 5, 88

Sehr klugen Personen fängt man an zu misstrauen, wenn sie verlegen werden. 5, 89

Heute möchte sich ein Erkennender leicht als Thierwerdung Gottes fühlen. 5, 91

Je abstrakter die Wahrheit ist, die du lehren willst, um so mehr musst du noch die Sinne zu ihr verführen. 5, 95

Der Teufel hat die weitesten Perspektiven für Gott, deshalb hält er sich von ihm so fern: – der Teufel nämlich als der älteste Freund der Erkenntniss. 5, 95

Von den Sinnen her kommt erst alle Glaubwürdigkeit, alles gute Gewissen, aller Augenschein der Wahrheit. 5, 96

Man liebt seine Erkenntniss nicht genug mehr, sobald man sie mittheilt. 5, 100

ECCE HOMO
(1889)

Wir *fürchten* uns Alle vor der Wahrheit. 6, 278

AUS DEM NACHLASS 1869-1874

Die Kunst als das Jubelfest des Willens ist die stärkste Verführerin zum Leben. Die Wissenschaft steht auch unter der Herrschaft des Triebes zum Leben: die Welt ist werth erkannt zu werden: – der Triumph der Erkenntniß hält am Leben fest. Die Geschichte, weil sie das Unausschöpfbare Zeitlos Unendliche ist, ist die Hauptstätte der wissenschaftlichen Orgien. 7, 59

Die vollkommene Erkenntniß tödtet das Handeln: ja wenn sie sich auf das Erkennen selbst bezieht, so tödtet sie sich selbst. 7, 61

Es ist naiv zu glauben, daß wir je aus diesem Meer der Illusion herauskommen könnten. Die Erkenntniß ist völlig unpraktisch. 7, 102

Herodot eine Hauptquelle der Erkenntniß. 7, 128

Der Kampf des Wissens mit dem Wissen!
Schopenhauer macht selbst auf das uns *unbewußte* Denken und Wissen aufmerksam.

Die Bändigung des Erkenntnißtriebes – ob zu Gunsten einer Religion? Oder einer künstlerischen Kultur, soll sich nun zeigen; ich stehe auf der zweiten Seite.

Ich setze hinzu die Frage nach dem *Werthe* des *historischen ikonischen* Erkennens, auch der *Natur*.

Bei den Griechen ist es die Bändigung zu Gunsten einer künstlerischen Kultur (*und* Religion?), die Bändigung, welche ein volles Entfesseltsein *verhüten* will: wir wollen den ganz entfesselten wieder *zurückbändigen*. 7, 427

Unser Verstand ist eine Flächenkraft, ist *oberflächlich*. Das nennt man auch »subjektiv«. Er erkennt durch *Begriffe*: das heißt unser Denken ist ein Rubriziren, ein Benamsen. Also etwas, was auf eine Willkür des Menschen hinausläuft und nicht das Ding selbst trifft. Nur *rechnen‹d›* und nur in den Formen des Raumes hat der Mensch absolute Erkenntniß d. h. die letzte Grenze alles Erkennbaren sind *Quantitäten, er versteht* keine Qualität, sondern nur eine Quantität.

Was kann der Zweck einer solchen Flächenkraft sein?

Dem Begriff entspricht zuerst das Bild, Bilder sind Urdenken d. h. die Oberflächen der Dinge im Spiegel des Auges zusammengefaßt. 7, 440

Der Erkenntnißtrieb wird also gebändigt durch die Phantasie in der Kultur eines Volkes. Dabei ist der Philosoph vom höchsten *Wahrheitspathos* erfüllt: der *Werth* seiner Erkenntniß verbürgt ihm ihre *Wahrheit*. Alle *Fruchtbarkeit*, und alle treibende Kraft liegt in diesen *vorausgeworfnen* Blicken. 7, 444

Es ist viel mehr von Bilderreihen im Gehirn, als zum Denken verbraucht wird: der Intellekt wählt schnell ähnliche

Bilder: das Gewählte erzeugt wieder eine ganze Fülle von Bildern: schnell aber wählt er wieder eines davon usw.

Das bewußte Denken ist nur ein Herauswählen von Vorstellungen. Es ist ein langer Weg bis zur Abstraktion.

1) Die Kraft, die die Bilderfülle erzeugt 2) die Kraft, welche das Ähnliche auswählt und betont.

Fieberkranke an Wänden und Tapeten verfahren so, nur projiciren die Gesunden die Tapete mit. 7, 445

Das eigentliche Material alles Erkennens sind die allerzartesten Lust- und Unlustempfindungen: auf jener Fläche, in die die Nerventhätigkeit in Lust und Schmerz Formen hinzeichnet, ist das eigentliche Geheimniß: das, was Empfindung ist, projicirt zugleich *Formen*, die dann wieder neue Empfindungen erzeugen.

Es ist das Wesen der Lust- und Unlustempfindung, sich in adäquaten Bewegungen auszudrücken: dadurch daß diese adäquaten Bewegungen wieder andere Nerven zur Empfindung veranlassen, entsteht die Empfindung des *Bildes*.

7, 448

Die Wahrheit fordert der Mensch und leistet sie im moralischen Verkehr mit Menschen, darauf beruht alles Zusammenleben. Man anticipirt die schlimmen Folgen gegenseitiger Lügen. Von hier aus entsteht *die Pflicht der Wahrheit*. Dem epischen Erzähler gestattet man die *Lüge*, weil hier keine schädliche Wirkung zu ersehen ist. – Also wo die Lüge als angenehm gilt, ist sie erlaubt: die Schönheit und Anmut der Lüge, vorausgesetzt daß sie nicht schadet. So erfindet der Priester Mythen seiner Götter: sie rechtfertigt ihre Erhabenheit. Außerordentlich schwer, das mythische Gefühl der freien Lüge wieder sich lebendig zu machen. Die großen griechischen Philosophen leben noch ganz in dieser Berechtigung zur Lüge.

Wo man nichts Wahres wissen kann, ist die Lüge erlaubt.

Jeder Mensch läßt sich Nachts im Traume fortwährend belügen.

Das *Wahrheitsstreben* ist ein unendlich langsamer Erwerb der Menschheit. Unser historisches Gefühl etwas ganz Neues in der Welt. Es wäre möglich, daß es die Kunst ganz unterdrückte.

Das Aussprechen der *Wahrheit um jeden Preis* ist *sokratisch.* 7, 451 f.

Wahrheit und Lüge physiologisch.

Wahrheit als Moralgesetz – zwei Quellen der Moral.

Das Wesen der Wahrheit nach den *Wirkungen* beurtheilt. 7, 452

Der Prozeß aller Religion und Philosophie und Wissenschaft gegenüber der Welt: er beginnt mit den gröbsten Anthropomorphismen und *hört nie auf sich zu verfeinern.*

Der einzelne Mensch betrachtet sogar das Sternensystem als ihm dienend oder mit ihm im Zusammenhang.

Die Griechen haben in ihrer Mythologie die ganze Natur in Griechen aufgelöst. Sie sahen gleichsam die Natur nur als Maskerade und Verkleidung von Menschen-Göttern an. Sie waren darin das Gegenstück aller Realisten. Der Gegensatz von Wahrheit und Erscheinung war tief in ihnen. Die Metamorphosen sind das Spezifische.

Dies drückte Thales in seinem Satz aus: daß alles Wasser sei. 7, 456

Der Mensch kommt erst ganz langsam dahinter, wie unendlich complicirt die Welt ist. Zuerst denkt er sie sich ganz einfach, d.h. so oberflächlich als er selbst ist.

Er geht von sich aus, von dem allerspätesten Resultat der Natur, und denkt sich die Kräfte, die Urkräfte so, wie das ist, was in sein Bewußtsein kommt.

Er nimmt die *Wirkungen der complicirtesten Mechanismen,*

des Gehirns, an, als seien die Wirkungen seit Uranfang gleicher Art. Weil dieser complicirte Mechanismus etwas Verständiges in kurzer Zeit hervorbringt, nimmt er das Dasein der Welt für sehr jung: es kann dem Schöpfer nicht so viel Zeit gekostet haben, meint er.

So glaubt er mit dem Wort »Instinkt« irgendetwas erklärt und er überträgt wohl gar die unbewußten Zweckhandlungen auf das Urwerden der Dinge.

Zeit Raum und Kausalitätsempfindung scheint mit der ersten *Empfindung* gegeben zu sein.

Der Mensch kennt die Welt in dem Grade, als er sich kennt: d. h. ihre Tiefe entschleiert sich ihm in dem Grade, als er über sich und seine Komplicirtheit erstaunt. 7, 457 f.

Nicht im *Erkennen*, im *Schaffen* liegt unser Heil! Im höchsten Scheine, in der edelsten Wallung liegt unsre Größe. Geht uns das Weltall nichts an, so wollen wir das Recht haben es zu verachten. 7, 459

Alles Erkennende ist ein Wiederspiegeln in ganz bestimmten Formen, die von vornherein nicht existiren. Die Natur kennt keine *Gestalt*, keine *Größe*, sondern nur für ein Erkennendes treten die Dinge so groß und so klein auf. Das *Unendliche* in der Natur: sie hat keine Grenze, nirgends. Nur für uns giebt es Endliches. Die Zeit in's *Unendliche* theilbar. 7, 462

Alles Wissen entsteht durch Separation, Abgrenzung, Beschränkung; kein absolutes Wissen eines Ganzen! 7, 464

Sobald man das Ding an sich *erkennen* will, so *ist es eben diese Welt* – erkennen ist nur möglich, als ein Wiederspiegeln und Sichmessen an *einem* Maße (Empfindung).

Wir *wissen*, was die Welt ist: absolute und unbedingte Erkenntniß ist Erkennenwollen ohne Erkenntniß. 7, 465

Gar zu leicht verwechseln wir *Kants* Ding an sich und das wahre Wesen der Dinge der *Buddhisten*: d. h. die Wirklichkeit zeigt ganz *Schein* oder eine der *Wahrheit ganz adäquate Erscheinung*.

Schein als Nichtsein und Erscheinung des Seienden werden mit einander verwechselt.

In das Vacuum setzen sich alle möglichen Superstitionen. 7, 466

Der historische Erkenntnißtrieb – sein Ziel den Menschen im Werden zu begreifen, auch hier das Wunder zu beseitigen.

Dieser Trieb entzieht dem Kulturtriebe die größte Kraft: das Erkennen ist rein luxuriirend, dadurch wird die gegenwärtige Kultur um nichts höher. 7, 466

Was thut den Menschen die Wahrheit!

Es ist das höchste und reinste Leben möglich, im Glauben die Wahrheit zu haben. *Der Glaube an die Wahrheit* ist dem Menschen nöthig.

Die Wahrheit erscheint als sociales Bedürfniß: durch eine Metastase wird sie nachher auf alles angewandt, wo sie nicht nöthig ist.

Alle Tugenden entstehn aus Nothdurften. Mit der Societät beginnt das Bedürfniß nach Wahrhaftigkeit. Sonst lebt der Mensch in ewigen Verschleierungen. Die Staatengründung erregt die Wahrhaftigkeit. –

Der Trieb zur Erkenntniß hat eine *moralische* Quelle.

7, 473

»Wahrheit« wird zu einer *Macht*, wenn wir sie erst als Abstraktion losgelöst haben. 7, 482

Sucht der Philosoph die Wahrheit?

Nein, dann läge ihm mehr an der Gewißheit.

Die Wahrheit ist kalt, der Glaube an die Wahrheit ist mächtig. 7, 499

Das Erkennen hat für das Wohl des Menschen nicht so viel Bedeutung wie das Glauben. Selbst bei dem Finder einer Wahrheit z. B. einer mathematischen ist die Freude das Produkt seines unbedingten Vertrauens, er kann darauf bauen. Wenn man den Glauben hat, so kann man die Wahrheit entbehren. 7, 526

Analyse des gewöhnlichen Wahrheitssinnes bei Gelehrten. Lüge aus Nothwehr, Nothlüge enthält einen eudämonologischen Charakter: sie sucht das Individuum zu retten.
7, 621

Was entspricht der *Askese* in Betreff der Wahrheit? – Wahrhaftigkeit, als Fundament aller Verträge und Voraussetzung des Bestehens des Menschengeschlechts, ist eine eudämonistische Forderung: dagegen tritt die Erkenntniß, daß die höchste Wohlfahrt der Menschen vielmehr in *Illusionen* liegt: daß also, nach dem eudämonistischen Grundsatze, Wahrheit *und Lüge* angewendet werden müßten – wie es auch geschieht. Begriff der *verbotenen Wahrheit* d.h. einer solchen, die gerade die eudämonistische Lüge *verhüllt* und *maskirt*. Gegensatz: die *verbotene Lüge*, dort eintretend, wo die erlaubte Wahrheit ihr Bereich hat. 7, 623

AUS DEM NACHLASS 1875-1879

Die Erkenntniss.

In wie fern kann der höhere oder niedere Grad von Erkenntniß eine Quelle von Freuden und Leiden werden?

Erkennen beruht auf einem Bedürfniß. Die »reine Freude der Erkenntniß« ist nichts als die Befriedigung über weggeräumte Hemmnisse. Ein Streben muß immer vorangehen; wie bei allem Praktischen. Die Arbeit ist auch hier das Mittelglied zwischen Bedürfniß und Genuß. 8, 170

Je beschränkter unsre Vorstellungen sind, um so leichter werden sie mit den wirklichen Erfahrungen in Widerspruch gerathen. 8, 171

Empfindungen und Gefühle irren nie, weil sie noch nicht zwischen Vorstellung und Gegenstand unterscheiden.

8, 173

– Das unmittelbare Urtheil über den Werth des Daseins muß die Form des Gefühls haben, das heißt: es wird ein *Glaube* sein. 8, 173

Gewisse Erkenntnisse schützen sich selbst: man versteht sie nicht. 8, 374

Die Wissenschaft macht dem, welcher sie fördert, Lust: *sehr wenig* dem, welcher Resultate empfängt.

Aber anders mit Kunst Religion usw. Wir müssen das Reich der Unwahrheit in uns halten: dies ist die Tragödie.

8, 374

AUS DEM NACHLASS 1880-1882

Wer die Pein erfahren hat, ‹die› Wahrheit zu sagen *trotz* seiner Freundschaften und Verehrungen, scheut sich gewiß vor neuen. 9, 12

Die Gesellschaft muß immer mehr *Wahrheit* ertragen lernen. 9, 13

Je mehr *Erkenntnisse* und Vernunft ich habe, um so mehr nimmt der Glaube an die Freiheit ab, es steht uns nicht viel zu wählen offen 9, 37

Unsere Liebe zur Wahrheit zeigen wir am deutlichsten in der Behandlung der »Wahrheiten«, welche *Andere* dafür halten: da verräth sich, ob wir wirklich die Wahrheit oder nur uns selber lieben. 9, 48

Wie? die Wahrheit sei einfach? – der Wahrhafte ist einfach, aber die Wahrheit ist sehr, sehr complicirt. 9, 67

Die Illusionen haben den Menschen auch *Bedürfnisse* angezüchtet, welche die Wahrheit *nicht* befriedigen kann. 9, 103

Die Übung im Erkennen hat zuletzt ein *Bedürfniß der Wahrhaftigkeit* erzeugt, welches jetzt eine neue große Macht ist, mit Gefahren und Vortheilen.

Titel vielleicht: »*das Bedürfniß der Wahrhaftigkeit.*« 9, 266

Ich will keine Erkenntniß mehr ohne Gefahr: immer sei das tückische Meer, oder das erbarmungslose Hochgebirge um den Forschenden. 9, 351

‹...› die vollkommene Erkenntniß würde uns muthmaaßlich kalt und leuchtend wie ein Gestirn um die Dinge kreisen lassen – eine kurze Weile noch! Und dann wäre *unser* Ende da, als das Ende erkenntnißdurstiger Wesen, welche am Ziehen von immer feineren Fäden von Interessen ein Spinnen-Dasein und Spinnen-Glück genießen – und die zuletzt vielleicht freiwillig, den dünnsten und zartesten Faden selber abschneiden, weil aus ihm kein noch feinerer sich ziehen lassen will. – 9, 213

Die Welt, soweit wir sie erkennen können, ist unsere eigene Nerventhätigkeit, nichts mehr. 9, 436

Unsere »Außenwelt« ist ein *Phantasie-Produkt*, wobei frühere Phantasien als gewohnte eingeübte Thätigkeiten wieder zum Bau verwendet werden. Die Farben, die Töne sind »Phantasien«, sie entsprechen gar nicht exakt dem mechanischen wirklichen Vorgang, sondern unserem individuellen Zustande. – – 9, 446

Sich die Vortheile eines Todten verschaffen – es kümmert sich Keiner um uns, weder für noch wider. Sich wegdenken aus der Menschheit, die Begehrungen aller Art verlernen: und den ganzen Überschuß von Kraft auf das *Zuschauen* verwenden.

Der *unsichtbare Zuschauer* sein!! 9, 454

»Die Wahrheit um der Wahrheit willen« suchen – oberflächlich! Wir wollen nicht betrogen werden, es beleidigt unseren Stolz. 9, 466

Die Leidenschaft der Erkenntniß sieht *sich* als *Zweck* des Daseins – leugnet sie die Zwecke, so sieht sie sich als *werthvollstes Ergebniß* aller Zufälle. Wird sie die Werthe *leugnen*? sie kann nicht behaupten, der höchste *Genuß* zu *sein*? Aber nach *ihm* zu *suchen*? das *genußfähigste Wesen auszubilden*, als Mittel und Aufgabe dieser Leidenschaft? Die Sinne steigern und den Stolz und den Durst usw.

Einen Berg hinuntersteigen, die Gegend mit den Augen umarmen, eine ungestillte Begierde dabei. Die leidenschaftlich Liębenden, welche die *Vereinigung* nicht zu erreichen wissen (– bei Lucrez) Der Erkennende *verlangt* nach Vereinigung mit den Dingen und sieht sich *abgeschieden* – dies ist seine Leidenschaft. Entweder soll sich alles in Erkenntniß auflösen oder er löst sich in die Dinge auf – dies ist seine Tragödie (letzteres sein Tod und dessen *Pathos*. Ersteres sein Streben, alles zu Geist zu *machen* –: *Genuß* die *Materie* zu besiegen, zu verdunsten, zu vergewaltigen usw. Genuß der Atomistik der mathematischen Punkte. *Gier*!) 9, 467 f.

»*Gut* ist alles, was der Erkenntniß wahrhaft dient; *schlecht* dagegen alles, was sie hindert.« 9, 517

»Wir haben zeitweilig die Blindheit nöthig und müssen gewisse Glaubensartikel und Irrthümer in uns unberührt lassen – so lange sie uns im Leben *erhalten*.

Wir müssen *gewissenlos* sein in Betreff von Wahrheit und Irrthum, so lange es sich um das *Leben* handelt – eben damit wir das Leben dann wieder im Dienste der Wahrheit und des intellektuellen Gewissens verbrauchen. Dies ist unsere Ebbe und Fluth, die Energie unserer Zusammenziehung und Ausbreitung. 9, 526

Wenn wir allmählich die *Gegensätze* zu allen unsern Fundamentalmeinungen formuliren, nähern wir uns der *Wahrheit*. Es ist zunächst eine kalte todte Begriffswelt; wir verquicken sie mit unseren anderen Irrthümern und Trieben und ziehn so ein Stück nach dem anderen in *das Leben hinein. In der Anpassung an die lebenden Irrthümer kann allein die zunächst immer todte Wahrheit zum Leben gebracht werden.* 9, 529

AUS DEM NACHLASS 1882-1885

Wer hinauf zur letzten Erkenntniß will, muß auch die Wahrhaftigkeit hinter sich lassen. Der Zaun der Erkenntniß ist durchaus nicht von der Moralität aus zu ersteigen. 10, 50

»Das Leben um der Erkenntniß willen«, das auf dem Kopfe *stehen*-wollen ist vielleicht etwas Tolles – aber wenn es ein Zeichen der Freude ist, so mag es hingehen, es sieht da nicht übel aus ein Ele‹phant, welcher versucht auf seinem Kopfe zu stehen.› 10, 50

Auf hoher See.
Ein Sentenzen-Buch

»Dorthin will ich! Und ich traue
Mir fortan und meinem Griff.
Offen ist das Meer, ins Blaue
Treibt mein Genueser Schiff
Alles wird mir neu und neuer,
Weit hinaus glänzt Raum und Zeit –
Heil dir, Schiff! Heil deinem Steuer!
Um dich braust die Ewigkeit! –«

10, 53

Es giebt auch eine Zudringlichkeit des Erkennenden: sie ist verurtheilt, von allen Dingen nur den Vordergrund zu sehen. 10, 54

Man glaubt an vieles nur deshalb nicht, weil man nicht an die Erklärung glaubt, die im Schwange ist. 10, 58

Der Reiz der Erkenntniß wäre gering, wenn nicht auf dem Wege zu ihr so viel Scham zu überwinden wäre. 10, 69

Der Erkennende lebt unter Menschen nicht wie unter Thieren, sondern als unter Thieren. 10, 70

Wehe, wenn die Guten, die ewigen Pharisäer, Geschichte treiben! Sie überpinseln die großen Menschen der Vergangenheit so lange, bis sie dick und brav wie gute Menschen aussehen. 10, 73

Noch ein Jahrhundert Zeitungen – und alle Worte stinken. 10, 73

Nicht wenn die Wahrheit schmutzig ist, sondern wenn sie seicht ist, steigt der Erkennende ungern ins Wasser. 10, 73

Der heroische Mensch der Erkenntniß vergöttert seinen Teufel: und auf dem Wege dazu macht er den Zustand des Ketzers der Hexe des Wahrsagers, des Skeptikers, des Weisen Inspirirten und Überwältigten durch, und ertrinkt zuletzt in seinem eignen Meere. 10, 79

Er schüttelt sich, blickt um sich, streicht mit der Hand über den Kopf – und man nennt ihn immer einen Erkennenden. Aber Freiheit vom Fieber ist noch nicht Erkenntniß. 10, 81

Der Besitz der Wahrheit ist nicht schrecklich sondern langweilig wie jeder Besitz. 10, 81

Unser Zeitalter ist ein aufgeregtes Zeitalter, und eben deshalb kein Zeitalter der Leidenschaft; es erhitzt sich fortwährend, weil es fühlt, daß es nicht warm ist – es friert im Grunde. Ich glaube nicht an die Größe aller dieser »großen Ereignisse«, von denen ihr sprecht. 10, 82 f.

Der Erkennende fühlt sich als die Thierwerdung Gottes. 10, 83

Ich sah manche Wahrheit siegen, aber stets durch die wohlwollende Unterstützung von hundert Irrthümern. 10, 86

»Wille zur Wahrheit!« Reden wir nicht mehr so einfältig und großthuerisch! Wir wollen die Welt uns denkbar, womöglich sichtbar machen – ja *machen*. Alle Physik ist auf Sichtbar-Machung aus. 10, 87

Alles Schaffen ist Mittheilen.

Der Erkennende der Schaffende der Liebende sind *Eins*. 10, 115

Das Vergnügen im Erkennen ist ein äußerst intensives *Glauben*. Bringt man es nicht dazu, so giebt es ein Erkennen-Wollen nach Reizen, z. B. als Begierde nach Sicherheit oder Neuigkeit oder Begierde nach Begehrenswerthem, was zu entdecken wäre. 10, 121 f.

Sehen und doch nicht glauben ist die Cardinal-Tugend des Erkennenden. 10, 125

Ich verlange alle Thaten der Aufopferung, der Güte, der heiligen Selbstsucht von euch und zu alledem sollt ihr sagen: »macht nichts Großes daraus! Es ist allein mein Geschmack!« Und ich verlange noch mehr, daß ihr der Erkenntniß nachgeht, weil ich weiß daß sie wider euren Geschmack ist, daß ihr sagt: »wir müssen wohl so sein«, aber dies unser Muß soll kein Gesetz sein und den Anderen nicht zum Schatten und Ärgerniß werden. 10, 144

Das Logische, die Zeit, der Raum müßten von uns produzirt sein: Unsinn! Wenn der Geist ihren Gesetzen sich fügt, so ist es, weil sie *thatsächlich wahr* sind, wahr an sich! Daß wir an diese Wahrheit *glauben*, absolut, das ist die Folge davon, daß die Abnormen *aussterben: der Fehler an diesen Wahrheiten rächt sich.* 10, 248

Erkennen: das heißt: alle Dinge zu unserem Besten verstehen! 10, 345

Die *ältesten* Annahmen müssen die dümmsten sein 10, 357

Die Wahrheit thut weh, weil sie einen *Glauben* zerstört: nicht an sich. 10, 362

Das allerbeste Wissen reicht kaum aus zum Glauben. 10, 364

Wagt doch euch selber zu glauben! Wie soll man euch sonst glauben! Wer sich selber nicht gl‹aubt› lügt immer! 10, 371

Und mag Alles, was an unseren Wahrheiten zerbrechen kann, zerbrechen! Es giebt noch manche Welt zu bauen! 10, 381

Überzeugungen sind gefährlichere Feinde der Wahrheit als Lügen. 10, 383

Nicht wenn es gefährlich ist, die Wahrheit zu sagen, findet sie am seltensten Vertreter –, sondern wenn es langweilig ist. 10, 384

Warum sieht der Mensch die Dinge nicht? Er steht sich selber im Wege; er *verdeckt* die Dinge. 10, 389

Mitunter siegt endlich die Wahrheit, es ist kein Zweifel: irgend ein Irrthum hat für sie gekämpft. 10, 391

Bei Shakespeare herrscht der Sinn des Wahren über den ‹des› Schönen. 11, 23

Negativer Charakter der »Wahrheit« – als Beseitigung eines Irrthums, einer Illusion. Nun war die Entstehung der Illusion eine Förderung des Lebens – – 11, 58

Woher der Sinn für Wahrheit? Erstens: wir fürchten uns nicht, abzuweichen 2) er vermehrt unser Machtgefühl, auch gegen uns selber. 11, 92

Man hat immer die Hauptsache *vergessen: warum* will denn der Philosoph *erkennen*? Warum *schätzt* er die »Wahrheit« höher als den Schein? *Diese Schätzung* ist älter als jedes cogito, ergo sum: selbst den logischen Prozeß vorausgesetzt, giebt es etwas in uns, welches ihn *bejaht* und sein Gegentheil *verneint*. Woher der Vorzug? Alle Philosophen haben vergessen zu erklären, *warum* sie das Wahre und das Gute schätzen, und Niemand hat versucht, es mit dem Gegentheil zu versuchen, Antwort: das Wahre ist *nützlicher* (den Organismus erhaltender) – aber nicht *an sich angenehmer*

Genug, gleich im Anfang finden wir den Organismus als Ganzes, mit »Zwecken«, redend – also *schätzend* 11, 109

Verwandlung aller Vorgänge in optische Phänomene: und endlich wieder dieser Phänomene in reine Begriffs- und Zahlen-Phänomene.

Dies ist der *Gang* in der Geschichte: *man glaubt zu verstehen*, wenn man will: wenn man fühlt: wenn man sieht: wenn man hört: wenn man es in Begriffe umsetzt: wenn man es in Zahlen und Formeln umsetzt.

‹...›

Also: die Verwandlung aller Vorgänge in unsere uns bekannte Welt, kurz: *in uns* – das ist bisher »Erkenntniß«.

11, 115

Die Wissenschaft der Natur ist »Menschen-Kenntniß« in Bezug auf die allgemeinsten Fähigkeiten des Menschen.

11, 115

Es giebt an sich keinen Sinn für Wahrheit; aber weil ein starkes Vorurtheil dafür spricht, es sei nützlicher, die Wahrheit zu wissen als sich täuschen zu lassen, wird die Wahrheit gesucht – während in vielen anderen Fällen sie gesucht wird, weil sie vielleicht nützlicher sein *könnte* – sei es zur Vermehrung der Macht, des Reichthums, der Ehre, des Selbstgefühls. 11, 153

Auch hinter den eigentlichen Freunden der Wahrheit, den Philosophen arbeitet eine ihnen oft unbewußte Absichtlichkeit: sie wollen von vorn herein eine gewisse, so und so beschaffene »Wahrheit« – und oft genug haben sie ihre innersten Bedürfnisse verrathen, indem sie *ihren* Weg zu ihrer »Wahrheit« giengen. 11, 153

Der ganze Erkenntniß-Apparat ist ein Abstraktions- und Simplifikations-Apparat – nicht auf Erkenntniß gerichtet, sondern auf *Bemächtigung* der Dinge: »Zweck« und »Mittel« sind so fern vom Wesen wie die »Begriffe«. Mit »Zweck« und »Mittel« bemächtigt man sich des Prozesses (– man *erfindet* einen Prozeß, der faßbar ist!), mit Begriffen aber der »Dinge«, welche den Prozeß machen. 11, 164

Der Erkennende hat Freude an allen seinen schlechten Affekten, Begierden, Handlungen; er benutzt Krankheiten, Demüthigungen, er läßt den Schmerz tief graben und springt dann plötzlich zurück, sobald er seine Erkenntniß *hat*. 11, 178

Daß ein unbegrenzter Wille zur Erkenntniß eine große Gefahr ist, haben noch Wenige begriffen. Das Zeitalter des suffrage universel lebt unter den gutmüthigen und schwärmerischen Voraussetzungen des vorigen Jahrhunderts.

11, 183

»Ohne meine Pfeile wird das Troja der Erkenntniß nicht erobert« – sage ich Philoctet. 11, 211

Es giebt ‹eine› Arglosigkeit der wiss‹enschaftlichen› M‹enschen›, welche an Blödsinn grenzt: sie haben keinen Geruch davon, wie gefährlich ihr Handwerk ist, sie glauben im Grunde ihres Herzens, daß »Liebe zur Wahrheit« und »das Gute, Schöne und Wahre« ihre eigentliche Angelegenheit sei. Ich meine nicht »gefährlich« in Hinsicht auf die auflösenden Wirkungen, sondern in Hinsicht auf das ungeheure Schwergewicht der Verantwortlichkeit welches Einer auf sich fühlt, welcher zu merken beginnt, daß alle Werthschätzungen, nach denen die Menschen leben, auf die Dauer *den Menschen zu Grunde richten.* 11, 467

»Wahrheit«: das bezeichnet innerhalb meiner Denkweise nicht nothwendig einen Gegensatz zum Irrthum, sondern in den grundsätzlichsten Fällen nur eine Stellung verschiedener Irrthümer zu einander: etwa daß der eine älter, tiefer als der andere ist, vielleicht sogar unausrottbar, insofern ein organisches Wesen unserer Art nicht ohne ihn leben könnte; während andere Irrthümer uns nicht dergestalt als Lebensbedingungen tyrannisiren, vielmehr, gemessen an solchen »Tyrannen«, beseitigt und »widerlegt« werden können. Eine Annahme, die unwiderlegbar ist, – warum sollte sie deßhalb schon *wahr* sein? Dieser Satz empört vielleicht die Logiker, welche *ihre* Gränzen als Gränzen der Dinge ansetzen: aber diesem Logiker-Optimismus habe ich schon lange den Krieg erklärt. 11, 598

Entwurf

Das erste Problem ist: wie tief der *»Wille zur Wahrheit«* in die Dinge hinein geht? Man ermesse den ganzen Werth der Unwissenheit im Verband der Mittel zur Erhaltung des Lebendigen, insgleichen den Werth der Vereinfachungen überhaupt und den Werth der regulativen Fiktionen, z.B. der logischen, man erwäge vor Allem den Werth der Ausdeutungen, und in wiefern nicht »es ist«, sondern »es bedeutet« – – –

so kommt man zu dieser Lösung: der »Wille zur Wahrheit« entwickelt sich im Dienste des »Willens zur Macht«: genau gesehen ist seine eigentliche Aufgabe, einer bestimmten Art von Unwahrheit zum Siege und zur Dauer zu verhelfen, ein zusammenhängendes Ganze von Fälschungen als Basis für die Erhaltung einer bestimmten Art des Lebendigen zu nehmen.

Problem: wie tief der *Wille zur Güte* hinab in das Wesen der Dinge geht. Man sieht überall, bei Pflanze und Thier, das Gegentheil davon: Indifferenz oder die Härte oder Grausamkeit. Die »Gerechtigkeit« »die Strafe«. Die Entwicklung der Grausamkeit. 11, 699

AUS DEM NACHLASS 1885-1889

– der Mensch findet zuletzt in den Dingen nichts wieder als was er selbst in sie hineingesteckt hat: das Wiederfinden heißt sich Wissenschaft, das Hineinstecken – Kunst, Religion, Liebe, Stolz. In Beidem, wenn es selbst Kinderspiele sein sollten, – – – 12, 154

Man unterschätze die Logik darin nicht; man muß Philosoph ‹sein›, um das zu verstehen. Die Ideen sind Täuscherei; die Sensationen sind die letzte Realität ... Es ist der letzte Hunger nach »Wahrheit«, der die Ausschweifung anräth – Es könnte nicht »die Liebe« sein: es müssen alle die Schleier und Verschönerungen d. h. Fälschungen abgewischt ‹werden›: deshalb muß es die Ausschweifung, der Schmerz und die Combination von Ausschweifung und Schmerz sein. 13, 143

Sinn der »Erkenntniß«: hier ist, wie bei »gut« oder »schön«, der Begriff streng und eng anthropocentrisch und biologisch zu nehmen. Damit eine bestimmte Art sich erhält – und wächst in ihrer Macht –, muß sie in ihrer Conception der Realität so viel Berechenbares und Gleichbleibendes erfassen, daß darauf hin ein Schema ihres Verhaltens construirt werden kann. *Die Nützlichkeit der Erhaltung, nicht* irgend ein abstrakttheoretisches Bedürfniß, nicht betrogen zu werden, steht als Motiv hinter der Entwicklung der Erkenntnißorgane … sie entwickeln sich so, daß ihre Beobachtung genügt, uns zu erhalten. Anders: das *Maß* des Erkennenwollens hängt ab von dem Maß des Wachsens des *Willens zur Macht* der Art: eine Art ergreift so viel Realität, *um über sie Herr zu werden, um sie in Dienst zu nehmen.* 13, 302

»nicht erkennen«, sondern schematisiren, dem Chaos so viel Regularität und Formen auferlegen, als es unserem praktischen Bedürfniß genug thut 13, 333

Daß diese Immoralisten sich selbst immer als »Märtyrer der Wahrheit« aufgespielt haben soll ihnen verziehen sein: die Wahrheit ist, daß nicht der Trieb zur Wahrheit, sondern die Auflösung, die frevelhafte Skepsis, die Lust des Abenteuers der Trieb war, aus dem sie negirten – Im anderen Falle sind es persönliche Rancunen, die sie ins Gebiet der Probleme treiben, – sie kämpfen gegen Probleme, um gegen Personen Recht zu behalten – Vor allem aber ist es die Rache, welche wissenschaftlich nutzbar geworden ist, – die Rache Unterdrückter, solcher, die durch die *herrschenden* Wahrheiten bei Seite gedrängt und selbst unterdrückt waren 13, 443

Das Wort *»Überzeugung«*, *»Glaube«*, der Stolz des Märtyrerthums – das sind alles die ungünstigsten Zustände für die Erkenntniß. 13, 443

»Alle Wahrheit ist einfach«: das ist eine zwiefache Lüge.

13, 478

Alles, was einfach ist, ist bloß imaginär, ist nicht »wahr«.

13, 478

Was aber wirklich, was wahr ist, ist weder Eins, noch auch nur reduzirbar auf Eins. 13, 479

Der vornehme Geschmack zieht auch der Erkenntniß Grenzen. Er will, Ein für alle Mal, Vieles *nicht* wissen.

13, 480

Wenn der Charakter des Daseins falsch sein sollte, wenn das Dasein einen »schlechten Charakter« hätte – und gerade das wäre möglich – was wäre dann die Wahrheit, alle unsre Wahrheit? Eine Falschheit mehr? 13, 488

Der Irrthum ist der kostspieligste Luxus, den sich der Mensch gestatten kann; und wenn der Irrthum gar ein physiologischer Irrthum ist, dann wird er lebensgefährlich. Wofür hat folglich die Menschheit bisher am meisten gezahlt, am schlimmsten gebüßt? Für ihre »Wahrheiten«: denn dieselben waren allesammt Irrthümer in physiologicis …

13, 504

Das Volk glaubt an apokryphe »Wahrheiten« – 13, 505

Die Kunst als die *Erlösung des Erkennenden*, dessen, der den furchtbaren und fragwürdigen Charakter des Daseins sieht, sehn will, des Tragisch-Erkennenden.

Die Kunst als die *Erlösung des Handelnden*, dessen, der den furchtbaren und fragwürdigen Charakter des Daseins nicht nur sieht, sondern lebt, leben will, des tragisch-kriegerischen Menschen, des Helden. 13, 521

Vorausgesetzt: daß die ganze Vorgeschichte in der Sphäre des *Bewußtseins* liegt

daß die eigentliche Ursächlichkeit eine geistige ist

daß »die Seele« weiß, was sie will und daß der Werth des Willensaktes *bedingt* ist durch ihr Wissen …

daß die Seele frei ist vom Willen und folglich – – –

13, 591

Die Welt erscheint uns logisch,
weil wir sie erst logisirt haben

WISSENSCHAFT

DIE GEBURT DER TRAGÖDIE AUS DEM GEISTE DER MUSIK (1872)

Schauen wir jetzt ⟨...⟩ auf Sokrates hin: so erscheint er uns als der Erste, der an der Hand jenes Instinctes der Wissenschaft nicht nur leben, sondern – was bei weitem mehr ist – auch sterben konnte: und deshalb ist das Bild des *sterbenden Sokrates* als des durch Wissen und Gründe der Todesfurcht enthobenen Menschen das Wappenschild, das über dem Eingangsthor der Wissenschaft einen Jeden an deren Bestimmung erinnert, nämlich das Dasein als begreiflich und damit als gerechtfertigt erscheinen zu machen: wozu freilich, wenn die Gründe nicht reichen, schliesslich auch der *Mythus* dienen muss, den ich sogar als nothwendige Consequenz, ja als Absicht der Wissenschaft soeben bezeichnete.

Wer sich einmal anschaulich macht, wie nach Sokrates, dem Mystagogen der Wissenschaft, eine Philosophenschule nach der anderen, wie Welle auf Welle, sich ablöst, wie eine nie geahnte Universalität der Wissensgier in dem weitesten Bereich der gebildeten Welt und als eigentliche Aufgabe für jeden höher Befähigten die Wissenschaft auf die hohe See führte, von der sie niemals seitdem wieder völlig vertrieben werden konnte, wie durch diese Universalität erst ein gemeinsames Netz des Gedankens über den gesammten Erdball, ja mit Ausblicken auf die Gesetzlichkeit eines ganzen Sonnensystems, gespannt wurde; wer dies Alles, sammt der erstaunlich hohen Wissenspyramide der Gegenwart, sich vergegenwärtigt, der kann sich nicht entbrechen, in Sokrates den einen Wendepunkt und Wirbel der sogenannten Weltgeschichte zu sehen. 1, 99 f.

Nun aber eilt die Wissenschaft, von ihrem kräftigen Wahne angespornt, unaufhaltsam bis zu ihren Grenzen an denen ihr im Wesen der Logik verborgener Optimismus scheitert. Denn die Peripherie des Kreises der Wissenschaft hat unendlich viele Punkte, und während noch gar nicht abzusehen ist, wie jemals der Kreis völlig ausgemessen werden könnte, so trifft doch der edle und begabte Mensch, noch vor der Mitte seines Daseins und unvermeidlich, auf solche Grenzpunkte der Peripherie, wo er in das Unaufhellbare starrt. Wenn er hier zu seinem Schrecken sieht, wie die Logik sich an diesen Grenzen um sich selbst ringelt und endlich sich in den Schwanz beisst – da bricht die neue Form der Erkenntniss durch, *die tragische Erkenntniss*, die, um nur ertragen zu werden, als Schutz und Heilmittel die Kunst braucht. I, 101

Bei dieser Gegenüberstellung verstehe ich unter dem Geiste der Wissenschaft jenen zuerst in der Person des Sokrates an's Licht gekommenen Glauben an die Ergründlichkeit der Natur und an die Universalheilkraft des Wissens.

I, 111

Die edelste Form jener anderen Form der »griechischen Heiterkeit«, der alexandrinischen, ist die Heiterkeit *des theoretischen Menschen*: sie zeigt dieselben charakteristischen Merkmale, die ich soeben aus dem Geiste des Undionysischen ableitete – dass sie die dionysische Weisheit und Kunst bekämpft, dass sie den Mythus aufzulösen trachtet, dass sie an Stelle eines metaphysischen Trostes eine irdische Consonanz, ja einen eigenen deus ex machina setzt, nämlich den Gott der Maschinen und Schmelztiegel, d. h. die im Dienste des höheren Egoismus erkannten und verwendeten Kräfte der Naturgeister, dass sie an eine Correctur der Welt durch das Wissen, an ein durch die Wissenschaft geleitetes Leben glaubt und auch wirklich im Stande ist, den einzelnen Menschen in einen allerengsten Kreis von lösbaren Aufgaben zu bannen, innerhalb dessen er heiter zum Leben sagt: »Ich will dich: du bist werth erkannt zu werden«. 1, 115

Unsere ganze moderne Welt ist in dem Netz der alexandrinischen Cultur befangen und kennt als Ideal den mit höchsten Erkenntnisskräften ausgerüsteten, im Dienste der Wissenschaft arbeitenden *theoretischen Menschen*, dessen Urbild und Stammvater Sokrates ist. Alle unsere Erziehungsmittel haben ursprünglich dieses Ideal im Auge: jede andere Existenz hat sich mühsam nebenbei emporzuringen, als erlaubte, nicht als beabsichtigte Existenz. In einem fast erschreckenden Sinne ist hier eine lange Zeit der Gebildete allein in der Form des Gelehrten gefunden worden; selbst unsere dichterischen Künste haben sich aus gelehrten Imitationen entwickeln müssen, und in dem Haupteffect des Reimes erkennen wir noch die Entstehung unserer poetischen Form aus künstlichen Experimenten mit einer nicht heimischen, recht eigentlich gelehrten Sprache. Wie unverständlich müsste einem ächten Griechen der an sich verständliche moderne Culturmensch *Faust* erscheinen, der durch alle Facultäten unbefriedigt stürmende, aus Wissenstrieb der Magie und dem Teufel ergebene Faust, den wir nur zur Vergleichung neben Sokrates zu stellen haben, um zu erkennen, dass der moderne Mensch die Grenzen jener sokratischen Erkenntnisslust zu ahnen beginnt und aus dem weiten wüsten Wissensmeere nach einer Küste verlangt.

1, 116

Er verkündet mit bewunderungswürdiger Offenheit, dass er kein Christ mehr ist, will aber keine Zufriedenheit irgend welcher Art stören; ihm scheint es widersprechend, einen Verein zu stiften, um einen Verein zu stürzen – was gar nicht so widersprechend ist. Mit einem gewissen rauhen Wohlbehagen hüllt er sich in das zottige Gewand unserer Affengenealogen und preist Darwin als einen der grössten Wohlthäter der Menschheit – aber mit Beschämung sehen wir, dass seine Ethik ganz losgelöst von der Frage: »wie begreifen wir die Welt?« sich aufbaut. I, 194

MENSCHLICHES, ALLZUMENSCHLICHES I (1878)

Die Sprache als vermeintliche Wissenschaft. – Die Bedeutung der Sprache für die Entwickelung der Cultur liegt darin, dass in ihr der Mensch eine eigene Welt neben die andere stellte, einen Ort, welchen er für so fest hielt, um von ihm aus die übrige Welt aus den Angeln zu heben und sich zum Herrn derselben zu machen. Insofern der Mensch an die Begriffe und Namen der Dinge als an *aeternae veritates* durch lange Zeitstrecken hindurch geglaubt hat, hat er sich jenen Stolz angeeignet, mit dem er sich über das Thier erhob: er meinte wirklich in der Sprache die Erkenntniss der Welt zu haben. Der Sprachbildner war nicht so bescheiden, zu glauben, dass er den Dingen eben nur Bezeichnungen gebe, er drückte vielmehr, wie er wähnte, das höchste Wissen über die Dinge mit den Worten aus; in der That ist die Sprache die erste Stufe der Bemühung um die Wissenschaft. Der *Glaube an die gefundene Wahrheit* ist es auch hier, aus dem die mächtigsten Kraftquellen geflossen sind. Sehr nachträglich – jetzt erst – dämmert es den Menschen auf, dass sie einen ungeheuren Irrthum in ihrem Glauben an die Sprache propagirt haben. Glücklicherweise ist es zu spät, als dass es die Entwickelung der Vernunft, die auf jenem Glauben beruht, wieder rückgängig machen könnte. – Auch die *Logik* beruht auf Voraussetzungen, denen Nichts in der wirklichen Welt entspricht, z. B. auf der Voraussetzung der Gleichheit von Dingen, Identität des selben Dinges in verschiedenen

Puncten der Zeit: aber jene Wissenschaft entstand durch den entgegengesetzten Glauben (dass es dergleichen in der wirklichen Welt allerdings gebe). Ebenso steht es mit der *Mathematik*, welche gewiss nicht entstanden wäre, wenn man von Anfang an gewußt hätte, dass es in der Natur keine exacte gerade Linie, keinen wirklichen Kreis, kein absolutes Grössenmaass gebe. 2, 30 f.

Das, was wir jetzt die Welt nennen, ist das Resultat einer Menge von Irrthümern und Phantasien, welche in der gesammten Entwickelung der organischen Wesen allmählich entstanden, in einander verwachsen ‹sind› und uns jetzt als aufgesammelter Schatz der ganzen Vergangenheit vererbt werden – als Schatz: denn der *Werth* unseres Menschenthums ruht darauf. Von dieser Welt der Vorstellung vermag uns die strenge Wissenschaft thatsächlich nur in geringem Maasse zu lösen – wie es auch gar nicht zu wünschen ist –, insofern sie die Gewalt uralter Gewohnheiten der Empfindung nicht wesentlich zu brechen vermag: aber sie kann die Geschichte der Entstehung jener Welt als Vorstellung ganz allmählich und schrittweise aufhellen – und uns wenigstens für Augenblicke über den ganzen Vorgang hinausheben. Vielleicht erkennen wir dann, dass das Ding an sich eines homerischen Gelächters werth ist: dass es so viel, ja Alles *schien* und eigentlich leer, nämlich bedeutungsleer ist.

2, 37 f.

Die Zahl. – Die Erfindung der Gesetze der Zahlen ist auf Grund des ursprünglich schon herrschenden Irrthums gemacht, dass es mehrere gleiche Dinge gebe (aber thatsächlich giebt es nichts Gleiches), mindestens dass es Dinge gebe (aber es giebt kein »Ding«). Die Annahme der Vielheit setzt immer voraus, dass es *Etwas* gebe, das vielfach vorkommt: aber gerade hier schon waltet der Irrthum, schon da fingiren wir Wesen, Einheiten, die es nicht giebt. – Unsere Empfindungen von Raum und Zeit sind falsch, denn sie führen, consequent geprüft, auf logische Widersprüche. Bei allen wissenschaftlichen Feststellungen rechnen wir unvermeidlich immer mit einigen falschen Grössen: aber weil diese Grössen wenigstens *constant* sind, wie zum Beispiel unsere Zeit- und Raumempfindung, so bekommen die Resultate der Wissenschaft doch eine vollkommene Strenge und Sicherheit in ihrem Zusammenhange mit einander; man kann auf ihnen fortbauen – bis an jenes letzte Ende, wo die irrthümliche Grundannahme, jene constanten Fehler, in Widerspruch mit den Resultaten treten, zum Beispiel in der Atomenlehre. Da fühlen wir uns immer noch zur Annahme eines »Dinges« oder stofflichen »Substrats«, das bewegt wird, gezwungen, während die ganze wissenschaftliche Procedur eben die Aufgabe verfolgt hat, alles Dingartige (Stoffliche) in Bewegungen aufzulösen: wir scheiden auch hier noch mit unserer Empfindung Bewegendes und Bewegtes und kommen aus diesem Zirkel nicht heraus, weil der Glaube an Dinge mit unserem Wesen von Alters her verknotet ist. – Wenn Kant sagt »der Verstand schöpft seine Gesetze nicht aus der Natur, sondern schreibt sie dieser vor«, so ist diess in Hinsicht auf den *Begriff der Natur* völlig wahr, welchen wir genöthigt sind, mit ihr zu verbinden (Natur = Welt als Vorstellung, das heisst als Irrthum), welcher aber die Aufsummirung einer Menge von Irrthümern des Verstandes ist. – Auf eine Welt, welche *nicht* unsere Vorstellung ist, sind die Gesetze der Zahlen gänzlich unanwendbar: diese gelten allein in der Menschen-Welt. 2, 40 f.

Verheissungen der Wissenschaft. – Die moderne Wissenschaft hat als Ziel: so wenig Schmerz wie möglich, so lange leben wie möglich, – also eine Art von ewiger Seligkeit, freilich eine sehr bescheidene im Vergleich mit den Verheissungen der Religionen. 2, 123

Zukunft der Wissenschaft. – Die Wissenschaft giebt Dem, welcher in ihr arbeitet und sucht, viel Vergnügen, Dem, welcher ihre Ergebnisse *lernt*, sehr wenig. Da allmählich aber alle wichtigen Wahrheiten der Wissenschaft alltäglich und gemein werden müssen, so hört auch dieses wenige Vergnügen auf: so wie wir beim Lernen des so bewunderungswürdigen Einmaleins längst aufgehört haben, uns zu freuen. Wenn nun die Wissenschaft immer weniger Freude durch sich macht und immer mehr Freude, durch Verdächtigung der tröstlichen Metaphysik, Religion und Kunst, nimmt: so verarmt jene grösste Quelle der Lust, welcher die Menschheit fast ihr gesammtes Menschenthum verdankt. Desshalb muss eine höhere Cultur dem Menschen ein Doppelgehirn, gleichsam zwei Hirnkammern geben, einmal um Wissenschaft, sodann um Nicht-Wissenschaft zu empfinden: neben einander liegend, ohne Verwirrung, trennbar, abschliessbar; es ist diess eine Forderung der Gesundheit. Im einen Bereiche liegt die Kraftquelle, im anderen der Regulator: mit Illusionen, Einseitigkeiten, Leidenschaften muss geheizt werden, mit Hülfe der erkennenden Wissenschaft muss den bösartigen und gefährlichen Folgen einer Ueberheizung vorgebeugt werden. – Wird dieser Forderung der höheren Cultur nicht genügt, so ist der weitere Verlauf der menschlichen Entwickelung fast mit Sicherheit vorherzusagen: das Interesse am Wahren hört auf, je weniger es Lust gewährt; die Illusion, der Irrthum, die Phantastik erkämpfen sich Schritt um Schritt, weil sie mit Lust verbunden sind, ihren ehemals behaupteten Boden: der Ruin der Wissenschaften, das Zurücksinken in Barbarei ist die nächste Folge; von Neuem muss die Menschheit wieder anfangen, ihr Gewebe zu weben, nachdem sie es, gleich Penelope, des Nachts zerstört hat. Aber wer bürgt uns dafür, dass sie immer wieder die Kraft dazu findet? 2, 208 f.

MENSCHLICHES, ALLZUMENSCHLICHES II (1879/80)

Auf Gethsemane. – Das Schmerzlichste, was der Denker zu den Künstlern sagen kann, lautet so: »könnt ihr denn nicht eine Stunde *mit mir wachen?*« 2, 392

Im Augenblicke vor der Lösung. – In der Wissenschaft kommt es alle Tage und Stunden vor, dass Einer unmittelbar vor der Lösung stehen bleibt, überzeugt jetzt sei sein Bemühen völlig umsonst gewesen, – gleich Einem der, eine Schleife aufziehend, im Augenblicke, wo sie der Lösung am nächsten ist, zögert: denn da gerade sieht sie einem Knoten am ähnlichsten. 2, 456

Scharfe Luft – Das Beste und Gesündeste in der Wisssenschaft wie im Gebirge ist die scharfe Luft, die in ihnen weht. – Die Geistig-Weichlichen (wie die Künstler) scheuen und verlästern dieser Luft halber die Wissenschaft.

2, 467

Warum Gelehrte edler als Künstler sind. – Die Wissenschaft bedarf *edlerer* Naturen als die Dichtkunst: sie müssen einfacher, weniger ehrgeizig, enthaltsamer, stiller, nicht so auf Nachruhm bedacht sein und sich über Sachen vergessen, welche selten dem Auge Vieler eines solchen Opfers der Persönlichkeit würdig erscheinen. Dazu kommt eine andere Einbusse, deren sie sich bewusst sind: die Art ihrer Beschäftigung, die fortwährende Aufforderung zur grössten Nüchternheit schwächt ihren *Willen*, das Feuer wird nicht so stark unterhalten, wie auf dem Heerde der dichterischen Naturen: und desshalb verlieren sie häufig in früheren Lebensjahren als jene ihre höchste Kraft und Blüthe – und wie gesagt, sie *wissen* um diese Gefahr. Unter allen Umständen *erscheinen* sie unbegabter, weil sie weniger glänzen, und werden für weniger gelten, als sie sind. 2, 467

DIE FRÖHLICHE WISSENSCHAFT (1882/87)

Ursache und Wirkung. – »Erklärung« nennen wir's: aber »Beschreibung« ist es, was uns vor älteren Stufen der Erkenntniss und Wissenschaft auszeichnet. Wir beschreiben besser, – wir erklären ebenso wenig wie alle Früheren. Wir haben da ein vielfaches Nacheinander aufgedeckt, wo der naive Mensch und Forscher älterer Culturen nur Zweierlei sah, »Ursache« und »Wirkung«, wie die Rede lautete; wir haben das Bild des Werdens vervollkommnet, aber sind über das Bild, hinter das Bild nicht hinaus gekommen. Die Reihe der »Ursachen« steht viel vollständiger in jedem Falle vor uns, wir schliessen: dies und das muss erst vorangehen, damit jenes folge, – aber *begriffen* haben wir damit Nichts. Die Qualität, zum Beispiel bei jedem chemischen Werden, erscheint nach wie vor als ein »Wunder«, ebenso jede Fortbewegung; Niemand hat den Stoss »erklärt«. Wie könnten wir auch erklären! Wir operiren mit lauter Dingen, die es nicht giebt, mit Linien, Flächen, Körpern, Atomen, theilbaren Zeiten, theilbaren Räumen –, wie soll Erklärung auch nur möglich sein, wenn wir Alles erst zum *Bilde* machen, zu unserem Bilde! Es ist genug, die Wissenschaft als möglichst getreue Anmenschlichung der Dinge zu betrachten, wir lernen immer genauer uns selber beschreiben, indem wir die Dinge und ihr Nacheinander beschreiben. Ursache und Wirkung: eine solche Zweiheit giebt es wahrscheinlich nie, – in Wahrheit steht ein continuum vor uns, von dem wir ein paar Stücke isoliren; so wie wir eine Bewegung immer nur als isolirte Puncte wahrnehmen, also eigentlich nicht sehen, sondern erschliessen. Die Plötzlichkeit, mit der sich viele

Wirkungen abheben, führt uns irre; es ist aber nur eine Plötzlichkeit für uns. Es giebt eine unendliche Menge von Vorgängen in dieser Secunde der Plötzlichkeit, die uns entgehen. Ein Intellect, der Ursache und Wirkung als continuum, nicht nach unserer Art als willkürliches Zertheilt- und Zerstücktsein, sähe, der den Fluss des Geschehens sähe, – würde den Begriff Ursache und Wirkung verwerfen und alle Bedingtheit leugnen. 3, 472 f.

ALSO SPRACH ZARATHUSTRA
(1883/84/85)

Und als ich aus meiner Einsamkeit kam und zum ersten Male über diese Brücke gieng: da traute ich meinen Augen nicht und sah hin, und wieder hin, und sagte endlich: »das ist ein Ohr! Ein Ohr, so gross wie ein Mensch!« Ich sah noch besser hin: und wirklich, unter dem Ohre bewegte sich noch Etwas, das zum Erbarmen klein und ärmlich und schmächtig war. Und wahrhaftig, das ungeheure Ohr sass auf einem kleinen dünnen Stiele, – der Stiel aber war ein Mensch! Wer ein Glas vor das Auge nahm, konnte sogar noch ein kleines neidisches Gesichtchen erkennen; auch, dass ein gedunsenes Seelchen am Stiele baumelte. Das Volk sagte mir aber, das grosse Ohr sei nicht nur ein Mensch, sondern ein grosser Mensch, ein Genie. Aber ich glaubte dem Volke niemals, wenn es von grossen Menschen redete – und behielt meinen Glauben bei, dass es ein umgekehrter Krüppel sei, der an Allem zu wenig und an Einem zu viel habe. 4, 178

Siehe, sprach ich weiter, diesen Augenblick! Von diesem Thorwege Augenblick läuft eine lange ewige Gasse *rückwärts*: hinter uns liegt eine Ewigkeit.

Muss nicht, was laufen *kann* von allen Dingen, schon

einmal diese Gasse gelaufen sein? Muss nicht, was geschehn *kann* von allen Dingen, schon einmal geschehn, gethan, vorübergelaufen sein?

Und wenn Alles schon dagewesen ist: was hältst du Zwerg von diesem Augenblick? Muss auch dieser Thorweg nicht schon – dagewesen sein?

Und sind nicht solchermaassen fest alle Dinge verknotet, dass dieser Augenblick *alle* kommenden Dinge nach sich zieht? *Also* – – sich selber noch? 4, 200

JENSEITS VON GUT UND BÖSE
(1886)

Es dämmert jetzt vielleicht in fünf, sechs Köpfen, dass Physik auch nur eine Welt-Auslegung und -Zurechtlegung (nach uns! mit Verlaub gesagt) und *nicht* eine Welt-Erklärung ist: aber, insofern sie sich auf den Glauben an die Sinne stellt, gilt sie als mehr und muss auf lange hinaus noch als mehr, nämlich als Erklärung gelten. Sie hat Augen und Finger für sich, sie hat den Augenschein und die Handgreiflichkeit für sich: das wirkt auf ein Zeitalter mit plebejischem Grundgeschmack bezaubernd, überredend, *überzeugend*, – es folgt ja instinktiv dem Wahrheits-Kanon des ewig volksthümlichen Sensualismus. Was ist klar, was »erklärt«? Erst Das, was sich sehen und tasten lässt, – bis so weit muss man jedes Problem treiben. Umgekehrt: genau im Widerstreben *gegen* die Sinnenfälligkeit bestand der Zauber der platonischen Denkweise, welche eine *vornehme* Denkweise war, – vielleicht unter Menschen, die sich sogar stärkerer und anspruchsvollerer Sinne erfreuten, als unsre Zeitgenossen sie haben, aber welche einen höheren Triumph darin zu finden wussten, über diese Sinne Herr zu bleiben: und dies mittels blasser kalter grauer Begriffs-Netze, die sie über den bunten Sinnen-Wirbel – den Sinnen-Pöbel, wie Plato sagte – warfen. Es war eine andre *Art Genuss* in dieser Welt-Überwältigung und Welt-Auslegung nach der Manier des Plato, als der es ist, welchen uns die Physiker von Heute anbieten, insgleichen die Darwinisten und Antiteleologen unter den physiologischen Arbeitern, mit ihrem Princip der »kleinstmöglichen Kraft« und der grösstmöglichen Dummheit. »Wo der Mensch nichts mehr zu sehen und zu greifen hat, da hat er auch nichts mehr zu suchen« – das ist freilich ein anderer Imperativ als der Platonische, welcher aber doch für ein derbes arbeitsames Geschlecht von Maschinisten und Brückenbauern der Zukunft, die lauter *grobe* Arbeit abzuthun haben, gerade der rechte Imperativ sein mag.

5, 28 f.

Man vergebe es mir als einem alten Philologen, der von der Bosheit nicht lassen kann, auf schlechte Interpretations-Künste den Finger zu legen: aber jene »Gesetzmässigkeit der Natur«, von der ihr Physiker so stolz redet, wie als ob – – besteht nur Dank eurer Ausdeutung und schlechten »Philologie«, – sie ist kein Thatbestand, kein »Text«, vielmehr nur eine naiv-humanitäre Zurechtmachung und Sinnverdrehung, mit der ihr den demokratischen Instinkten der modernen Seele sattsam entgegenkommt! »Überall Gleichheit vor dem Gesetz, – die Natur hat es darin nicht anders und nicht besser als wir«: ein artiger Hintergedanke, in dem noch einmal die pöbelmännische Feindschaft gegen alles Bevorrechtete und Selbstherrliche, insgleichen ein zweiter und kleinerer Atheismus verkleidet liegt. »Ni dieu, ni maître« – so wollt auch ihr's: und darum »hoch das Naturgesetz«! – nicht wahr? Aber, wie gesagt, das ist Interpretation, nicht Text; und es könnte jemand kommen, der, mit der entgegengesetzten Absicht und Interpretationskunst, aus der gleichen Natur und im Hinblick auf die gleichen Erscheinungen, gerade die tyrannisch-rücksichtenlose und unerbittliche Durchsetzung von Machtansprüchen herauszulesen verstünde, – ein Interpret, der die Ausnahmslosigkeit und Unbedingtheit in allem »Willen zur Macht« dermaassen euch vor Augen stellte, dass fast jedes Wort und selbst das Wort »Tyrannei« schliesslich unbrauchbar oder schon als schwächende und mildernde Metapher – als zu menschlich – erschiene; und der dennoch damit endete, das Gleiche von dieser Welt zu behaupten, was ihr behauptet, nämlich dass sie einen »nothwendigen« und »berechenbaren« Verlauf habe, aber *nicht*, weil Gesetze in ihr herrschen, sondern weil absolut die Gesetze *fehlen*, und jede Macht in jedem Augenblicke ihre letzte Consequenz zieht. Gesetzt, dass auch dies nur Interpretation ist – und ihr werdet eifrig genug sein, dies einzuwenden? – nun, um so besser. –

5, 37

AUS DEM NACHLASS 1869-1874

Die Wissenschaft lehrt den Menschen, sich als Thier zu betrachten. Er wird nie darnach handeln. Die Inder haben die richtigsten Einsichten, intuitiv, und handeln darnach.

7, 102

Daß alle Erscheinung materiell ist, ist klar: deshalb habe die Naturwissenschaft ein völlig berechtigtes Ziel. Denn Materie sein heißt Erscheinung sein. Zugleich aber ergiebt sich, daß die Naturwissenschaft nur hinter dem Scheine her ist: den sie höchst ernsthaft als Realität behandelt. In diesem Sinne ist das Reich der Vorstellungen Wahnbilder usw. auch Natur: und eines gleichen Studiums werth. 7, 130f.

Oedipus Symbol der Wissenschaft. 7, 141

Die Wissenschaft kann *nie popularisirt* werden: denn es giebt keine *popularisirten Beweise*. Also nur Berichte über wissenschaftliche Ergebnisse und deren Consequenzen für das allgemeine Beste. – 7, 299

Die Wissenschaft muß ihre Utilität jetzt zeigen! Sie ist zur Ernährerin geworden, im Dienste des Egoismus: der Staat und die Gesellschaft haben sie in ihren Frohndienst genommen, um sie auszubeuten zu *ihren* Zwecken.

Der normale Zustand ist der *Krieg*: wir schließen *Frieden* nur auf bestimmte Zeiten. 7, 442

Wird ein genialer Forscher von einer richtigen *Ahnung* geleitet? Ja, er sieht eben *Möglichkeiten*, ohne zureichende Stützen: daß er aber so etwas für möglich hält, zeigt seine Genialität. Er überschlägt sehr schnell das ungefähr für ihn Beweisbare. 7, 449

Es war ein großer *Mathematiker*, mit dem die *Philosophie* in Griechenland anhebt. Dorther stammt sein Gefühl für das Abstrakte, Unmythische. Bei einer antimythischen Gesinnung gilt er doch als der »Weise« in Delphi: – Orphiker zeigen den abstrakten Gedanken in Allegorie.

Die Griechen übernehmen die *Wissenschaft* von den Orientalen. *Die Mathematik und Astronomie ist älter als die Philosophie.* 7, 451

Nun aber die Geschichte als *Wissenschaft*! Da handelt es sich also um *Gesetze*, die Personen kommen wenig in Betracht, Muth und Begeisterung sind hier nicht mehr zu gewinnen, sie stören vielmehr. Vorausgesetzt dass sich Gesetze finden liessen, so bekämen wir als Resultat den *Determinismus* und der Thätige würde mit Gewalt wieder zu einem Leidenden gemacht, ohne dass eine moralische Empfindung ihn zur Resignation brächte. Zudem sind die Gesetze wenig werth: weil sie aus den Massen und deren Bedürfnissen abgeleitet sind, also als Bewegungsgesetze der niederen Lehm- und Thonschichten. Die Dummheit und der Hunger sind immer dabei, wie bei jedem französischen Criminalprozess la femme. Wozu sollte man auch solche Gesetze wissen, da ja Jedermann, ohne sie zu kennen, schon Jahrtausende hindurch, nach ihnen gehandelt hat! Der starke und grosse Mensch hat sich immer, wider diese Gesetze, durchgeschlagen: von ihm sollte eigentlich allein die Rede sein. Die Massen sind nur zu betrachten einmal 1) als verschwimmende Copien der grossen Männer, auf schlechtem Papier und mit abgenutzten Platten 2) als Widerstand gegen die Grossen 3) als Werkzeug der Grossen. Im Übrigen hole sie der Teufel. 7, 642

AUS DEM NACHLASS 1875-1879

Die falsche Idee von der Unbewegtheit der Erde hatte früher gar keine Folgen; jetzt wäre es ein großes Unglück, wenn das wahre astronomische System noch einmal, wie nach den Zeiten Aristarch's verloren ginge. Eine freie Wissenschaft könnte ohne jenen Eckstein gar nicht fortbestehn; die wahren kosmischen Vorstellungen haben heute eine Bedeutung für das Gemüth, sie weisen den Menschen auf Bescheidenheit hin. 8, 171

AUS DEM NACHLASS 1880-1882

Das Bischen Wissenschaft, das jetzt auf der Erde ist, macht ihnen schon angst und bange so daß Unkenrufe laut werden. Und diese schändliche wissenschaftliche Erziehung!

9, 28

Die Macht der Wissenschaft baut jetzt ein Gefühl der Macht auf, wie es Menschen noch nicht gehabt haben. Alles durch sich selber. – Was ist dann die Gefahr? Welches wäre die größte Vermessenheit, *vorausgesetzt* daß die Wissenschaft eben Wissenschaft bleibt? 9, 149

Nehmen wir an, daß ein guter Arzt unter Wilde käme, und ließe sich das Zauberer-Wesen gefallen, um wie viel wäre er allen Zauberern überlegen! Ebenso jeder gute Historiker jetzt jedem Propheten! 9, 114

In den Wissenschaften der speziellsten Art redet man am bestimmtesten: jeder Begriff ist genau umgrenzt. Am unsichersten wohl in der Moral, jeder empfindet bei jedem Worte etwas Anderes und je nach Stimmung, hier ist die Erziehung vernachlässigt, *alle* Worte haben einen Dunstkreis bald groß bald eng werdend. 9, 139

Sehr ehrgeizige Menschen, denen der Zugang zu einem Gebiete der Auszeichnung verschlossen ist z. B. der Feldherrnkunst der Astronomie der Medizin, rächen sich. entweder, indem sie diese Dinge und ihre Vertreter geringschätzen und bespötteln oder – sie wähnen, es gäbe für sie einen besonderen »königlichen Weg« um gleich zur Quintessenz zu kommen. Da bildet man sich hellseherische Kräfte eben ein. 9, 139

Wollen wir durch die Wissenschaft den Menschen ihren Stolz wiedergeben, wie sie ihn aus Kriegen davon trugen, so muß die Wissenschaft *gefährlicher werden, mehr Aufopferung* bedingen: sich selber preisgeben. 9, 151

Wie sich Räuber und große Fausthelden zu Soldaten verhalten, so *Philosophen* zu *wissenschaftlichen Menschen*. Freilich: die ersteren machte man zu *Heroen*, diese zu Genies! 9, 178 f.

In den *wissenschaftlichen Menschen* leben die Tugenden der Soldaten und ihre Art Heiterkeit – es fehlt ihnen die letzte Verantwortlichkeit. Sie sind streng gegen sich, gegen einander und erwarten für das Gute nicht, gelobt zu werden. Sie sind männlicher und haben eine Vorliebe für Gefahr, sie müssen sich *tüchtig* machen, das Leben für die Erkenntniß aufs Spiel zu setzen: sie hassen die großen Worte und sind harmlos, und etwas geckenhaft. 9, 179

Die Geschichte der Wissenschaft zeigt den Sieg der edleren Triebe: es ist *sehr viel Moralität* in Umlauf in der Praxis der Wissenschaft. 9, 194

Ah, welche Gewalt, welchen Zauber übt die Wissenschaft auf leidenschaftliche Geister aus! Gewiß sehen sie in ihr eine wunderbare Magie und werden hier zu Phantasten.
9, 196

Werth der Wissenschaft und *Reiz* derselben, gegen die Verstellung. Nimmt man sie halb, so versteht man ihren heroischen Zauber nicht. 9, 257

die Frauen sehen in der Wissenschaft einen Vampyr bei einem Manne. 9, 278

In Anbetracht, daß Jagen die Hauptbeschäftigung war, viele Jahrtausende: so ist auch unser *wissenschaftlicher Trieb* nichts anderes. Wie Knaben immer auf der Jagd sind. 9, 292

»Und alle diese Freiheit des Blicks ist zu nichts nütze?« Wie? Ist ein Teleskop zu nichts nütze? 9, 375

Die *Wissenschaft* kann weder *beweisen*, daß alle M‹enschen› gleich sind, noch daß ein Verfahren nach diesem Grundsatz auf die Dauer nützlich ist. 9, 381

»Wissenschaft!« Was ist sie! *Alle* Kräfte in ihren Dienst! Die Erfahrung der Menschheit aus ihren Trieben, und ein Trieb, von den Trieben zu wissen. 9, 381

Ein Zeitalter der Barbarei beginnt, die Wissenschaften werden ihm dienen! – Sehen wir zu, wie wir das Höhere, den Extrakt unseres jetzigen Erkennens, *doch* erhalten: durch eine Gemeinschaft freier Einzelner welche sagen

9, 395

Ich versuche die *Grundvorurtheile* der *jetzigen* Wissenschaft *zu errathen*! Es ist das *Europäerthum*! 9, 396

Die Wissenschaft hat viel Nutzen gebracht, jetzt möchte man, im Mißtrauen gegen die Religion und Verwandtes, ‹sich› *ihr* ganz unterwerfen. Aber Irrthum! Sie kann *nicht befehlen*, Weg weisen: sondern erst wenn man weiß wohin?, *kann* sie nützen. Im Allgemeinen ist es Mythologie zu glauben, daß die Erkenntniß immer das was der Menschheit am nützlichsten und unentbehrlichsten sei, erkennen werde – sie wird eben so sehr schaden können als nützen – die höchsten Formen der Moralität sind vielleicht unmöglich bei voller Helle. 9, 403

Ich wünsche der Wissenschaft etwas die *Feierlichkeit* zu nehmen – es ist jetzt eine Lustbarkeit geworden, da keine *Sorgen* hinter ihr sind. Ich glaube, es ist bald ein *Überschuß* von *Geist* da, der *verschwendet* werden muß! 9, 423

Die allgemeine Geschichte der Wissenschaft giebt zuletzt einen Begriff wie die gewöhnlichsten geistigen Verrichtungen zu Stande kommen. 9, 454

Im Moleküle könnte ‹sich› immer noch die Geschichte des Sonnensystems abspielen und Wärme durch Fall und Stoß sich erzeugen. 9, 454

Wir sind irgendwie in der *Mitte* – nach der Größe der Welt zu und nach der Kleinheit der unendlichen Welt zu. Oder ist das Atom uns näher als das äußerste Ende der Welt? – *Ist* für uns die Welt nicht nur ein Zusammenfassen von Relationen unter einem Maaße? Sobald dies willkürliche Maaß fehlt, *zerfließt* unsere Welt! 9, 454

Fortwährend arbeitet noch das *Chaos* in unserem Geiste. Begriffe Bilder Empfindungen werden *zufällig* neben einander gebracht, durch einander gewürfelt. Dabei ergeben sich Nachbarschaften, bei denen der Geist *stutzt* – er erinnert sich des *Ähnlichen*, er empfindet einen *Geschmack* dabei, er hält fest und arbeitet an den Beiden, je nachdem seine Kunst und sein Wissen ist. – Hier ist das letzte Stückchen Welt, wo etwas Neues combinirt wird, wenigstens soweit das menschliche Auge reicht. Und zuletzt wird es im Grunde eben auch eine neue allerfeinste chemische Combination sein, die wirklich im Werden der Welt noch nicht ihres Gleichen hat. 9, 484

Im Grunde ist die Wissenschaft darauf aus, festzustellen, wie *der Mensch* – *nicht* das Individuum – zu allen Dingen und zu sich selber empfindet, also die Idiosyncrasie Einzelner und Gruppen *auszuscheiden* und das *beharrende* Verhältniß festzustellen. Nicht die Wahrheit, sondern *der Mensch* wird erkannt und zwar innerhalb aller Zeiten, wo er existirt. D. h. ein Phantom wird *construirt*, fortwährend arbeiten alle daran, um das zu finden, worüber man *übereinstimmen muß*, weil es zum Wesen des Menschen gehört. Dabei lernte man, daß Unzähliges nicht wesenhaft war, wie man lange glaubte, und daß mit der Feststellung des Wesenhaften nichts für die Realität bewiesen sei als *daß die Existenz des Menschen bis jetzt vom Glauben* an diese »Realität« abgehangen hat (wie Körper Dauer der Substanz usw.) Die Wissenschaft setzt also den Prozeß nur *fort*, der das Wesen der Gattung *constituirt* hat, den Glauben an gewisse Dinge endemisch zu machen und den Nichtglaubenden auszuscheiden und absterben zu lassen. Die erreichte *Ähnlichkeit* der Empfindung (über den Raum, oder das Zeitgefühl oder das Groß- und Kleingefühl) ist eine Existenzbedingung der Gattung geworden, aber mit der Wahrheit hat es nichts zu thun. Der »Verrückte«, die Idiosyncrasie beweisen nicht die Unwahrheit einer Vorstellung, sondern deren Abnormität; es läßt sich mit ihr nicht für eine Masse *leben*. Es ist der *Massen*instinkt, der auch in der Erkenntniß waltet: *ihre* Existenzbedingungen will sie immer besser erkennen, um immer länger zu leben. *Uniformität der Empfindung*, ehemals durch Gesellschaft Religion erstrebt, wird jetzt durch die Wissenschaft erstrebt: der *Normalgeschmack* an allen Dingen festgestellt, die Erkenntniß, ruhend auf dem Glauben an das Beharrende, steht im Dienste der *gröberen* Formen des Beharrens (Masse Volk Menschheit) und will die feineren Formen, den idiosyncrasischen *Geschmack* ausscheiden und tödten – sie arbeitet gegen die *Individualisirung*, den *Geschmack*, der nur für *Einen* Lebensbedingung ist. – Die Gattung ist der gröbere Irrthum, das Individuum der feinere Irrthum, es kommt *später*. Es *kämpft* für seine Existenz, für seinen neuen Geschmack, für seine relativ *einzige* Stellung zu allen Dingen – es hält diese für besser als den Allgemeingeschmack und verachtet ihn. Es will *herrschen*. Aber entdeckt es, daß es selber etwas Wandelndes ist und einen wechselnden Geschmack hat, mit seiner Feinheit geräth es hinter das Geheinmiß, daß es kein Individuum giebt, daß im kleinsten Augenblick es etwas Anderes ist als im nächsten und daß seine Existenzbedingungen die einer Unzahl Individuen sind: der *unendlich kleine Augenblick* ist die höhere Realität und Wahrheit, ein Blitzbild aus dem ewigen Flusse. So lernt es: wie alle *genießende* Erkenntniß auf dem groben Irrthum der Gattung, den feineren Irrthümern des Individuums, und dem feinsten Irrthum des schöpferischen Augenblicks beruht.

9, 500-502

Hüten wir uns, diesem Kreislaufe irgend ein *Streben*, ein Ziel beizulegen: oder es nach unseren Bedürfnissen abzuschätzen als *langweilig*, dumm usw. Gewiß kommt in ihm der höchste Grad von Unvernunft ebenso wohl vor wie das Gegentheil – aber es ist nicht darnach zu messen, Vernünftigkeit oder Unvernünftigkeit sind *keine* Prädikate für das All. – Hüten wir uns, das *Gesetz dieses Kreises* als *geworden* zu denken, nach der falschen Analogie der Kreisbewegung *innerhalb* des Ringes: es gab *nicht* erst ein Chaos und nachher allmählich eine harmonischere und endlich eine feste kreisförmige Bewegung aller Kräfte: vielmehr alles ist ewig, ungeworden: wenn es ein Chaos der Kräfte gab, so war auch das Chaos ewig und kehrte in jedem Ringe wieder. Der *Kreislauf* ist nichts *Gewordenes*, er ist das Urgesetz, so wie die *Kraftmenge* Urgesetz ist, ohne Ausnahme und Übertretung. Alles Werden ist innerhalb des Kreislaufs und der Kraftmenge; also nicht durch falsche Analogie die werdenden und vergehenden Kreisläufe z. B. der Gestirne oder Ebbe und Fluth Tag und Nacht Jahreszeiten zur Charakteristik des ewigen Kreislaufs zu verwenden. 9, 502

Hüten wir uns, eine solche Lehre wie eine plötzliche Religion zu lehren! Sie muß langsam einsickern, ganze Geschlechter müssen an ihr bauen und fruchtbar werden, – damit sie ein großer Baum werde, der alle noch kommende Menschheit überschatte. Was sind die Paar Jahrtausende, in denen sich das Christenthum erhalten hat! Für den mächtigsten Gedanken bedarf es vieler Jahrtausende – *lange lange* muß er klein und ohnmächtig sein! 9, 503

Das Zeitalter der Experimente! Die Behauptungen Darwin's sind zu prüfen – durch Versuche! Ebenso die Entstehung höherer Organismen aus den niedersten. Es müssen Versuche auf 1000de von Jahren hin geleitet werden! Affen zu Menschen erziehen! 9, 508

Es ist ein falscher Gesichtspunkt: *um* die Gattung zu erhalten, werden unzählige Exemplare geopfert. Ein solches »Um« giebt es nicht! Ebenso giebt es keine Gattung, sondern lauter verschiedene Einzelwesen! Also giebt es auch keine Opferung, Verschwendung! Also auch *keine Unvernunft* dabei! – Die Natur will nicht die »Gattung erhalten«! Thatsächlich erhalten sich viele ähnliche Wesen, mit ähnlichen Existenzbedingungen leichter als abnorme Wesen.

9, 508

Das Maaß der All-Kraft ist *bestimmt*, nichts »Unendliches«: hüten wir uns vor solchen Ausschweifungen des Begriffs! Folglich ist die Zahl der Lagen Veränderungen Combinationen und Entwicklungen dieser Kraft, zwar ungeheuer groß und praktisch *»unermeßlich«*, aber jedenfalls auch bestimmt und nicht unendlich. Wohl aber ist die Zeit, in der das All seine Kraft übt, unendlich d. h. die Kraft ist ewig gleich und ewig thätig: – bis diesen Augenblick ist schon eine Unendlichkeit abgelaufen, d. h. alle möglichen Entwicklungen müssen schon *dagewesen sein. Folglich* muß die augenblickliche Entwicklung eine Wiederholung sein und so die, welche sie gebar und die, welche aus ihr entsteht und so vorwärts und rückwärts weiter! Alles ist unzählige Male dagewesen, insofern die Gesammtlage aller Kräfte immer wiederkehrt. Ob je, *davon abgesehen*, irgend etwas Gleiches dagewesen ist, ist ganz unerweislich. Es scheint, daß die Gesammtlage bis in's Kleinste hinein die *Eigenschaften* neu bildet, so daß zwei verschiedene Gesammtlagen nichts Gleiches haben können. Ob es in Einer Gesammtlage etwas Gleiches geben kann, z. B. *zwei Blätter*? Ich zweifle: es würde voraussetzen, daß sie eine absolut gleiche Entstehung hätten, und damit hätten wir *anzunehmen*, daß *bis in alle Ewigkeit zurück* etwas Gleiches bestanden habe, trotz aller Gesammtlagen-Veränderungen und Schaffung neuer Eigenschaften – eine unmögliche Annahme!

9, 523

Wir haben den Blitz unschädlich gemacht: wir müssen erfinderisch sein, um ihn *nützlich* zu machen, ihn arbeiten zu lassen. 9, 528

Das »Chaos des Alls« als Ausschluß jeder Zweckthätigkeit steht *nicht* im Widerspruch zum Gedanken des Kreislaufs: letzterer ist eben eine *unvernünftige Nothwendigkeit*, ohne irgend eine formale ethische ästhetische Rücksicht. Das Belieben fehlt, im Kleinsten und im Ganzen. 9, 528

Wir können uns nur wenig im Großen schützen: ein Komet kann jeden Augenblick die Sonne zertrümmern, oder eine elektrische Kraft kann auftreten, in der mit Einem Male das Sternensystem zerschmilzt. Was ist »Statistik« in diesen Dingen! Wir haben für Erde und Sonne vielleicht ein Paar Millionen Jahre, in denen so etwas *nicht* geschehen ist: es beweist gar nichts. – Zur Vernatürlichung des Menschen gehört die Bereitschaft auf das absolut Plötzliche und Durchkreuzende.

Die *plötzlichen* Dinge haben die Menschen an einen falschen Gegensatz gewöhnt, sie nennen es dauernd regelmäßig usw. – aber Plötzliches ist fortwährend im Kleinsten da, in jedem Nerv; und es ist eben regelmäßig, ob es auch in der Zeit *uns* unberechenbar erscheint. *Dauernd* ist das, dessen Veränderungen wir nicht sehen, weil sie zu allmählich und zu fein für uns sind. 9, 529

Unendlich *viele* Kraftlagen hat es gegeben, aber nicht unendlich *verschiedene*: letzteres setzte eine *unbestimmte* Kraft voraus. Sie hat nur eine »Zahl« von möglichen Eigenschaften. 9, 530

Die Mechanik nimmt die Kraft als etwas absolut *Theilbares*: aber sie muß erst jede ihrer Möglichkeiten an der Wirklichkeit controliren. Es ist bei jener Kraft eben nichts in gleiche

Theile theilbar; in jeder Lage ist sie Eigenschaft, und Eigenschaften kann man nicht *halbiren*: weshalb es nie ein Gleichgewicht der Kraft gegeben hat 9, 530

Es ist wunderbar, daß für unsere Bedürfnisse (Maschinen Brücken usw.) die Annahmen der Mechanik ausreichen, es sind eben sehr große Bedürfnisse, und die »kleinen Fehler« kommen nicht in Betracht. 9, 530

Bewegung können wir nicht ohne Linien uns denken: ihr Wesen ist uns verhüllt. »Kraft« in mathematischen Punkten und mathematischen Linien – ist die letzte Consequenz, und zeigt den ganzen Unsinn. – Es sind zuletzt praktische Wissenschaften, ausgehend von den Fundamentalirrthümern des Menschen, daß es Dinge, und Gleiches giebt.

9, 531

v. Analysis d‹er› W‹irklichkeit›

Wir können dieselbe Bewegung als Ton Farbe Wärme Elektricität *empfinden*. Die *Empfindung* macht die Eigenschaften der Dinge für uns so bunt und mannigfaltig. In Wahrheit könnte alles viel einfacher und anders sein! Wie unterscheiden wir zwischen roth und blau, wie wirkt es anders auf das Gemüth, nam‹entlich› von Irren! – und doch! Die Empfindung macht die Klüfte, die Differenzen viel *größer* als sie in der Natur sind. 9, 531

»Urbild« ist eine Fiktion wie Zweck, Linie usw. Das der Gestalt nach *Ähnliche* wird in der Natur nie erstrebt, sondern es entsteht, wo wenig verschiedene Grade in der Quantität der Kräfte walten. »Wenig« verschieden *für uns*! und »ähnlich« *für uns*!

Ähnliche Qualitäten, sollten wir sagen, statt »gleich« – auch in der Chemie. Und »ähnlich« für uns. Es kommt nichts zweimal vor, das Sauerstoffatom ist ohne seines

Gleichen, in Wahrheit, für *uns genügt di*e Annahme, daß es unzählige gleiche giebt. 9, 531 f.

Wenn unsere Affekte das Mittel sind, um die Bewegungen und Bildungen eines *gesellschaftlichen* Organism zu unterhalten, so würde doch nichts fehlerhafter sein als nun zurückzuschließen, daß im niedrigsten Organism es eben auch die Affekte seien, welche hier selbstreguliren, assimiliren, exkretiren umwandeln, regeneriren – also Affekte auch da vorauszusetzen, Lust Unlust Willen Neigung Abneigung. Es wäre ein so toller Fehler als wenn man, nach der Thatsache des Blutumlaufs im menschlichen Körper, ‹auf› einen ähnlichen Blutumlauf für die niedrigsten Organismen schließen wollte. – Unsere Affekte setzen Gedanken und Geschmäcker voraus, diese ein Nervensystem usw.

9, 532 f.

Es giebt im Moleküle Explosionen und Veränderungen der Bahn aller Atome, und plötzliche Auslösungen von Kraft. Es könnte auch mit Einem Moment unser ganzes Sonnensystem einen solchen Reiz erfahren, wie ihn der Nerv auf den Muskel ausübt. Daß dies *nie* geschehen sei oder geschehen werde, ist nicht zu beweisen. 9, 535

Hypothese auf die Dauer mächtiger als irgend ein Glaube – vorausgesetzt, daß sie viel *länger stehen bleibt* als ein re-l‹igiöses› Dogma. 9, 535

Ehemals dachte man, zur unendlichen Thätigkeit in der Zeit gehöre eine *unendliche Kraft*, die durch keinen Verbrauch erschöpft werde. Jetzt denkt man die Kraft stets gleich, und sie braucht nicht mehr *unendlich groß* zu werden. Sie ist ewig thätig, aber sie kann nicht mehr unendliche Fälle schaffen, sie muß sich wiederholen. Dies ist *mein* Schluß.

9, 544

Der letzte Nutzen der Erkenntniß und Wissenschaft ist, die Loslösung neuer Eier vom Eierstocke zu ermöglichen und immer neue Arten entstehen zu lassen: denn die Wissenschaft bringt die Kenntnisse der Erhaltungsmittel für neue Individuen. – Ohne Fortschritte der Erkenntniß würden neue Individuen immer schnell zu Grunde gehen, die Existenzbedingungen wären zu schwer und zufällig. Schon die Qual des inneren Widerspruchs! 9, 552

Diese Welt die wir geschaffen haben, oh wie haben wir sie *geliebt*!

Wie tief-*fremd* ist uns die durch die Wissenschaft entdeckte Welt! 9, 580

AUS DEM NACHLASS 1882-1885

Wissenschaft nur als eine Askese. 10, 124

Der wissenschaftliche Mensch hat Ein Loos mit dem Seildreher: er spinnt seinen Faden länger, geht aber dabei selber – rückwärts. 10, 133

An einer Theorie ist ihre Widerlegbarkeit wahrlich nicht der geringste Reiz. 10, 133

Jeder Mensch ist eine schöpferische Ursache des Geschehens, ein primum mobile mit einer originalen Bewegung. 10, 154

Als Gott sich selber begriff, schuf er sich selber und seinen Gegensatz. 10, 154

Diese wollen Würfel spielen und jene wollen rechnen und zählen und jene wieder wollen immer Wellen und Tänze der

Wellen sehen – sie nennen's Wissenschaft und schwitzen dabei.

Aber es sind Kinder die ihr Spiel wollen. Und wahrlich, es ist eine schöne Kinderei, und etwas Lachen würde dem Spiele nicht schaden 10, 161

Es giebt viel an der Welt zu rechnen: aber die Welt auszurechnen – das ist lästig. 10, 161

Gelehrte: so nennt man heute sowohl die Soldaten des Geistes als – leider – auch die Strumpfwirker des Geistes. 10, 390

Willst du alles Gerade krumm dir machen: so denke, die Zeit sei hinweg und die Vergänglichkeit sei eine Lüge.

Dies zu denken ist der schlimmste Wahnsinn: ein Wirbel wird es selbst deinen Gebeinen sein und Erbrechen deinem Magen. 10, 401

Gesetzt, ihr fragt: »Hat denn vor 50 000 Jahren der Baum schon grün ausgesehen?« so würde ich antworten: »vielleicht noch nicht: vielleicht gab es damals erst die zwei Hauptgegensätze der valeurs, dunklere und hellere Massen: – und allmählich haben daraus sich die Farben ausgewickelt. 11, 645

Die mathematischen Physiker können die Klümpchen-Atome nicht für ihre Wissenschaft brauchen: folglich construiren sie sich eine Kraft-Punkte-Welt, mit der man rechnen kann. Ganz so, im Groben, haben es die Menschen und alle organischen Geschöpfe gemacht: nämlich so lange die Welt zurecht gelegt, zurecht gedacht, zurecht gedichtet, bis sie dieselbe brauchen konnten, bis man mit ihr »rechnen« konnte. 11, 646

Die Physiker sind jetzt mit allen Metaphysikern darüber einmüthig, daß wir in einer Welt der Täuschung leben: glücklich, daß man nicht mehr nöthig hat, darüber mit einem Gotte abzurechnen, über dessen »Wahrhaftigkeit« man zu seltsamen Gedanken kommen könnte. Das Perspektivische der Welt geht so tief als heute unser »Verständniß« der Welt reicht; und ich würde es wagen, es noch dort anzusetzen, wo der Mensch billigerweise überhaupt vom Verstehen absehn darf – ich meine dort, wo die Metaphysiker das Reich des anscheinend Sich-selbst-Gewissen, Sich-selber-Verständlichen ‹ansetzen›, d. ‹h.› im Denken. Daß die Zahl eine perspektivische Form ist, so gut als Zeit und Raum, daß wir so wenig »Eine Seele« als »zwei Seelen« in einer Brust beherbergen, daß die »Individuen« sich wie die materiellen »Atome« nicht mehr halten lassen, außer für den Hand- und Hausgebrauch des Denkens, und sich in ein Nichts verflüchtigt haben (oder in eine »Formel«), daß Nichts Lebendiges und Todes zusammenaddirt werden kann, daß beide Begriffe falsch sind, daß es nicht drei Vermögen der Seele giebt, daß »Subjekt« und »Objekt« »Aktivum und Passivum« »Ursache und Wirkung« »Mittel und Zweck« immer nur perspektivische Formen sind, in summa daß die Seele, die Substanz, die Zahl, die Zeit, der Raum, der Grund, der Zweck, – miteinander stehen *und fallen*. Gesetzt aber nun, daß wir nicht so thöricht sind, die Wahrheit, in diesem Falle das x, höher zu schätzen, als den Schein, gesetzt daß wir entschlossen sind zu *leben* – so wollen wir mit dieser Scheinbarkeit der Dinge nicht unzufrieden sein und nur daran festhalten, daß Niemand zu irgend welchem Hintergedanken in der Darstellung dieser *Perspektivität* stehen bleibt: – was in der That fast allen Philosophen bisher begegnet ist, denn sie hatten alle Hintergedanken und liebten *ihre* »Wahrheiten« – Freilich: wir müssen hier das Problem der Wahrhaftigkeit aufwerfen: gesetzt, wir leben in Folge des Irrthums, was kann denn da der »Wille zur Wahrheit« sein? Sollte er nicht ein »Wille zum Tode« sein müssen? – Wäre das Bestreben der Philosophen und wissenschaftlichen Menschen vielleicht ein Symptom entartenden absterbenden Lebens, eine Art Lebens-Überdruß des Lebens selber? Quaeritur: und man könnte hier wirklich nachdenklich werden. 11, 648

Leugnung des leeren Raums und Reduktion der Mechanik auf die Tyrannei des Auges und Getasts.

Leugnung der actio in distans. *Gegen* Druck und Stoß.

Die *Gestalt* der Welt als Ursache ihres Kreisprozesses. *Nicht* Kugel!

Die Kraft continuirlich.

Gegen Laplace-Kant.

Kampf der Atome, wie der Individuen, aber, bei gewisser Stärkeverschiedenheit wird aus zwei Atomen Eins, und aus zwei Individuen Eins. Ebenso umgekehrt aus Eins werden zwei, wenn der innere Zustand eine Disgregation des Macht-Centrums bewerkstelligt. – *Also gegen* den absoluten Begriff »Atom« und »Individuum«! 11, 701

AUS DEM NACHLASS 1885-1889

Der letzte Grund jeder Begebenheit »Gott hat sie gewollt« Asylum ignorantiae. Der Wille Gottes aber ist dem Menschen undurchdringlich. Bei dieser Denkweise würde die Wahrheit dem Menschen in alle Ewigkeit verborgen geblieben sein, *wenn nicht die Mathematik* (die sich nicht mit Zwecken, sondern lediglich mit der Natur und den Eigenschaften der Größe beschäftigt) *dem Menschen eine andere Richtschnur der Wahrheit vorgehalten hätte*.

Descartes sagt »ich habe Vieles für *wahr* gehalten, dessen Irrthum ich jetzt einsehe«. Spinoza »ich habe Vieles für *Gut* gehalten, von dem ich jetzt einsehe, daß es eitel und werthlos ist«. 12, 262

Die Welt *erscheint* uns logisch, weil *wir* sie erst logisirt *haben.* 12, 418

– sie suchen eine Null, um ihren Werth zu verzehnfachen

13, 117

Bei Clowns und Seilentänzern ihr Metier ihre Pflicht: die einzigen Akteure, deren Talent unbestritten und absolut ist, wie das der Mathematiker oder mehr noch comme le saut périlleux. Denn hierbei giebt es keinen falschen Anschein von Talent: entweder fällt man oder man fällt nicht.

13, 122 f.

Es giebt kein Gesetz: jede Macht zieht in jedem Augenblick ihre letzte Consequenz. Gerade, daß es kein mezzo termine giebt, darauf beruht die Berechenbarkeit. 13, 258

Die Gravitation selbst hat keine mechanische Ursache, da der Grund erst für mechanische Folgen ist 13, 261

Daß Wissenschaft möglich ist, das soll uns ein Causalitäts-Princip *beweisen*?

»aus gleichen Ursachen gleiche Wirkungen«:

»ein permanentes Gesetz der Dinge«

»eine invariable Ordnung«

weil etwas berechenbar ist, ist es deshalb schon nothwendig?

wenn etwas so und nicht anders geschieht, so ist darin kein »Princip«, kein »Gesetz«, keine »Ordnung«

Kraft-Quanta, deren Wesen darin besteht, auf alle anderen Kraft-Quanta Macht auszuüben

Beim Glauben an Ursache und Wirkung ist die Hauptsache immer vergessen: das *Geschehen* selbst.

man hat einen Thäter angesetzt, man hat das Gethane wieder hypothesirt 13, 261

‹…› das, was jetzt Wissenschaft ist, ist ein genauer Gradmesser für den *Niedergang* des moralischen und religiösen Glaubens: – wir sind aufgelöst, wenn wir am Ende unserer »Weisheit« sind, – wir haben alle positiven Kräfte verbraucht, *zur Erkenntniß* … Das Wissen an sich ist ja ohnmächtig: und was den »Egoismus« betrifft, so sind wir in einer décadence-Zeit durchaus nicht sicher, unseren *Vortheil* zu wollen: die Antriebe sind viel zu mächtig, als daß der Nutzen der leitende Gesichtspunkt bliebe – Der »Altruismus«, das Mitleben und Zusammenfühlen von aller Art Gefühlen und Zuständen ist in diesem Falle eine große Krankheit mehr: es ist das Tschandala-Gewissen, eine Schwäche, die mit Lust verknüpft ist … 13, 397 f.

Der Mensch, eine kleine überspannte Thierart, die – glücklicher Weise – ihre Zeit hat; das Leben auf der Erde überhaupt ein Augenblick, ein Zwischenfall, eine Ausnahme ohne Folge, Etwas, das für den Gesamt-Charakter der Erde belanglos bleibt; die Erde selbst, wie jedes Gestirn, ein Hiatus zwischen zwei Nichtsen, ein Ereigniß ohne Plan, Vernunft, Wille, Selbstbewußtsein, die schlimmste Art des Nothwendigen, *die dumme* Nothwendigkeit … Gegen diese Betrachtung empört sich etwas in uns; die Schlange Eitelkeit redet uns zu »das Alles muß falsch sein: *denn* es empört … Könnte das nicht Alles nur Schein sein? Und der Mensch, trotzalledem, mit Kant zu reden, – – – 13, 488 f.

Es wird ein höchster Zustand von Bejahung des Daseins

PHILOSOPHIE

MENSCHLICHES, ALLZUMENSCHLICHES I
(1878)

Alles, was der Philosoph über den Menschen aussagt, ist aber im Grunde nicht mehr, als ein Zeugniss über den Menschen eines *sehr beschränkten* Zeitraumes. Mangel an historischem Sinn ist der Erbfehler aller Philosophen; manche sogar nehmen unversehens die allerjüngste Gestaltung des Menschen, wie eine solche unter dem Eindruck bestimmter Religionen, ja bestimmter politischer Ereignisse entstanden ist, als die feste Form, von der man ausgehen müsse. 2, 24

Harmlosigkeit der Metaphysik in der Zukunft. – Sobald die Religion, Kunst und Moral in ihrer Entstehung so beschrieben sind, dass man sie vollständig sich erklären kann, ohne zur Annahme *metaphysischer Eingriffe* am Beginn und im Verlaufe der Bahn seine Zuflucht zu nehmen, hört das stärkste Interesse an dem rein theoretischen Problem vom »Ding an sich« und der »Erscheinung« auf. Denn wie es hier auch stehe: mit Religion, Kunst und Moral rühren wir nicht an das »Wesen der Welt an sich«; wir sind im Bereiche der Vorstellung, keine »Ahnung« kann uns weiter tragen. Mit voller Ruhe wird man die Frage, wie unser Weltbild so stark sich von dem erschlossenen Wesen der Welt unterscheiden könne, der Physiologie und der Entwickelungsgeschichte der Organismen und Begriffe überlassen. 2, 30

DIE FRÖHLICHE WISSENSCHAFT (1882/87)

Heerden-Gewissensbiss. – In den längsten und fernsten Zeiten der Menschheit gab es einen ganz anderen Gewissensbiss als heut zu Tage. Heute fühlt man sich nur verantwortlich für Das, was man will und thut, und hat in sich selber seinen Stolz: alle unsere Rechtslehrer gehen von diesem Selbst- und Lustgefühle des Einzelnen aus, wie als ob hier von jeher die Quelle des Rechts entsprungen sei. Aber die längste Zeit der Menschheit hindurch gab es nichts Fürchterlicheres, als sich einzeln zu fühlen. Allein sein, einzeln empfinden, weder gehorchen noch herrschen, ein Individuum bedeuten – das war damals keine Lust, sondern eine Strafe; man wurde verurtheilt »zum Individuum«. Gedankenfreiheit galt als das Unbehagen selber. Während wir Gesetz und Einordnung als Zwang und Einbusse empfinden, empfand man ehedem den Egoismus als eine peinliche Sache, als eine eigentliche Noth. Selbst sein, sich selber nach eigenem Maass und Gewicht schätzen – das gieng damals wider den Geschmack. Die Neigung dazu würde als Wahnsinn empfunden worden sein: denn mit dem Alleinsein war jedes Elend und jede Furcht verknüpft. Damals hatte der »freie Wille« das böse Gewissen in seiner nächsten Nachbarschaft: und je unfreier man handelte, je mehr der Heerden-Instinct und nicht der persönliche Sinn aus der Handlung sprach, um so moralischer schätzte man sich. Alles, was der Heerde Schaden that, sei es, dass der Einzelne es gewollt oder nicht gewollt hatte, machte damals dem Einzelnen Gewissensbisse – und seinem Nachbar noch dazu, ja der ganzen Heerde! – Darin haben wir am allermeisten umgelernt.

3, 475 f.

ALSO SPRACH ZARATHUSTRA
(1883/84/85)

In der Wüste wohnten von je die Wahrhaftigen, die freien Geister, als der Wüste Herren; aber in den Städten wohnen die gutgefütterten, berühmten Weisen, – die Zugthiere.

Immer nämlich ziehen sie, als Esel – des *Volkes* Karren! 4, 133

Gleich Solchen, die auf der Strasse stehn und die Leute angaffen, welche vorübergehn: also warten sie auch und gaffen Gedanken an, die Andre gedacht haben. 4, 161

Geben sie sich weise, so fröstelt mich ihrer kleinen Sprüche und Wahrheiten: ein Geruch ist oft an ihrer Weisheit, als ob sie aus dem Sumpfe stamme: und wahrlich, ich hörte auch schon den Frosch aus ihr quaken! 4, 161

Sie sehen einander gut auf die Finger und trauen sich nicht zum Besten. Erfinderisch in kleinen Schlauheiten warten sie auf Solche, deren Wissen auf lahmen Füssen geht, – gleich Spinnen warten sie. 4, 161

JENSEITS VON GUT UND BÖSE
(1886)

Es giebt immer noch harmlose Selbst-Beobachter, welche glauben, dass es »unmittelbare Gewissheiten« gebe, zum Beispiel »ich denke«, oder, wie es der Aberglaube Schopenhauer's war, »ich will«: gleichsam als ob hier das Erkennen rein und nackt seinen Gegenstand zu fassen bekäme, als »Ding an sich«, und weder von Seiten des Subjekts, noch von Seiten des Objekts eine Fälschung stattfände. Dass aber »unmittelbare Gewissheit«, ebenso wie »absolute Erkenntniss« und »Ding an sich«, eine contradictio in adjecto in sich schliesst, werde ich hundertmal wiederholen: man sollte sich doch endlich von der Verführung der Worte losmachen! Mag das Volk glauben, dass Erkennen ein zu Ende-Kennen sei, der Philosoph muss sich sagen: »wenn ich den Vorgang zerlege, der in dem Satz ›ich denke‹ ausgedrückt ist, so bekomme ich eine Reihe von verwegenen Behauptungen, deren Begründung schwer, vielleicht unmöglich ist, – zum Beispiel, dass *ich* es bin, der denkt, dass überhaupt ein Etwas es sein muss, das denkt, dass Denken eine Thätigkeit und Wirkung seitens eines Wesens ist, welches als Ursache gedacht wird, dass es ein ›Ich‹ giebt, endlich, dass es bereits fest steht, was mit Denken zu bezeichnen ist, – dass ich *weiss*, was Denken ist. Denn wenn ich nicht darüber mich schon bei mir entschieden hätte, wonach sollte ich abmessen, dass, was eben geschieht, nicht vielleicht ›Wollen‹ oder ›Fühlen‹ sei? Genug, jenes ›ich denke‹ setzt voraus, dass ich meinen augenblicklichen Zustand mit anderen Zuständen, die ich an mir kenne, *vergleiche*, um so festzusetzen, was er ist: wegen dieser Rückbeziehung auf anderweitiges ›Wissen‹ hat er für mich jedenfalls keine unmittelbare ›Gewissheit‹. – An Stelle jener ›unmittelbaren Gewissheit‹, an welche das Volk im gegebenen Falle glauben mag, bekommt dergestalt der Philosoph eine Reihe von Fragen der Metaphysik in die Hand, recht eigentliche Gewissensfragen des Intellekts, welche heissen: ›Woher nehme ich den Begriff Denken? Warum glaube ich an Ursache und Wirkung? Was giebt mir das Recht, von einem Ich, und gar von einem Ich als Ursache, und endlich noch von einem Ich als Gedanken-Ursache zu reden?‹ Wer sich mit der Berufung auf eine Art *Intuition* der Erkenntniss getraut, jene metaphysischen Fragen sofort zu beantworten, wie es Der thut, welcher sagt: ›ich denke, und weiss, dass dies wenigstens wahr, wirklich, gewiss ist‹ – der wird bei einem

Philosophen heute ein Lächeln und zwei Fragezeichen bereit finden. ›Mein Herr, wird der Philosoph vielleicht ihm zu verstehen geben, es ist unwahrscheinlich, dass Sie sich nicht irren: aber warum auch durchaus Wahrheit?‹« –

5, 29 f.

Eine neue Gattung von Philosophen kommt herauf: ich wage es, sie auf einen nicht ungefährlichen Namen zu taufen. So wie ich sie errathe, so wie sie sich errathen lassen – denn es gehört zu ihrer Art, irgend worin Räthsel bleiben zu *wollen* –, möchten diese Philosophen der Zukunft ein Recht, vielleicht auch ein Unrecht darauf haben, als *Versucher* bezeichnet zu werden. Dieser Name selbst ist zuletzt nur ein Versuch, und, wenn man will, eine Versuchung.

5, 59

Gesetzt also, dass im Bilde der Philosophen der Zukunft irgend ein Zug zu rathen giebt, ob sie nicht vielleicht, in dem zuletzt angedeuteten Sinne, Skeptiker sein müssen, so wäre damit doch nur ein Etwas an ihnen bezeichnet – und *nicht* sie selbst. Mit dem gleichen Rechte dürften sie sich Kritiker nennen lassen; und sicherlich werden es Menschen der Experimente sein. Durch den Namen, auf welchen ich sie zu taufen wagte, habe ich das Versuchen und die Lust am Versuchen schon ausdrücklich unterstrichen: geschah dies deshalb, weil sie, als Kritiker an Leib und Seele, sich des Experiments in einem neuen, vielleicht weiteren, vielleicht gefährlicheren Sinne zu bedienen lieben? Müssen sie, in ihrer Leidenschaft der Erkenntniss, mit verwegenen und schmerzhaften Versuchen weiter gehn, als es der weichmüthige und verzärtelte Geschmack eines demokratischen Jahrhunderts gut heissen kann? – Es ist kein Zweifel: diese Kommenden werden am wenigsten jener ernsten und nicht unbedenklichen Eigenschaften entrathen dürfen, welche den Kritiker vom Skeptiker abheben, ich meine die Sicherheit der Werthmaasse, die bewusste Handhabung einer Einheit von Methode, den gewitzten Muth, das Alleinstehn und Sich-verantworten-können; ja, sie gestehen bei sich eine *Lust* am Neinsagen und Zergliedern und eine gewisse besonnene Grausamkeit zu, welche das Messer sicher und fein zu führen weiss, auch noch, wenn das Herz blutet. Sie werden *härter* sein (und vielleicht nicht immer nur gegen sich), als humane Menschen wünschen mögen, sie werden sich nicht mit der »Wahrheit« einlassen, damit sie ihnen »gefalle« oder sie »erhebe« und »begeistere«: – ihr Glaube wird vielmehr gering sein, dass gerade die *Wahrheit* solche Lustbarkeiten für das Gefühl mit sich bringe. Sie werden lächeln, diese strengen Geister, wenn Einer vor ihnen sagte »jener Gedanke erhebt mich: wie sollte er nicht wahr sein?« Oder: »jenes Werk entzückt mich: wie sollte es nicht schön sein?« Oder: »jener Künstler vergrössert mich: wie sollte er nicht gross sein?« – sie haben vielleicht nicht nur ein Lächeln, sondern einen ächten Ekel vor allem derartig Schwärmerischen, Idealistischen, Femininischen, Hermaphroditischen bereit, und wer ihnen bis in ihre geheimen Herzenskammern zu folgen wüsste, würde *schwerlich* dort die Absicht vorfinden, »christliche Gefühle« mit dem »antiken Geschmacke« und etwa gar noch mit dem »modernen Parlamentarismus« zu versöhnen (wie dergleichen Versöhnlichkeit in unserm sehr unsicheren, folglich sehr versöhnlichen Jahrhundert sogar bei Philosophen vorkommen soll). Kritische Zucht und jede Gewöhnung, welche zur Reinlichkeit und Strenge in Dingen des Geistes führt, werden diese Philosophen der Zukunft nicht nur von sich verlangen: sie dürften sie wie ihre Art Schmuck selbst zur Schau tragen, – trotzdem wollen sie deshalb noch nicht Kritiker heissen. Es scheint ihnen keine kleine Schmach, die der Philosophie angethan wird, wenn man dekretirt, wie es heute so gern geschieht: »Philosophie selbst ist Kritik und kritische Wissenschaft – und gar nichts ausserdem!« Mag diese Werthschätzung der Philosophie sich des Beifalls aller Positivisten Frankreichs und Deutschlands erfreuen (– und es wäre möglich, dass sie sogar dem Herzen und Geschmacke *Kant's* geschmeichelt hätte: man erinnere sich der Titel seiner Hauptwerke –): unsre neuen Philosophen werden trotzdem sagen: Kritiker sind Werkzeuge des Philosophen und eben darum, als Werkzeuge, noch lange nicht selbst Philosophen! Auch der grosse Chinese von Königsberg war nur ein grosser Kritiker. – 5, 142-144

Was ein Philosoph ist, das ist deshalb schlecht zu lernen, weil es nicht zu lehren ist: man muss es »wissen«, aus Erfahrung, – oder man soll den Stolz haben, es *nicht* zu wissen. Dass aber heutzutage alle Welt von Dingen redet, in Bezug auf welche sie keine Erfahrung haben *kann*, gilt am meisten und schlimmsten vom Philosophen und den philosophischen Zuständen: – die Wenigsten kennen sie, dürfen sie kennen, und alle populären Meinungen über sie sind falsch. So ist zum Beispiel jenes ächt philosophische Beieinander einer kühnen ausgelassenen Geistigkeit, welche presto läuft, und einer dialektischen Strenge und Nothwendigkeit, die keinen Fehltritt thut, den meisten Denkern und Gelehrten von ihrer Erfahrung her unbekannt und darum, falls Jemand davon vor ihnen reden wollte, unglaubwürdig. Sie stellen sich jede Nothwendigkeit als Noth, als peinliches Folgen-müssen und Gezwungen-werden vor; und das Denken selbst gilt ihnen als etwas Langsames, Zögerndes, beinahe als eine Mühsal und oft genug als »des *Schweisses* der Edlen werth« – aber ganz und gar nicht als etwas Leichtes, Göttliches und dem Tanze, dem Übermuthe, Nächst-Verwandtes! »Denken« und eine Sache »ernst nehmen«, »schwer nehmen« – das gehört bei ihnen zu einander: so allein haben sie es »erlebt« –. Die Künstler mögen hier schon eine feinere Witterung haben: sie, die nur zu gut wissen, dass gerade dann, wo sie Nichts mehr »willkürlich«

und Alles nothwendig machen, ihr Gefühl von Freiheit, Feinheit, Vollmacht, von schöpferischem Setzen, Verfügen, Gestalten auf seine Höhe kommt, – kurz, dass Nothwendigkeit und »Freiheit des Willens« dann bei ihnen Eins sind. Es giebt zuletzt eine Rangordnung seelischer Zustände, welcher die Rangordnung der Probleme gemäss ist; und die höchsten Probleme stossen ohne Gnade Jeden zurück, der ihnen zu nahen wagt, ohne durch Höhe und Macht seiner Geistigkeit zu ihrer Lösung vorherbestimmt zu sein. Was hilft es, wenn gelenkige Allerwelts-Köpfe oder ungelenke brave Mechaniker und Empiriker sich, wie es heute so vielfach geschieht, mit ihrem Plebejer-Ehrgeize in ihre Nähe und gleichsam an diesen »Hof der Höfe« drängen! Aber auf solche Teppiche dürfen grobe Füsse nimmermehr treten: dafür ist im Urgesetz der Dinge schon gesorgt; die Thüren bleiben diesen Zudringlichen geschlossen, mögen sie sich auch die Köpfe daran stossen und zerstossen! Für jede hohe Welt muss man geboren sein; deutlicher gesagt, man muss für sie *gezüchtet* sein: ein Recht auf Philosophie – das Wort im grossen Sinne genommen – hat man nur Dank seiner Abkunft, die Vorfahren, das »Geblüt« entscheidet auch hier. Viele Geschlechter müssen der Entstehung des Philosophen vorgearbeitet haben; jede seiner Tugenden muss einzeln erworben, gepflegt, fortgeerbt, einverleibt worden sein, und nicht nur der kühne leichte zarte Gang und Lauf seiner Gedanken, sondern vor Allem die Bereitwilligkeit zu grossen Verantwortungen, die Hoheit herrschender Blicke und Niederblicke, das Sich-Abgetrennt-Fühlen von der Menge und ihren Pflichten und Tugenden, das leutselige Beschützen und Vertheidigen dessen, was missverstanden und verleumdet wird, sei es Gott, sei es Teufel, die Lust und Übung in der grossen Gerechtigkeit, die Kunst des Befehlens, die Weite des Willens, das langsame Auge, welches selten bewundert, selten hinauf blickt, selten liebt …

5, 145-149

GÖTZEN-DÄMMERUNG
(1889)

Um allein zu leben, muss man ein Thier oder ein Gott sein – sagt Aristoteles. Fehlt der dritte Fall: man muss Beides sein – *Philosoph* … 6, 59

Kann ein *Esel* tragisch sein? – Dass man unter einer Last zu Grunde geht, die man weder tragen, noch abwerfen kann? … Der Fall des Philosophen. 6, 60

Den Griechen verdanke ich durchaus keine verwandt starken Eindrücke; und, um es geradezu herauszusagen, sie *können* uns nicht sein, was die Römer sind. Man *lernt* nicht von den Griechen – ihre Art ist zu fremd, sie ist auch zu flüssig, um imperativisch, um »klassisch« zu wirken. Wer hätte je an einem Griechen schreiben gelernt! Wer hätte es je *ohne* die Römer gelernt! … Man wende mir ja nicht Plato ein. Im Verhältniss zu Plato bin ich ein gründlicher Skeptiker und war stets ausser Stande, in die Bewunderung des *Artisten* Plato, die unter Gelehrten herkömmlich ist, einzustimmen. Zuletzt habe ich hier die raffinirtesten Geschmacksrichter unter den Alten selbst auf meiner Seite. Plato wirft, wie mir scheint, alle Formen des Stils durcheinander, er ist damit ein *erster* décadent des Stils: er hat etwas Ähnliches auf dem Gewissen, wie die Cyniker, die die satura Menippea erfanden. Dass der Platonische Dialog, diese entsetzlich selbstgefällige und kindliche Art Dialektik, als Reiz wirken könne, dazu muss man nie gute Franzosen gelesen haben, – Fontenelle zum Beispiel. Plato ist langweilig. – Zuletzt geht mein Misstrauen bei Plato in die Tiefe: ich finde ihn so abgeirrt von allen Grundinstinkten der Hellenen, so vermoralisirt, so präexistent-christlich – er hat bereits den Begriff »gut« als obersten Begriff –, dass ich von dem ganzen Phänomen Plato eher das harte Wort »höherer Schwindel« oder, wenn man's lieber hört, Idealismus – als irgendein andres gebrauchen möchte. Man hat theuer dafür bezahlt, dass dieser Athener bei den Ägyptern in die Schule ging (– oder bei den Juden in Ägypten! ...). Im großen Verhängnis des Christentums ist Plato jene »Ideal« genannte Zweideutigkeit und Fascination, die den edleren Naturen des Alterthums es möglich machte, sich selbst mißzuverstehn und die *Brücke* zu betreten, die zum »Kreuz« führte ... Und wie viel Plato ist noch im Begriff »Kirche«, in Bau, System, Praxis der Kirche! – Meine Erholung, meine Vorliebe, meine Kur von allem Platonismus war zu jeder Zeit *Thukydides*. Thukydides und, vielleicht, der principe Macchiavell's sind mir selber am meisten verwandt durch den unbedingten Willen, sich Nichts vorzumachen und die Vernunft in der *Realität* zu sehn, – *nicht* in der »Vernunft«, noch weniger in der »Moral« ... Von der jämmerlichen Schönfärberei der Griechen in's Ideal, die der »klassisch gebildete« Jüngling als Lohn für seine Gymnasial-Dressur in's Leben davonträgt, kurirt Nichts so gründlich als Thukydides. Man muß ihn Zeile für Zeile umwenden und seine Hintergedanken so deutlich ablesen wie seine Worte: es giebt wenige so hintergedankenreiche Denker. In ihm kommt die *Sophisten-Cultur*, will sagen die *Realisten-Cultur*, zu ihrem vollendeten Ausdruck: diese unschätzbare Bewegung inmitten des eben allerwärts losbrechenden Moral- und Ideal-Schwindels der sokratischen Schulen. Die griechische Philosophie als die *décadence* des griechischen Instinkts; Thukydides als die grosse Summe, die letzte Offenbarung jener starken, strengen, harten Thatsächlichkeit, die dem älteren Hellenen im Instinkte lag. Der *Muth* vor der Realität unterscheidet zuletzt solche Naturen wie Thukydides und Plato: Plato ist ein Feigling vor der Realität, – *folglich* flüchtet er in's Ideal: Thukydides hat *sich* in der Gewalt, folglich behält er auch die Dinge in der Gewalt ... 6, 156

AUS DEM NACHLASS 1869-1874

Meine Philosophie *umgedrehter Platonismus*: je weiter ab vom wahrhaft Seienden, um so reiner schöner besser ist es. Das Leben im Schein als Ziel. 7, 199

Der Schmerz, der Widerspruch ist das *wahrhafte Sein. Die Lust, die Harmonie ist der Schein* 7, 202

Das *Projicieren des Scheins ist der künstlerische Urprozeß.* 7, 203

Charakteristik Schopenhauers: das Einsame, in der höchsten Gesellschaft. 7, 418

Jene griechischen Philosophen *überwanden den Zeitgeist*, um den Geist des Hellenischen nachempfinden zu können: sie drücken das Bedürfniß nach der Lösung ewiger Fragen aus. 7, 418 f.

Die Aufgabe des Philosophen, alle die verzeitlichenden Elemente mit Bewußtsein zu bekämpfen – und darum die unbewußte Aufgabe der Kunst zu unterstützen.

In beiden erreicht ein Volk die Einheit aller seiner Eigenschaften und ihre höchste Schönheit.

Die jetzige Aufgabe den Wissenschaften gegenüber.

7, 419 f.

Der Philosoph ist ein Sich-offenbaren der Werkstätte der Natur – Philosoph und Künstler reden von den Handwerksgeheimnissen der Natur.

Über dem Getümmel der Zeitgeschichte lebt die Sphäre des Philosophen und des Künstlers, abseits der Noth.

Der Philosoph als *Hemmschuh im Rade der Zeit.*

Es sind die Zeiten großer Gefahr, in denen die Philosophen erscheinen – dann wenn das Rad immer schneller rollt – sie und die Kunst treten an Stelle des verschwindenden Mythus. Sie werden aber weit vorausgeworfen, weil die Aufmerksamkeit der Zeitgenossen erst langsam ihnen sich zuwendet.

Ein Volk, das sich seiner Gefahren bewußt wird, erzeugt den Genius. 7, 421

Der maaßlose unwählerische Erkenntnißtrieb, mit historischem Hintergrunde, ist ein Zeichen, daß das Leben alt geworden ist: die Gefahr ist groß, daß die Individuen *schlecht* werden, deshalb werden ihre Interessen gewaltsam an Erkenntnißobjekte gefesselt, gleichviel welche. Die allgemeinen Triebe sind so matt geworden und halten das Individuum nicht mehr im Zaume.

Der Germane hat alle seine Beschränktheiten durch die Wissenschaften verklärt, indem er sie übertrug: Treue Bescheidenheit Selbstbeschränkung Fleiß Reinlichkeit Ordnungsliebe, es sind Familientugenden: aber auch die Formlosigkeit, die ganze Unlebendigkeit des Lebens, die Kleinlichkeit – sein unbeschränkter Erkenntnißtrieb ist die Folge eines dürftigen Lebens: er würde, ohne ihn, kleinlich und boshaft und ist es oft, trotz ihrer.

Jetzt ist uns eine höhere Form des Lebens gegeben, ein Hintergrund der Kunst – jetzt ist auch die nächste Folge ein wählerischer Erkenntnißtrieb d. h. *Philosophie.* 7, 422

Der Philosoph soll *erkennen, was noth thut*, und der Künstler soll es *schaffen.* Der Philosoph soll am stärksten das allgemeine Leid nachempfinden: wie die alten griechischen Philosophen jeder eine Noth ausdrückt: dort, in die Lücke hinein stellt er sein System. Er baut seine Welt in diese Lücke hinein.

Es sind alle Mittel zu sammeln, durch die es möglich ist den Menschen zur Ruhe zu retten: bei absterbenden Religionen!

Den Unterschied in der Wirkung der Philosophie und der Wissenschaft klar zu machen: und ebenso den Unterschied in der Entstehung. 7, 423

Kant hat in gewissem Sinne mit schädlich eingewirkt: denn der Glaube an die Metaphysik ist verloren gegangen. Auf sein »Ding an sich« wird niemand rechnen können, als ob es ein bändigendes Princip sei.

Jetzt begreifen wir die merkwürdige Erscheinung *Schopenhauer's*: er sammelt alle Elemente, die zur Beherrschung der Wissenschaft noch taugen. Er kommt auf die tiefsten Urprobleme der Ethik und der Kunst, er wirft die Frage vom Werthe des Daseins auf. 7, 425

Es ist alles so bestimmt wie möglich zu sagen und jeder terminus, auch »Wille«, bei Seite zu lassen. 7, 434

Die Schönheit und die Großartigkeit einer Weltconstruktion (alias Philosophie) entscheidet jetzt über ihren Werth – d. h. sie wird als *Kunst* beurtheilt. Ihre Form wird sich wahrscheinlich verändern! Die starre mathematische Formel (wie bei Spinoza) – die auf Göthe einen so beruhigenden Eindruck machte, hat eben nur noch als ästhetisches Ausdrucksmittel ein Recht. 7, 434

Der Philosoph der Zukunft? er muß das Obertribunal einer künstlerischen Kultur werden, gleichsam die Sicherheitsbehörde gegen alle Ausschreitungen. 7, 443

Das philosophische Denken ist mitten in allem wissenschaftlichen Denken zu spüren: selbst bei der Conjektur. Es springt voraus auf leichten Stützen: schwerfällig keucht der Verstand hinter drein und sucht bessere Stützen, nachdem ihm das lockende Zauberbild erschienen ist. Ein unendlich rasches Durchfliegen großer Räume! Ist es nur die größere

Schnelligkeit? Nein. Es ist Flügelschlag der Phantasie, d. h. ein Weiterspringen von Möglichkeit zu Möglichkeit, die einstweilen als Sicherheiten genommen werden. 7, 443 f.

Thales. Mytholog und Philosoph.
Anaximander. Tragische Weltbetrachtung. Tragödie.
Heraclit. Illusion. Künstlerisches im Philosophen. Kunst.
Pythagoras. Mystik und Philosophie. Religion.
Anaxagoras. Zwecke. Geist und Materie.
Parmenides. Zeno. Das Logische. Logik.
Empedocles. Liebe Haß. Recht und Liebesmoral. Moral.
Democrit. Zahl und Maß, Aussicht aller Physik. Naturphilosophie.
Pythagoreer. Das Sektenwesen.
Socrates. Der Philosoph und die Kultur. Cultur.
Entstehung der Philosophen und – das Philosophentribunal für die Kultur der Zukunft. 7, 449

Die Philosophie anzuschauen wie die Astrologie: nämlich das Schicksal der Welt mit dem des Menschen zu verknüpfen: d. h. die höchste Evolution des *Menschen* als die höchste Evolution der *Welt* zu betrachten. Von diesem philosophischen Triebe aus empfangen alle Wissenschaften ihre Nahrung. Die Menschheit vernichtet erst die Religionen, dann die Wissenschaft 7, 465

Solchen ‹den Anfängern der Philosophie› ist aus guten Gründen anzurathen, nicht sich der Führung beliebiger akademischer Berufs-Philosophen anzuvertrauen, sondern Plato zu lesen.

Sie sollen vor allem allerlei Flausen verlernen und einfach und natürlich werden.

Gefahr in falsche Hände zu gerathen. 7, 484 f.

Es giebt nur Philosophen, d. h. Freunde der Wahrheit
oder Feinde der Wahrheit
oder Skeptiker.

7, 574

Ich kann mir das Nichtsein nicht vorstellen.

Das Seiende ist Empfindung und Vorstellung.

Das Nichtseiende wäre etwas, was nicht Empfindung und Vorstellung wäre.

Das Vorstellende kann sich nicht »nicht vorstellen«, wegvorstellen.

Das Vorstellende kann sich nicht als geworden denken, noch als vergehend.

Unmöglich auch die Entwicklung der Materie, bis zum Vorstellenden.

Denn es giebt gar nicht diesen Gegensatz von Materie und Vorstellung.

Die Materie selbst ist nur als Empfindung gegeben. Jeder Schluß hinter sie ist unerlaubt.

Die Empfindung und die Vorstellung ist die Ursache, daß wir an Gründe Stöße Körper glauben.

Wir können sie auf Bewegung und Zahlen zurückführen. 7, 574 f.

Wenn ein Stoiker und ein Epicureer eins werden, dann verschwören sie sich, Cäsar zu ermorden. 7, 655

AUS DEM NACHLASS 1875-1879

Die Verführer der Philosophen sind die Worte, sie zappeln in den Netzen der Sprache. 8, 113

AUS DEM NACHLASS 1880-1882

Das Neue an unserer jetzigen Stellung zur Philosophie ist eine Überzeugung, die noch kein Zeitalter hatte: *daß wir die Wahrheit nicht haben.* Alle früheren Menschen »hatten die Wahrheit«: selbst die Skeptiker. 9, 52

Die Philosophen jetzt als Dekorationskünstler der Wissenschaft, sie arrangiren effektvoller (die) Natur. 9, 112

Schopenhauer's Lehre enthält als Kern im Innern den Satz: wir werden durch unsere *Begierden* gelenkt: *nicht* durch unsere nützlichen und vernünftigen Interessen, geschweige durch unsere Tugend und Weisheit. Die Welt ist die Begierde. 9, 187

Ehemals fragte man: ist der Gedanke wahr? Jetzt: wie sind wir auf ihn gekommen? Welches war seine treibende Kraft? Entdecken wir – – – 9, 232

Es ist Unsinn, uns als Ursachen zu fassen – was wissen wir von Ursache und Wirkung! 9, 235

Glaube nur niemand, daß wenn Plato jetzt lebte und platonische Ansichten hätte, er ein *Philosoph* wäre – er wäre ein religiös Verrückter. 9, 262

Schopenhauer begriff nicht die *Passion*, sondern nur den allgemeinen Geschlechtstrieb und dessen Schrullen (aber die Passion ist die Leistung des Individuums, unter Italiänern folglich häufig, unter Deutschen schwach). In der Liebe ist der Deutsche *gemein.* 9, 325

Den Arbeitern zu sagen, sie sollen sparen usw., ist albern. Man sollte ihnen lehren, das Leben zu genießen, wenig zu brauchen, vergnügt zu sein, sich so gering wie möglich zu belasten (mit Weib und Kind), nicht zu trinken, kurz philosophisch zu sein und die Arbeit so weit reduziren als sie unterhält, über alles zu spotten, cynisch und epikurisch zu sein. Die Philosophie gehört in *diese* Kreise. 9, 337

Ich habe keine Personen kennengelernt, welche eine solche Ehrfurcht einflößen, wie die griechischen Philosophen.

9, 356

Ich habe die Verachtung Pascals und den Fluch Schopenhauer's auf mir! Und kann man anhänglicher gegen sie gesinnt sein als ich! Freilich mit jener Anhänglichkeit eines Freundes, welcher aufrichtig bleibt, um Freund zu bleiben und nicht Liebhaber und Narr zu werden! 9, 356

Der Anblick der Welt wird erst erträglich, wenn wir sie durch den sanften Rauch des Feuers angenehmer Leidenschaften hindurch sehen, bald verborgen als einen Gegenstand des Errathens, bald verkleinert und verkürzt bald undeutlich, aber immer veredelt. Ohne unsere Leidenschaften ist die Welt Zahl und Linie und Gesetz und Unsinn in alledem das widerlichste und anmaaßlichste Paradoxum.

9, 364

Der Zauber der Dialektik für eine poetisch-ungestüme und springende Seele wie Plato's. Der Zauber des *Halbdunkels* im Christenthum für Pascal's helle logische Seele – das ist schwer nachzufühlen 9, 372 f.

Zu sagen: »es ist Gott, der dies in uns thut« wie Pascal, ist nicht den Menschen zu nichte machen und Gott an seine Stelle setzen: sondern die Gnade die er anruft, ist die *höchste*

Anstrengung der menschlichen Natur. Gott nennt er was er Exaltirtes und Reineres an sich fühlt. 9, 374

Pascal gegen die Jesuiten: das ist Demosthenes gegen Philipp: da sieht man die Abirrung vom allgemeinen Interesse der Menschheit! 9, 375

der Glaube an die Verwerflichkeit des Egoism hat die Menschen *geschwächt.* Die griechischen Philosophen lehrten den Glauben an die Dummheit der Nichtphilosophen *als Ursache ihres Unglücks.* 9, 402

Irrthum der positiven Philosophie nachzuweisen: sie will die Anarchie der Geister vernichten, und sie wird den dumpfen Druck unbefriedigter Auslösung hervorbringen (wie China)! 9, 453

Grundfalsche *Werth*schätzung der *empfindenden* Welt gegen die *todte.* Weil *wir* sie sind! Dazu *gehören*! Und doch geht mit der Empfindung die *Oberflächlichkeit*, der Betrug los: was hat Schmerz und Lust mit dem *wirklichen* Vorgange zu schaffen! – es ist ein Nebenher, welches nicht in die Tiefe dringt! Aber *wir* nennen's das *Innere* und die todte Welt sehen wir als *äußerlich an* – grundfalsch! Die »todte« Welt! ewig bewegt und ohne Irrthum, Kraft gegen Kraft! Und in der empfindenden Welt alles falsch, dünkelhaft! Es ist ein *Fest*, aus dieser Welt in die »todte Welt« überzugehen – und die größte Begierde der Erkenntniß geht dahin, dieser falschen dünkelhaften Welt die ewigen Gesetze entgegenzuhalten, wo es keine Lust und keinen Schmerz und Betrug giebt. Ist dies *Selbstverneinung* der Empfindung, im Intellekte? Der Sinn der Wahrheit ist: die Empfindung als die äußerliche Seite des Daseins zu verstehen, als ein Versehen des Seins, ein Abenteuer. Es dauert dafür kurz genug! Laßt uns diese Komödie durchschauen und so *genießen*! Laßt uns die Rückkehr in's Empfindungslose *nicht* als einen Rückgang denken! Wir werden ganz *wahr*, wir vollenden uns. Der *Tod* ist *umzudeuten*! Wir *versöhnen* ‹uns› so mit dem Wirklichen d. h. mit der todten Welt. 9, 468

Es giebt für uns nicht Ursache und Wirkung, sondern nur Folgen (»Auslösungen«). 9, 472

Unsere Annahme, daß es Körper Flächen Linien Formen giebt, ist erst die Folge unserer Annahme, daß es Substanzen und Dinge, Beharrendes giebt. So gewiß unsere Begriffe Erdichtungen sind, so sind es auch die Gestalten der Mathematik. Dergleichen giebt es nicht – wir können eine Fläche, einen Kreis, eine Linie ebenso wenig *verwirklichen* als einen Begriff. Die ganze Unendlichkeit liegt immer als Realität und Hemmniß zwischen 2 Punkten. 9, 499

Wenn nicht *alle* Möglichkeiten in der Ordnung und Relation der Kräfte bereits erschöpft wären, so wäre noch keine Unendlichkeit verflossen. Weil dies aber sein *muß*, so giebt es keine neue Möglichkeit mehr und alles muß schon dagewesen sein, unzählige Male. 9, 500

Unser Intellekt ist nicht zum Begreifen des Werdens eingerichtet, er strebt die allgemeine Starrheit zu beweisen, Dank seiner Abkunft aus *Bildern*. Alle Philosophen haben das Ziel gehabt, zum Beweis des ewigen Beharrens, weil der Intellekt darin seine eigene Form und Wirkung fühlt.

9, 500

Nichts ist *congruent* in der Wirklichkeit, denn es giebt da keine Flächen. 9, 500

Unsere Sinne zeigen uns nie ein Nebeneinander sondern stets ein Nacheinander. Der Raum und die menschlichen

Gesetze des Raumes *setzen* die Realität von Bildern Formen Substanzen und deren Dauerhaftigkeit *voraus*, d.h. unser Raum gilt einer imaginären Welt. Vom Raum, der zum ewigen Fluß der Dinge gehört, wissen wir nichts. 9, 500

Das modern-wissenschaftliche Seitenstück zum Glauben an Gott ist der Glaube an das *All als Organismus*: davor ekelt mir. Also das ganz Seltene, unsäglich Abgeleitete, das Organische, das wir nur auf der Kruste der Erde wahrnehmen, zum Wesentlichen Allgemeinen Ewigen machen! Dies ist immer noch Vermenschung der Natur! Und eine verkappte Vielgötterei in den Monaden, welche zusammen den All-Organism bilden! Mit Voraussicht! Monaden, welche gewisse mögliche mechanische Erfolge wie das Gleichgewicht der Kräfte zu verhindern wissen! Phantasterei! – Wenn das All ein Organismus werden könnte, wäre es einer geworden. Wir müssen es als Ganzes uns gerade so entfernt wie möglich von dem Organischen denken! Ich glaube, selbst unsere chemische Affinität und Cohärenz sind vielleicht spät entwickelte, bestimmten Epochen *in* Einzelsystemen zugehörige Erscheinungen. Glauben wir an die absolute Nothwendigkeit im All, aber hüten wir uns, von irgend einem Gesetz, sei es selbst ein primitiv mechanisches unserer Erfahrung, zu behaupten, dies herrsche in ihm und sei eine ewige Eigenschaft. – Alle chemischen Qualitäten können geworden sein und vergehen und wiederkommen. Unzählige »Eigenschaften« mögen sich entwickelt haben, für die uns, aus unserem Zeit- und Raumwinkel heraus, die Beobachtung nicht möglich ist. Der *Wandel* einer chemischen Qualität vollzieht sich vielleicht auch jetzt, nur in so feinem Grade, daß er unserer feinsten Nachrechnung entschlüpft. 9, 522

Hüten wir uns zu glauben, daß das All eine Tendenz habe, gewisse *Formen* zu erreichen, daß es schöner, vollkommener, complicirter werden wolle! Das ist alles Vermenschung! Anarchie, häßlich, Form – sind ungehörige Begriffe. Für die Mechanik giebt es nichts Unvollkommenes. 9, 524

Es ist Alles wiedergekommen: der Sirius und die Spinne und deine Gedanken in dieser Stunde und dieser dein Gedanke, daß Alles wiederkommt. 9, 524

Das unendlich neue Werden ist ein Widerspruch, es würde eine unendlich *wachsende* Kraft voraussetzen. Aber *wovon* sollte sie wachsen! Woher sich ernähren, mit *Überschuß* ernähren! Die Annahme, das All sei ein Organism, widerstreitet dem *Wesen des Organischen.* 9, 525

Die Nebeneinanderexistenz von 2 ganz Gleichen ist unmöglich: es würde die *absolut gleiche Existenzgeschichte* voraussetzen, in alle Ewigkeit zurück. *Dies* aber setzte die *allgemeine* absolut gleiche Entstehungsgeschichte voraus d.h. es müßte alles Andere auch absolut gleich in allen Zeiten sein d.h. der ganze *Rest* müßte fortwährend sich wiederholen, in sich und *losgelöst* von den 2 Gleichen. – Aber ebenso kann man mit Einer Verschiedenheit schon die absolute Verschiedenheit und Ungleichheit im Nebeneinander beweisen: eine *Loslösung* ist undenkbar; wenn Eins sich ändert, so geht die Nachwirkung in Alles hindurch.

9, 530

Die M‹enschen› und die Philosophen haben früher *in die Natur hinein* den Menschen gedichtet – entmenschlichen wir die Natur! Später werden sie mehr in sich selber *hineindichten*, an Stelle von Philosophieen und Kunstwerken wird es Ideal-menschen geben, welche alle 5 Jahre aus sich ein neues Ideal formen. 9, 532

Wäre ein Gleichgewicht der Kraft irgendwann einmal erreicht worden, so dauerte es noch: also ist es nie eingetreten. Der augenblickliche Zustand *widerspricht* der Annahme. Nimmt man an, es habe einmal einen Zustand gegeben, absolut gleich dem augenblicklichen, so wird diese Annahme *nicht* durch den augenblicklichen Zustand widerlegt. Unter den unendlichen Möglichkeiten *muß* es aber diesen Fall gegeben haben, denn bis jetzt ist schon eine Unendlichkeit verflossen. Wenn das Gleichgewicht möglich wäre, so müßte es eingetreten sein. – Und wenn dieser augenblickliche Zustand da war, dann auch der, der ihn gebar und dessen Vorzustand zurück – daraus ergiebt sich, daß er auch ein zweites drittes usw. Mal schon *da war* – ebenso daß er ein zweites drittes Mal da sein wird – unzählige Male, vorwärts – und rückwärts. D. h. es bewegt sich alles Werden in der Wiederholung einer bestimmten Zahl vollkommen gleicher Zustände. Was alles *möglich* ist, das kann freilich dem menschlichen Kopfe nicht überlassen sein auszudenken: aber unter allen Umständen ist der gegenwärtige Zustand ein möglicher, ganz abgesehn von unserer Urtheils-Fähigkeit oder Unfähigkeit in Betreff des Möglichen – denn es ist ein wirklicher. So wäre zu sagen: alle *wirklichen Zustände* müßten schon *ihres Gleichen* gehabt haben, vorausgesetzt, daß die Zahl der Fälle nicht unendlich ist, und im Verlaufe unendlicher Zeit nur eine endliche Zahl vorkommen mußte? weil immer von jedem Augenblick rückwärts gerechnet schon eine Unendlichkeit verflossen ist? Der Stillstand der Kräfte, ihr Gleichgewicht ist ein denkbarer Fall: aber er ist nicht eingetreten, folglich ist die Zahl der Möglichkeiten größer als die der Wirklichkeiten. – Daß nichts Gleiches wiederkehrt, könnte nicht durch den Zufall, sondern nur durch eine in das Wesen der Kraft gelegte Absichtlichkeit erklärt werden: denn, eine ungeheure Masse von Fällen vorausgesetzt, ist die zufällige Erreichung *des gleichen Wurfs* wahrscheinlicher als die absolute Nie-Gleichheit. 9, 534f.

Die Geschichte der Philosophie ist bis jetzt erst *kurz*: es ist ein Anfang, sie hat noch keine Kriege geführt und die Völker zusammengeführt; das höchste ihres Vorstadium's sind die *kirchlichen* Kriege, das Zeitalter der Religion ist noch lange nicht zu Ende. Später wird man *philosophische* Meinungen einmal so als Lebens- und Existenzfragen nehmen wie bisher mitunter religiöse und politische – der Geschmack und der Ekel in Meinungen wird so groß, daß man *nicht mehr leben will*, so lange noch eine andere Meinung besteht. Die ganze Philosophie wird vor diesem Forum des Massen-Geschmacks und Massen-Ekels durchgelebt werden – wahrscheinlich gab es vor dem Zeitalter der Religionen auch schon vorlaufende, aber gänzlich gleichgültige religiöse Einzelne, entsprechend den vorlaufenden und gleichgültigen einzelnen Philosophen. – Als »Wahrheit« wird sich immer das durchsetzen, was nothwendigen Lebensbedingungen der Zeit, der Gruppe entspricht – auf die Dauer wird *die Summe von Meinungen* der Menschheit *einverleibt* sein, bei welchen sie ihren größten Nutzen d. h. die Möglichkeit der längsten Dauer hat. Die wesentlichsten dieser Meinungen, auf denen die Dauer der Menschheit beruht, sind ihr längst einverleibt z. B. der Glaube an Gleichheit Zahl Raum usw. *Darum* wird sich der Kampf *nicht* drehen – es kann nur ein *Ausbau* von diesen irrthümlichen *Grundlagen* unserer Thierexistenz sein. – Wichtig als bedeutendstes Denkmal des *Dauergeistes* ist die *chinesische* Denkweise. – Es wird also schwerlich die Geschichte der »Wahrheit« werden, sondern die eines organischen Irrthümer-Aufbaus, welcher in Leib und Seele übergeht und die *Empfindungen* und *Instinkte* endlich beherrscht. Es wird eine fortwährende Selection des zum Leben Gehörigen geübt. Der Anspruch auf *Lebenserhaltung* wird immer tyrannischer an die Stelle des »Wahrheitssinnes« treten d. h. er wird den *Namen* von ihm *erhalten* und festhalten. – Leben wir Einzelnen unser Vorläufer-Dasein, überlassen wir den Kommenden Kriege um unsere Meinungen zu führen – wir leben in der *Mitte* der menschlichen Zeit: *größtes Glück*! 9, 540 f.

Man gehe einmal rückwärts. Hätte die Welt ein *Ziel*, so müßte es erreicht sein: gäbe es für sie einen (unbeabsichtigten) *Endzustand*, so müßte er ebenfalls erreicht sein. Wäre sie überhaupt eines Verharrens und Starrwerdens fähig, gäbe es in ihrem Verlaufe nur Einen Augenblick »Sein« im strengen Sinn, so könnte es kein Werden mehr geben, also auch kein Denken, kein Beobachten eines Werdens. Wäre sie *ewig neu werdend*, so wäre sie damit gesetzt ‹als› etwas an sich *Wunderbares* und Frei- und *Selbstschöpferisch-Göttliches*. Das ewige *Neu*werden setzt voraus: daß die Kraft sich selber willkürlich vermehre, daß sie nicht nur die Absicht, sondern auch die Mittel habe, sich selber vor der Wiederholung zu *hüten*, in eine alte Form zurückzugerathen, somit in jedem Augenblick jede Bewegung auf diese Vermeidung ‹zu› controliren – oder die *Unfähigkeit*, in die gleiche Lage zu gerathen: das hieße, daß die Kraftmenge nichts *Festes* sei und ebenso die Eigenschaften der Kraft. Etwas *Un*-Festes von Kraft, etwas Undulatorisches ist *uns* ganz *undenkbar*. Wollen wir nicht ins Undenkbare phantasieren und nicht in den alten Schöpferbegriff zurückfallen (Vermehrung aus dem Nichts, Verminderung aus dem Nichts, absolute Willkür und Freiheit im Wachsen und in den Eigenschaften) –

9, 553 f.

Schopenhauern war wohl ein Gedanke Spinoza's im Herzen hängen geblieben: daß das Wesen jedes Ding's appetitus sei und daß dieser appetitus darin bestehe, im Dasein zu beharren. Dies leuchtete ihm einmal auf und leuchtete ihm so ein, daß er den Vorgang »Wille« nie mehr sorgfältig überdacht hat (ebenso wenig wie alle seine Grundbegriffe – er war in Betreff derer ohne Zweifel, weil er ohne rechte Vernunft und Empirie zu ihnen gekommen war). 9, 559

AUS DEM NACHLASS 1882-1885

Diese zwei Weibspersonen, Vergangenheit und Zukunft, machen jetzt einen solchen Lärm, daß die Gegenwart vor ihnen davonläuft. 10, 101

Jedes Ding hat 2 Gesichter: eins des Vergehens, eins des Werdens. 10, 140

Die Bedingungen zu errathen, unter denen die zukünftigen Menschen leben – weil ein solches *Errathen* und *Vorwegnehmen* die *Kraft eines Motivs* hat: die *Zukunft* als das, was wir *wollen, wirkt* auf unser Jetzt. 10, 237

Der Philosoph ist nur eine Art Gelegenheit und Ermöglichung dafür, daß der *Trieb einmal zum Reden kommt.*

10, 262

Zarathustra 3. Nach einigen Capiteln der Angst und Unschlüssigkeit Heraufbeschwörung des *großen Gedankens.*

Schluß: Ich habe den Hammer! – Glückseligkeit!

Und wenn das Gewürm euch Ekel macht, daß ihr einen Schritt seinetwegen schneller emporsteigt – so soll es zu Recht bestehen! 10, 492

Plato – das Ungriechische an ihm, die Verachtung des Leibes, der Schönheit usw. Es ist eine Vorstufe des Mittelalters – Jesuitismus der Erziehung und Despotismus. Er wird charakterisirt durch seinen »indifferenten« Gott –: Lust und Unlust sind ihm schon peinlich. Offenbar fastete er und lebte enthaltsam. 11, 21

»Wenn der Feind im Herzen ist, dann Autorität, Gewohnheit, dann Gehorsam, Erniedrigung, Regel, Disciplin, Gesetz, Übungen, selbst anscheinend puériles, dann ein Anderer als wir, ein Priester, ein Beichtiger, dessen Stimme unsere schweigen macht: das hat man nöthig, um uns vor uns selber zu retten.« C‹ustine›. »Wenn man *unsinnig* wird, genügt es nicht, um sich nicht zu tödten, daß man *geträumt* hat, ein christlicher Philosoph zu sein: wie es die Mehrzahl der Protestanten sind, die denken.« 11, 28

Sch‹openhauer› ist ebenso sicher zu wissen, was gut und böse ist, wie Kant – das ist der Humor der Sache. 11, 171

Die Philosophen (als die Umfänglichsten, die Überblicker, *Beschreiber* im Großen) (aber in allen Werthschätzungen *abhängig*), schon sehr viel mißrathener ‹als die Künstler›. 11, 213

Leibnitz ist interessanter als Kant – typisch *deutsch*: gutmüthig, voll edler Worte, listig, geschmeidig, schmiegsam, ein Vermittler (zwischen Christenthum und der mechanistischen Weltansicht), ungeheuer verwegen für sich, verborgen unter einer Maske und höfisch-zudringlich, anscheinend bescheiden. 11, 215

Zögern der Jünger. »*Wir* halten es schon mit dieser Lehre aus, aber die Vielen werden wir damit *zerstören*?«

Zarathustra lacht: »ihr sollt der Hammer sein, ich gab euch den Hammer in die Hand 11, 343

Immer *ironice*: es ist eine köstliche Empfindung, einem solchen wahrhaftigen Denker zuzusehn. Aber es ist noch angenehmer, zu entdecken, daß dies Alles Vordergrund ist, und daß er im Grunde etwas Anderes will und auf sehr verwegene Weise will. Ich glaube, daß der Zauber des Socrates der war: er hatte eine Seele und dahinter noch eine und dahinter noch eine. In der vordersten legte sich Xenophon schlafen, auf der zweiten Plato und auf der dritten noch einmal Plato, aber Plato mit seiner eigenen zweiten Seele. Plato selber ist ein Mensch mit vielen Hinterhöhlen und Vordergründen. 11, 440

Nux et crux
Eine Philosophie für gute Zähne. 11, 477

Jede Philosophie, wie sie auch entstanden sein möge, dient zu gewissen Erziehungs-Zwecken z.B. zur Ermuthigung oder zur Besänftigung usw. 11, 478

Das Beste, was Deutschland gegeben hat, *kritische Zucht* – Kant, F.A. Wolf, Lessing, Niebuhr usw. Abwehr des Scepticismus. – Strenger und beherzter Muth, die Sicherheit der Hand, welche das Messer führt, Lust am Neinsagen und Zergliedern. *Gegenbewegung*: die Romantik, mit Richard Wagner als letztem Romantiker (pathetisch, – – – 11, 496

Die Philosophie, so wie ich sie allein noch gelten lasse, als die allgemeinste Form der Historie, als Versuch das Heraklitische Werden irgendwie zu beschreiben und in Zeichen abzukürzen (in eine Art von scheinbarem Sein gleichsam zu *übersetzen* und zu mumisiren) 11, 562

Man ist unbillig gegen Descartes, wenn man seine Berufung auf Gottes Glaubwürdigkeit leichtfertig nennt. In der That, nur bei der Annahme eines moralisch uns gleichartigen Gottes ist von vornherein die »Wahrheit« und das Suchen der Wahrheit etwas, das Erfolg verspricht und Sinn hat. Diesen Gott bei Seite gelassen, ist die Frage erlaubt, ob betrogen zu werden nicht zu den Bedingungen des Lebens gehört. 11, 563

Leibnitz ist gefährlich, als ein rechter Deutscher, der Vordergründe und Vordergrunds-Philosophien nöthig hat, verwegen und geheinmißvoll in sich bis zum Äußersten, aber ohne Vergangenheit. Spinoza ist tiefer umfänglicher höhlenverborgener als Cartesius: Pascal wiederum tiefer als Spinoza. Gegen solche Einsiedler des Geistes und Gewissens gemessen sind Hume und Locke Menschen der Oberfläche; – – – 11, 563 f.

– Nun! Reden wir nicht zu laut! Die Einsamkeit ist heute voller Geheimnisse und mehr Einsamkeit als je – – In der That, ich lernte inzwischen, daß der freie Geist Einsiedler sein muß. 11, 590

Unter dem nicht ungefährlichen Titel »der Wille zur Macht« soll hiermit eine neue Philosophie, oder, deutlicher geredet, *der Versuch einer neuen Auslegung alles Geschehens* zu Worte kommen: billigerweise nur vorläufig und versucherisch, nur vorbereitend und vorfragend, nur vorspielend, zu einem Ernste, zu dem es eingeweihter und auserlesener Ohren bedarf, wie es sich übrigens bei allem, was ein Ph‹ilosoph› *öffentlich* sagt, von selber versteht, – mindestens verstehen *sollte*. Aber heute, Dank dem oberflächlichen und anmaaßlichen Geiste eines Zeitalters, welches an die »Gleichheit aller Rechte« glaubt, ist es dahin gekommen, daß man durchaus nicht mehr – – – Denn jeder Philosoph soll insoweit die Tugend des Erziehers haben, daß er, bevor er zu überzeugen unternimmt, erst verstehen muß zu überreden. Ja der Verführer hat vor allem Beweisen zu untergraben und zu erschüttern, vor allem Befehlen und Vorangehn erst zu versuchen in wie weit er versteht, auch zu verführen. 11, 653 f.

AUS DEM NACHLASS 1885-1889

– »dem Bösen« nicht widerstehen …

Aber wenn man nicht an Gut und Böse glaubt, was heißt dies dann? 13, 96

– Es geht nur besser, *wenn man alles Schlimme durch Gutes vergilt*, – und keinen Unterschied mehr der Person macht

13, 96

Zur Kritik der griechischen Philosophie

Das Erscheinen der griechischen Philosoph‹en› von Socrates an ist ein Symptom der décadence; die antihellenischen Instinkte kommen oben auf …

Noch ganz hellenisch ist »der Sophist« – eingerechnet Anaxagoras, Demokrit, die großen Jonier –

Aber als Übergangsform: die Polis verliert ihren Glauben an ihre E‹inzi›gkeit der Cultur, an ihr Herren-Recht über jede andere Polis …

man tauscht die Cultur d. h. »die Götter« aus, – man verliert dabei den Glauben an das Allein-Vorrecht des deus autochthonus …

das Gut und Böse verschiedener Abkunft mischt sich: die Grenze zwischen Gut und Böse *verwischt* sich …

Das ist der »Sophist« – 13, 167 f.

Die *anti*hellenische Entwicklung des Philosophen-Werthurtheils:

: das Aegyptische (»Leben nach dem Tode« als Gericht …)

: das Semitische (die »Würde des Weisen«, der »Sheikh« –

: die Pythagoreer, die unterirdischen Culte, das Schweigen, die Jenseits-Furchtmittel; die *Mathematik*: religiöse Schätzung, eine Art Verkehr mit dem kosmischen All

: das Priesterliche, Asketische, Transscendente –

: die *Dialektik*, – ich denke, es ist eine abscheuliche und pedantische Begriffsklauberei schon in Plato?

Niedergang des guten geistigen Geschmacks: man empfindet das Häßliche und Klappernde aller direkten Dialektik bereits nicht mehr.

Neben einander gehen die *beiden* décadence-Bewegungen und Extreme:

a) die üppige, liebenswürdig-boshafte, prunk- und kunstliebende décadence,

b) und die Verdüsterung des religiös-moralischen Pathos, die stoische Selbst-Verhärtung, die platonische Sinnen-Verleumdung, die Vorbereitung des Bodens für das Christenthum … 13, 169

Pyrrho, ein griechischer Buddhist

Plato, vielleicht bei den Juden in die Schule gegangen

13, 264

Folgerungen:

jeder Fortschritt liegt in dem Fortschritt zum Bewußtwerden; jeder Rückschritt im Unbewußtwerden.

Man nähert sich der Realität, »dem wahren Sein« durch Dialektik; man *entfernt* sich von ihm durch Instinkte, Sinne, Mechanismus …

Den Menschen in Geist auflösen hieße ihn zu Gott machen: Geist, Wille, Güte – Eins

Alles *Gute* muß aus der Geistigkeit stammen, muß Bewußtseins-Thatsache sein

Der Fortschritt zum *Besseren* kann nur ein Fortschritt im *Bewußt*werden sein

Das Unbewußtwerden galt als Verfallensein an die *Begierden* und *Sinne* – als *Verthierung* … 13, 330

Philosophie

Es giebt nichts Unveränderliches in der Chemie, das ist nur Schein, ein bloßes Schulvorurtheil. Wir haben das Unveränderliche *eingeschleppt*, immer noch aus der Metaphysik, meine Herren Physiker. Es ist ganz naiv von der Oberfläche abgelesen, zu behaupten, daß der Diamant, der Graphit und die Kohle identisch sind. Warum? Bloß weil man keinen Substanz-Verlust durch die Wage constatiren kann! Nun gut, damit haben sie noch etwas gemein, aber die Molekül-Arbeit bei der Verwandlung, die wir nicht sehen und wägen können, macht eben aus dem einen Stoff etwas Anderes, – mit spezifisch anderen Eigenschaften 13, 374

Die neue Welt-Conception

1) Die Welt besteht; sie ist nichts, was wird, nichts, was vergeht. Oder vielmehr: sie wird, sie vergeht, aber sie hat nie angefangen zu werden und nie aufgehört zu vergehen – sie *erhält* sich in Beidem ... Sie lebt von sich selber: ihre Excremente sind ihre Nahrung ...

2) Die Hypothese einer *geschaffenen* Welt soll uns nicht einen Augenblick bekümmern. Der Begriff »schaffen« ist heute vollkommen undefinirbar, unvollziehbar; bloß ein Wort noch, rudimentär aus Zeiten des Aberglaubens; mit einem Wort erklärt man Nichts. Der letzte Versuch, eine Welt, die *anfängt*, zu concipiren, ist neuerdings mehrfach mit Hülfe einer logischen Prozedur gemacht worden – zumeist, wie zu errathen ist, aus einer theologischen Hinterabsicht

Die ewige Wiederkunft. Philosophie

3) Man hat neuerdings mehrfach in dem Begriff Zeit-Unendlichkeit der Welt nach *hinten* einen Widerspruch finden gewollt: man hat ihn selbst gefunden, um den Preis freilich, dabei ‹den› Kopf mit dem Schwanz zu verwechseln. Nichts kann mich hindern, von diesem Augenblick an rückwärts rechnend zu sagen »ich werde nie dabei an ein Ende

kommen«: wie ich vom gleichen Augenblick vorwärts rechnen kann, ins Unendliche hinaus. Erst wenn ich den Fehler machen wollte – ich werde mich hüten, es zu thun – diesen correkten Begriff eines regressus in infinitum gleichzusetzen mit einem *gar nicht vollziehbaren* Begriff eines unendlichen *pro*gressus bis jetzt, wenn ich die *Richtung* (vorwärts oder rückwärts) als logisch indifferent setzte, würde ich den Kopf, diesen Augenblick, als Schwanz zu fassen bekommen: das bleibe Ihnen überlassen, mein Herr Dühring! ...

4) Ich bin auf diesen Gedanken bei früheren Denkern gestoßen: jedes Mal war er durch andere Hintergedanken bestimmt (– meistens theologische, zu Gunsten des creator spiritus) Wenn die Welt überhaupt erstarren, vertrocknen, absterben, *Nichts* werden könnte, oder wenn sie einen Gleichgewichtszustand erreichen könnte, oder wenn sie überhaupt irgend ein Ziel hätte, das die Dauer, die Unveränderlichkeit, das Ein-für-alle-Mal in sich schlösse (kurz, metaphysisch geredet: wenn das Werden in das Sein oder ins Nichts münden *könnte*) so müßte dieser Zustand erreicht sein. Aber er ist nicht erreicht – woraus folgt ... Das ist unsere einzige Gewißheit, die wir in den Händen halten, um als Correktiv gegen eine große Menge an sich möglicher Welt-Hypothesen zu dienen. Kann z. B. der Mechanismus der Consequenz eines Finalzustandes nicht entgehen, welche Thompson ihm gezogen hat, so ist damit der Mechanismus *widerlegt*.

Philosophie

5) Wenn die Welt als bestimmte Größe von Kraft und als bestimmte Zahl von Kraftcentren gedacht werden *darf* – und jede andere Vorstellung bleibt unbestimmt und folglich *unbrauchbar* – so folgt daraus, daß sie eine berechenbare Zahl von Combinationen, im großen Würfelspiel ihres Daseins, durchzumachen hat. In einer unendlichen Zeit würde jede mögliche Combination irgendwann einmal erreicht sein; mehr noch, sie würde unendliche Male erreicht sein.

Und da zwischen jeder »Combination« und ihrer nächsten »Wiederkehr« alle überhaupt noch möglichen Combinationen abgelaufen sein müßten und jede dieser Combinationen die ganze Folge der Combinationen in derselben Reihe bedingt, so wäre damit ein Kreislauf von absolut identischen Reihen bewiesen: die Welt als Kreislauf der sich unendlich oft bereits wiederholt hat und der sein Spiel in infinitum spielt.

Diese Conception ist nicht ohne weiteres eine mechanistische: denn wäre sie das, so würde sie nicht eine unendliche Wiederkehr identischer Fälle bedingen, sondern einen Finalzustand. *Weil* die Welt ihn nicht erreicht hat, muß der Mechanismus uns als unvollkommene und nur vorläufige Hypothese gelten. 13, 374-376

Der *Philosoph* als Weiter-Entwicklung des *priesterlichen* Typus

– hat dessen Erbschaft im Leibe

– ist, selbst noch als Rivale, genöthigt, um dasselbe mit denselben Mitteln zu ringen, wie der Priester seiner Zeit.

– er aspirirt die *höchste Autorität*

was giebt *Autorität*, wenn man nicht die physische Macht in den Händen hat (keine Heere, keine *Waffen* überhaupt ...)?

wie gewinnt man namentlich die Autorität *über* die, welche die physische Gewalt und die Autorität besitzen?

13, 376

Nichts ist seltener unter den Philosophen als *intellektuelle Rechtschaffenheit*: vielleicht sagen sie das Gegentheil, vielleicht glauben sie es selbst. Aber ihr ganzes Handwerk bringt es mit sich, daß sie nur gewisse Wahrheiten zulassen; sie wissen, was sie beweisen *müssen*, sie erkennen sich beinahe daran als Philosophen, daß sie über diese »Wahrheiten« einig sind. Da sind z. B die moralischen Wahrheiten.

Aber der Glaube an Moral ist noch kein Beweis von Moralität: es giebt Fälle – und der Fall der Philosophen gehört hierher, wo ein solcher Glaube einfach eine *Unmoralität* ist. 13, 421

Heute, wo in dem Weinberg des deutschen Geistes die Rhinoxera haust 13, 421

Kant, eine Begriffsmaschine, volles 18tes Jahrhundert, mit einem Souterrain von Theologen-Arglist und ein – – –

13, 442

Müßiggang ist aller Philosophie Anfang. Folglich – ist Philosophie ein Laster? 13, 478

Daß man gegen seine Handlungen keine Feigheit begeht! Daß man sie nicht hinterdrein in Stich läßt! – Der Gewissensbiß ist unanständig. 13, 478

Es ‹giebt› Morgen-Denker, es giebt Nachmittags-Denker, es giebt Nachteulen. Nicht zu vergessen die vornehmste species: die *Mittäglichen*, – die, in denen beständig der große Pan schläft. Da fällt alles Licht senkrecht ... 13, 489

Woran ich meines Gleichen erkenne. – Philosophie, wie ich sie bisher verstanden und gelebt habe, ist das freiwillige Aufsuchen auch der verwünschten und verruchten Seiten des Daseins. Aus der langen Erfahrung, welche mir eine solche Wanderung durch Eis und Wüste gab, lernte ich Alles, was bisher philosophirt hat, anders ansehn: – die *verborgene* Geschichte der Philosophie, die Psychologie ihrer großen Namen kam für mich ans Licht. »Wie viel Wahrheit *erträgt*, wie viel Wahrheit wagt ein Geist?« – dies wurde für mich der eigentliche Werthmesser. Der Irrthum ist eine *Feigheit* ... jede Errungenschaft der Erkenntniß *folgt* aus dem Muth, aus der Härte gegen sich, aus der Sauberkeit gegen sich … Eine solche Experimental-Philosophie, wie ich sie lebe, nimmt versuchsweise selbst die Möglichkeiten des grundsätzlichen Nihilismus vorweg, ohne daß damit gesagt wäre, daß sie bei einem Nein, bei einer Negation, bei einem Willen zum Nein stehen bliebe. Sie will vielmehr bis zum Umgekehrten hindurch – bis zu einem *dionysischen Jasagen* zur Welt, wie sie ist, ohne Abzug, Ausnahme und Auswahl – sie will den ewigen Kreislauf, – dieselben Dinge, dieselbe Logik und Unlogik der Knoten. Höchster Zustand, den ein Philosoph erreichen kann: dionysisch zum Dasein stehn –: meine Formel dafür ist amor fati …

– Hierzu gehört, die bisher verneinten Seiten des Daseins nicht nur als *nothwendig* zu begreifen, sondern als wünschenswerth: und nicht nur als wünschenswerth in Hinsicht auf die bisher bejahten Seiten (etwa als deren Complemente oder Vorbedingungen), sondern um ihrer selber willen, als der mächtigeren, fruchtbareren, *wahreren* Seiten des Daseins, in denen sich sein Wille deutlicher ausspricht. Insgleichen gehört hierzu, die bisher allein *bejahte* Seite des Daseins abzuschätzen; zu begreifen, woher diese Werthung stammt und wie wenig sie verbindlich für eine dionysische Werthabmessung des Daseins ist: ich zog heraus und begriff, *was* hier eigentlich Ja sagt (der Instinkt der Leidenden einmal, der Instinkt der Heerde andrerseits und jener Dritte der *Instinkt der Meisten* im Widerspruch zu den Ausnahmen –) Ich errieth damit, in wiefern eine andere stärkere Art Mensch nothwendig nach einer anderen Seite hin sich die Erhöhung und Steigerung des Menschen ausdenken müßte: *höhere Wesen* als jenseits von Gut und Böse, als jenseits von jenen Werthen, die den Ursprung aus der Sphäre ‹des› Leidens, der Heerde und der Meisten nicht verleugnen können – ich suchte nach den Ansätzen dieser umgekehrten Idealbildung in der Geschichte (die Begriffe »heidnisch«, »klassisch«, »vornehm« neu entdeckt und hingestellt –) 13, 492 f.

An einem Philosophen ist es eine Nichtswürdigkeit zu sagen: das Gute und das Schöne sind Eins: fügt er gar noch hinzu, auch das Wahre«, so soll man ihn prügeln. Die Wahrheit ist häßlich: *wir haben die Kunst*, damit wir nicht an der Wahrheit zu Grunde gehn. 13, 500

Physiologisch nachgerechnet, ist »Kritik der reinen Vernunft« bereits die Präexistenz-Form des Cretinismus: und das System Spinozas eine Phänomenologie der Schwindsucht 13, 504

Für die Spinne ist die Spinne das vollkommenste Wesen; für den Metaphysiker ist Gott ein Metaphysiker: das heißt, er spinnt ... 13, 505

Man sieht, daß in diesem Buche der Pessimismus, sagen wir deutlicher der Nihilismus, als die Wahrheit gilt. Aber die Wahrheit gilt nicht als oberstes Werthmaaß, noch weniger als oberste Macht. Der Wille zum Schein, zur Illusion, zur Täuschung, zum Werden und Wechseln (zur objektiven Täuschung) gilt hier als tiefer, ursprünglicher, metaphysischer als der Wille zur Wahrheit, zur Wirklichkeit, zum Sein: – letzteres ist selbst bloß eine Form des Willens zur Illusion. Ebenso gilt die Lust als ursprünglicher als der Schmerz: der Schmerz erst als bedingt, als eine Folgeerscheinung des Willens zur Lust (des Willens zum Werden, Wachsen, Gestalten, das heißt *zum Schaffen*: im Schaffen ist aber das Zerstören eingerechnet) Es wird ein höchster Zustand von Bejahung des Daseins concipirt, aus dem auch der höchste Schmerz nicht abgerechnet werden kann: der tragisch-dionysische Zustand. 13, 522

Die Metaphysiker

Ich spreche vom *größten Unglück* der neueren Philosophie – von *Kant* …

Hegel: etwas vom schwäbischen Gottvertrauen, vom kuhmäßigen Optimismus

Kant: Weg zum »alten Spiel«: *das haben Alle verstanden*

13, 536

Keine neuen Ketten fühlen
MORAL

DIE GEBURT DER TRAGÖDIE AUS DEM GEISTE DER MUSIK (1872)

Oedipus der Mörder seines Vaters, der Gatte seiner Mutter, Oedipus der Räthsellöser der Sphinx! Was sagt uns die geheimnissvolle Dreiheit dieser Schicksalsthaten? Es giebt einen uralten, besonders persischen Volksglauben, dass ein weiser Magier nur aus Incest geboren werden könne: was wir uns, im Hinblick auf den räthsellösenden und seine Mutter freienden Oedipus, sofort so zu interpretiren haben, dass dort, wo durch weissagende und magische Kräfte der Bann von Gegenwart und Zukunft, das starre Gesetz der Individuation, und überhaupt der eigentliche Zauber der Natur gebrochen ist, eine ungeheure Naturwidrigkeit – wie dort der Incest – als Ursache vorausgegangen sein muss; denn wie könnte man die Natur zum Preisgeben ihrer Geheimnisse zwingen, wenn nicht dadurch, dass man ihr siegreich widerstrebt, d. h. durch das Unnatürliche? Diese Erkenntniss sehe ich in jener entsetzlichen Dreiheit der Oedipusschicksale ausgeprägt: derselbe, der das Räthsel der Natur – jener doppeltgearteten Sphinx – löst, muss auch als Mörder des Vaters und Gatte der Mutter die heiligsten Naturordnungen zerbrechen. Ja, der Mythus scheint uns zuraunen zu wollen, dass die Weisheit und gerade die dionysische Weisheit ein naturwidriger Greuel sei, dass der, welcher durch sein Wissen die Natur in den Abgrund der Vernichtung stürzt, auch an sich selbst die Aufösung der Natur zu erfahren habe. 1, 66 f.

Selbst die erhabensten sittlichen Thaten, die Regungen des Mitleids, der Aufopferung, des Heroismus und jene schwer zu erringende Meeresstille der Seele, die der apollinische Grieche Sophrosyne nannte, wurden von Sokrates und seinen gleichgesinnten Nachfolgern bis auf die Gegenwart hin aus der Dialektik des Wissens abgeleitet und demgemäss als lehrbar bezeichnet. Wer die Lust einer sokratischen Erkenntniss an sich erfahren hat und spürt, wie diese, in immer weiteren Ringen, die ganze Welt der Erscheinungen zu umfassen sucht, der wird von da an keinen Stachel, der zum Dasein drängen könnte, heftiger empfinden als die Begierde, jene Eroberung zu vollenden und das Netz undurchdringbar fest zu spinnen. Einem so Gestimmten erscheint dann der platonische Sokrates als der Lehrer einer ganz neuen Form der »griechischen Heiterkeit« und Daseinsseligkeit, welche sich in Handlungen zu entladen sucht und diese Entladung zumeist in maeeutischen und erziehenden Einwirkungen auf edle Jünglinge, zum Zweck der endlichen Erzeugung des Genius, finden wird. 1, 101

Und nun soll man sich nicht verbergen, was im Schoosse dieser sokratischen Cultur verborgen liegt! Der unumschränkt sich wähnende Optimismus! Nun soll man nicht erschrecken, wenn die Früchte dieses Optimismus reifen, wenn die von einer derartigen Cultur bis in die niedrigsten Schichten hinein durchsäuerte Gesellschaft allmählich unter üppigen Wallungen und Begehrungen erzittert, wenn der Glaube an das Erdenglück Aller, wenn der Glaube an die Möglichkeit einer solchen allgemeinen Wissenscultur allmählich in die drohende Forderung eines solchen alexandrinischen Erdenglückes, in die Beschwörung eines Euripideischen deus ex machina umschlägt! Man soll es merken: die alexandrinische Cultur braucht einen Sclavenstand, um auf die Dauer existieren zu können: aber sie leugnet, in ihrer optimistischen Betrachtung des Daseins, die Nothwendigkeit eines solchen Standes und geht deshalb, wenn der Effect ihrer schönen Verführungs- und Beruhigungsworte von der »Würde des Menschen« und der »Würde der Arbeit« verbraucht ist, allmählich einer grauenvollen Vernichtung entgegen. Es giebt nichts Furchtbareres als einen barbarischen Sclavenstand, der seine Existenz als ein Unrecht zu betrachten gelernt hat und sich anschickt, nicht nur für sich, sondern für alle Generationen Rache zu nehmen. I, 117

UNZEITGEMÄSSE BETRACHTUNGEN I
(1873)

Er erlaubte jetzt jedem und sich selbst, etwas nachzudenken, zu forschen, zu ästhetisiren, vor allem zu dichten und zu musiciren, auch Bilder zu machen, sowie ganze Philosophien: nur musste um Gotteswillen bei uns alles beim Alten bleiben, nur durfte um keinen Preis an dem »Vernünftigen« und an dem »Wirklichen«, das heisst an dem Philister gerüttelt werden. Dieser hat es zwar ganz gern, von Zeit zu Zeit sich den anmuthigen und verwegenen Ausschreitungen der Kunst und einer skeptischen Historiographie zu überlassen und schätzt den Reiz solcher Zerstreuungs- und Unterhaltungsobjecte nicht gering: aber er trennt streng den »Ernst des Lebens«, soll heissen den Beruf, das Geschäft, sammt Weib und Kind, ab von dem Spass; und zu letzterem gehört ungefähr alles, was die Kultur betrifft. Daher wehe einer Kunst, die selbst Ernst zu machen anfängt und Forderungen stellt, die seinen Erwerb, sein Geschäft und seine Gewohnheiten, das heisst also seinen Philisterernst antasten – von einer solchen Kunst wendet er die Augen ab, als ob er etwas Unzüchtiges sähe, und warnt mit der Miene eines Keuschheitswächters jede schutzbedürftige Tugend, nur ja nicht hinzusehen. I, 170

UNZEITGEMÄSSE BETRACHTUNGEN II
(1874)

Es gab Jahrhunderte, in denen die Griechen in einer ähnlichen Gefahr sich befanden, in der wir uns befinden, nämlich an der Ueberschwemmung durch das Fremde und Vergangne, an der »Historie« zu Grunde zu gehen. Niemals haben sie in stolzer Unberührbarkeit gelebt: ihre »Bildung« war vielmehr lange Zeit ein Chaos von ausländischen, semitischen, babylonischen, lydischen aegyptischen Formen und Begriffen und ihre Religion ein wahrer Götterkampf des ganzen Orients: ähnlich etwa wie jetzt die »deutsche Bildung« und Religion ein in sich kämpfendes Chaos des gesammten Auslandes, der gesammten Vorzeit ist. Und trotzdem wurde die hellenische Cultur kein Aggregat, Dank jenem apollinischen Spruche. Die Griechen lernten allmählich *das Chaos zu organisiren*, dadurch dass sie sich, nach der delphischen Lehre, auf sich selbst, das heisst auf ihre ächten Bedürfnisse zurück besannen und die Schein-Bedürfnisse absterben liessen. So ergriffen sie wieder von sich Besitz; sie blieben nicht lange die überhäuften Erben und Epigonen des ganzen Orients; sie wurden selbst, nach beschwerlichem Kampfe mit sich selbst, durch die praktische Auslegung jenes Spruches, die glücklichsten Bereicherer und Mehrer des ererbten Schatzes und die Erstlinge und Vorbilder aller kommenden Culturvölker. 1, 333

MENSCHLICHES, ALLZUMENSCHLICHES I (1878)

Ein plötzlicher Schrecken und Argwohn gegen Das, was sie liebte, ein Blitz von Verachtung gegen Das, was ihr »Pflicht« hiess, ein aufrührerisches, willkürliches, vulkanisch stossendes Verlangen nach Wanderschaft, Fremde, Entfremdung, Erkältung, Ernüchterung, Vereisung, ein Hass auf die Liebe, vielleicht ein tempelschänderischer Griff und Blick *rückwärts*, dorthin, wo sie bis dahin anbetete und liebte, vielleicht eine Gluth der Scham über Das, was sie eben that, und ein Frohlocken zugleich, *dass* sie es that, ein trunkenes inneres frohlockendes Schaudern, in dem sich ein Sieg verräth – ein Sieg? über was? über wen? ein räthselhafter fragenreicher fragwürdiger Sieg, aber der *erste* Sieg immerhin: – dergleichen Schlimmes und Schmerzliches gehört zur Geschichte der grossen Loslösung. Sie ist eine Krankheit zugleich, die den Menschen zerstören kann, dieser erste Ausbruch von Kraft und Willen zur Selbstbestimmung, Selbst-Werthsetzung, dieser Wille zum *freien* Willen: und wie viel Krankheit drückt sich an den wilden Versuchen und Seltsamkeiten aus, mit denen der Befreite, Losgelöste sich nunmehr seine Herrschaft über die Dinge zu beweisen sucht!

2, 16 f.

Privat- und Welt-Moral. – Seitdem der Glaube aufgehört hat, dass ein Gott die Schicksale der Welt im Grossen leite und, trotz aller anscheinenden Krümmungen im Pfade der Menschheit, sie doch herrlich hinausführe, müssen die Menschen selber sich ökumenische, die ganze Erde umspannende Ziele stellen. Die ältere Moral, namentlich die Kant's, verlangt vom Einzelnen Handlungen, welche man von allen Menschen wünscht: das war eine schöne naive

Sache; als ob ein jeder ohne Weiteres wüsste, bei welcher Handlungsweise das Ganze der Menschheit wohlfahre, also welche Handlungen überhaupt wünschenswerth seien; es ist eine Theorie wie die vom Freihandel, voraussetzend, dass die allgemeine Harmonie sich nach eingeborenen Gesetzen des Besserwerdens von selbst ergeben *müsse*. Vielleicht lässt es ein zukünftiger Ueberblick über die Bedürfnisse der Menschheit durchaus nicht wünschenswerth erscheinen, dass alle Menschen gleich handeln, vielmehr dürften im Interesse ökumenischer Ziele für ganze Strekken der Menschheit specielle, vielleicht unter Umständen sogar böse Aufgaben zu stellen sein. – Jedenfalls muss, wenn die Menschheit sich nicht durch eine solche bewusste Gesammtregierung zu Grunde richten soll, vorher eine alle bisherigen Grade übersteigende *Kenntniss der Bedingungen der Cultur*, als wissenschaftlicher Maassstab für ökumenische Ziele, gefunden sein. Hierin liegt die ungeheure Aufgabe der grossen Geister des nächsten Jahrhunderts.

2, 26

Der unveränderliche Charakter. – Dass der Charakter unveränderlich sei, ist nicht im strengen Sinne wahr; vielmehr heisst dieser beliebte Satz nur so viel, dass während der kurzen Lebensdauer eines Menschen die einwirkenden Motive gewöhnlich nicht tief genug ritzen können, um die aufgeprägten Schriftzüge vieler Jahrtausende zu zerstören. Dächte man sich aber einen Menschen von achtzigtausend Jahren, so hätte man an ihm sogar einen absolut veränderlichen Charakter: so dass eine Fülle verschiedener Individuen sich nach und nach aus ihm entwickelte. Die Kürze des menschlichen Lebens verleitet zu manchen irrthümlichen Behauptungen über die Eigenschaften des Menschen.

2, 65

Grausame Menschen als zurückgeblieben. – Die Menschen, welche jetzt grausam sind, müssen uns als Stufen *früherer Culturen* gelten, welche übrig geblieben sind: das Gebirge der Menschheit zeigt hier einmal die tieferen Formationen, welche sonst versteckt liegen, offen. Es sind zurückgebliebene Menschen, deren Gehirn, durch alle möglichen Zufälle im Verlaufe der Vererbung, nicht so zart und vielseitig fortgebildet worden ist. Sie zeigen uns, was wir Alle *waren*, und machen uns erschrecken: aber sie selber sind so wenig verantwortlich, wie ein Stück Granit dafür, dass es Granit ist. In unserm Gehirne müssen sich auch Rinnen und Windungen finden, welche jener Gesinnung entsprechen, wie sich in der Form einzelner menschlicher Organe Erinnerungen an Fischzustände finden sollen. Aber diese Rinnen und Windungen sind nicht mehr das Bett, in welchem sich jetzt der Strom unserer Empfindung wälzt. 2, 66

Intellect und Moral. – Man muss ein gutes Gedächtniss haben, um gegebene Versprechen halten zu können. Man muss eine starke Kraft der Einbildung haben, um Mitleid haben zu können. So eng ist die Moral an die Güte des Intellects gebunden. 2, 77

Sträflich, nie gestraft. – Unser Verbrechen gegen Verbrecher besteht darin, dass wir sie wie Schufte behandeln. 2, 80

Hinrichtung. – Wie kommt es, dass jede Hinrichtung uns mehr beleidigt, als ein Mord? Es ist die Kälte der Richter, die peinliche Vorbereitung, die Einsicht, dass hier ein Mensch als Mittel benutzt wird, um andere abzuschrecken. Denn die Schuld wird nicht bestraft, selbst wenn es eine gäbe: diese liegt in Erziehern, Eltern, Umgebungen, in uns, nicht im Mörder, – ich meine die veranlassenden Umstände.

2, 81

Die Hoffnung. – Pandora brachte das Fass mit den Uebeln und öffnete es. Es war das Geschenk der Götter an die Menschen, von Aussen ein schönes verführerisches Geschenk und »Glücksfass« zubenannt. Da flogen all die Uebel, lebendige beschwingte Wesen heraus: von da an schweifen sie nun herum und thun den Menschen Schaden bei Tag und Nacht. Ein einziges Uebel war noch nicht aus dem Fass herausgeschlüpft: da schlug Pandora nach Zeus' Willen den Deckel zu und so blieb es darin. Für immer hat der Mensch nun das Glücksfass im Hause und meint Wunder was für einen Schatz er in ihm habe; es steht ihm zu Diensten, er greift darnach: wenn es ihn gelüstet; denn er weiss nicht, dass jenes Fass, welches Pandora brachte, das Fass der Uebel war, und hält das zurückgebliebene Uebel für das grösste Glücksgut, – es ist die Hoffnung. – Zeus wollte nämlich, dass der Mensch, auch noch so sehr durch die anderen Uebel gequält, doch das Leben nicht wegwerfe, sondern fortfahre, sich immer von Neuem quälen zu lassen. Dazu giebt er dem Menschen die Hoffnung: sie ist in Wahrheit das übelste der Uebel, weil sie die Qual der Menschen verlängert. 2, 82

Ehrgeiz ein Surrogat des moralischen Gefühls. – Das moralische Gefühl darf in solchen Naturen nicht fehlen, welche keinen Ehrgeiz haben. Die Ehrgeizigen behelfen sich auch ohne dasselbe, mit fast gleichem Erfolge. – Desshalb werden Söhne aus bescheidenen, dem Ehrgeiz abgewandten Familien, wenn sie einmal das moralische Gefühl verlieren, gewöhnlich in schneller Steigerung zu vollkommenen Lumpen. 2, 84

Haut der Seele. – Wie die Knochen, Fleischstücke, Eingeweide und Blutgefässe mit einer Haut umschlossen sind, die den Anblick des Menschen erträglich macht, so werden die Regungen und Leidenschaften der Seele durch die Eitelkeit umhüllt – sie ist die Haut der Seele. 2, 86

Verhinderung des Selbstmordes. – Es giebt ein Recht, wonach wir einem Menschen das Leben nehmen, aber keines, wonach wir ihm das Sterben nehmen: diess ist nur Grausamkeit. 2, 87

Bevor wir diesen Zustand in seinen weiteren Folgen uns vorlegen, wollen wir es doch uns eingestehen, dass der Mensch in diesen Zustand nicht durch seine »Schuld« und »Sünde«, sondern durch eine Reihe von Irrthümern der Vernunft gerathen ist, dass es der Fehler des Spiegels war, wenn ihm sein Wesen in jenem Grade dunkel und hassenswerth vorkam, und dass jener Spiegel *sein* Werk, das sehr unvollkommene Werk der menschlichen Phantasie und Urtheilskraft war. Erstens ist ein Wesen, welches einzig rein unegoistischer Handlungen fähig wäre, noch fabelhafter als der Vogel Phönix; es ist deutlich nicht einmal vorzustellen, schon desshalb, weil der ganze Begriff »unegoistische Handlung« bei strenger Untersuchung in die Luft verstiebt. Nie hat ein Mensch Etwas gethan, das allein für Andere und ohne jeden persönlichen Beweggrund gethan wäre; ja wie sollte er Etwas thun *können*, das ohne Bezug zu ihm wäre, also ohne innere Nöthigung (welche ihren Grund doch in einem persönlichen Bedürfniss haben müsste)? Wie vermöchte das ego ohne ego zu handeln? – Ein Gott, der dagegen *ganz* Liebe ist, wie gelegentlich angenommen wird, wäre keiner einzigen unegoistischen Handlung fähig: wobei man sich an einen Gedanken Lichtenberg's, der freilich einer niedrigeren Sphäre entnommen ist, erinnern sollte: »Wir können unmöglich für Andere *fühlen*, wie man zu sagen pflegt; wir fühlen nur für uns. Der Satz klingt hart, er ist es aber nicht, wenn er nur recht verstanden wird. Man liebt weder Vater, noch Mutter, noch Frau, noch Kind, sondern die angenehmen Empfindungen, die sie uns machen«, oder wie La Rochefoucauld sagt: »si on croi aimer sa maitresse pour l'amour d'elle, on est bien trompé.« Wesshalb

Handlungen der Liebe höher *geschätzt* werden als andere, nämlich nicht ihres Wesens, sondern ihrer Nützlichkeit halber, darüber vergleiche man die schon vorher erwähnten Untersuchungen »über den Ursprung der moralischen Empfindungen«. Sollte aber ein Mensch wünschen, ganz wie jener Gott, Liebe zu sein, Alles für Andere, Nichts für sich zu thun, zu wollen, so ist letzteres schon desshalb unmöglich, weil er *sehr viel* für sich thun muss, um überhaupt Anderen Etwas zu Liebe thun zu können. Sodann setzt es voraus, dass der Andere Egoist genug ist, um jene Opfer, jenes Leben für ihn, immer und immer wieder anzunehmen: so dass die Menschen der Liebe und Aufopferung ein Interesse an dem Fortbestehen der liebelosen und aufopferungsunfähigen Egoisten haben, und die höchste Moralität, um bestehen zu können, förmlich die Existenz der Unmoralität *erzwingen* müsste (wodurch sie sich freilich selber aufheben würde). – Weiter: die Vorstellung eines Gottes beunruhigt und demüthigt so lange, als sie geglaubt wird, aber wie sie *entstanden* ist, darüber kann bei dem jetzigen Stande der völkervergleichenden Wissenschaft kein Zweifel mehr sein; und mit der Einsicht in jene Entstehung fällt jener Glaube dahin. Es geht dem Christen, welcher sein Wesen mit dem Gotte vergleicht, so, wie dem Don Quixote, der seine eigne Tapferkeit unterschätzt, weil er die Wunderthaten der Helden aus den Ritterromanen im Kopfe hat; der Maassstab, mit welchem in beiden Fällen gemessen wird, gehört in's Reich der Fabel. Fällt aber die Vorstellung des Gottes weg, so auch das Gefühl der »Sünde« als eines Vergehens gegen göttliche Vorschriften, als eines Fleckens an einem gottgeweihten Geschöpfe. Dann bleibt wahrscheinlich noch jener Unmuth übrig, welcher mit der Furcht vor Strafen der weltlichen Gerechtigkeit, oder vor der Missachtung der Menschen, sehr verwachsen und verwandt ist; der Unmuth der Gewissensbisse, der schärfste Stachel im Gefühl der Schuld, ist immerhin abgebrochen, wenn man einsieht, dass man sich durch seine Handlungen wohl gegen menschliches Herkommen, menschliche Satzungen und Ordnungen vergangen habe, aber damit noch nicht »das ewige Heil der Seele« und ihre Beziehung zur Gottheit gefährdet habe. Gelingt es dem Menschen zuletzt noch, die philosophische Ueberzeugung von der unbedingten Nothwendigkeit aller Handlungen und ihrer völligen Unverantwortlichkeit zu gewinnen und in Fleisch und Blut aufzunehmen, so verschwindet auch jener Rest von Gewissensbissen. 2, 126-128

In mancher Hinsicht sucht sich auch der Asket das Leben leicht zu machen, und zwar gewöhnlich durch die vollkommene Unterordnung unter einen fremden Willen oder unter ein umfängliches Gesetz und Ritual; etwa in der Art, wie der Brahmane durchaus Nichts seiner eigenen Bestimmung überlässt und sich in jeder Minute durch eine heilige Vorschrift bestimmt. Diese Unterordnung ist ein mächtiges Mittel, um über sich Herr zu werden; man ist beschäftigt, also ohne Langeweile, und hat doch keine Anregung des Eigenwillens und der Leidenschaft dabei; nach vollbrachter That fehlt das Gefühl der Verantwortung und damit die Qual der Reue. Man hat ein für alle Mal auf eigenen Willen verzichtet, und diess ist leichter, als nur gelegentlich einmal zu verzichten; sowie es auch leichter ist, einer Begierde ganz zu entsagen, als in ihr Maass zu halten. Wenn wir uns der jetzigen Stellung des Mannes zum Staate erinnern, so finden wir auch da, dass der unbedingte Gehorsam bequemer ist, als der bedingte. Der Heilige also erleichtert sich durch jenes völlige Aufgeben der Persönlichkeit sein Leben, und man täuscht sich, wenn man in jenem Phänomen das höchste Heldenstück der Moralität bewundert. Es ist in jedem Falle schwerer, seine Persönlichkeit ohne Schwanken und Unklarheit durchzusetzen, als sich von ihr in der erwähnten Weise zu lösen; überdiess verlangt es viel mehr Geist und Nachdenken. 2, 133

Zunehmende Severität der Welt. – Je höher die Cultur eines Menschen steigt, um so mehr Gebiete entziehen sich dem Scherz, dem Spotte. Voltaire war für die Erfindung der Ehe und der Kirche von Herzen dem Himmel dankbar: als welcher damit so gut für unsere Aufheiterung gesorgt habe. Aber er und seine Zeit, und vor ihm das sechszehnte Jahrhundert, haben diese Themen zu Ende gespottet; es ist Alles, was jetzt Einer auf diesem Gebiete noch witzelt, verspätet und vor Allem gar zu wohlfeil, als dass es die Käufer begehrlich machen könnte. Jetzt fragt man nach den Ursachen; es ist das Zeitalter des Ernstes. Wem liegt jetzt noch daran, die Differenzen zwischen Wirklichkeit und anspruchsvollem Schein, zwischen dem, was der Mensch ist und was er vorstellen will, in scherzhaftem Lichte zu sehen; das Gefühl dieser Contraste wirkt alsbald ganz anders, wenn man nach den Gründen sucht. Je gründlicher jemand das Leben versteht, desto weniger wird er spotten, nur dass er zuletzt vielleicht noch über die »Gründlichkeit seines Verstehens« spottet. 2, 201 f.

Aberglauben im Gleichzeitigen. – Etwas Gleichzeitiges hängt zusammen, meint man. Ein Verwandter stirbt in der Ferne, zu gleicher Zeit träumen wir von ihm, – also! Aber zahllose Verwandte sterben und wir träumen nicht von ihnen. Es ist wie bei den Schiffbrüchigen, welche Gelübde thun: man sieht später im Tempel die Votivtafeln Derer, welche zu Grunde giengen, nicht. – Ein Mensch stirbt, eine Eule krächzt, eine Uhr steht still, alles in Einer Nachtstunde: sollte da nicht ein Zusammenhang sein? Eine solche Vertraulichkeit mit der Natur, wie diese Ahnung sie annimmt, schmeichelt den Menschen. – Diese Gattung des Aberglaubens findet sich in verfeinerter Form bei Historikern und Culturmalern wieder, welche vor allem sinnlosen Nebeneinander, an dem doch das Leben der Einzelnen und der Völker so reich ist, eine Art Wasserscheu zu haben pflegen. 2, 211

Am hässlichsten. – Es ist zu bezweifeln, ob ein Vielgereister irgendwo in der Welt hässlichere Gegenden gefunden hat, als im menschlichen Gesichte. 2, 244

Schweigen. – Die für beide Parteien unangenehmste Art, eine Polemik zu erwidern, ist, sich ärgern und schweigen: denn der Angreifende erklärt sich das Schweigen gewöhnlich als Zeichen der Verachtung. 2, 245

Merkmal der Entfremdung. – Das stärkste Anzeichen von Entfremdung der Ansichten bei zwei Menschen ist diess, dass beide sich gegenseitig einiges Ironische sagen, aber keiner von beiden das Ironische daran fühlt. 2, 246

MENSCHLICHES, ALLZUMENSCHLICHES II (1879/80)

– Wer also Trost zu spenden wünscht, an Unglückliche, Uebelthäter, Hypochonder, Sterbende, möge sich der beiden beruhigenden Wendungen Epikur's erinnern, welche auf sehr viele Fragen sich anwenden lassen. In der einfachsten Form würden sie etwa lauten: erstens, gesetzt es verhält sich so, so geht es uns Nichts an; zweitens: es kann so sein, es kann aber auch anders sein. 2, 544

Keine neuen Ketten fühlen. – Solange wir nicht *fühlen*, dass wir irgend wovon abhängen, halten wir uns für unabhängig: ein Fehlschluss, welcher zeigt, wie stolz und herrschsüchtig der Mensch ist. Denn er nimmt hier an, dass er unter allen Umständen die Abhängigkeit, sobald er sie erleide, merken und erkennen müsse, unter der Voraussetzung, dass er in der Unabhängigkeit *für gewöhnlich* lebe und sofort, wenn er sie ausnahmsweise verliere, einen Gegensatz der Empfindung spüren werde. – Wie aber, wenn das Umgekehrte wahr wäre:

dass er *immer* in vielfacher Abhängigkeit lebt, sich aber *für frei* hält, wo er den Druck der Kette aus langer Gewohnheit *nicht mehr spürt*? Nur an den *neuen* Ketten leidet er noch: – »Freiheit des Willens« heisst eigentlich Nichts weiter, als keine neuen Ketten fühlen. 2, 546

Der Mensch als der Messende. – Vielleicht hat alle Moralität der Menschheit in der ungeheuren inneren Aufregung ihren Ursprung, welche die Urmenschen ergriff, als sie das Maass und das Messen, die Wage und das Wägen entdeckten (das Wort »Mensch« bedeutet ja den Messenden, er hat sich nach seiner grössten Entdeckung *benennen* wollen!). Mit diesen Vorstellungen stiegen sie in Bereiche hinauf, die ganz unmessbar und unwägbar sind, aber es ursprünglich nicht zu sein schienen. 2, 554

DIE FRÖHLICHE WISSENSCHAFT (1882/87)

Die Deutschen als Künstler. – Wenn der Deutsche einmal wirklich in Leidenschaft geräth (und nicht nur, wie gewöhnlich, in den guten Willen zur Leidenschaft!), so benimmt er sich dann in derselben, wie er eben muss, und denkt nicht weiter an sein Benehmen. Die Wahrheit aber ist, dass er sich dann sehr ungeschickt und hässlich und wie ohne Tact und Melodie benimmt, sodass die Zuschauer ihre Pein oder ihre Rührung dabei haben und nicht mehr: – *es sei denn*, dass er sich in das Erhabene und Entzückte hinaufhebt, dessen manche Passionen fähig sind. Dann wird sogar der Deutsche *schön*! Die Ahnung davon, *auf welcher Höhe* erst die Schönheit ihren Zauber selbst über Deutsche ausgiesst, treibt die deutschen Künstler in die Höhe und Ueberhöhe und in die Ausschweifungen der Leidenschaft: ein wirkliches tiefes Verlangen also, über die Hässlichkeit und Ungeschicktheit hinauszukommen, mindestens hinauszublikken – hin nach einer besseren, leichteren, südlicheren, sonnenhafteren Welt. Und so sind ihre Krämpfe oftmals nur Anzeichen dafür, dass sie *tanzen* möchten: diese armen Bären, in denen versteckte Nymphen und Waldgötter ihr Wesen treiben – und mitunter noch höhere Gottheiten!

3, 462 f.

ALSO SPRACH ZARATHUSTRA (1883/84/85)

Sehr gefallen mir auch die Geistig-Armen: sie fördern den Schlaf. Selig sind die, sonderlich, wenn man ihnen immer Recht giebt.

Also läuft der Tag dem Tugendsamen. Kommt nun die Nacht, so hüte ich mich wohl, den Schlaf zu rufen! Nicht will er gerufen sein, der Schlaf, der der Herr der Tugenden ist!

Sondern ich denke, was ich des Tages gethan und gedacht. Wiederkäuend frage ich mich, geduldsam gleich einer Kuh: welches waren doch deine zehn Überwindungen?

Und welches waren die zehn Versöhnungen und die zehn Wahrheiten und die zehn Gelächter, mit denen sich mein Herz gütlich that?

Solcherlei erwägend und gewiegt von vierzig Gedanken, überfällt mich auf einmal der Schlaf, der Ungerufne, der Herr der Tugenden. 4, 33 f.

Eifersüchtig ist jede Tugend auf die andre, und ein furchtbares Ding ist Eifersucht. Auch Tugenden können an der Eifersucht zu Grunde gehn.

Wen die Flamme der Eifersucht umringt, der wendet zuletzt, gleich dem Scorpione, gegen sich selber den vergifteten Stachel. 4, 43

Es giebt keine Erlösung für Den, der so an sich selber leidet, es sei denn der schnelle Tod. 4, 45

»Das Leben ist nur Leiden« – so sagen Andre und lügen nicht: so sorgt doch, dass *ihr* aufhört! So sorgt doch, dass das Leben aufhört, welches nur Leiden ist!

Und also laute die Lehre eurer Tugend »du sollst: dich selber tödten! Du sollst dich selber davonstehlen!« – 4, 56

Also spricht der Narr: »der Umgang mit Menschen verdirbt den Charakter, sonderlich wenn man keinen hat.« 4, 78

Ich lehre euch den Freund, in dem die Welt fertig dasteht, eine Schale des Guten, – den schaffenden Freund, der immer eine fertige Welt zu verschenken hat. 4, 78

Meine Brüder, zur Nächstenliebe rathe ich euch nicht: ich rathe euch zur Fernsten-Liebe. 4, 79

Grosse Verbindlichkeiten machen nicht dankbar, sondern rachsüchtig; und wenn die kleine Wohlthat nicht vergessen wird, so wird noch ein Nage-Wurm daraus. 4, 114

Das ist meine erste Menschen-Klugheit, dass ich mich betrügen lasse, um nicht auf der Hut zu sein vor Betrügern.

Ach, wenn ich auf der Hut wäre vor dem Menschen: wie könnte meinem Balle der Mensch ein Anker sein! Zu leicht risse es mich hinauf und hinweg! 4, 183 f.

Und verkleidet will ich selber unter euch sitzen, – dass ich euch und mich *verkenne*: das ist nämlich meine letzte Menschen-Klugheit. 4, 186

Euer Eheschliessen: seht zu, dass es nicht ein schlechtes *Schliessen* sei! Ihr schlosset zu schnell: so *folgt* daraus – Ehebrechen!

Und besser noch Ehebrechen als Ehe-biegen, Ehelügen! – So sprach mir ein Weib: »wohl brach ich die Ehe, aber zuerst brach die Ehe – mich!«

Schlimm-Gepaarte fand ich immer als die schlimmsten Rachsüchtigen: sie lassen es aller Welt entgelten, dass sie nicht mehr einzeln laufen.

Desswillen will ich, dass Redliche zu einander reden: »wir lieben uns: lasst uns *zusehn*, dass wir uns lieb behalten! Oder soll unser Versprechen ein Versehen sein?«

– »Gebt uns eine Frist und kleine Ehe, dass wir zusehn, ob wir zur grossen Ehe taugen! Es ist ein grosses Ding, immer zu Zwein sein!«

Also rathe ich allen Redlichen; und was wäre denn meine Liebe zum Übermenschen und zu Allem, was kommen soll, wenn ich anders riethe und redete!

Nicht nur fort euch zu pflanzen, sondern *hinauf* – dazu, oh meine Brüder, helfe euch der Garten der Ehe! 4, 264

Wer wärmt mich, wer liebt mich noch?
Gebt heisse Hände!
Gebt Herzens-Kohlenbecken!
Hingestreckt, schaudernd,
Halbtodtem gleich, dem man die Füsse wärmt –
Geschüttelt, ach! von unbekannten Fiebern,
Zitternd vor spitzen eisigen Frost-Pfeilen,
Von dir gejagt, Gedanke!
Unnennbarer! Verhüllter! Entsetzlicher!
Du Jäger hinter Wolken!
Darniedergeblitzt von dir,
Du höhnisch Auge, das mich aus Dunklem anblickt:
– so liege ich,
Biege mich, winde mich, gequält
Von allen ewigen Martern,
Getroffen

Von Dir, grausamster Jäger,
Du unbekannter – Gott!

Triff tiefer,
Triff Ein Mal noch!
Zerstich, zerbrich diess Herz!
Was soll diess Martern
Mit zähnestumpfen Pfeilen?
Was blickst du wieder,
Der Menschen-Qual nicht müde,
Mit schadenfrohen Götter-Blitz-Augen?
Nicht tödten willst du,
Nur martern, martern?
Wozu – *mich* martern,
Du schadenfroher unbekannter Gott? –

Haha! Du schleichst heran?
Bei solcher Mitternacht
Was willst du? Sprich!
Du drängst mich, drückst mich–
Ha! schon viel zu nahe!
Weg! Weg!
Du hörst mich athmen
Du behorchst mein Herz,
Du Eifersüchtiger –
Worauf doch eifersüchtig?
Weg! Weg! Wozu die Leiter?
Willst *du hinein*,
In's Herz,
Einsteigen, in meine heimlichsten
Gedanken einsteigen?
Schamloser! Unbekannter – Dieb!
Was willst du dir erstehlen,
Was willst du dir erhorchen,
Was willst du dir erfoltern,

Du Folterer!
Du – Henker-Gott!
Oder soll ich, dem Hunde gleich,
Vor dir mich wälzen?
Hingebend, begeistert – ausser-mir,
Dir – Liebe zuwedeln?

Umsonst! Stich weiter,
Grausamster Stachel! Nein,
Kein Hund – dein Wild nur bin ich,
Grausamster Jäger!
Dein stolzester Gefangner,
Du Räuber hinter Wolken!
Sprich endlich,
Was willst du, Wegelagerer, von *mir*?
Du Blitzerhüllter! Unbekannter! Sprich,
Was *willst* du, unbekannter Gott? – –

Wie? Lösegeld?
Was willst du Lösegelds?
Verlange Viel – das räth mein Stolz!
Und rede kurz – das räth mein andrer Stolz!
Haha!

Mich, – willst du? Mich?
Mich – ganz?

Haha!
Und marterst mich, Narr, der du bist,
Zermarterst meinen Stolz?
Gieb *Liebe* mir – wer wärmt mich noch?
Wer liebt mich noch? – gieb heisse Hände,
Gieb Herzens-Kohlenbecken,
Gieb mir, dem Einsamsten,
Den Eis, ach! siebenfaches Eis

Nach Feinden selber,
Nach Feinden schmachten lehrt,
Gieb, ja ergieb,
Grausamster Feind,
Mir – *dich*! – –

Davon!
Da floh er selber,
Mein letzter einziger Genoss,
Mein grosser Feind,
Mein Unbekannter,
Mein Henker-Gott! –

– Nein! Komm zurück,
Mit allen deinen Martern!
Zum Letzten aller Einsamen
Oh komm zurück!
All meine Thränen-Bäche laufen
Zu dir den Lauf!
Und meine letzte Herzens-Flamme –
Dir glüht sie auf!
Oh komm zurück,
Mein unbekannter Gott! Mein Schmerz! Mein letztes –
Glück!

4, 313-317

JENSEITS VON GUT UND BÖSE
(1886)

Es scheint mir, dass man jetzt überall bemüht ist, von dem eigentlichen Einflusse, den Kant auf die deutsche Philosophie ausgeübt hat, den Blick abzulenken und namentlich über den Werth, den er sich selbst zugestand, klüglich hinwegzuschlüpfen. Kant war vor Allem und zuerst stolz auf seine Kategorientafel, er sagte mit dieser Tafel in den Händen: »das ist das Schwerste, was jemals zum Behufe der Metaphysik unternommen werden konnte«. – Man verstehe doch dies »werden konnte«! er war stolz darauf, im Menschen ein neues Vermögen, das Vermögen zu synthetischen Urteilen a priori, *entdeckt* zu haben. Gesetzt, dass er sich hierin selbst betrog: aber die Entwicklung und rasche Blüthe der deutschen Philosophie hängt an diesem Stolze und an dem Wetteifer aller jüngeren, womöglich noch Stolzeres zu entdecken – und jedenfalls »neue Vermögen«! – Aber besinnen wir uns: es ist an der Zeit. Wie sind synthetische Urtheile a priori *möglich*? fragte sich Kant, – und was antwortete er eigentlich? *Vermöge eines Vermögens*: leider aber nicht mit drei Worten, sondern so umständlich, ehrwürdig und mit einem solchen Aufwande von deutschem Tief- und Schnörkelsinne, dass man die lustige niaiserie allemande überhörte, welche in einer solchen Antwort steckt. Man war sogar ausser sich über dieses neue Vermögen, und der Jubel kam auf seine Höhe, als Kant auch noch ein moralisches Vermögen im Menschen hinzu entdeckte: – denn damals waren die Deutschen noch moralisch, und ganz und gar noch nicht »real-politisch.« – 5, 24f.

Wer sich selbst verachtet, achtet sich doch immer noch dabei als Verächter. 5, 87

Eine Sache, die sich aufklärt, hört auf, uns etwas anzugehn. – Was meinte jener Gott, welcher anrieth: »erkenne dich selbst«! Hiess es vielleicht: »höre auf, dich etwas anzugehn! werde objektiv!« – Und Sokrates? – Und der »wissenschaftliche Mensch«? – 5, 88

Sich seiner Unmoralität schämen: das ist eine Stufe auf der Treppe, an deren Ende man sich auch seiner Moralität schämt. 5, 90

Wenn der Entschluss einmal gefasst ist, das Ohr auch für den besten Gegengrund zu schliessen: Zeichen des starken Charakters. Also ein gelegentlicher Wille zur Dummheit.

5, 92

Es giebt gar keine moralischen Phänomene, sondern nur eine moralische Ausdeutung von Phänomenen 5, 92

Auch das Concubinat ist corrumpirt worden: – durch die Ehe. 5, 94

Man wird am besten für seine Tugenden bestraft. 5, 96

Die Folgen unsrer Handlungen fassen uns am Schopfe, sehr gleichgültig dagegen, dass wir uns inzwischen »gebessert« haben. 5, 103

Es giebt eine Unschuld in der Lüge, welche das Zeichen des guten Glaubens an eine Sache ist. 5, 103

Es ist unmenschlich, da zu segnen, wo Einem geflucht wird. 5, 104

Die Philosophen allesammt forderten, mit einem steifen Ernste, der lachen macht, von sich etwas sehr viel Höheres, Anspruchsvolleres, Feierlicheres, sobald sie sich mit der Moral als Wissenschaft befassten: sie wollten die *Begründung* der Moral, – und jeder Philosoph hat bisher geglaubt, die Moral begründet zu haben; die Moral selbst aber galt als »gegeben«. Wie ferne lag ihrem plumpen Stolze jene unscheinbar dünkende und in Staub und Moder belassene Aufgabe einer Beschreibung, obwohl für sie kaum die feinsten Hände und Sinne fein genug sein könnten! Gerade dadurch, dass die Moral-Philosophen die moralischen facta nur gröblich, in einem willkürlichen Auszuge oder als zufällige Abkürzung kannten, etwa als Moralität ihrer Umgebung, ihres Standes, ihrer Kirche, ihres Zeitgeistes, ihres Klima's und Erdstriches, – gerade dadurch, dass sie in Hinsicht auf Völker, Zeiten, Vergangenheiten schlecht unterrichtet und selbst wenig wissbegierig waren, bekamen sie die eigentlichen Probleme der Moral gar nicht zu Gesichte: – als welche alle erst bei einer Vergleichung *vieler* Moralen auftauchen. In aller bisherigen »Wissenschaft der Moral« *fehlte*, so wunderlich es klingen mag, noch das Problem der Moral selbst: es fehlte der Argwohn dafür, dass es hier etwas Problematisches gebe. Was die Philosophen »Begründung der Moral« nannten und von sich forderten, war, im rechten Lichte gesehn, nur eine gelehrte Form des guten *Glaubens* an die herrschende Moral, ein neues Mittel ihres *Ausdrucks*, also ein Thatbestand selbst innerhalb einer bestimmten Moralität, ja sogar, im letzten Grunde, eine Art Leugnung, dass diese Moral als Problem gefasst werden *dürfe*: – und jedenfalls das Gegenstück einer Prüfung, Zerlegung, Anzweiflung, Vivisektion eben dieses Glaubens. Man höre zum Beispiel, mit welcher beinahe verehrenswürdigen Unschuld noch Schopenhauer seine eigene Aufgabe hinstellt, und man mache seine Schlüsse über die Wissenschaftlichkeit einer »Wissenschaft«, deren letzte Meister noch wie die Kinder und die alten Weibchen reden: – »das Princip, sagt er (p. 136 der Grundprobleme der Moral), der Grundsatz, über dessen Inhalt alle Ethiker *eigentlich* einig sind; neminem laede, immo omnes, quantum potes, juva – das ist *eigentlich* der Satz, welchen zu begründen alle Sittenlehrer sich abmühen ... das *eigentliche* Fundament der Ethik, welches man wie den Stein der Weisen seit Jahrtausenden sucht.« – Die Schwierigkeit, den angeführten Satz zu begründen, mag freilich gross sein – bekanntlich ist es auch Schopenhauern damit nicht geglückt –; und wer einmal gründlich nachgefühlt hat, wie abgeschmackt-falsch und sentimental dieser Satz ist, in einer Welt, deren Essenz Wille zur Macht ist –, der mag sich daran erinnern lassen, dass Schopenhauer, obschon Pessimist, *eigentlich* – die Flöte blies ... Täglich, nach Tisch: man lese hierüber seinen Biographen. Und beiläufig gefragt: ein Pessimist, ein Gott- und Welt-Verneiner, der vor der Moral *Halt macht*, – der zur Moral ja sagt und Flöte bläst, zur laede-neminem-Moral: wie? ist das eigentlich – ein Pessimist? 5, 105-107

Abgesehn noch vom Werthe solcher Behauptungen wie »es giebt in uns einen kategorischen Imperativ«, kann man immer noch fragen: was sagt eine solche Behauptung von dem sie Behauptenden aus? Es giebt Moralen, welche ihren Urheber vor Anderen rechtfertigen sollen; andre Moralen sollen ihn beruhigen und mit sich zufrieden stimmen; mit anderen will er sich selbst an's Kreuz schlagen und demüthigen; mit andern will er Rache üben, mit andern sich verstecken, mit andern sich verklären und hinaus, in die Höhe und Ferne setzen; diese Moral dient ihrem Urheber, um zu vergessen, jene, um sich oder Etwas von sich vergessen zu machen; mancher Moralist möchte an der Menschheit Macht und schöpferische Laune ausüben; manch Anderer, vielleicht gerade auch Kant, giebt mit seiner Moral zu verstehn: »was an mir achtbar ist, das ist, dass ich gehorchen kann, – und bei euch *soll* es nicht anders stehn, als bei mir!« – kurz, die Moralen sind auch nur eine *Zeichensprache der Affekte*. 5, 107

Jede Moral ist, im Gegensatz zum laisser aller, ein Stück Tyrannei gegen die »Natur«, auch gegen die »Vernunft«, – das ist aber noch kein Einwand gegen sie, man müsste denn selbst schon wieder von irgend einer Moral aus dekretiren, dass alle Art Tyrannei und Unvernunft unerlaubt sei. Das Wesentliche und Unschätzbare an jeder Moral ist, dass sie ein langer Zwang ist: um den Stoicismus oder Port-Royal oder das Puritanerthum zu verstehen, mag man sich des

Zwangs erinnern, unter dem bisher jede Sprache es zur Stärke und Freiheit gebracht, – des metrischen Zwangs, der Tyrannei von Reim und Rhythmus. Wie viel Noth haben sich in jedem Volke die Dichter und die Redner gemacht! – einige Prosaschreiber von heute nicht ausgenommen, in deren Ohr ein unerbittliches Gewissen wohnt – »um einer Thorheit willen«, wie utilitarische Tölpel sagen, welche sich damit klug dünken, – »aus Unterwürfigkeit gegen Willkür-Gesetze«, wie die Anarchisten sagen, die sich damit »frei«, selbst freigeistisch wähnen. Der wunderliche Thatbestand ist aber, dass Alles, was es von Freiheit, Feinheit, Kühnheit, Tanz und meisterlicher Sicherheit auf Erden giebt oder gegeben hat, sei es nun in dem Denken selbst, oder im Regieren, oder im Reden und Überreden, in den Künsten ebenso wie in den Sittlichkeiten, sich erst vermöge der »Tyrannei solcher Willkür-Gesetze« entwickelt hat; und allen Ernstes, die Wahrscheinlichkeit dafür ist nicht gering, dass gerade dies »Natur« und »natürlich« sei – und *nicht* jenes laisser aller! Jeder Künstler weiss, wie fern vom Gefühl des Sich-gehen-lassens sein »natürlichster« Zustand ist, das freie Ordnen, Setzen, Verfügen, Gestalten in den Augenblicken der »Inspiration«, – und wie streng und fein er gerade da tausendfältigen Gesetzen gehorcht, die aller Formulirung durch Begriffe gerade auf Grund ihrer Härte und Bestimmtheit spotten (auch der festeste Begriff hat, dagegen gehalten, etwas Schwimmendes, Vielfaches, Vieldeutiges –). Das Wesentliche, »im Himmel und auf Erden«, wie es scheint, ist, nochmals gesagt, dass lange und in Einer Richtung *gehorcht* werde: dabei kommt und kam auf die Dauer immer Etwas heraus, dessentwillen es sich lohnt, auf Erden zu leben, zum Beispiel Tugend, Kunst, Musik, Tanz, Vernunft, Geistigkeit, – irgend etwas Verklärendes, Raffinirtes, Tolles und Göttliches. Die lange Unfreiheit des Geistes, der misstrauische Zwang in der Mittheilbarkeit der Gedanken, die Zucht, welche sich der Denker auferlegte, innerhalb einer kirchlichen und höfischen Richtschnur oder unter aristotelischen Voraussetzungen zu denken, der lange geistige Wille, Alles, was geschieht, nach einem christlichen Schema auszulegen und den christlichen Gott noch in jedem Zufalle wieder zu entdecken und zu rechtfertigen, – all dies Gewaltsame, Willkürliche, Harte, Schauerliche, Widervernünftige hat sich als das Mittel herausgestellt, durch welches dem europäischen Geiste seine Stärke, seine rücksichtslose Neugierde und feine Beweglichkeit angezüchtet wurde: zugegeben, dass dabei ebenfalls unersetzbar viel an Kraft und Geist erdrückt, erstickt und verdorben werden musste (denn hier wie überall zeigt sich »die Natur«, wie sie ist, in ihrer ganzen verschwenderischen und *gleichgültigen* Grossartigkeit, welche empört, aber vornehm ist). Dass Jahrtausende lang die europäischen Denker nur dachten, um Etwas zu beweisen – heute ist uns umgekehrt jeder Denker verdächtig, der »Etwas beweisen will« –, dass ihnen bereits immer feststand, was als Resultat ihres strengsten Nachdenkens herauskommen *sollte*, etwa wie ehemals bei der asiatischen Astrologie oder wie heute noch bei der harmlosen christlich-moralischen Auslegung der nächsten persönlichen Ereignisse »zu Ehren Gottes« und »zum Heil der Seele«: – diese Tyrannei, diese Willkür, diese strenge und grandiose Dummheit hat den Geist *erzogen*; die Sklaverei ist, wie es scheint, im gröberen und feineren Verstande das unentbehrliche Mittel auch der geistigen Zucht und Züchtung. Man mag jede Moral darauf hin ansehn: die »Natur« in ihr ist es, welche das laisser aller, die allzugrosse Freiheit hassen lehrt und das Bedürfniss nach beschränkten Horizonten, nach nächsten Aufgaben pflanzt, – welche die *Verengerung der Perspektive*, und also in gewissem Sinne die Dummheit, als eine Lebens- und Wachsthums-Bedingung lehrt. »Du sollst gehorchen, irgend wem, und auf lange: *sonst* gehst du zu Grunde und verlierst die letzte Achtung vor dir selbst« – dies scheint mir der moralische Imperativ

der Natur zu sein, welcher freilich weder »kategorisch« ist, wie es der alte Kant von ihm verlangte (daher das »sonst« –), noch an den Einzelnen sich wendet (was liegt ihr am Einzelnen!), wohl aber an Völker, Rassen, Zeitalter, Stände, vor Allem aber an das ganze Thier »Mensch«, an *den* Menschen.
5, 108-110

Es ist aus der Seele eines Menschen nicht wegzuwischen, was seine Vorfahren am liebsten und beständigsten gethan haben: ob sie etwa emsige Sparer waren und Zubehör eines Schreibtisches und Geldkastens, bescheiden und bürgerlich in ihren Begierden, bescheiden auch in ihren Tugenden; oder ob sie an's Befehlen von früh bis spät gewöhnt lebten, rauhen Vergnügungen hold und daneben vielleicht noch rauheren Pflichten und Verantwortungen; oder ob sie endlich alte Vorrechte der Geburt und des Besitzes irgendwann einmal geopfert haben, um ganz ihrem Glauben – ihrem »Gotte« – zu leben, als die Menschen eines unerbittlichen und zarten Gewissens, welches vor jeder Vermittlung erröthet. Es ist gar nicht möglich, dass ein Mensch *nicht* die Eigenschaften und Vorlieben seiner Eltern und Altvordern im Leibe habe: was auch der Augenschein dagegen sagen mag. Dies ist das Problem der Rasse. Gesetzt, man kennt Einiges von den Eltern, so ist ein Schluss auf das Kind erlaubt: irgend eine widrige Unenthaltsamkeit, irgend ein Winkel-Neid, eine plumpe Sich-Rechtgeberei – wie diese Drei zusammen zu allen Zeiten den eigentlichen Pöbel-Typus ausgemacht haben – dergleichen muss auf das Kind so sicher übergehn, wie verderbtes Blut; und mit Hülfe der besten Erziehung und Bildung wird man eben nur erreichen, über eine solche Vererbung zu *täuschen*. – Und was will heute Erziehung und Bildung Anderes! In unsrem sehr volksthümlichen, will sagen pöbelhaften Zeitalter *muss* »Erziehung« und »Bildung« wesentlich die Kunst, zu täuschen, sein, – über die Herkunft, den vererbten Pöbel in Leib und

Seele hinweg zu täuschen. Ein Erzieher, der heute vor Allem Wahrhaftigkeit predigte und seinen Züchtlingen beständig zuriefe »seid wahr! seid natürlich! gebt euch, wie ihr seid!« – selbst ein solcher tugendhafter und treuherziger Esel würde nach einiger Zeit zu jener furca des Horaz greifen lernen, um naturam expellere: mit welchem Erfolge? »Pöbel« usque recurret. – 5, 218 f.

GÖTZEN-DÄMMERUNG
(1889)

Ein erstes Beispiel und ganz vorläufig. Zu allen Zeiten hat man die Menschen »verbessern« wollen: dies vor Allem hiess Moral. Aber unter dem gleichen Wort ist das Allerverschiedenste von Tendenz versteckt. Sowohl die *Zähmung* der Bestie Mensch als die *Züchtung* einer bestimmten Gattung Mensch ist »Besserung« genannt worden: erst diese zoologischen termini drücken Realitäten aus – Realitäten freilich, von denen der typische »Verbesserer«, der Priester, Nichts weiss – Nichts wissen *will* ... Die Zähmung eines Thieres seine »Besserung« nennen ist in unsren Ohren beinahe ein Scherz. Wer weiss, was in Menagerien geschieht, zweifelt daran, dass die Bestie daselbst »verbessert« wird. Sie wird geschwächt, sie wird weniger schädlich gemacht, sie wird durch den depressiven Affekt der Furcht, durch Schmerz, durch Wunden, durch Hunger zur *krankhaften* Bestie. – Nicht anders steht es mit dem gezähmten Menschen, den der Priester »verbessert« hat. Im frühen Mittelalter, wo in der That die Kirche vor Allem eine Menagerie war, machte man allerwärts auf die schönsten Exemplare der »blonden Bestie« Jagd, – man »verbesserte« zum Beispiel die vornehmen Germanen. Aber wie sah hinterdrein ein solcher »verbesserter«, in's Kloster verführter Germane aus? Wie eine Caricatur des Menschen, wie eine Missgeburt: er war zum »Sünder« – geworden, er stak im Käfig, man hatte ihn zwischen lauter schreckliche Begriffe eingesperrt ... Da lag er nun, krank, kümmerlich, gegen sich selbst böswillig; voller Hass gegen die Antriebe zum Leben, voller Verdacht gegen Alles, was noch stark und glücklich war. Kurz, ein »Christ« ... Physiologisch geredet: im Kampf mit der Bestie *kann* Krankmachen das einzige Mittel sein, sie schwach zu machen. Das verstand die Kirche: sie *verdarb* den Menschen, sie schwächte ihn, – aber sie nahm in Anspruch, ihn »verbessert« zu haben ... 6, 99

Nehmen wir den andern Fall der sogenannten Moral, den Fall der *Züchtung* einer bestimmten Rasse und Art. Das grossartigste Beispiel dafür giebt die indische Moral, als »Gesetz des Manu« zur Religion sanktionirt. Hier ist die Aufgabe gestellt, nicht weniger als vier Rassen auf einmal zu züchten: eine priesterliche, eine kriegerische, eine händler- und ackerbauerische, endlich eine Dienstboten-Rasse, die Sudras. Ersichtlich sind wir hier nicht mehr unter Thierbändigern: eine hundert Mal mildere und vernünftigere Art Mensch ist die Voraussetzung, um auch nur den Plan einer solchen Züchtung zu concipiren. Man athmet auf, aus der christlichen Kranken- und Kerkerluft in diese gesündere, höhere, *weitere* Welt einzutreten. Wie armselig ist das »neue Testament« gegen Manu, wie schlecht riecht es! – Aber auch diese Organisation hatte nöthig, *furchtbar* zu sein, – nicht dies Mal im Kampf mit der Bestie, sondern mit *ihrem* Gegensatz-Begriff, dem Nicht-Zucht-Menschen, dem Mischmasch-Menschen, dem Tschandala. Und wieder hatte sie kein andres Mittel, ihn ungefährlich, ihn schwach zu machen, als ihn *krank* zu machen, – es war der Kampf mit der »grossen Zahl«. Vielleicht giebt es nichts unserm Gefühle Widersprechenderes als *diese* Schutzmaassregeln der indischen Moral. Das dritte Edikt zum Beispiel (Avadana-Sastra I), das »von den unreinen Gemüsen«, ordnet an, dass die einzige Nahrung, die den Tschandala erlaubt ist, Knoblauch und Zwiebeln sein sollen, in Anbetracht, dass die heilige Schrift verbietet, ihnen Korn oder Früchte, die Körner tragen, oder *Wasser* oder Feuer zu geben. Dasselbe Edikt setzt fest, dass das Wasser, welches sie nöthig haben, weder aus den Flüssen, noch aus den Quellen, noch aus den Teichen genommen werden dürfe, sondern nur aus den Zugängen zu Sümpfen und aus Löchern, welche durch die Fusstapfen der Thiere entstanden sind. Insgleichen wird ihnen verboten, ihre Wäsche zu waschen und *sich selbst zu waschen*, da das Wasser, das ihnen aus Gnade zugestanden wird, nur benutzt werden darf, den Durst zu löschen. Endlich ein Verbot an die Sudra-Frauen, den Tschandala-Frauen bei der Geburt beizustehn, insgleichen noch eins für die letzteren, *einander dabei beizustehn* ... – Der Erfolg einer solchen Sanitäts-Polizei blieb nicht aus: mörderische Seuchen, scheussliche Geschlechts-Krankheiten und darauf hin wieder »das Gesetz des Messers«, die Beschneidung für die männlichen, die Abtragung der kleinen Schamlippen für die weiblichen Kinder anordnend. – Manu selbst sagt: »die Tschandala sind *die* Frucht von Ehebruch, Incest und Verbrechen (– dies die *nothwendige* Consequenz des Begriffs Züchtung). Sie sollen zu Kleidern nur die Lumpen von Leichnamen haben, zum Geschirr zerbrochne Töpfe, zum Schmuck altes Eisen, zum Gottesdienst nur die bösen Geister; sie sollen ohne Ruhe von einem Ort zum andern schweifen. Es ist ihnen verboten, von links nach rechts zu schreiben und sich der rechten Hand zum Schreiben zu bedienen: der Gebrauch der rechten Hand und des von Links nach Rechts ist bloss den *Tugendhaften* vorbehalten, den Leuten von *Rasse*.« –

Diese Verfügungen sind lehrreich genug: in ihnen haben wir einmal die *arische* Humanität, ganz rein, ganz ursprünglich, – wir lernen, dass der Begriff »reines Blut« der Gegensatz eines harmlosen Begriffs ist. Andrerseits wird klar, in *welchem Volk* sich der Hass, der Tschandala-Hass gegen diese »Humanität« verewigt hat, wo er Religion, wo er *Genie* geworden ist ... Unter diesem Gesichtspunkte sind die Evangelien eine Urkunde ersten Ranges; noch mehr das Buch Henoch. – Das Christenthum, aus jüdischer Wurzel und nur verständlich als Gewächs dieses Bodens, stellt die *Gegenbewegung* gegen jede Moral der Züchtung, der Rasse, des Privilegiums dar: – es ist die *antiarische* Religion par excellence: das Christenthum die Umwerthung aller arischen Werthe, der Sieg der Tschandala-Werthe, das Evangelium den Armen, den Niedrigen gepredigt, der Gesammt-Aufstand alles Niedergetretenen, Elenden, Missrathenen, Schlechtweggekommenen gegen die »Rasse«, – die unsterbliche Tschandala-Rache als *Religion der Liebe* ...

Die Moral der *Züchtung* und die Moral der *Zähmung* sind in den Mitteln, sich durchzusetzen, vollkommen einander würdig: wir dürfen als obersten Satz hinstellen, dass, um Moral zu *machen*, man den unbedingten Willen zum Gegentheil haben muss. Dies ist das grosse, das *unheimliche* Problem, dem ich am längsten nachgegangen bin: die Psychologie der »Verbesserer« der Menschheit. Eine kleine und im Grunde bescheidne Thatsache, die der sogenannten pia fraus, gab mir den ersten Zugang zu diesem Problem: die pia fraus, das Erbgut aller Philosophen und Priester, die die Menschheit »verbesserten«. Weder Manu, noch Plato, noch Confucius, noch die jüdischen und christlichen Lehrer haben je an ihrem *Recht* zur Lüge gezweifelt. Sie haben *an ganz andren Rechten* nicht gezweifelt ... In Formel ausgedrückt dürfte man sagen: *alle* Mittel, wodurch bisher die Menschheit moralisch gemacht werden sollte, waren von Grund aus *unmoralisch*. – 6, 100-102

Psychologen-Casuistik. – Das ist ein Menschenkenner: wozu studirt er eigentlich die Menschen? Er will kleine Vortheile über sie erschnappen, oder auch grosse, – er ist ein Politikus! … Jener da ist auch ein Menschenkenner: und ihr sagt, der wolle Nichts damit für sich, das sei ein grosser »Unpersönlicher«. Seht schärfer zu! Vielleicht will er sogar noch einen *schlimmeren* Vortheil: sich den Menschen überlegen fühlen, auf sie herabsehn dürfen, sich nicht mehr mit ihnen verwechseln. Dieser »Unpersönliche« ist ein Menschen-*Verächter*: und jener Erstere ist die humanere Species, was auch der Augenschein sagen mag. Er stellt sich wenigstens gleich, er stellt sich *hinein* … 6, 121

Die geistigsten Menschen, vorausgesetzt, dass sie die muthigsten sind, erleben auch bei weitem die schmerzhaftesten Tragödien: aber eben deshalb ehren sie das Leben, weil es ihnen seine grösste Gegnerschaft entgegenstellt. 6, 122

Ein Volk geht zu Grunde, wenn es *seine* Pflicht mit dem Pflichtbegriff überhaupt verwechselt. Nichts ruinirt tiefer, innerlicher – als jede »unpersönliche« Pflicht, jede Opferung vor dem Moloch der Abstraktion. 6, 177

ECCE HOMO
(1889)

Die Sätze, über die im Grunde alle Welt einig ist, gar nicht zu reden von den Allerwelts-Philosophen, den Moralisten und andren Hohltöpfen, Kohlköpfen – erscheinen bei mir als Naivetäten des Fehlgriffs: zum Beispiel jener Glaube, dass »unegoistisch« und »egoistisch« Gegensätze sind, während das ego selbst bloss ein »höherer Schwindel«, ein Ideal ist … Es giebt *weder* egoistische, *noch* unegoistische Handlungen: beide Begriffe sind psychologischer Widersinn. Oder der Satz »der Mensch strebt nach Glück« … Oder der Satz »das Glück ist der Lohn der Tugend« … Oder der Satz »Lust und Unlust sind Gegensätze« … Die Circe der Menschheit, die Moral, hat alle psychologica in Grund und Boden gefälscht – *vermoralisirt* – bis zu jenem schauderhaften Unsinn, dass die Liebe etwas »Unegoistisches« sein soll …

6, 305

AUS DEM NACHLASS 1869-1874

Jene Urvorstellung, die den Charakter ausmacht, ist nun auch die Mutter aller *moralischen* Phänomene. Und jede zeitweilige Aufhebung des Charakters (im Kunstgenuß, in der Improvisation) ist eine Veränderung des moralischen Charakters. Es ist die mit der Vorstellung, dem *Scheine* verknüpfte Welt des *Besten*, aus der das moralische Phänomen entsteht. Die Scheinwelt der Vorstellung geht ja auf Welterlösung und Weltvollendung hinaus. Diese Weltvollendung würde liegen in der Vernichtung des Urschmerzes und Urwiderspruchs d.h. der Vernichtung des Wesens der Dinge und in dem alleinigen Scheine – also im Nichtsein.

Alles *Gute* entsteht aus zeitweiligem *Versenktsein in die Vorstellung* d.h. aus dem Einswerden mit dem Scheine.

7, 313

Weil der Haß und Neid viel größer ist, ist die *Gerechtigkeit* eine so unendlich viel größere Tugend. Es ist die Klippe, an der Haß und Neid zerschellt. 7, 406

Cardanus theilt die Menschen in:
1) bloß Betrogene
2) betrogene Betrüger
3) nicht betrogene Nichtbetrüger. 7, 573

Es ist wie beim Christenthum; der Protestantismus rühmt sich, dass Alles innerlich geworden ist: darüber ist die Sache verloren gegangen. So ist bei dem Deutschen alles innerlich, man sieht aber auch nichts mehr davon. 7, 687

Ist es wahr, dass es zum Wesen des Deutschen gehört, *stillos* zu sein? Oder ist es ein Zeichen seiner Unfertigkeit? Es ist wohl so: das, was *deutsch* ist, hat sich noch nicht völlig klar herausgestellt. Durch Zurückschauen ist es nicht zu lernen: man muss der eignen Kraft vertrauen.

Das deutsche Wesen ist noch gar nicht da, es muss erst werden; es muss irgendwann einmal herausgeboren werden, damit es vor allem sichtbar und ehrlich vor sich selber sei. Aber jede Geburt ist schmerzlich und gewaltsam. 7, 687

Heilmittel: die *Schillersche* Benutzung der Historie
ihre Gefahren (Drastiker usw.)
Bedeutung als *Warnerin*, als Dämonion –
ja sie warnt vor sich selber.

7, 687

Das Wort »Tugend« ist in Deutschland alt und doch verrostet und ein wenig lächerlich geworden: man merkt aber auch praktisch nichts mehr von der Strenge der Selbstzucht, von dem kategorischen Imperativ und einer bewussten Moralität. Wie viele Lehrer würden sich nicht lächerlich fühlen, wenn sie davon reden sollten! Man beruhigt sich dabei, die *Sache* zu haben: was mir aber auch zweifelhaft wird. 7, 691

Denken wir uns den letzten Menschen auf der ausgedörrten Wüste des moralischen Erdballs sitzen – 7, 706

»Der Deutsche ist von Natur, seitdem er seinen einfachen grossen Character verloren hat, afterrederisch und verunglimpfend, und nichts weniger als billig: und noch weniger liebend.« 7, 708

AUS DEM NACHLASS 1875-1879

So wie der Mensch zu seinem Lebensberufe steht, skeptisch-melancholisch, so sollen wir uns zu dem höchsten Lebensberufe eines Volkes stellen: um zu *begreifen*, was *Leben* ist. 8, 30

Die Moral beruht nicht auf der Religion, sondern auf der πόλις.

Es gab nur Priester einzelner Götter, nicht Vertreter der ganzen Religion: also keinen Stand. Ebenfalls keine heilige Urkunde. 8, 67

Die Götter machen den Menschen noch *böser*; so ist Menschennatur. Wen wir nicht mögen, von dem wünschen wir, daß er schlechter werde und freuen uns dann. Es gehört dies in die düstere Philosophie des Hasses, die noch nicht geschrieben ist, weil sie überall das pudendum ist, das jeder fühlt. 8, 71

Das Sterben ist ein Akt des Lebens. Nur der wird mit Würde sterben, der im Leben eine edle und feste Haltung bewahrte.

Will man das Leben des vorzeitigen Todes wegen anklagen zu dem es fast immer führt, so muß man sich nicht gegen die Thatsache des Todes, sondern die Herrschaft des *Zufalls* wenden. Der gemeine Begriff des Zufalls hat volle Wahrheit.

Nun beruht gerade der höchste Reiz in der Erprobung der Chancen des Daseins. Der Mensch liebt es unter gewissen Umständen gradezu um Leben und Tod zu spielen; die Erfolge, die mit dem höchsten Wagniß errungen sind, gelten ihm als die höchste Genugthuung. Der Zufall ist kein unglückliches Gesetz der Welt. Das Dasein ist nicht die Abspiegelung eines Schauspiels, bei dem wir nur das Zusehn hätten. 8, 163 f.

Die Moral ist des Lebens wegen da, nicht umgekehrt. 8, 172

Das Unrecht, als das größte Übel, wenn auch nicht gerade als die herrschende Macht. 8, 172

Die transscendente Vergeltung: das Gute soll Segen, das Böse Fluch eintragen. Der Dankbarkeitstrieb ist die Grundlage von den Vorstellungen der Belohnung: wie der Rachetrieb von der Gerechtigkeit. So haben Haß und Liebe auch ihre jenseitigen Welten. 8, 177

Menschheit, eine unordentlich fungirende Maschine mit ungeheuren Kräften. 8, 369

Die deutsche Zukunft ist nicht die der deutschen Geldbeutel. 8, 369

Man muss nicht zu viel Recht haben wollen, aber auch nicht zu wenig. 8, 371

Nützlichkeit im Wesen der Moral – der Grenzbewohner als Mörder. 8, 372

Ein Mensch der durch Lob und Tadel verdirbt – ein Baum der durch Sonnenschein und Regen verdirbt – beide sind schon verdorben und alles wird ihnen zum Anlass des Untergangs. 8, 398

Ich bin gewiss nicht undankbar, aber ich sehe keine Pflicht, mich mit dem Strick der Dankbarkeit zu erdrosseln. 8, 398

Ironie gemein – ironische Kochkunst: unwissend stellen – um so schärfer unser Wissen hervortreten zu lassen.

Gegensatz der Bescheidenheit: unwissend fühlen, wo der Andere das Wissen und Können bewundert. 8, 398

Schimpfworte hat jedermann gern, aber nie hat jemand geglaubt, dass ihm selber eins mit Recht zukomme. 8, 398

AUS DEM NACHLASS 1880-1882

Die unmoralischen Handlungen machen die *moralische* Lebensweise bestimmter roher Culturen aus. – Sie sind auch in unseren *Organen* vorhanden. Wir morden, stehlen, lügen, verstellen uns usw. selbst im Höchsten. 9, 14

Die unmoralischen Menschen sind die, welche freie Bewegung haben ohne Zwecke, oder die alten Bahnen gehen mit anderen Zwecken. 9, 16

Wenn ein Volk auf bestimmten moralischen Urtheilen stehen bleibt, so wird es dadurch beschränkt, verknöchert, isolirt, alt und geht endlich daran zu Grunde. 9, 19

Die Moral ist die Gesetzgebung solcher, welche sich klüger wußten als ihre Umgebung und für sie mit dachten. Man machte die oft schweren Anforderungen unwidersprechlich, dadurch daß man den Willen der Gottheit dazu gewann. 9, 20

Moralität, eine asiatische Erfindung. Wir *hängen von Asien ab.* 9, 26

Das *Moralische* hat eine sehr sublime Art von *Lust*empfindungen geschaffen. *Nützlich* ist die Unmoralität sowohl als das M‹oralische›. 9, 33

Die Liebe zum Nächsten ist die Liebe zu unserer *Vorstellung* vom Nächsten. Wir können nur *uns* selber lieben, weil wir uns kennen. Die Moral des Altruism ist unmöglich.

9, 35

Nur die *moralischen* Menschen empfinden Gewissensbisse: das Elend des Unmoralischen ist eine Dichtung.

9, 36

Wie kann sich der moderne Mensch den Vortheil der *Absolution* verschaffen, dem Gewissensbiß ein Ende machen? Ehemals hieß es: »Gott ist gnädig«: es hilft nichts, die Menschen müssen es jetzt sein! 9, 37

Trauer um die Todten – sie sind nicht unglücklich! Also egoistisch 9, 37

Das zweite Greisenalter, das Leben im Hades, auch mit der unwürdigen Gier nach Leben wie sie alte Leute haben.

9, 41

Wie ist der entmenschte Mensch zu denken wenn der Mensch das entthierte Thier ist? 9, 41

Der Glaube an die Freiheit *genügt*, zur Moralität: die Illusion. 9, 42

Der Altruism gilt nicht andren *Individuen*, sondern imaginären *gleichen* Wesen. Dem Individuum zu helfen ist unmöglich, weil man es nicht erkennen kann. Das Unerkennbare – das ist der Nächste. 9, 42

Mor‹al› im Dienste physiologischer Funktionen. 9, 42

Das vollkommene Wissen hätte den Begriff »Freiheit« nicht entstehen lassen und so die moralische Abschätzung der Thaten verhindert. Wenn es keine unmoralischen Thaten gäbe, so gäbe es *keine Moral.* 9, 43

Es kommt darauf an, daß eine Tugend *erreicht* werde, *nicht* auf welchem Wege. Der Erfolg sei das Glück: es handelt sich darum, eine schwere Mechanik so zu lernen, daß sie so leicht wie ein Spiel wird. 9, 44

Jede Handlung, jeder Gedanke, jede Regung baut an dem Glück oder Unglück deiner Zukunft; sie bauen dein *Gemüth*, deine Gewohnheiten, es giebt nichts Indifferentes. Dein logischer Leichtsinn wird zu büßen sein. Das Gemüth ist die große Cisterne, klares Bewußtsein ist das Mittel, endlich ein klares Gemüth zu haben – aber vielleicht erst in der 3ten Generation. 9, 44

Die moralischen Handlungen sind Mittel, deren Zwecke man aus den Augen *verloren hat* und die an sich zu erreichen jetzt schon Vergnügen macht. 9, 44

Der Eitle bleibt beim Mittel zum Zweck stehen und bekommt es lieb, so daß er den Zweck vergißt. 9, 45

Es ist so viel überflüssiger Verdruß Leid und Elend in den unabhängigen Klassen, weil so wenige ihres Wirkens froh werden können – in Folge falscher Lebensführung, falschen Berufes d. h. in Folge einer überflüssigen Abhängigkeit. 9, 45

In Risano (Dalmatien) wurden die gefallenen Mädchen gesteinigt; noch 1802 verhinderten die Österreicher einen solchen Akt, der Vater an der Spitze des Volkes hob eben den ersten Stein auf. In der Sahara-Stadt Biskra lebt eine

Zeit lang jedes Mädchen der benachbarten Völker von der Prostitution, um sich durch sie zu bereichern; der Erwerb wird dann den Eltern überbracht und es würde als unmoralisch, ja als unverzeihlich gelten, wenn jemand nicht auf diese Weise seine Pietät ausdrückte. 9, 51

Die Moral und die Civilisation suchen »weniger Schmerz«, aber nicht »mehr Glück«. 9, 54

Der Eine giebt seinen Handlungen am Schluß einen anmaaßlichen Charakter durch eine Art Ausdeutung, der Andere handelt von vornherein anmaaßend. Der Erste, der sich gehen läßt und erst am Schluß der Handlung einen Blick auf die Anderen wirft, hat mehr Stolz, als der Andere, aber kennt das Wesen des Stolzes schlechter, als der Andere. 9, 54

Alles, was wir für uns thun, thun wir um der Anderen willen; aber auch Alles, was wir *für* die Anderen thun, thun wir um der Anderen willen. Dies ist aber kein »Altruismus«!

9, 55

Die moralischen Vorschriften stammen aus Zeiten, in welchen man die Natur, die Völker und Menschen viel weniger kannte, als jetzt. Unwissenheit und falsche Voraussetzungen sind durch die feierliche Unantastbarkeit, in der die Moral lebt, mitheiliggesprochen. 9, 71

Das Leben für die Zukunft – das ist eine Folge der Moral, bei der das ganze Leben, das heißt die Summe aller gegenwärtigen Momente, eine Thorheit und Jagd und Unannehmlichkeit wird. Das Leben für die Anderen – eine Folge der Moral, bei der die Anderen willkürlich gemaaßregelt werden und der Mensch selber allen seinen Verstandes- und Herzensschwächen um seines guten Zieles willen ohne Bedenken nachhängt. 9, 72

Inwiefern hat die Moral *schädlich* gewirkt? Insofern sie den Körper verachtete, im Asketismus der Pflicht, des Muthes, des Fleißes, der Treue usw. Namentlich in jenem mit Religion verquickten Kanon, daß Sich-Freuden-bereiten der Gottheit unangenehm, Sich-Leiden-bereiten ihr angenehm sei. Man lehrte, zu leiden, man rieth ab, sich zu freuen, – in allen Moralen (die des Epikur ausgenommen), das heißt die Moral war bisher ein Mittel, die physiologische Grundlage des Menschen in ihrer Entwicklung zu stören – an der Schwäche der Moral lag es, daß sie diese Grundlage nicht zerstört hat; sie war ein furchtbarer Würfel im großen Würfelspiel. – Wir müssen das Gewissen verlernen, wie wir es gelernt haben. – Im Ganzen war die große erhaltende Kraft, welche gegen die Moral das Übergewicht behauptete, das, was sie das Böse nannten, das Streben des Individuums, sich ohne Rücksicht auf Lehren selbst zu behaupten, sich wohl zu fühlen, sein Vergnügen zu suchen, die näheren Bedürfnisse den entfernteren unterzuordnen, während die Moral diese nicht nur als höhere und niedere Bedürfnisse unterscheidet, sondern die letzteren verachten und oft verdammen lehrt (die sogenannten sinnlichen Freuden).

9, 72 f.

Ich weiß nicht zu erklären, wie es kommt, daß die Juden von allen Nationen die sittliche Erhabenheit auf's Höchste gebracht haben, im Theoretischen wie im Praktischen. Nur ihnen ist ein Jesus von Nazareth gelungen; nur ihnen ein heiliger Gott, nur ihnen die Sünde an ihm. Dazu der Prophet, der Erlöser – das sind ihre Erfindungen. 9, 75

Jetzt sucht man vor allem das Menschenleben zu erhalten: dies giebt unserer Cultur den Anstrich der Feigheit und der Alten-Manns-Gier nach langem Leben; ehemals, wo man das Leben viel zufälliger verlieren konnte, als jetzt, gehörte es zum Wesen der Tugend, daß man das Leben leicht wegwarf und sehr viele Dinge für höher im Preise hielt. 9, 79

Das moderne Leben will so sehr wie möglich vor allen Gefahren geschützt sein: mit den Gefahren aber geht viel Munterkeit, Übermuth und Anregung verloren, unsere groben Remeduren sind Revolutionen und Kriege. 9, 79

Das allgemeine Gebot aller Sitten und Moralen heißt: denke nach und fürchte dich, beherrsche dich, verstelle dich.

9, 90

Höflich (hübsch), gentile, edel, vornehm, noble, généreux, courtoisie, gentleman – dies bezeichnet die Eigenschaften, welche man an der obersten Kaste wahrnahm und nachahmte; somit stammt ein guter Theil der Moralität wahrscheinlich aus den Instinkten *dieser* Klasse, als aus dem persönlichen Stolz und der Lust am Gehorsam gegen einen Chef, der Auszeichnung verleiht; sie verachten nach unten hin, sie achten nach oben hin und bei ihres Gleichen, sie verlangen selber aber von aller Welt (Ober-, Mittel- und Unterwelt) Achtung, sie gebärden sich als die bessere Hälfte der Menschheit. Dagegen bedeutete im Deutschen der schlichte Mann ehemals den schlechten Mann: so weit gieng das Mißtrauen gegen den, welcher nicht die künstlicheren Gebärden und Ausdrücke der guten Gesellschaft besaß. 9, 92

Die moralischen Vorschriften werden in gebildeten Zeiten immer unbestimmter, wie auch die Gottesvorstellung immer blasser wird. Es wird der Moral immer mehr Gebiet entrissen (überall wo der Erfolg controlirbar wird und die Erkenntniß eintritt, hört der moralische Maaßstab auf) Da flüchtet die Moral in's »Ideale« usw. 9, 104

Wo man nicht mehr versteht, wird man feierlich. Dies kam der Moral zu Gute. 9, 104

Zwei Moralen der Individuen a) man lebt, um völlig dem vorschwebenden Typus in der Gemeinde *gleich* zu werden (»wie sein Vater«, Spruch der Spartaner) oder b) man lebt, um sich unter seines Gleichen auszuzeichnen. Im ersten Falle ist das Verschiedensein vom Typus etwas, was als Mangel empfunden wird, und das Ziel ist schwer. Im zweiten Falle ist die Gleichheit als leicht erreichbar gedacht, sie giebt noch keine Ehre. 9, 105

Der Mensch, erstaunlich furchtsam, versucht nur nothgedrungen etwas Neues. Gelingt es, so wiederholt er es, bis es eine Sitte wird und spricht es heilig. 9, 110

Das höchste Glück, wie es Plato und Aristoteles erkannten, ist *nicht* in der intuitiven Erkenntniß (Genialität Schopenhauer's), sondern der thätige dialektische Verstand ist die Quelle dieses Glücks – Übrigens sind es subjektive Urtheile, daß hierin das größte Glück liege – aber für solche Subjekte danke ich. 9, 110

Wir thun so vieles um der Andern Willen, fast Alles, daß die Handlungen, bei welchen wir einzig an uns denken, Ausnahme sind: die *Egoisten* sind die größte Ausnahme.

9, 111

Alle Moralen und Gesetze gehen darauf aus, *Gewohnheiten* anzupflanzen d.h. für sehr viele Handlungen die Frage nach dem Warum? aufzuheben, so daß sie instinktiv gethan werden. Dies ist auf die Dauer eine große *Beeinträchtigung der Vernunft*. Sodann ist »Handeln aus Gewohnheit« ein Handeln aus Bequemlichkeit, auf den nächsten Impuls hin, zugleich eine Furcht vor dem Ungewöhnlichen, vor dem, was die Andern thun, *eine Beeinträchtigung des Individuums*. Eine Rasse mit starken Instinkten züchten – das will eine Moral. 9, 115

Die Moral die zunächst gar *nicht* an's Glück der Individuen denkt, vielmehr dasselbe fürchtet und zu dämpfen sucht (»Maaß« der Griechen) will etwas, das über die Zeit der Individuen hinausreicht, den Verband mehrerer Generationen und zwar vom Standpunkt der *Gemeinde*: das Individuum ist der Sündenbock für die Collektiva »Staat« Menschheit usw.

9, 118 f.

Wenn die Moral Tapferkeit Treue Enthaltsamkeit außer der Ehe vorschreibt, so denkt sie nicht an das Glück des Einzelnen als Zweck, an seine geistige und leibliche Gesundheit: vielmehr bringt sie diese dem allgemeinen Wohle zum Opfer. Für die Moral besitzt die geringere Menschlichkeit einer Masse einen Werth, den sie mit der höheren Menschlichkeit Einzelner zu bezahlen kein Bedenken trägt: ebenso in Betreff der Gesundheit, des Glücks. Dabei geht sie von sehr unwissenschaftlichen Voraussetzungen über die *Mittel* aus, wodurch eine Masse Glück Gesundheit Fortbestand erlangt: sie irrt sich oft genug. Die *Änderungen* der Moral sind Beweise, daß man sich geirrt hat und es fühlt.

9, 119

Alle bisherigen Moralen gehen von dem Vorurtheil aus, daß man wüßte, *wozu* der Mensch da sei: also sein Ideal kenne. Jetzt weiß man, daß es viele Ideale giebt: die Consequenz ist der Individualismus des Ideals, die Leugnung einer allgemeinen Moral.

9, 119

In der Moral fordert man die strengste Theorie von Jedermann.

9, 124

Es haben doch zu viel Jammerseelen und Kopfhänger sich fortgepflanzt!

9, 126

Das Glück der Menschen welche sich befehlen lassen (zumal Militärs Beamte): keine völlige Verantwortung in Betreff der Richtung ihrer Thätigkeit, ein Leichtsinn und Harmlosigkeit, Forderung der strengen Pflichterfüllung (welches der schönere Name für Gehorsam ist, dessen Würde). Auch kluge Christen haben diesen Leichtsinn. Die Wissenschaft *entlastet* ebenso (Unverantwortlichkeit)

9, 136 f.

Alle halten das für moralisch, was ihren *Stand* aufrechterhält, die Mutter, was ihr Ansehen mehrt, der Politiker, was seiner Partei nützt, der Künstler, was seinem Kunstwerke zur Verewigung verhilft: und der Grad von Geist und Kenntnissen entscheidet, *wie weit* einer dies Interesse treibt, ob er die Reform der ganzen Welt, ja selbst den Untergang derselben für das *sittliche* Ziel erklärt, *damit* er so dem Interesse seines Standes usw. am höchsten nütze. Der Fürst, der Adlige haben Eine Moral mit dem Volksmann, aber ihre Mittel nennen sie gegenseitig unsittlich. »Die Sittlichkeit ist immer *bei uns* zu Hause«; es fragt sich, wie weit wir dies »bei uns« ausdehnen. 9, 138

Da die Moral eine Summe von Vorurtheilen ist, so kann sie durch ein Vorurtheil *aufgehoben* werden. 9, 144

Übergang aus dem Gefühl der Ohnmacht in das der Macht sehr *lustvoll*: daher oft die tiefste Demüthigung gesucht. David, *um* nachher –. Vielleicht jüdisch?

Der *geheime* Hochmuth des *Sklaven*: religiös z. B. – – –

Die Abgrenzung gegen die Thiere; der Erde gegen die Sterne. 9, 145

Die Blase der eingebildeten Macht platzt: dies ist das Cardinalereigniß im Leben. Da zieht sich der Mensch böse zurück oder zerschmettert oder verdummt. Tod der Geliebtesten, Sturz einer Dynastie, Untreue des Freundes, Unhaltbarkeit einer Philosophie, einer Partei. – Dann will man *Trost* d. h. eine neue Blase.

9, 149

Und überdies soll man diese Opferung nicht falsch beurtheilen: die Huren sind ehrlich und thun, was ihnen lieb ist und ruiniren nicht den Mann durch das »Band der Ehe« – diese Erdrosselung!

9, 189 f.

Oft wird ein Trieb mißverstanden, falsch gedeutet z. B. der Geschlechtstrieb, der Hunger, die Ruhmsucht. Vielleicht ist die ganze Moral eine *Ausdeutung* physischer Triebe.

9, 195

Die wilden Thiere sollen über sich weg sehen lernen, und in den Andern (oder Gott) zu leben suchen, sich möglichst vergessend! So geht es ihnen besser! Unsere Moraltendenz ist nur noch die der wilden Thiere! *Sie sollen* Werkzeuge großer Maschinerien außer ihnen werden und lieber das Rad drehen als mit sich zusammen sein. Moralität war bisher Aufforderung *sich nicht mit sich zu beschäftigen*, indem man sein Nachdenken verlegte und sich die Zeit raubte, Zeit und Kraft. Sich niederarbeiten, müde machen, Joch tragen unter dem Begriff der Pflicht oder der Höllenfurcht – große Sklavenarbeit war die Moralität: mit der Angst vor dem ego.

9, 220

die Motive der Moralgesetzgeber für ein Gesetz und deren Umwandlung in denen, welchen das Gesetz gegeben wird

9, 223

Ich höre den Ton eifersüchtiger Kater, in diesen neidischen Äußerungen

9, 230

Der Moralist, der eine Moral *gründen will*, wird getrieben, einen letzten Zweck anzugeben. »*Wenn* ihr gesund sein wollt, so müßt ihr mäßig sein. Aber ihr müßt gesund sein wollen: denn es ist eine Bedingung, um glücklich zu sein oder um seine Ziele zu erfüllen oder usw.« Ein neues Ziel zeigt sich hinter jedem Ziele: und der Moralist endet, den Zweck des Daseins angeben zu *müssen*. Ich könnte sagen: Zwecke des Daseins giebt es nicht, also ist eine Moralität um einen Zweck des Daseins zu erreichen nicht möglich. Aber man glaubte an solche Zwecke: und folglich konnte man eine Moral mit Forderungen gründen. Zuletzt entstehen *nothwendig* Arten und Gewohnheiten des Lebens und üben einen Zwang aus, weil es *unangenehm* ist, ihm zu widerstreben. 9, 230

Jene spitzigen Geschöpfe welche selbst ihr Wohlwollen nicht ohne Stiche äußern können. 9, 256

Das *höchste* Todesziel der Menschheit auszudenken – irgendwann wird sich die Aufgabe darauf concentriren. Nicht leben, um zu leben. 9, 270

Die guten Menschen haben in schweren Augenblicken *keine Skrupel.* 9, 271

Da seit uralters moralische *Urtheile* gefällt worden sind (als Irrthümer über Handlungen) so haben sich daraus jedenfalls *moralische Empfindungen, Neigungen Abneigungen* gebildet. Also diese sind *wirklich. Aber wie verhalten sie sich zu der Wirklichkeit der Handlungen*, über welche die moralischen Urtheile irrthümlich gefällt werden? – Die Handlungen, über welche bei den Menschen zuerst moralische Urtheile gebildet wurden, sind die, welche sich alle bei den Thieren finden: deren Motive somit *nicht* erst zu schaffen waren. Man *wähnte*, diese Handlungen zu verstehen, moralische

Urtheile sind »Erklärungen derselben nach Zwecken«, ein Ansatz der Wissenschaft. Indem man sie benannte (bös gut gerecht usw.) zweifelte man nicht, sie durch und durch zu verstehen. Socrates geriet erst in das Mißtrauen, *ob* er sie verstünde. Aber er zweifelte nicht, daß den *Worten* gut böse usw. etwas *Wesentliches* entspräche! 9, 272 f.

Eine Frau, die begreift, daß sie den Flug ihres Mannes hemmt, soll sich trennen – warum hört man von *diesem* Akt der Liebe nicht? 9, 273

Deine Moralität ist *Sache deines Glücks*. Dein gutes Gewissen ist Sache deines Glücks! Bei manchen Dingen überrascht und in die Öffentlichkeit gebracht, wärst du tief zerstört. Daß dein Charakter sich verbessert, ist Sache des Glücks! Die kleinen Schritte und die zahllosen kleinen Unzufriedenheiten sind am mächtigsten! Nicht nur Mitleid thut noth, sondern wir müssen *Weltbetrachtungen für die Bösen* und Unglücklichen machen oder dulden! An Stelle der Beichtiger müssen wir *Philosophen stellen wie Sonnen für jede Art von* Menschen, während bis jetzt die höchsten Exemplare am meisten für sich Moralen gemacht haben. 9, 279

Was *andere* von uns denken und wissen, kann plötzlich über uns herstürzen. Was *wir* von uns wissen (im Gedächtniß haben) ist nicht entscheidend! 9, 279

Die *That* ist durch die Absolution nicht ausgelöscht. Die Vergangenheit ist nicht vergangen, unsere Thaten sind unser Sein und ebenso gehört das zukünftige Thun bereits zu uns. Das Gedächtniß entscheidet nichts. 9, 280

Das Problem der Wahrhaftigkeit hat noch niemand erfaßt. Das, was gegen die Lüge gesagt wird, sind Naivetäten eines Schulmeisters, und zumal das Gebot »du sollst nicht lügen«! 9, 281

Das *Effekt-machen-wollen* ist eine deutsche Krankheit.

9, 282

Gedächtniß hat Ursachen der Moralität – und wir haben es nicht in der Hand! 9, 285

Neugierde, etwas Nachtheiliges herauszufinden, ebenfalls in Bezug auf die Dinge möglich und schämenswerth.

9, 285

Hauptvergnügen, Andere zu kränken – warum unmoralisch? Necken ist nur ein Grad. Hier ist die Unterscheidung von moralisch und unmoralisch *nicht* auch ein Gegensatz.

9, 285

Eine Trivialität, die *diesem* Jahrhundert eigen ist: Gott ist nicht *damit* zu beweisen, daß einer die Guten belohnen, die Bösen bestrafen muß. Daran, daß dies nöthig sei, glaubt niemand (wie noch Kant) *Über Gerechtigkeit denken wir anders.* 9, 301

Wer sein höheres Selbst nicht angehört hat, sondern der Gesellschaft dient oder einem Amte oder seiner Familie, der spricht immer von »Pflichterfüllung« – damit sucht er sich zu beschwichtigen. Namentlich aber *fordert* er von den Anderen den Gehorsam gegen die bestehende Ordnung: er rechtfertigt sich, indem er *Gewalt* vermöge seiner Handlungsart ausübt. 9, 302

Wenn wir ein Buch nicht um des Anderen Willen zu lesen wissen, wie arm wird es sein! Wir müssen es empfinden wie der Autor – ist das moralisch? – Die ganze Küste mit Gebirge Meer und Oelbäumen und bezaubernden einsamen Pinien, alles müssen wir entdecken. Und so aus uns herausgehend können wir auch mit den Menschen umgehen, als ihre Bereiser und Entdecker, *Gutes und Böses ihnen erweisen, damit* sie die *ihnen eigene Schönheit* zeigen, sonnenhaft oder gewitterhaft. 9, 314 f.

Die brüderliche Empfindung mit den großen Geistern aufnehmen und die Rivalität ablehnen! Keine Isolation!

9, 315

Das Herz wird zusammengeschnürt, wenn man ansieht, wie die Menschen sich ihrer Antipathie gegen etwas gar nicht *schämen*. Wer sich selber haßt, den haben wir zu fürchten, wir sind die Opfer seiner Rache. Wir müssen ihn zur Liebe zu sich verführen. 9, 315

Der unverschämte Egoism der *Liebe*, das allein Besitzenwollen das allein Geschätzt-werden-wollen – es hätte nicht diesen Ruf, wenn es nicht so angenehm wäre! 9, 315

Unwissende Menschen, die nichts anderes gesehen haben, machen aus ihren Gewohnheiten für ihre Umgebung einen Zwang, ein Gesetz – so wachsen die Jungen auf in *Verehrung* dagegen – und es ist das Neue: so wird die Sitte »sittlich«.

9, 360 f.

Die sittliche Delikatesse und der hohe Geschmack in den Erzählungen von Jesus wird vielleicht von uns nicht abzuschätzen sein, weil wir damit geimpft worden sind, daß hier der höchste Geschmack des Guten sei. Was würde Aristoteles empfinden! Was Buddha! 9, 362

Die Deutschen geben sich den Eindrücken ohne Kampf hin, aus Schwäche – deshalb hat gerade bei ihnen eine Religion des Mitleids so wenig Werth, weil sie der allgemeinen Schwäche schmeichelt, statt ihr zu widerstreben. Kant war es, der mit seinem kategorischen Imperativ dem Deutschen nützlich war. Jene Schwäche hat jetzt in der Musik ihren frappantesten Ausdruck bekommen – das unendlich Herumschweifen der Seele nach Emotionen, die äußerste Nervosität als Folge. *Wir* leiden daran, hinterdrein. Und *was* für Würzen braucht eine so empfindliche Rasse! die gröbsten! es ist die Rasse der Trunkenbolde! Vielleicht hat dies Trinken sie so schwach und sentimental gemacht. – Lob des Soldatenthums, entgegengesetzt dem Künstlerthum und seiner Schmeichelgier. 9, 362

Die Liebe zur Brut nichts Einfaches! wie man glaubt! sondern Produkt, Besitz, Unterhaltung, etwas Ungefährliches, etwas Unterwürfiges, worüber man *herrscht*, etwas *Warmes* – viel Gründe zur *Annehmlichkeit*! 9, 364

Unsere Sicherstellung des Nächsten durch sociale Maßregeln beweist *nicht* mehr Mitleiden, aber mehr Vorsicht und Kälte. 9, 364

Die *Hoffnung* hatte für die Alten ein anderes Aussehen als für uns – Hesiod. Ebenso der *Neid*. Bei andern Völkern hat die Lüge ein Ansehen (z. B. noch bei Napoleon) Die Fähigkeit zu trinken ist unter Deutschen oft ehrenvoll. 9, 367

Für Aeschylus war das Weib in der Leidenschaft etwas Abscheuliches und Schauerliches, wie die Thiere des Meeres – etwas Unzeigbares. 9, 367

Die Entstehung der *Abgrenzung* moralischer Handungen von allen übrigen Handlungen. Wichtig! Essen Gehen ist *nicht* moralisch. Wo hört die Indifferenz auf? 9, 368

Die großen moralischen Naturen entstehen in Zeiten der Auflösung, als *Selbstbeschränker*. Zeichen des Stolzes, es sind die *regierenden* Naturen (Heraclit Plato usw.) in einer veränderten Welt, wo sie nur sich zu regieren haben. Ganz anders die Moralität der Unterwerfung. 9, 373

Die Naivetät ist keine deutsche Eigenschaft. Aber eine altfranzösische! 9, 373

Aristoteles: »im Allgemeinen thun die Menschen das Böse, wenn sie es können.« 9, 373

Die Freude unserer Feinde an unserem Unglück *mitgenießen* ist möglich. 9, 378

Ich höre euren Sirenengesang, ihr Weisen! Ach, nichts bewegt mich so! Aber ich sage euch: ihr selber habt ihn euch vorgesungen, ihr waret wie ich! Ihr waret die Narren dieser schönen Paradiese »Gerechtigkeit, Mäßigung«: in Wahrheit sind es *Utopien.* 9, 379

Den Menschen des Mittelalters *unsere* Sensibilität und Sympathie leihen. 9, 380

Die Sitten spiegeln die Ereignisse von 100 Jahren wieder – nicht die der Gegenwart. 9, 381

Nur zu solchen über Moral zu sprechen, welche sich mit der Lebensweise vieler Thiere vertraut gemacht haben.

9, 387

der Sitte folgen und endlich sich an sie gewöhnen – das heißt doch *unredlich* sein! *feige* sein! *faul* sein! Quelle der Moralität!!! 9, 388

Wie kommt es, daß die Deutschen keinen Geist haben? Sie empfinden langsam, und lassen ihre Empfindungen nicht reif werden, sie kreuzen sie durch Beruf oder alltägliche

Dinge: so machen sie sich mittelmäßig, sie bleiben immer wie unreife Früchte.

1) sie verstehen nicht Muße zu haben

2) sie nehmen ihre Erlebnisse nicht ernst, als wichtig genug des allgemeinen Nachdenkens

3) sie lesen zu viel und sind eifrig servil gegen eine herrschende Partei oder Hof

4) sie machen Musik, nicht um eine Passion zu ertragen und sich zu erleichtern, sondern um sich *aufzuregen*!!!

Deshalb brauchen sie die leidenschaftlichste Musik.

9, 388 f.

Die Deutschen *möchten* gar zu gern große Leidenschaften haben – nun, es thut nichts, wenn sie dieselben ohne Grimassen nicht darzustellen wissen, auf die Dauer werden sie sie haben! Dann werden sie auch erkennen, daß zwar Kraft das Erste ist, daß es aber Arten der Kraft giebt, welche ohne Grimassen sind. 9, 389

Die verfluchten Neigungen zum Behaglichen und Gemüthlichen verurtheilen die Deutschen zur Mittelmäßigkeit des Geistes und machen sie unfähig, in allen großen Dingen mitreden zu dürfen: z. B. über die Frage des Glücks. Stört man sie auf, so sind sie das verstimmteste und kleinlichste Volk, mit jener kurzathmigen Rachgier der Mittelmäßigen, jeden Augenblick wehe thun zu müssen. 9, 392

Denken macht Fehler. Es ist nämlich der umgekehrte Weg der Gewöhnung, vom Schwächsten hinauf. Die Veränderung der Moral sehr wohl möglich, wie die des Geschmacks: nur Übung! 9, 394

Die Begeisterung, welche in Deutschland sofort zur Verdummung und zur Servilität führt 9, 400

Das Ergebniß aller absoluten Moral wäre die äußerste Verkümmerung des Menschen ja Vernichtung. Sie wird *nicht* durch das Glück bewiesen! 9, 400

Allen moralischen Systemen, welche befehlen, wie man *handeln solle*, fehlte die Kenntniß, *wie man handelt* – aber alle meinten sie zu haben, wie jeder Mensch es meint. 9, 410

Wie oft wird grob und aufsehenerregend die Ehe gebrochen bloß um den moralischen oder rechtlichen Zustand herbeizuführen, in dem eine unerträglich gewordene Ehe gelöst werden könne! 9, 411

Pfui, solche wohlfeilen Tugenden! Ein paar Blätter gegen Thierquälerei schreiben! 9, 414

Man muß die Probe machen, wer von den Freunden und denen, welchen »unser Wohl am Herzen liegt«, Stand hält: behandelt sie einmal grob. 9, 415

Oft ist es nöthig, sich mit jemand zu verbünden, um ihn zu unterdrücken. *Wenn* wir als die besten Kenner von jemandem gelten, so wiegt unser Abfall furchtbar schwer.

9, 416

Dienste bezahlen, so daß nicht mehr von ihnen gesprochen wird. – Übertriebene Belohnungen erzeugen Pretention, aber keine Erkenntlichkeit. R‹émusat› 9, 416

Die anderen Religionen sind gegen die wirklichen Übel, das Christenthum gegen die moralischen Übel (zum Theil eingebildete) 9, 436

»Du bist glücklich! Jedesmal wenn dein Charakter auf die Höhe seiner Fluth kommt, kommt auch dein Intellekt auf die seine.« B: Du vergißt etwas! 9, 437

Gleichgültig sich gegen Lob und Tadel machen; Recepte dafür. Dagegen einen Kreis sich stiften, der um unsere Ziele und Maaßstäbe weiß und der Lob und Tadel *für uns* bedeutet. 9, 441

Das *Wehe* thun wollen, die *Lust an der Grausamkeit* – hat eine große Geschichte. Die Christen in ihrem Verhalten gegen die Heiden; Völker gegen ihre Nachbarn und Gegner; Philosophen gegen Menschen anderer Meinung; alle Freidenker; die Tagesschriftsteller; alle Abweichend-Lebenden, wie die Heiligen. Fast alle Schriftsteller. Selbst in den Kunstwerken sind solche Züge, welche die Absicht auf die Nebenbuhler eingiebt. Oder wie bei Heinrich von Kleist, welcher mit seiner Phantasie dem Leser Gewalt anthun will; auch Shakespeare. – Ebenso alles Lachen, und die Komödie.

Ebenso die Lust an der *Verstellung*: große Geschichte. – Ist der Mensch deshalb *böse*? 9, 474

Die Menschen des Mittelalters, die unbeugsamen, würden uns *verachten*, wir sind unter ihrem Geschmack. 9, 474

Geschichte der Grausamkeit; der Verstellung; der *Mordlust* (letztere im Abtödten von Meinungen, Aburtheilen über Werke, Personen, Völker, Vergangenheit – der Richter ist ein sublimirter Henker). 9, 477

Die moralischen Urtheile sind Epidemien, die *ihre Zeit* haben. 9, 483

Wer auf den Geist säet, pflanzt Bäume, die sehr spät groß werden. Das was sich vom Vater auf den Sohn vererbt, sind die *geübtesten* Gewohnheiten (*nicht* die geschätztesten!) Der Sohn *verräth* den Vater. Der Fleiß eines Gelehrten ist entsprechend der Thätigkeit seines Vaters: z. B. wenn dieser immer am Comtoir ist oder wenn er nur wie ein Landgeistlicher »arbeitet«. Die Griechen der höheren Stände wurden so individuell produktiv, weil sie keinen gedankenlosen *Fleiß* vererbt bekamen. 9, 506

Gegen alle wilden Energien *wehren* wir uns so lange, als wir sie nicht zu benutzen wissen (als Kraft) und so lange nennen wir sie *böse*. Nachher aber nicht mehr! Frage: wie macht man Verbrechen nützlich? Wie macht man seine eigene Wildheit nützlich? 9, 506

Sklaven-Arbeit! Freien-Arbeit! Erstere Arbeit ist alle Arbeit, die nicht um unserer selber willen gethan wird und die keine Befriedigung in sich hat. Es ist viel Geist noch zu finden, damit ein Jeder seine Arbeiten sich *befriedigend* gestalte.

9, 508

Unsere Vernunft ist unsere größte Macht. Sie ist unter allen Gütern das Einzige, das alle gleichmäßig erfreut, das keiner dem anderen beneidet, das jeder dem Anderen wünscht und um so mehr wünscht als er selbst davon hat. – Einig sind die Menschen nur in der Vernunft. Sie können nicht einiger sein als wenn sie vernunftgemäß leben. Sie können nicht mächtiger sein als wenn sie vollkommen übereinstimmen. – Wir leben im Zustande der Übereinstimmung mit Anderen und mit uns selbst jedenfalls mächtiger als in dem des Zwiespalts. Die Leidenschaften entzweien; sie bringen uns in Widerstreit mit den anderen Menschen und mit uns selbst, sie machen uns feindselig nach außen und schwankend nach innen. – *ego*: das Alles ist *Vorurtheil*. Es *giebt* gar keine Vernunft der Art, und *ohne* Kampf und Leidenschaft wird alles *schwach*, Mensch und Gesellschaft. 9, 517

Wer stolz ist, haßt sogar das Pferd,
Das seinen Wagen vorwärts fährt.

9, 673

AUS DEM NACHLASS 1882-1885

Widerlegung der Moral?

Die Moral ist die Sache jener, welche sich von ihr nicht frei machen *können*: für sie gehört sie eben deshalb unter die »Existenz-Bedingungen«. Existenz-Bedingungen kann man nicht widerlegen: man kann sie nur – *nicht haben!*

10, 9

Zur Moral des »Ich«.

Die Schwierigkeit, sich *verständlich* zu machen. An Viele ist es unmöglich.

Jede Handlung wird mißverstanden. Und man muß, um *nicht* fortwährend gekreuzt zu werden, seine *Maske* haben. Auch um zu *verführen* ...

Lieber mit solchen umgehen, die bewußt lügen weil nur sie auch mit Bewußtsein wahr sein können. Die gewöhnliche Wahrhaftigkeit ist eine Maske *ohne Bewußtsein der Maske.* 10, 13 f.

Ich habe eine Neigung, mich bestehlen, ausbeuten zu lassen. Aber als ich merkte, daß alles darauf aus war, mich zu *täuschen*, gerieth ich in den *Egoismus.* 10, 20

Aus der vollendeten alten Moralität heraus verlangte mich nach der Selbstsucht. 10, 20

Willkür vielleicht der gelobteste Name einmal für Moral

10, 22

Wer uns nicht produktiv macht, wird uns sicher gleichgültig. Wen *wir* produktiv machen, den lieben wir deshalb noch nicht. 10, 26

Alles Gute ist aus einem Bösen geworden. 10, 26

Die *Existenz-Bedingungen* eines Wesens, sobald sie sich als ein *»Soll«* repräsentiren, sind seine *Moral*. 10, 27

Dem Weh thun, den wir lieben – ist die eigentliche Teufelei. In Bezug auf uns selber ist es der Zustand des heroischen Menschen – die höchste Vergewaltigung. Das Streben in den Gegensatz gehört hierzu. 10, 28

Menschen, die nach Größe streben, sind gewöhnlich böse Menschen: es ist ihre einzige Art, sich zu ertragen. 10, 31

Den Menschen die *Moral nehmen* weil sie davon *so schlechten Gebrauch* machen: und ihnen harte *Gefühle auflegen* – »du sollst« – *soldatisch* – 10, 46

Wer aus sich kein Hehl macht, empört. 10, 47

Von unseren Feinden wollen wir nicht geschont werden – und ebensowenig von denen, die wir von Grund aus lieben. 10, 47

Die Hündin Sinnlichkeit, die einen Bissen Fleisch abhaben will, weiß gar artig um einen Bissen Geist zu betteln. 10, 47

Es giebt gebende Naturen, es giebt zurückgebende. 10, 48

Die eigentlich gerechten Menschen sind unbeschenkbar – sie geben alles zurück. 10, 48

Die Oberflächlichen müssen immer lügen, weil sie keinen Inhalt haben. 10, 48

Es ist vornehmer, sich Unrecht zu geben als Recht zu behalten. 10, 49

Die Lüge ist die Menschenfreundlichkeit des Erkennenden. 10, 49

Gerechtigkeit nur gegen Dinge *möglich*. 10, 49

»Aber wie konntest du so handeln! sagte ein Freund zu einem sehr klugen M‹enschen› – es war eine Dummheit.« Es ist mir auch schwer genug geworden, entgegnete dieser. 10, 49

Für einen guten Ruf zahlt man gewöhnlich zu viel: nämlich sich selber. 10, 50

Die moral‹ische› Entrüstung ist die perfideste Art der Rache. 10, 51

Wenn die Talente eines Menschen nachlassen, werden seine moralischen Eigenschaften sichtbarer; und nicht immer sind es Sterne, die bei dieser einbrechenden Nacht sichtbarer werden. 10, 54

Wer das Hohe eines Menschen nicht zu sehen vermag, hat gerade deshalb ein Luchsauge für dessen Niedriges. 10, 54

Man wird auch für seine Tugenden bestraft. 10, 56

Das Bedürfniß des Gemüths ist nicht zu verwechseln mit dem Bedürfniß nach Gemüth, das einige kalte Personen haben. 10, 56

Aus dem Auge aller Richtenden blickt der Henker. 10, 62

Wenn man sich über gut und böse erhoben hat, sieht man auch in der Tragödie nur eine unfreiwillige Komödie.

10, 62

Die tragischen Naturen zu Grunde gehen sehen und *noch lachen können*, über das tiefste Verstehen, Fühlen und Mitleiden mit ihnen hinweg – ist göttlich. 10, 63

Befehlerische Menschen werden auch ihrem Gotte befehlen, so sehr sie ihm zu dienen glauben. 10, 63

Die schönsten Farben, in denen die Tugenden leuchten, sind die Erfindung derer, welche ihrer ermangelten. Woher stammt z.B. der sammtene Glanz der Güte und des Mitleides? – Gewiß nicht von den Guten und Mitleidigen. 10, 66

Du willst gerecht sein? Unglückseliger, wie willst du *Jedem das Seine* geben? – Nein, das will ich nicht. Ich gebe *Jedem das Meine*: das ist genug für einen, der nicht der Reichste ist.

10, 67

Der Glaube in der Form, der Unglaube im Inhalt – das macht den Reiz der Sentenz aus – also eine moralische Paradoxie. 10, 68

Der tiefe Haß ist auch ein Idealist: ob wir aus unserem Gegner dabei einen Gott oder einen Teufel bilden, jedenfalls thun wir ihm damit zu viel Ehre an. 10, 68

Auch im Hasse giebt es Eifersucht: wir wollen unseren Feind für uns allein haben. 10, 68

»Die Erkenntniß um ihrer selber willen« – das ist der letzte Fallstrick, den die Moral legt: damit verwickelt man sich noch einmal vollständig mit ihr. 10, 69

»Die Moral selber war der erste Sündenfall: die Moral selber ist die Erbsünde« – so denkt jeder Erkennende. 10, 69

Man nehme sich vor den Menschen der moralischen Entrüstung in Acht; sie haben den Stachel der feigen, vor sich selber maskirten Bösartigkeit. 10, 70

Der Wahrhaftige endet damit, zu begreifen, daß er immer lügt. 10, 74

Die Liebe zum Leben ist beinahe der Gegensatz der Liebe zum Lang-Leben. Alle Liebe denkt an den Augenblick und die Ewigkeit – aber *nie* an die »Länge«. 10, 88

»Vielleicht erfand ein Teufel die Moral, um die Menschen durch Stolz zu quälen: und ein zweiter Teufel nimmt sie ihnen irgendwann einmal, um sie durch Selbst-Verachtung zu quälen.« 10, 94

Wie moralisch und erhaben wird man, jedesmal wenn man gute Aussicht hat, damit wehe zu thun! 10, 97

Einst vertrat die religiöse Erklärung die naturwissenschaftliche: und noch jetzt vertritt die moralische Erklärung die physiologische. Wer wenig denkt und gelernt hat, schiebt Alles zurück in die Moral, seine Verstimmungen durch Wetter, Unverdaulichkeit, Blutarmut, seine Bedürfnisse nach Entleerung oder Ersatz, seinen Mißerfolg, Überdruß, Unzufriedenheit, Unsicherheit. 10, 99

»Liebe deinen Nächsten« – d. h. zu alleroberst: »laß deinen Nächsten laufen!« – Und gerade dieser Theil der Tugend ist der schwerste! 10, 100

Das kleine Leiden verkleinert uns, das große vergrößert uns. Der Wille zum großen Leiden sollte also eine Forderung der Selbstsucht sein. 10, 100

Die Selbstsucht ist bei Dieben, Räubern, Wucherern und Spekulanten im Grunde anspruchslos und bescheiden genug: man kann ja nicht leicht weniger von den Menschen wollen als wenn man nur ihr Geld will. 10, 102

Die Ehe mag für solche recht sein, welche weder der Liebe noch der Freundschaft fähig sind – für die Allermeisten also – und vielleicht auch für die ganz Seltenen, welche Beider zugleich fähig sind. 10, 122

Wer arm an Liebe ist, ist geizig selbst mit seiner Höflichkeit. 10, 126

Sie hatten heute den guten Willen freundlich zu sein: aber wie armselig waren sie dabei, wie wenig Erfindung! 10, 126

Der Tiefe. – Du vergiebst heute, was man an dir that. Aber du hast es noch gar nicht erlebt: nach einem halben Jahre wirst du es nie mehr vergeben und vergessen. 10, 141

Erst wenn der Geist in die Moral fährt, geht der Teufel los. 10, 141

Das *Gute* es will sich durch das Alte erhalten. 10, 182

Zarathustra: »So lange eure Moral über mir hieng, athmete ich wie ein Erstickender. Und so erwürgte ich diese Schlange. Ich wollte leben, deshalb mußte sie sterben.« 10, 207

Bei meiner Wanderung durch die vielen feineren und gröberen Moralen, fand ich gewisse Züge regelmäßig immer mit einander wiederkehrend und an einander geknüpft: so daß sich mir endlich zwei Grundtypen verriethen: es giebt Herren-Moral und Sklaven-Moral. Ich füge hinzu, daß in Zeiten höherer Cultur Versuche der Verurtheilung beider Moralen zum Vorschein kommen, noch öfter ein Durcheinander derselben, ja bisweilen ein hartes Nebeneinander – sogar im selben Menschen, innerhalb Einer Seele.

Erste Frage: *wo* sind die moralischen Werthschätzungen entstanden? Im Allgemeinen unter Aristokraten, unter einer herrschenden Art, welche sich ihres Unterschieds gegen eine beherrschte bewußt wird.

Im Allgemeinen bedeutet das moralische Werthschätzen, daß sich eine höhere Art Mensch gegen eine niedrigere als höhere bewußt wird.

Die Nöthigung, sie zu bilden, bestand einmal im Verhältniß zu den Unterworfenen, dann im Verhältniß zur Tugend. Im ersten Falle wird an den Eigenschaften das Auszeichnende, Seltene, Edle, Abhebende hervorgehoben, im anderen Falle das Schwere in der Erlangung und Festhaltung des vornehmen Typus, kurz in der Arbeit zur Tugend.

Zweite Frage. Was folgt im Allgemeinen aus der Thatsache, daß die Herrschenden es sind, welche den Begriff »gut« bestimmen?

Es giebt in der That eine Menge von Zügen, die bei den verschiedensten Moralen *wiederkehren* – der Grund liegt darin, daß die Züge des *Mächtigen* darin sind.

Der Unmoralische ist im Allgemeinen der Verächtliche (*nicht* der »Böse«).

Dies geht bis in die letzte Consequenz: selbst der, welcher, gleich mir, die moralischen Werthschätzungen selber unter einander abschätzt, will sich damit als einen höheren Menschen abscheiden von denen, welche unter hergebrachten Werthschätzungen es aushalten zu leben.

Es sind die erhobenen stolzeren Zustände, welche als »gut« bezeichnet werden:

Verachtung des Feigen, Ängstlichen

Verachtung des an enge Nützlichkeit Denkenden, Kleinlichen

Verachtung des Mißtrauischen, der Schwüre haben will

Verachtung des Armen, Bettelnden, Sich-Erniedrigenden, Sklaven- und Hunde-Art, welche sich mißhandeln läßt.

Ehre dagegen dem Gefühl der Fülle und des Überströmens: reich genug, um dem Unglücklichen zu helfen,

Ehre für den, welcher Macht über sich selber hat, zu reden und zu schweigen versteht, zu befehlen und zu gehorchen versteht

Ehre der Weisheit, welche den langen Nutzen ins Auge zu fassen versteht und lange Beschlüsse festhalten kann

Ehre dessen, der nicht gefallen *will*, weil er sich gefällt: des Stolzen.

Ehrerbietung gegen die Älteren
gegen das Herkommen
die Ehrerbietung gegen die *Frauen* ist modern: es *fehlt* etwas die Achtung vor dem *Alter*.

ἀμύνεσθαι »Abwehr« in der Rache.

Fähigkeit zur langen Dankbarkeit und Rache.

Wiedervergeltung als Wahn der Gerechtigkeit. –

wer gleichgültig gegen eine schwere Kränkung bleibt, ist verächtlich ...... aber: »der ist der beste Mann, der die meisten Beleidigungen zu ertragen weiß« Menander.

aber *nicht* nachzutragen geneigt! –

vollkommene Verschiedenheit in der Beurtheilung von Handlungen gegen Gleiche und gegen die Wesen niedrigen Ranges.

der *Freund*

Der Feind gilt *nicht* als verächtlich: deshalb haben die *bösen* Handlungen als Feindes-Handlungen eine andere Schätzung.

In sofern Feindschaft *noth thut*, muß auch der Sinn dazu erhalten bleiben, also in gewissem Sinn *gepflegt* werden.

10, 245-247

»Illusionen sind nöthig, nicht nur zum Glück, sondern zur Erhaltung und Erhöhung des Menschen: insonderheit ist gar kein Handeln möglich ohne Illusion. Selbst jeder Fortschritt der Erkenntniß ist durch die Illusion erst möglich: *folglich* muß der Quell der Illusion *unterhalten werden*, falls wir erkennen, gut handeln und wachsen wollen« – so dachte ich einst.

Gäbe es eine *absolute Moral*, so würde sie verlangen, daß *unbedingt* der Wahrheit gefolgt werde: folglich, daß *ich und die Menschen an ihr zu Grunde gehen*. – Dies mein Interesse an der *Vernichtung* der *Moral*. Um leben und höher werden zu können – um den *Willen zur Macht zu befriedigen*, müßte jedes *absolute Gebot beseitigt* werden. Für den *mächtigsten* Menschen ist auch die *Lüge ein erlaubtes Mittel*, beim Schaffen: ganz so verfährt die Natur. 10, 254

Man muß die Moral *nicht* bei den Schriftstellern über Moral suchen (noch weniger die Moralität!), die *Moralisten* sind in der großen Mehrheit Gedrückte Leidende Ohnmächtige Rachsüchtige – ihre Tendenz ist ein Bischen Glück: Kranke, welche meinen, Genesung sei Alles. 10, 255

Es giebt Moralen, welche ihren Urheber vor Anderen *rechtfertigen* sollen: andere sollen ihn *beruhigen* und zufrieden machen; mit anderen will er sich selber an's *Kreuz schlagen*; mit anderen will er an den Anderen *Rache üben*; mit anderen will er sich *verstecken*; mit anderen will er sich *verklären*, sei es vor sich oder anderen; mit anderen will er sich *empor und vorwärts bringen*; mit anderen will er an der Menschheit Macht und *Schöpferkraft* ausüben; mit anderen will er gehorchen, mit anderen *herrschen* und *demüthigen*. Mit anderen will er *vergessen* oder *sich vergessen machen*. Genug, die Moralen sind auch nur eine Zeichensprache der Affekte. 10, 261

nicht die Absicht, sondern gerade das *Unabsichtliche* daran macht den Werth oder Unwerth einer Handlung aus. 10, 261

Die Moral als Zeichensprache der Affekte selber aber eine Zeichensprache der Funktionen alles Organischen. 10, 261 f.

Neben den Religionskriegen her geht fortwährend der *Moral-Krieg*: d.h. Ein Trieb will die Menschheit *sich unterwerfen*; und je mehr die Religionen aussterben, um so *blutiger* und *sichtbarer* wird dies Ringen werden. Wir sind im Anfange! 10, 263 f.

Wer sehr *leidet*, auf den wird der Teufel *neidisch* und weist ihn hinaus in den Himmel. 10, 295

Wie wenig Phantasie haben wir für das Leid, das wir Anderen anthun! 10, 296

Strafen bei den Germanen: einen Mühlstein auf's Haupt fallen lassen (mythisch), das Viertheilen durch Pferde, Zertreten durch Pferde; in Oel oder Wein gesotten (14. und 15. Jahrhundert) werden; ebenso im Mittelalter Lebendigbegraben, Vermauern, Verhungern. Das Rädern (rein germanisch), das Schinden (Riemenschneiden aus der Haut). Mit Honig bestreichen und den Fliegen und der heißen Sonne übergeben. Das rechte Bein und den linken Arm abhauen. Nase, Ohren, Lippen, Zunge, Zähne, Augen, Geschlechtstheile. 10, 326

Weiber-Verwandtschaft: Kinder gehören nicht in die Familie des Vaters, sondern des Bruders ihrer Mutter. Der Vater gehört zu einer anderen Familie: Vater und Sohn in feindseligem Verhältniß. Der Vater heirathet in eine fremde Familie hinein und in ihr ist er lediglich Erzeuger, und kaum mehr als ein Sklave. – Die Vaterschaft nichts Selbstverständliches, sondern ein spät erreichtes Rechtsinstitut. Das sittliche Band zwischen Vater und Kind *fehlt*! Der Vater gilt nicht als blutverwandt mit seinen Kindern. Die *Nabelschnur* ist das Band der Familie.

In den Verbänden von Blutverwandten giebt es weder ein individuelles Verbrechen, noch individuelles Eigenthum, noch Ehe. Nur das Geschlecht hat Rechte und Pflichten. Weiber sind wie Kinder Gemeingut. Ja es giebt Zustände, wo es keine Verwandtschaft von Person zu Person giebt, sondern Gruppen verwandt sind. – *Gruppen-Ehen.*

Rechtsubjekte sind *jetzt* die sogenannten »natürlichen Personen«, die Einzelnen: sie sind die Träger von Rechten und Pflichten.

Ein alter Chinese sagte, er habe gehört, wenn Reiche zu Grunde gehen sollen, so hätten sie viele Gesetze.

Die Ehe mit schlechtem Gewissen: das Weib muß, bevor es heirathet, eine Zeit des Hetärism durchmachen, es muß entjungfert sein. Es muß sich den Stammesgenossen preisgeben, bevor es Einem Manne gehört. Letzter Rest das jus primae noctis der Häuptlinge oder auch Priester (wie bei den Buddhisten in Cambodja)

Die Hetäre steht in manchen Theilen Afrika's, in Indien und in Java in hohem Ansehen, sie ist den Volksgöttern treu geblieben. –

Hier erhält der Mann mit der Frau zugleich sämmtliche Schwestern, dort haben sämmtliche Brüder *Eine* Frau.

Bei den Thieren sind die Weibchen nicht geschmückt, die Schönheit gehört den Männchen zu – die Begehrenden und Kämpfenden werden schön.

Das Weib macht bei uns »Eroberungen« 10, 326 f.

Fürchtet den Zurückgezogenen! Zum Springen bereitet sich der Tiger! 10, 361

Verehren ist selber eine Leidenschaft: ebenso wie das Beschimpfen. Durch *Verehren* wurden die *»Leidenschaften«* zu *Tugenden.* 10, 361

Ein unbedingtes »Soll« kann ich mir nur selten zurufen: also keine Autorität! Der »moralische Sinn« Kants ist nichts! Das ist die *Eitelkeit* welche *will,* daß ein »Soll« Aller Welt »Soll« ist! 10, 361

Reinigung von der Rache ist *meine* Moral. 10, 363

Wir finden bei den verschiedenen Menschen *dieselbe Zahl* von Leidenschaften: diese aber verschieden genannt, geschätzt und dadurch verschieden *gerichtet. Gut* und *Böse* unterscheiden sich durch die verschiedene Rangordnung der Leidenschaften unter einander und die Herrschaft der Ziele. 10, 363

Wie leicht nimmt man die Last einer Entschuldig‹ung› auf sich, so lange man nichts zu verantworten hat.
Aber ich bin verantwortlich. 10, 369

Die Lehre zuerst vom *Gesindel* gut *geheißen*, zuletzt von den höchsten Menschen. 10, 377

Wir wollen wie Z‹arathustra› leben, in Scham vor einer großen Wahrheit. 10, 377

Welches ist die fruchtbarste Mutter der Trauerspiele?
Die verletzte Eitelkeit. 10, 379

Gar nicht von sich reden ist eine sehr vornehme – Heuchelei. 10, 383

Warten macht unmoralisch. 10, 384

Wenn man keinen guten Vater hat, so soll man sich einen anschaffen. 10, 384

Wie gut klingen schlechte Musik und schlechte Gründe, wenn man auf einen Feind los marschirt! 10, 389

Wer seinen Gegner tödten will, mag erwägen, ob er ihn nicht gerade dadurch bei sich verewigt. 10, 389

Der Glaube macht selig, zumal der Glaube an uns. 10, 392

Wie lächerlich ist mir Jeder, der Jemanden zu sich bekehren *will*! 10, 424

Man soll seine Feinde nicht segnen: aber es kommt die Zeit, wo man keine Freunde mehr hat, und dann segnet man noch, daß man ihnen nicht fluchte! 10, 486

Jeder Gedanke, wie die flüssige Lava, baut um sich selber eine Burg und erdrückt sich mit »Gesetzen«. 10, 486

»Die gemeinen Naturen täuschen sich über die noblen: sie errathen deren Motive nicht.«! 11, 28

Diese extremste Form der Welt-Verneinung habe ich gesucht. »Es ist alles Leiden«, es ist alles *Lüge*, was »gut« scheint (Glück usw.) Und statt zu sagen »es ist alles Leiden« habe ich gesagt: es ist alles Leiden-machen, Tödten, auch im besten Menschen.

»Es ist alles Schein« – es ist alles Lüge
»Es ist alles Leiden« – es ist alles Wehe-Thun, Tödten, Vernichten, Ungerecht-Sein

Das Leben selber ist ein *Gegensatz* zur »Wahrheit« und zur »Güte« – ego

Das Leben-Bejahen – das selber heißt die Lüge bejahen. – Also man kann nur *mit einer absolut unmoralischen Denkweise* leben. Aus dieser heraus erträgt man dann auch wieder die Moral und die *Absicht auf Verschönerung.* – Aber die Unschuld der Lüge ist dahin! 11, 37

‹daß das› »Glück Aller« ein erstrebenswerthes Ziel ‹sei› (d. h. das Himmelreich Christi). Wir sind auf dem besten Wege: das Himmelreich der Armen des Geistes hat begonnen. 11, 61

»Die Menschen sind *nicht* undankbar: aber der Wohlthäter erwartet meist zu viel«. 11, 67

Er sagt, die Menschen verändern sich, im Guten wie im Bösen.

Er meint, die allermeisten Handlungen sind nicht Charakter-Handlungen, sondern Moment-Handlungen, welche nichts für den Charakter beweisen. 11, 68

Das Unglück in der großen Hypocrisie *aller* alten Moral-Philosophen. Sie übten die Phantasie der Menschen darauf ein, von einander Tugend und Macht zu trennen. Macht erscheint als *Anspruch auf Glück* – *das* ist noch antik daran, Nachklang der aristokratischen Grundform. Von Sokrates an wird trotzdem die ἀρετή *falsch* verstanden, – sie mußte sich immer wieder erst begründen und wollte es doch nicht individuell thun! sondern tyrannisch »gut für *Alle!*« Versuch kleiner Staaten-Gründungen im Staate: wie jetzt bei den Muhamedanern Nord-Afrikas. 11, 68

Das Sklavenmäßige als Verlangen nach *Autorität.* Luther.

11, 70

Die *Zähmung* des Menschen ist bisher als »Moral« mißverstanden. 11, 74

Man redet so dumm vom *Stolze* – und das Christenthum hat ihn gar als *sündlich* empfinden machen! Die Sache ist: wer *Großes von sich verlangt und erlangt*, er muß sich von denen sehr fern fühlen, welche dies nicht thun – diese *Distanz* wird von diesen Anderen gedeutet als »Meinung über sich«: aber jener kennt sie nur als fortwährende Arbeit, Krieg, Sieg, bei Tag und Nacht: *von dem* Allen wissen die *Anderen nichts*!

11, 105

Sich so fernstellen von den moralischen Phänomenen, wie der Arzt dem Hexenglauben und der Lehre »vom Griff des Teufels« fernsteht. 11, 155

Wenn man nicht einen bestimmten Standpunkt hat, ist über den Werth von keinem Dinge zu reden: d. h. eine bestimmte *Bejahung* eines bestimmten Lebens ist die Voraussetzung jedes *Schätzens.* 11, 162

»Das Princip, der Grundsatz, über dessen Inhalt alle Ethiker eigentlich einig sind: neminem laede, immo omnes quantum potes juva – das ist eigentlich der Satz, welchen zu *begründen* alle Sittenlehrer sich abmühen – das eigentliche Fundament der Ethik, welches man wie den Stein der Weisen seit Jahrtausenden sucht.«

Die Schwierigkeit, diesen Satz zu beweisen, ist freilich groß er ist albern und sklavenhaft-sentimental.

neminem laede warum nicht?

neminem enthält eine Gleichsetzung aller Menschen: da aber die Menschen nicht gleich sind, so ist hierin eine *Forde-*

rung enthalten, sie als gleich zu *setzen.* Also – »behandle jeden Menschen als Deinesgleichen« ist Hintergrund dieser Moral. »Nutzen« enthält die Frage »nützlich *wozu?*« also schon eine Werthschätzung und Ziel. Unter Umständen könnte, um Allen zu nützen, es nöthig sein Vielen zu schaden: also der erste Theil falsch sein. Es ist lächerlich, ein »Wohl- und Wehethun« *an sich* zu glauben, wenn man Philosoph ist. Ein Schmerz und Verlust bringt uns oft den größten Gewinn, und »es ist sehr gut, schlimme Feinde zu haben«, wenn aus dir etwas Großes werden soll.–

also: erste Frage, ob die Moral praktikabel, *ausführbar* ist. Aber wie kann ich *»Allen nützen«*! 11, 171 f.

Ich habe ein Mißtrauen gegen alle moralischen Menschen: ihr Mangel an Selbst-Erkenntniß und Selbst-Verachtung macht mich nicht nur gegen ihren Verstand ungeduldig – ihr Anblick beleidigt mich. 11, 182

Ich sah mich um, aber sah bisher keine schlimmere Gefahr für alle Erkenntniß als die moralische Heuchelei: oder, um gar keinen Zweifel zu lassen, jene Heuchelei, welche Moral heißt. 11, 199

jeder Buckel krümmt sich tiefer –
jeder Christ treibt Juden-Schacher –
Die Franzosen werden tiefer –
Und die Deutschen täglich flacher!

11, 297

Thut gleich mir: so lernt ihr, was ich lernte: nur der Thäter lernt.

Stellt euch auf den Markt, daß ihr lernt, was Pöbel und Pöbel-Lärm ist: bald soll euch Hören und Sehen vergehn.

was um mich wohnt, das wohnt sich bald auch ein.

Hat euch einmal eine Tugend überredet und überwunden: so wißt und zürnt nicht darob: all das Schlimme in euch will seine Rache dafür haben: –

Am härtesten nämlich, ihr höheren Menschen, werdet ihr für eure Tugend bestraft. 11, 349

In Deutschland hat es immer an Geist gefehlt, und die mittelmäßigen Köpfe kommen dort schon zu den höchsten Ehren, weil sie schon selten sind. Was am besten geschätzt wird, das ist Fleiß und Beharrlichkeit und ein gewisser kaltblütiger kritischer Blick; und um solcher Eigenschaften willen ist deutsche Philologie, deutsches Kriegswesen über Europa Meister geworden. 11, 466

Für feinere und klügere Ohren klingt fast jedes Lob einer Tugend lächerlich: sie hören noch keine Tugend heraus z. B. wenn einer *»bescheiden«* genannt wird (falls er sich richtig abschätzt!) oder daß einer *»wahrhaftig«* heißt (falls er nicht getäuscht sein will!) ‹oder› *»mitleidig«* (falls er ein weiches nachgebendes Herz hat) oder keusch (falls er ein Frosch ist und andererseits doch nicht gern an Sümpfen lebt)

11, 466

Oh Teufel über das Gequak! Die Deutschen prahlen wieder einmal mit ihrer berühmten »deutschen Tugend«, von der die Historie schlechterdings nichts weiß. Am schlimmsten treiben es einige Antisemiten, hinzugezählt was am Sumpfe des Bayreuther Meisters sitzen geblieben ist. 11, 497

Antisemiten und anderes in dem Grund verlogenes Gesindel, das die großen Worte nöthig hat, vor sich selber mehr noch als vor aller Welt 11, 500

Die Kleinheit und Erbärmlichkeit der deutschen Seele, ihr theils genüßliches, theils neidisches Im-Winkel-sitzen, ihre eingefleischte »Kleinstädterei«, um an Kotzebue zu erinnern, ihre »Froschperspective« für alle hohen Dinge, um mit den Malern zu reden, – wie schmerzlich – – –

11, 568

AUS DEM NACHLASS 1885-1889

– die »Strafe« entwickelt sich im engsten Raume, als Reaktion des Mächtigen, des Hausherrn, als Ausdruck seines Zorns gegen die Mißachtung seines Befehls und Verbotes. – *Vór* der Sittlichkeit der Sitte (deren Kanon will »alles Herkömmliche soll geehrt werden«) steht die Sittlichkeit der herrschenden Person (deren Kanon will, daß »der Befehlende geehrt werde«) Das Pathos der Distanz, das Gefühl der Verschiedenheit liegt im letzten Grunde aller Moral.

12, 13

Wenn die Dinge unbekannt sind, *so ist es auch der Mensch.* Was ist da loben und tadeln! 12, 13

Daß du dir selber befiehlst, das heißt »Freiheit des Willens«

12, 20

Die Moral als des Menschen *größte Gefahr* 12, 201

Die Engländer meinen, man werde nur einem moralischen Gotte gehorchen. – Die Atheisten sind gerade in moralischen Fragen am befangensten. 12, 204

Welche *Vortheile* bot die christliche Moral-Hypothese?

1) sie verlieh dem Menschen einen absoluten *Werth* im Gegensatz zu seiner Kleinheit und Zufälligkeit im Strom des Werdens und Vergehens

2) sie diente den Advokaten Gottes, insofern sie der

Welt trotz Leid und Übel den Charakter der *Vollkommenheit* ließ, – eingerechnet jene »Freiheit« – das Übel erschien voller *Sinn.*

3) sie setzt ein *Wissen* um absolute Werthe beim Menschen an und gab ihm somit gerade für das Wichtigste *adäquate Erkenntniß*

Sie verhütete, daß der Mensch sich als Menschen verachtete, daß er gegen das Leben Partei nahm, daß er am Erkennen verzweifelte: sie war ein *Erhaltungsmittel*; – in Summa: Moral war das große *Gegenmittel* gegen den praktischen und theoretischen *Nihilismus.* 12, 211

Die *Moral* ist also eine *Gegenbewegung gegen die Bemühungen der Natur*, es zu einem *höheren Typus* zu bringen. Ihre Wirkung ist:

Mißtrauen gegen das Leben überhaupt (insofern dessen Tendenzen als »unmoralisch« empfunden werden)

Sinnlosigkeit, insofern die obersten Werthe als im Gegensatz zu den obersten Instinkten empfunden werden – Widersinn.

Entartung und Selbstzerstörung der »höheren Naturen«, weil gerade in ihnen der Conflikt *bewußt* wird. 12, 334

Vergleich mit der jüdischen *»Heiligkeit«* und ihrer Naturbasis: ebenso steht es mit dem *souverain gemachten Sittengesetz*, losgelöst von seiner *Natur* (– bis zum *Gegensatz* zur Natur –)

Schritte der »Entnatürlichung der Moral« (sog. *»Idealisierung«*)

als Weg zum Individual-Glück
als Folge der Erkenntniß
als kateg‹orischer› Imperativ, losgelöst
von – – –
als Weg zur Heiligung
als Verneinung des Willens zum Leben
die schrittweise *Lebensfeindlichkeit der Moral.* 12, 380

Die *unterdrückte* und *ausgewischte Häresie* in der Moral

12, 380

Überarbeitung, Neugierde und Mitgefühl – unsre *modernen Laster.* 12, 416

Vorsicht vor der Moral: sie entwerthet uns uns selber –

Vorsicht vor dem Mitleiden: es überbürdet uns mit der Noth Anderer –

Vorsicht vor der »Geistigkeit«: sie verdirbt den Charakter, indem sie extrem einsam macht: einsam d. h. ungebunden, unangebunden ... 13, 39

Die vollkommene Unmündigkeit der Moralisten, welche unserem vielhäutigen und verborgenen Selbst zumuthen, *einfach* zu sein; welche sagen »gieb dich, wie du bist«: als ob man dazu nicht erst Etwas sein müßte, das *ist* ... 13, 60

Die »Gegenseitigkeit« ist eine große Gemeinheit; gerade daß Etwas, was *ich* thue, *nicht* von Einem Andern gethan werden *dürfte* und *könnte*, daß es *keinen Ausgleich* geben darf – außer in der *ausgewähltesten Sphäre* der »meines Gleichen«, inter pares –; daß man in einem tieferen Sinne nie zurückgiebt, weil man etwas *Einmaliges ist* und nur *Einmaliges thut* – diese Grundüberzeugung enthält die Ursache der *aristokratischen Absonderung* von der Menge, weil die Menge an »Gleichheit« und *folglich* Ausgleichbarkeit und »Gegenseitigkeit« glaubt. 13, 61

der *Niedergang des deutschen Geistes*, der mit der Heraufkunft der Vaterländerei und des Nationalism Schritt gehalten hat – 13, 61

In den Begriff der Macht, sei es eines Gottes, sei es eines Menschen, ist immer zugleich die Fähigkeit zu *nützen* und die Fähigkeit zu *schaden* eingerechnet. So bei den Arabern; so bei den Hebräern. So bei allen stark gerathenen Rassen.

Es ist ein verhängnißvoller Schritt, wenn man *dualistisch* die Kraft zum Einen von der zum Anderen *trennt* ... Damit wird die Moral zur Giftmischerin des Lebens ... 13, 112

Der *consequente* Typus: hier wird begriffen, daß man auch das Böse nicht hassen dürfe, daß man ihm nicht widerstehen dürfe, daß man auch nicht gegen sich selbst Krieg führen dürfe: daß man das Leiden, welches eine solche Praxis mit sich bringt, nicht nur hinnimmt; daß man ganz und gar in den *positiven* Gefühlen lebt; daß man die Partei der Gegner nimmt in Wort und That; daß man durch eine Superfötation der friedlichen, gütigen, versöhnlichen, hülf- und liebreichen Zustände den Boden der anderen Zustände verarmt ..., daß man eine fortwährende *Praxis* nöthig hat

was ist hier erreicht? – Der buddhistische Typus: oder die vollkommene Kuh

Dieser Standpunkt ist nur möglich, wenn kein moralischer Fanatismus herrscht d. h. wenn das Böse nicht um seiner selber willen gehaßt wird, sondern nur, weil es den Weg abgiebt zu Zuständen, welche uns wehe thun (Unruhe, Arbeit, Sorge, Verwicklung, Abhängigkeit.)

Dies der *buddhistische* Standpunkt: hier wird nicht die Sünde gehaßt, hier fehlt der Begriff »Sünde«. 13, 125

Der *inconsequente* Typus: man führt Krieg gegen das Böse – man glaubt, daß der Krieg *um des Guten willen* nicht die moralische und Charakter-Consequenz habe, die sonst der Krieg mit sich bringt (und derentwegen man ihn als böse verabscheut) Thatsächlich verdirbt ein solcher Krieg gegen das Böse viel gründlicher als irgend eine Feindseligkeit von Person zu Person; und gewöhnlich schiebt sich sogar »die Person« als Gegner wenigstens imaginär wieder ein (der

Teufel, die bösen Geister usw.) Das feindselige Verhalten, Beobachten, Spioniren gegen alles, was in uns schlimm ist und schlimmen Ursprungs sein könnte, endet mit der gequältesten und unruhigsten Verfassung: so daß jetzt »Wunder«, Lohn, Ekstase, Jenseitigkeits-Lösung *wünschbar* werden …

Der christliche Typus: oder der vollkommene *Mucker*.

13, 125 f.

Der Humor der europäischen Cultur: man hält das für wahr, aber thut *jenes* z. B. was hilft alle Kunst des Lesens und der Kritik, wenn die kirchliche Interpretation der Bibel (die protestantische so gut wie die katholische) nach wie vor aufrecht erhalten wird! 13, 234

Die zweite Hälfte des Lebens besteht aus den Gewohnheiten, die man in der ersten contrahirt hat. 13, 253

Eliminiren wir diese Zuthaten: so bleiben keine Dinge übrig, sondern dynamische Quanta, in einem Spannungsverhältniß zu allen anderen dynamischen Quanten: deren Wesen in ihrem Verhältniß zu allen anderen Quanten besteht, in ihrem »Wirken« auf dieselben – der Wille zur Macht nicht ein Sein, nicht ein Werden, sondern ein *Pathos* ist die elementarste Thatsache, aus der sich erst ein Werden, ein Wirken ergiebt … 13, 259

Das *Maß von Macht* bestimmt, welches *Wesen* das andre Maß von Macht hat: unter welcher Form, Gewalt, Nöthigung es wirkt oder widersteht 13, 271

eine Moral, eine durch lange Erfahrung und Prüfung erprobte, *bewiesene* Lebensweise kommt zuletzt als Gesetz zum Bewußtsein, als *dominirend* ..

und damit tritt die ganze Gruppe verwandter Werthe und

Zustände in sie hinein: sie wird ehrwürdig, unangreifbar, heilig, wahrhaft

es gehört zu ihrer Entwicklung, daß ihre Herkunft *vergessen* wird ... Es ist ein Zeichen, daß sie Herr geworden ist ...

13, 283

Bei den Moral-Werthen kamen alle *antiwissenschaftlichen* Instinkte zusammen in Betracht, um hier die Wissenschaft *auszuschließen* ...

Wie der unglaubliche Skandal, den die Moral in der Geschichte der Wissenschaft darstellt, zu erklären .. 13, 287

Kurz, die Entnatürlichung der Moralwerthe hatte zur Consequenz, einen entartenden *Typus des Menschen* zu schaffen – »den Guten«, »den Glücklichen«, »den Weisen«

Sokrates ist ein Moment der *tiefsten Perversität* in der Geschichte der Menschen 13, 289

Die Theorie vom »freien Willen« ist antireligiös. Sie will dem Menschen ein Anrecht schaffen, sich für seine hohen Zustände und Handlungen als Ursache denken zu dürfen; sie ist eine Form des wachsenden *Stolzgefühls*

Der Mensch fühlt seine Macht, sein »Glück«, wie man sagt: es muß »Wille« sein vor diesem Zustand, – sonst gehört er ihm nicht an

die Tugend ist der Versuch, ein Faktum von Wollen und Gewollt-haben, als nothwendiges Antecedens vor jedes hohe und starke Glücksgefühl zu setzen

wenn regelmäßig der Wille zu gewissen Handlungen im Bewußtsein vorhanden ist, so darf ein Machtgefühl als dessen Wirkung ausgelegt werden 13, 308

Moral
Daß der Werth einer Handlung von dem abhängen soll, was ihr *im Bewußtsein* vorausgieng – wie falsch ist das! – Und man hat die Moralität danach bemessen, selbst die Criminalität …

Man hat gemeint, man müsse ihre Folgen wissen – und die naiven Psych‹ologen› von ehedem sagten – – –

13, 371

Eins wird am schwersten verziehen: daß man sich selbst achtet. Ein solches Wesen ist einfach abominabel: er bringt ja an's Licht, was es mit der Toleranz der einzigen Tugend der übrigen und Aller auf sich hat … 13, 387

Also, principiell: jeder Nachtheil, jedes Unglück ist Beweis von *Verschuldung*: selbst jede niedrige Existenzform (die Thiere z. B.) 13, 391

Ein Kind in die Welt setzen, in der man selbst kein Recht zu sein hat, ist schlimmer als ein Leben nehmen. Der Syphilitiker, der ein Kind macht, giebt die Ursache zu einer ganzen Kette verfehlter Leben ab, er schafft einen Einwand gegen das Leben, er ist ein Pessimist der *That*: wirklich wird durch ihn der Werth des Lebens aufs Unbestimmte hin verringert. – 13, 402

Überall, wo Verantwortlichkeiten gesucht worden sind, ist es der *Instinkt der Rache* gewesen, der da suchte. Dieser Instinkt der Rache wurde in Jahrtausenden dermaßen über die Menschheit Herr, daß die ganze Metaphysik, Psychologie, Geschichtsvorstellung, vor Allem aber die *Moral* mit ihm abgezeichnet worden ist. So weit auch nur der Mensch gedacht hat, so weit hat er den Bacillus der Rache in die Dinge geschleppt. Er hat Gott selbst damit krank gemacht, er hat das Dasein überhaupt um seine Unschuld gebracht: nämlich dadurch, daß er jedes So-und-So-sein auf Willen, auf Absichten, auf Akte der Verantwortlichkeit zurückführte. Die ganze Lehre vom Willen, diese verhängnißvollste *Fälschung* in der bisherigen Psychologie, wurde wesentlich erfunden zum Zweck der Rache. Es war die gesellschaftliche *Nützlichkeit* der Strafe, die diesem Begriff seine Würde, seine Macht, seine Wahrheit verbürgte. Die Urheber der älteren Psychologie – der Willens-Psychologie – hat man in den Ständen zu suchen, welche das Strafrecht in den Händen hatten, voran in dem der Priester an der Spitze der ältesten Gemeinwesen: sie wollten sich ein Recht schaffen, Rache zu nehmen – oder sie wollten *Gott* ein Recht zur Rache schaffen. Zu diesem Zwecke wurde der Mensch »frei« gedacht; zu diesem Zwecke mußte jede Handlung als gewollt, mußte der Ursprung jeder Handlung als im Bewußtsein liegend gedacht werden. Allein in diesen Sätzen ist die alte Psychologie conservirt. – Heute, wo Europa in die umgekehrte Bewegung eingetreten scheint, wo wir Halkyonier zumal mit aller Kraft den *Schuldbegriff* und *Strafbegriff* aus der Welt wieder zurückzuziehen, herauszunehmen, auszulöschen suchen, wo unser größter Ernst darauf aus ist, die Psychologie, die Moral, die Geschichte, die Natur, die gesellschaftlichen Institutionen und Sanktionen, Gott selbst von diesem Schmutz zu reinigen – in wem müssen wir unsre natürlichsten Antagonisten sehen? 13, 425

Der Unterricht vermehrt die Bedürfnisse und die Begehrlichkeit, ohne die Mittel zu vermehren, sie zu befriedigen.

Mit dem obligator‹ischen› Unterricht erschöpft man die *Reserven* einer Rasse.

die Criminalität ist dort am größten, wo die *Erschöpfung* am größten d. h. wo am unsinnigsten gearbeitet, in der Sphäre des Handels und der Industrie

Überarbeitung, *Erschöpfung*, *Stimulirungs*-Bedürfniß (Laster), Steigerung der Irritabilität und der *Schwäche* (so daß sie explosiv werden) 13, 430

Was ist die *Falschmünzerei an der Moral*?

Sie giebt vor, etwas zu *wissen*, nämlich was gut und böse sei.

Das heißt, wissen wollen, wozu der Mensch da ist, sein Ziel, seine Bestimmung zu kennen.

Das heißt wissen wollen, daß der Mensch ein Ziel, eine Bestimmung *habe* – 13, 442

»Den Gleichen Gleiches, den Ungleichen Ungleiches – so spricht uns die Gerechtigkeit. Und was daraus folgt, Ungleiches niemals gleich machen.« 13, 479

Nachdem sie ihre theologischen Studien absolvirt haben, dürfen die jungen Brahmanen, die jungen Xchatria und Vaysia, in die Kategorie der Familienväter eintreten. Der »Zweimalgeborene« soll dann seinen Stab nehmen und sich auf die Suche machen nach einem Weib aus seiner Kaste, die durch ihre Qualitäten glänzt und den Vorschriften Genüge thut. 13, 505

Hier wird wirklich an eine *Äquivalenz der Handlungen* geglaubt, die, in allen realen Verhältnissen, einfach nicht vorkommt. Es *kann* nicht jede Handlung zurückgegeben werden: zwischen wirklichen »Individuen« *giebt es keine gleiche Handlung*, folglich auch keine »Vergeltung« ... Wenn ich etwas thue, so liegt mir der Gedanke vollkommen fern, daß überhaupt dergleichen irgend einem Menschen möglich sei: es gehört *mir* ... Man kann mir Nichts zurückzahlen, man würde immer eine *»andere«* Handlung gegen mich begehen – 13, 584

Uns von der ewigen Lust des Daseins überzeugen

KUNST

DIE GEBURT DER TRAGÖDIE AUS DEM GEISTE DER MUSIK (1872)

Derselbe Trieb, der die Kunst in's Leben ruft, als die zum Weiterleben verführende Ergänzung und Vollendung des Daseins, liess auch die olympische Welt entstehn, in der sich der hellenische »Wille« einen verklärenden Spiegel vorhielt. So rechtfertigen die Götter das Menschenleben, indem sie es selbst leben – die allein genügende Theodicee! Das Dasein unter dem hellen Sonnenscheine solcher Götter wird als das an sich Erstrebenswerthe empfunden, und der eigentliche *Schmerz* der homerischen Menschen bezieht sich auf das Abscheiden aus ihm, vor allem auf das baldige Abscheiden: so dass man jetzt von ihnen, mit Umkehrung der silenischen Weisheit, sagen könnte, »das Allerschlimmste sei für sie, bald zu sterben, das Zweitschlimmste, überhaupt einmal zu sterben«. 1, 36

In den Griechen wollte der »Wille« sich selbst, in der Verklärung des Genius und der Kunstwelt, anschauen; um sich zu verherrlichen, mussten seine Geschöpfe sich selbst als verherrlichenswerth empfinden, sie mussten sich in einer höheren Sphäre wiedersehn, ohne dass diese vollendete Welt der Anschauung als Imperativ oder als Vorwurf wirkte. Dies ist die Sphäre der Schönheit, in der sie ihre Spiegelbilder, die Olympischen, sahen. Mit dieser Schönheitsspiegelung kämpfte der hellenische »Wille« gegen das dem künstlerischen correlative Talent zum Leiden und zur Weisheit des Leidens: und als Denkmal seines Sieges steht Homer vor uns, der naive Künstler. 1, 37 f.

Somit ist unser ganzes Kunstwissen im Grunde ein völlig illusorisches, weil wir als Wissende mit jenem Wesen nicht eins und identisch sind, das sich, als einziger Schöpfer und Zuschauer jener Kunstkomödie, einen ewigen Genuss bereitet. Nur soweit der Genius im Actus der künstlerischen Zeugung mit jenem Urkünstler der Welt verschmilzt, weiss er etwas über das ewige Wesen der Kunst; denn in jenem Zustande ist er, wunderbarer Weise, dem unheimlichen Bild des Mährchens gleich, das die Augen drehn und sich selber anschaun kann; jetzt ist er zugleich Subject und Object, zugleich Dichter, Schauspieler und Zuschauer. 1, 47 f.

Das Volkslied aber gilt uns zu allernächst als musikalischer Weltspiegel, als ursprüngliche Melodie, die sich jetzt eine parallele Traumerscheinung sucht und diese in der Dichtung ausspricht. *Die Melodie ist also das Erste und Allgemeine*, das deshalb auch mehrere Objectivationen, in mehreren Texten, an sich erleiden kann. Sie ist auch das bei weitem wichtigere und nothwendigere in der naiven Schätzung des Volkes. Die Melodie gebiert die Dichtung aus sich und zwar immer wieder von Neuem; 1, 48 f.

Der Weltsymbolik der Musik ist eben deshalb mit der Sprache auf keine Weise erschöpfend beizukommen, weil sie sich auf den Urwiderspruch und Urschmerz im Herzen des Ur-Einen symbolisch bezieht, somit eine Sphäre symbolisirt, die über alle Erscheinung und vor aller Erscheinung ist. 1, 51

Die Verzauberung ist die Voraussetzung aller dramatischen Kunst. 1, 61

»Die Spitze der Weisheit kehrt sich gegen den Weisen: Weisheit ist ein Verbrechen an der Natur«: solche schreckliche Sätze ruft uns der Mythus zu: der hellenische Dichter aber berührt wie ein Sonnenstrahl die erhabene und furchtbare Memnonssäule des Mythus, so dass er plötzlich zu tönen beginnt – in sophokleischen Melodieen! 1, 67

Wenn nämlich der Künstler bei jeder Enthüllung der Wahrheit immer nur mit verzückten Blicken an dem hängen bleibt, was auch jetzt, nach der Enthüllung, noch Hülle bleibt, geniesst und befriedigt sich der theoretische Mensch an der abgeworfenen Hülle und hat sein höchstes Lustziel in dem Prozess einer immer glücklichen, durch eigene Kraft gelingenden Enthüllung. 1, 98

Der kunstohnmächtige Mensch erzeugt sich eine Art von Kunst, gerade dadurch, dass er der unkünstlerische Mensch an sich ist. Weil er die dionysische Tiefe der Musik nicht ahnt, verwandelt er sich den Musikgenuß zur verstandesmäßigen Wort- und Tonrhetorik der Leidenschaft im stilo rappresentativo und zur Wohllust der Gesangeskünste; weil er keine Vision zu schauen vermag, zwingt er den Maschinisten und Decorationskünstler in seinen Dienst; weil er das wahre Wesen des Künstlers nicht zu erfassen weiß, zaubert er vor sich den »künstlerischen Urmenschen« nach seinem Geschmack hin, d. h. den Menschen, der in der Leidenschaft singt und Verse spricht. 1, 123

Im Sinne dieses Glaubens ist die Oper der Ausdruck des Laienthums in der Kunst, das seine Gesetze mit dem heitern Optimismus des theoretischen Menschen dictirt.

1, 124

Denn dass es im Leben wirklich so tragisch zugeht, würde am wenigsten die Entstehung einer Kunstform erklären; wenn anders die Kunst nicht nur Nachahmung der Naturwirklichkeit, sondern gerade ein metaphysisches Supplement der Naturwirklichkeit ist, zu deren Ueberwindung neben sie gestellt. Der tragische Mythus, sofern er überhaupt zur Kunst gehört, nimmt auch vollen Antheil an dieser metaphysischen Verklärungsabsicht der Kunst überhaupt: was verklärt er aber, wenn er die Erscheinungswelt unter dem Bilde des leidenden Helden vorführt? Die »Realität« dieser Erscheinungswelt am wenigsten, denn er sagt uns gerade: »Seht hin! Seht genau hin! Dies ist euer Leben! Dies ist der Stundenzeiger an eurer Daseinsuhr!« 1, 151

UNZEITGEMÄSSE BETRACHTUNGEN I
(1873)

Ich empfinde diesen Taumel und dieses Glück in dem unvergleichlich zuversichtlichen Benehmen der deutschen Zeitungsschreiber und Roman-, Tragödien-, Lied- und Historienfabrikanten: denn dies ist doch ersichtlich eine zusammengehörige Gesellschaft, die sich verschworen zu haben scheint, sich der Musse- und Verdauungsstunden des modernen Menschen, das heisst seiner »Kulturmomente« zu bemächtigen und ihn in diesen durch bedrucktes Papier zu betäuben. 1, 161

Denn alles, was mit der öffentlichen Meinung meint, hat sich die Augen verbunden und die Ohren verstopft – jener Kontrast soll nun einmal nicht da sein. Wie ist dies möglich? Welche Kraft ist so mächtig, ein solches »Soll nicht« vorzuschreiben? Welche Gattung von Menschen muss in Deutschland zur Herrschaft gekommen sein, um so starke und einfache Gefühle verbieten oder doch ihren Ausdruck verhindern zu können? Diese Macht, diese Gattung von Menschen will ich bei Namen nennen – es sind die *Bildungsphilister.* 1, 164 f.

Wir haben ja unsere Kultur, heisst es dann, denn wir haben ja unsere »Klassiker«, das Fundament ist nicht nur da, nein auch der Bau steht schon auf ihm gegründet – wir selbst sind dieser Bau. Dabei greift der Philister an die eigene Stirn. 1, 167

Einiges Neue lernen wir zwar aus ihnen, zum Beispiel, dass man durch Gervinus wisse, wie und warum Goethe kein dramatisches Talent gewesen sei: dass Goethe im zweiten Theile des Faust nur ein allegorisch-schemenhaftes Produkt hervorgebracht habe, dass der Wallenstein ein Macbeth sei, der zugleich Hamlet ist, dass der Straussische Leser aus den Wanderjahren die Novellen herausklaubt, wie ungezogene Kinder die Rosinen und Mandeln aus einem zähen Kuchenteig, dass ohne das Drastische und Packende auf der Bühne keine volle Wirkung erreicht werde, und dass Schiller aus Kant wie aus einer Kaltwasseranstalt herausgetreten sei. Das ist freilich alles neu und auffallend, aber es gefällt uns nicht, ob es gleich auffällt; und so gewiss es neu ist, so gewiss wird es nie alt werden, weil es nie jung war, sondern als Grossonkel-Einfall aus dem Mutterleibe kam. Auf was für Gedanken kommen doch die Seligen neuen Stils in ihrem ästhetischen Himmelreich. 1, 181

»Bedauert doch, ruft uns Goethe zu, den ausserordentlichen Menschen, dass er in einer so erbärmlichen Zeit leben, dass er immerfort polemisch wirken musste.« 1, 183

Und was Mozart betrifft, so sollte doch wahrhaftig hier gelten was Aristoteles von Plato sagt: »ihn auch nur zu loben, ist *den Schlechten* nicht erlaubt.« 1, 187

MENSCHLICHES, ALLZUMENSCHLICHES I (1878)

Kunst der hässlichen Seele. – Man zieht der Kunst viel zu enge Schranken, wenn man verlangt, dass nur die geordnete, sittlich im Gleichgewicht schwebende Seele sich in ihr aussprechen dürfe. Wie in den bildenden Künsten, so auch giebt es in der Musik und Dichtung eine Kunst der hässlichen

Seele, neben der Kunst der schönen Seele; und die mächtigsten Wirkungen der Kunst, das Seelenbrechen, Steinebewegen und Thierevermenschlichen ist vielleicht gerade jener Kunst am meisten gelungen. 2, 145

Selbstüberschätzung im Glauben an Künstler und Philosophen. – Wir Alle meinen, es sei die Güte eines Kunstwerks, eines Künstlers bewiesen, wenn er uns ergreift, erschüttert. Aber da müsste doch erst *unsere eigene Güte* in Urtheil und Empfindung bewiesen sein: was nicht der Fall ist. Wer hat mehr im Reiche der bildenden Kunst ergriffen und entzückt, als Bernini, wer mächtiger gewirkt, als jener nachdemosthenische Rhetor, welcher den asianischen Stil einführte und durch zwei Jahrhunderte zur Herrschaft brachte? Diese Herrschaft über ganze Jahrhunderte beweist Nichts für die Güte und dauernde Gültigkeit eines Stils; desshalb soll man nicht zu sicher in seinem guten Glauben an irgend einen Künstler sein: ein solcher ist ja nicht nur der Glaube an die Wahrhaftigkeit unserer Empfindung, sondern auch an die Unfehlbarkeit unseres Urtheils, während Urtheil oder Empfindung oder beides selber zu grob oder zu fein geartet, überspannt oder roh sein können. Auch die Segnungen und Beseligungen einer Philosophie, einer Religion beweisen für ihre Wahrheit Nichts: ebensowenig als das Glück, welches der Irrsinnige von seiner fixen Idee her geniesst, Etwas für die Vernünftigkeit dieser Idee beweist. 2, 150f.

Corriger la fortune. – Es giebt schlimme Zufälligkeiten im Leben grosser Künstler, welche zum Beispiel den Maler zwingen, sein bedeutendstes Bild nur als flüchtigen Gedanken zu skizziren oder zum Beispiel Beethoven zwangen, uns in manchen grossen Sonaten (wie in der grossen B-dur) nur den ungenügenden Clavierauszug einer Symphonie zu hinterlassen. Hier soll der späterkommende Künstler das Leben der Grossen nachträglich zu corrigiren suchen: was zum Beispiel Der thun würde, welcher, als ein Meister aller Orchesterwirkungen, uns jene, dem Clavier-Scheintode verfallene Symphonie zum Leben erweckte. 2, 160

Das Jenseits in der Kunst. – Nicht ohne tiefen Schmerz gesteht man sich ein, dass die Künstler aller Zeiten in ihrem höchsten Aufschwunge gerade jene Vorstellungen zu einer himmlischen Verklärung hinaufgetragen haben, welche wir jetzt als falsch erkennen: sie sind die Verherrlicher der religiösen und philosophischen Irrthümer der Menschheit, und sie hätten diess nicht sein können ohne den Glauben an die absolute Wahrheit derselben. Nimmt nun der Glaube an eine solche Wahrheit überhaupt ab, verblassen die Regenbogenfarben um die äussersten Enden des menschlichen Erkennens und Wähnens: so kann jene Gattung von Kunst nie wieder aufblühen, welche, wie die divina commedia, die Bilder Rafael's, die Fresken Michelangelo's, die gothischen Münster, nicht nur eine kosmische, sondern auch eine metaphysische Bedeutung der Kunstobjecte voraussetzt. Es wird eine rührende Sage daraus werden, dass es eine solche Kunst, einen solchen Künstlerglauben gegeben habe.

2, 180

Einer der Grossen, auf dessen Instinct man sich wohl verlassen kann und dessen Theorie Nichts weiter, als ein dreissig Jahre *Mehr* von Praxis fehlte, – Lord Byron hat einmal ausgesprochen: »Was die Poesie im Allgemeinen anlangt, so bin ich, je mehr ich darüber nachdenke, immer fester der Ueberzeugung, dass wir allesammt auf dem falschen Wege sind, Einer wie der Andere. Wir folgen Alle einem innerlich falschen revolutionären System, – unsere oder die nächste Generation wird noch zu der selben Ueberzeugung gelangen.« Es ist diess der selbe Byron, welcher sagt: »Ich betrachte Shakespeare als das schlechteste Vorbild, wenn auch als den ausserordentlichsten Dichter.«

Und sagt im Grunde Goethe's gereifte künstlerische Einsicht aus der zweiten Hälfte seines Lebens nicht genau das Selbe? – jene Einsicht, mit welcher er einen solchen Vorsprung über eine Reihe von Generationen gewann, dass man im Grossen und Ganzen behaupten kann, Goethe habe noch gar nicht gewirkt und seine Zeit werde erst kommen? Gerade weil seine Natur ihn lange Zeit in der Bahn der poetischen Revolution festhielt, gerade weil er am gründlichsten auskostete, was Alles indirect durch jenen Abbruch der Tradition an neuen Funden, Aussichten, Hülfsmitteln entdeckt und gleichsam unter den Ruinen der Kunst ausgegraben worden war, so wiegt seine spätere Umwandelung und Bekehrung so viel: sie bedeutet, dass er das tiefste Verlangen empfand, die Tradition der Kunst wieder zu gewinnen und den stehen gebliebenen Trümmern und Säulengängen des Tempels mit der Phantasie des Auges wenigstens die alte Vollkommenheit und Ganzheit anzudichten, wenn die Kraft des Armes sich viel zu schwach erweisen sollte, zu bauen, wo so ungeheure Gewalten schon zum Zerstören nöthig waren. So lebte er in der Kunst als in der Erinnerung an die wahre Kunst: sein Dichten war zum Hülfsmittel der Erinnerung, des Verständnisses alter, längst entrückter Kunstzeiten geworden. Seine Forderungen waren zwar in Hinsicht auf die Kraft des neuen Zeitalters unerfüllbar; der Schmerz darüber wurde aber reichlich durch die Freude aufgewogen, dass sie einmal erfüllt *gewesen* sind und dass auch wir noch an dieser Erfüllung theilnehmen können. Nicht Individuen, sondern mehr oder weniger idealische Masken; keine Wirklichkeit, sondern eine allegorische Allgemeinheit; Zeitcharaktere, Localfarben zum fast Unsichtbaren abgedämpft und mythisch gemacht; das gegenwärtige Empfinden und die Probleme der gegenwärtigen Gesellschaft auf die einfachsten Formen zusammengedrängt, ihrer reizenden, spannenden, pathologischen Eigenschaften entkleidet, in jedem andern als dem artistischen Sinne *wirkungslos* gemacht; keine neuen Stoffe und Charaktere, sondern die alten, längst gewohnten in immerfort währender Neubeseelung und Umbildung: das ist die Kunst, so wie sie Goethe später *verstand*, so wie sie die Griechen, ja auch die Franzosen *übten.* 2, 183 f.

Renaissance und Reformation. – Die italiänische Renaissance barg in sich alle die positiven Gewalten, welchen man die moderne Cultur verdankt: also Befreiung des Gedankens, Missachtung der Autoritäten, Sieg der Bildung über den Dünkel der Abkunft, Begeisterung für die Wissenschaft und wissenschaftliche Vergangenheit der Menschen, Entfesselung des Individuums, eine Gluth der Wahrhaftigkeit und Abneigung gegen Schein und blosen Effect (welche Gluth in einer ganz Fülle künstlerischer Charaktere hervorloderte, die Vollkommenheit in ihren Werken und Nichts als Vollkommenheit mit höchster sittlicher Reinheit von sich forderten); ja, die Renaissance hatte positive Kräfte, welche in unserer *bisherigen* modernen Cultur noch nicht wieder so mächtig geworden sind. Es war das goldene Zeitalter dieses Jahrtausends, trotz aller Flecken und Laster. Dagegen hebt sich nun die deutsche Reformation ab als ein energischer Protest zurückgebliebener Geister, welche die Weltanschauung des Mittelalters noch keinesweg satt hatten und die Zeichen seiner Auflösung, die ausserordentliche Verflachung und Veräusserlichung des religiösen Lebens anstatt mit Frohlocken, wie sich gebührt, mit tiefem Unmut empfanden. Sie warfen mit ihrer nordischen Kraft und Halsstarrigkeit die Menschen wieder zurück, erzwangen die Gegenreformation, das heisst ein katholisches Christenthum der Notwehr, mit den Gewaltsamkeiten eines Belagerungszustandes und verzögerten um zwei bis drei Jahrhunderte ebenso das völlig Erwachen und Herrschen der Wissenschaften, als sie das völlige In-Eins-Verwachsen des antiken und des modernen Geistes vielleicht für immer unmöglich machten. Die grosse Aufgabe der Renaissance konnte nicht zu Ende gebracht werden, der Protest des inzwischen zurückgebliebenen deutschen Wesens (welches im Mittelalter Vernunft genug gehabt hatte, um immer und immer wieder zu seinem Heile über die Alpen zu steigen) verhinderte diess. Es lag in dem Zufall einer ausserordentlichen Constellation der Politik, dass damals Luther erhalten blieb und jener Protest Kraft gewann: denn der Kaiser schützte ihn, um seine Neuerung gegen den Papst als Werkzeug des Druckes zu verwenden, und ebenfalls begünstigte ihn im Stillen der Papst, um die protestantischen Reichsfürsten als Gegengewicht gegen den Kaiser zu benutzen. Ohne diess seltsame Zusammenspiel der Absichten wäre Luther verbrannt worden wie Huss – und die Morgenröthe der Aufklärung vielleicht etwas früher und mit schönerem Glanze, als wir jetzt ahnen können, aufgegangen. 2, 199 f.

MENSCHLICHES, ALLZUMENSCHLICHES II (1879/80)

Künstler-Angst. – Die Angst, man möchte ihren Figuren nicht glauben, dass sie *leben*, kann Künstler des absinkenden Geschmacks verführen, diese so zu bilden, dass sie sich wie *toll* benehmen: wie andererseits aus der selben Angst griechische Künstler des ersten Aufgangs selbst Sterbenden und Schwerverwundeten jenes Lächeln gaben, welches sie als lebhaftestes Zeichen des Lebens kannten, – unbekümmert darum, was die Natur in solchem Falle des Nochlebens, des Fast-nicht-mehr-lebens bildet. 2, 430

Dichter und Wirklichkeit. – Die Muse des Dichters, der nicht in die Wirklichkeit verliebt ist, wird eben nicht die Wirklichkeit sein und ihm hohläugige und allzuzartknochichte Kinder gebären. 2, 435

Mund halten. – Der Autor hat den Mund zu halten, wenn sein Werk den Mund aufthut. 2, 436

Goethe's Irrungen. – Goethe ist darin die grosse Ausnahme unter den grossen Künstlern, dass er nicht in der Bornirtheit seines wirklichen Vermögens lebte, als ob dasselbe an ihm selber und für alle Welt das Wesentliche und Auszeichnende, das Unbedingte und Letzte sein müsse. Er meinte zweimal etwas Höheres zu besitzen, als er wirklich besass – und irrte sich, in der *zweiten* Hälfte seines Lebens, wo er ganz durchdrungen von der Ueberzeugung erscheint, einer der grössten *wissenschaftlichen* Entdecker und Lichtbringer zu sein. Und ebenso schon in der ersten Hälfte seines Lebens: er wollte von sich etwas Höheres, als die Dichtkunst ihm schien – und irrte sich schon darin. Die Natur habe aus ihm einen *bildenden* Künstler machen wollen – das war sein innerlich glühendes und versengendes Geheimniss, das ihn endlich nach Italien trieb, damit er sich in diesem Wahne noch recht austobe und ihm jedes Opfer bringe. Endlich entdeckte er, der Besonnene, allem Wahnschaffnen an sich ehrlich Abholde, wie ein trügerischer Kobold von Begierde ihn zum Glauben an diesen Beruf gereizt habe, wie er von der grössten Leidenschaft seines Wollens sich losbinden und *Abschied* nehmen müsse. Die schmerzlich schneidende und wühlende Ueberzeugung, es sei nöthig, *Abschied zu nehmen*, ist völlig in der Stimmung des Tasso ausgeklungen: über ihm, dem »gesteigerten Werther«, liegt das Vorgefühl von Schlimmerem als der Tod ist, wie wenn sich Einer sagt: »nun ist es aus – nach diesem Abschiede; wie soll man weiter leben, ohne wahnsinnig zu werden!« – Diese beiden Grundirrthümer seines Lebens gaben Goethe, angesichts einer rein litterarischen Stellung, zur Poesie, wie damals die Welt allein sie kannte, eine so unbefangene und fast willkürlich erscheinende Haltung. Abgesehen von der Zeit, wo Schiller – der arme Schiller, der keine Zeit hatte und keine

Zeit liess – ihn aus der enthaltsamen Scheu vor der Poesie, aus der Furcht vor allem litterarischen Wesen und Handwerk heraustrieb – erscheint Goethe wie ein Grieche, der hier und da eine Geliebte besucht, mit dem Zweifel, ob sie nicht eine Göttin sei, der er keinen rechten Namen zu geben wisse. Allem seinem Dichten merkt man die anhauchende Nähe der Plastik und der Natur an: die Züge dieser ihm vorschwebenden Gestalten – und er meint vielleicht immer nur den Verwandlungen Einer Göttin auf der Spur zu sein – wurden ohne Willen und Wissen die Züge sämtlicher Kinder seiner Kunst. Ohne die *Umschweife des Irrthums* wäre er nicht Goethe geworden: das heisst, der einzige deutsche Künstler der Schrift, der jetzt noch nicht veraltet ist, – weil er eben so wenig Schriftsteller als Deutscher von Beruf sein wollte. 2, 482 f.

GÖTZEN-DÄMMERUNG (1889)

Man kennt das Schicksal Goethe's im moralinsauren altjungfernhaften Deutschland. Er war den Deutschen immer anstössig, er hat ehrliche Bewunderer nur unter Jüdinnen gehabt. Schiller, der »edle« Schiller, der ihnen mit grossen Worten um die Ohren schlug, – *der* war nach ihrem Herzen. Was warfen sie Goethen vor? Den »Berg der Venus«; und dass er venetianische Epigramme gedichtet habe. Schon Klopstock hielt ihm eine Sittenpredigt; es gab eine Zeit, wo Herder, wenn er von Goethe sprach, mit Vorliebe das Wort »Priap« gebrauchte. Selbst der Wilhelm Meister galt nur als Symptom des Niedergangs, als moralisches »Auf-den-Hund-Kommen«. Die »Menagerie von zahmem Vieh«, die »Nichtswürdigkeit« des Helden darin erzürnte zum Beispiel Niebuhrn: der endlich in eine Klage ausbricht, welche *Biterolf* hätte absingen können: »Nichts macht leicht einen schmerzlicheren Eindruck, als wenn ein grosser Geist sich seiner Flügel beraubt und seine Virtuosität in etwas weit Geringerem sucht, *indem er dem Höheren entsagt*« ... Vor Allem aber war die höhere Jungfrau empört, alle kleinen Höfe, alle Art »Wartburg« in Deutschland bekreuzte sich vor Goethe, vor dem »unsauberen Geist in Goethe«.

6, 18 f.

Man singt Wagner nur mit ruinirter Stimme: das wirkt »dramatisch«. Selbst Begabung ist ausgeschlossen. Das espressivo um jeden Preis, wie es das Wagnerische Ideal, das décadence-Ideal verlangt, verträgt sich schlecht mit Begabung. Dazu gehört bloss *Tugend* – will sagen Dressur, Automatismus, »Selbstverleugnung.« Weder Geschmack, noch Stimme, noch Begabung: die Bühne Wagner's hat nur Eins nöthig – *Germanen*! ... Definition des Germanen: Gehorsam und lange Beine ... Es ist voll tiefer Bedeutung, dass die Heraufkunft Wagner's zeitlich mit der Heraufkunft des »Reichs« zusammenfällt: beide Thatsachen beweisen Ein und Dasselbe – Gehorsam und lange Beine. – Nie ist besser gehorcht, nie besser befohlen worden. Die Wagnerischen Kapellmeister in Sonderheit sind eines Zeitalters würdig, das die Nachwelt einmal mit scheuer Ehrfurcht *das klassische Zeitalter des Kriegs* nennen wird. Wagner verstand zu commandiren; er war auch damit der grosse Lehrer. Er commandirte als der unerbittliche Wille zu sich, als die lebenslängliche Zucht an sich: Wagner, der vielleicht das grösste Beispiel der Selbstvergewaltigung abgiebt, das die Geschichte der Künste hat (– selbst Alfieri, sonst sein Nächstverwandter, ist noch überboten. Anmerkung eines Turiners). 6, 38 f.

Dass das Theater nicht Herr über die Künste wird.
Dass der Schauspieler nicht zum Verführer der Echten wird.
Dass die Musik nicht zu einer Kunst zu lügen wird. 6, 39

Das Recht auf Dummheit. – Der ermüdete und langsam athmende Arbeiter, der gutmüthig blickt, der die Dinge gehen lässt, wie sie gehn: diese typische Figur, der man jetzt, im Zeitalter der Arbeit (*und* des »Reichs«! –) in allen Klassen der Gesellschaft begegnet, nimmt heute gerade die *Kunst* für sich in Anspruch, eingerechnet das Buch, vor Allem das Journal, – um wie viel mehr die schöne Natur, Italien ... Der Mensch des Abends, mit den »entschlafenen wilden Trieben« von denen Faust redet, bedarf der Sommerfrische, des Seebads, der Gletscher, Bayreuth's ... In solchen Zeitaltern hat die Kunst ein Recht auf *reine Thorheit*, – als eine Art Ferien für Geist, Witz und Gemüth. Das verstand Wagner. Die *reine Thorheit* stellt wieder her ... 6, 130

Man wird, bis in meinen Zarathustra hinein, eine sehr ernsthafte Ambition nach römischem Stil, nach dem »aere perennius« im Stil bei mir wiedererkennen. – Nicht anders ergieng es mir bei der ersten Berührung mit Horaz. Bis heute habe ich an keinem Dichter dasselbe artistische Entzücken gehabt, das mir von Anfang an eine Horazische Ode gab. In gewissen Sprachen ist Das, was hier erreicht ist, nicht einmal zu *wollen*. Dies Mosaik von Worten, wo jedes Wort als Klang, als Ort, als Begriff, nach rechts und links und über das Ganze hin seine Kraft ausströmt, dies minimum in Umfang und Zahl der Zeichen, dies damit erzielte maximum in der Energie der Zeichen – das Alles ist römisch und, wenn man mir glauben will, *vornehm* par excellence. Der ganze Rest von Poesie wird dagegen etwas zu Populäres, – eine blosse Gefühls-Geschwätzigkeit ...

6, 154 f.

AUS DEM NACHLASS 1869-1874

Der Blüthemoment unsrer *epischen* Kultur ist Goethe in Italien. 7, 105

Bei Goethe ist gemäß seiner epischen Natur die Dichtung das Heilmittel, das ihn gegen die volle Erkenntniß schützt – bei den tragischen Naturen ist die Kunst das Heilmittel, das von der Erkenntniß befreit. Den einen beunruhigt das Leben: sofort weicht es wie ein Bild vor ihm zurück, und er findet das beunruhigte Leben darstellenswerth. 7, 105

Der indische Philosoph, wenn er denkt, er habe Alles gelernt, was die Welt ihn lehren könne, und der sich darnach sehnt, in die Gottheit aufzugehen, schreitet ruhig in den Ganges. 7, 105

Das Kunstwerk ist nicht Ziel des Ur-Einen, sondern die geniale Verzückung des Einzelnen. 7, 195

Was *Goethe* von *Kleist* sagt, hätte er vor der Welt empfinden müssen – der volle Dramatiker ist die Welt selbst. Und wissen wir, beim Denken an Hamlet, Timon und die Sonette von Shakespeare etwas Anderes als von Kleist? 7, 211

Schreckliche Gefahr: daß das amerikanische-politische Getreibe und die haltlose Gelehrtenkultur sich verschmelzen. 7, 423

Jetzt weiß kein Mensch, wie ein gutes Buch aussieht, man muß es vormachen: sie verstehen die Composition nicht. Die Presse ruinirt dazu immer mehr das Gefühl. 7, 423

Die *Unendlichkeit* ist die uranfängliche Thatsache: es wäre nur zu erklären, woher das Endliche stamme. Aber der Gesichtspunkt des Endlichen ist rein sinnlich d. h. eine Täuschung.

Wie kann man von einer Bestimmung der Erde zu reden wagen!

In der unendlichen Zeit und dem unendlichen Raume giebt es keine Ziele: *was da ist, ist ewig da* in irgend welchen Formen. Was für eine methaphysische Welt es geben soll, ist gar nicht abzusehn.

Ohne jede derartige Anlehnung muß die Menschheit *stehen* können – ungeheure Aufgabe der Künstler 7, 464

Die *kosmopolitische Tendenz* Schillers und Goethes entsprechend der orientalischen Tendenz.

Das Deutsche muss sich erst bilden:

Bildung nicht auf nationaler Grundlage, sondern *Bildung des Deutschen*, nicht Bildung *nach dem Deutschen.*

Das Deutsche muss gebildet werden – das noch nicht existirt. Weder auf Tugenden noch auf Laster zu gründen.

7, 508

Die plötzliche Bereicherung eines Volkes birgt dieselben Gefahren wie die plötzliche Überfüllung mit wissenschaftlichen Erkenntnissen. Der Weg von der Einsicht zum Leben, vom Kennen zum Können, von der Kunde zur Kunst wird vergessen: ein luxuriöses Schwelgen im Wissen beginnt. Das ruhige Fortarbeiten derjenigen, welche die Kultur produziren, wird plötzlich durch die Erkenntnißstolzen überfluthet: niemand will die kleinen Wege mehr praktisch gehen, sondern beschränkt sich egoistisch ein Besserwissen zu haben. Und so wie man neuerdings fürchtet, daß die berühmten fünf Milliarden zum Fluch ausschlagen könnten, so scheint der Überschuß an Wissenschaftlichkeit ein Fluch für unsere Kultur zu werden. 7, 584

Ein seelenloses Wörtermosaik mit europäischer Syntax schreibt bald das Deutsche. Wir verlieren die Sprache immer mehr und wir sollten wissen, was wir an ihr haben – das Deutsche! Wir bekommen ein deutsches Reich, zu der Zeit als wir bald aufgehört haben Deutsche zu sein. Der *abstrakte europäische Mensch*, der alles nachmacht und schlecht –

Was sind doch deutsche Sitten – meistens schlechte und festgewordene Nachahmungen, die als solche vergessen wurden.

Dann scheint auch das strenge Denken verloren zu gehn, denn die »Klassiker« sind lüderliche Gesellen. Ich habe nicht mehr den Muth eine einzige Eigenschaft als deutsch zu reklamiren. Der Krieg hat entschieden verschlimmert. Es ist fast verboten, von den schlimmen Wirkungen des Kriegs zu reden: ich thue es und sage: die schlimmste Wirkung ist daß durch den Sieg der Schein entsteht, als ob die deutsche Kultur gesiegt habe und als ob sie deshalb preiswürdig sei. 7, 593 f.

Ich ergötze mich an der Vorstellung, dass die Menschen bald einmal das Lesen satt bekommen *werden*: und die Schriftsteller dazu; dass der Gelehrte einer kommenden Generation eines Tags sich besinnt, sein Testament macht und verordnet, dass sein Leichnam inmitten seiner Bücher, zumal der eignen Schriften, verbrannt werden solle. Und wenn die Wälder immer spärlicher werden, sollte es nicht bald an der Zeit sein, die Bibliotheken als papiernen Holzstock und Gestrüpp zu behandeln? Sind doch die meisten Bücher aus Rauch und Dampf der Köpfe geboren: so sollen sie auch wieder zu Rauch werden. Ich glaube übrigens, dass ein Geschlecht, das den Geschmack hat mit seinen Bibliotheken seine Öfen zu heizen, gerade deshalb auch den guten Geschmack haben wird, eine kleine Anzahl Bücher und gerade die welche es verdienen auszuwählen und leben zu lassen. Es wäre freilich möglich, dass ein Jahrtausend später gerade unser jetziges Zeitalter als die dunkelste Periode der Vergangenheit gelte, weil nichts von ihm übrig geblieben ist. Wie glücklich sind wir also, dass wir unsre Zeit noch kennen lernen können aus dem überreichen Material, was sie täglich den Druckerpressen übergiebt: hat es nämlich überhaupt einen guten Sinn, sich mit seinem Gegenstand zu beschäftigen, so ist es jedenfalls ein Glück, sich so gründlich mit ihr zu beschäftigen, dass einem kein Zweifel über sie übrig bleibt. 7, 721

AUS DEM NACHLASS 1875-1879

Das einzige Glück liegt in der Vernunft, die ganze übrige Welt ist triste. Die höchste Vernunft sehe ich aber in dem Werk des Künstlers, und er kann sie als solche empfinden; es mag etwas geben, das, wenn es mit Bewusstsein hervorgebracht werden könnte, ein noch grösseres Gefühl von Vernunft und Glück ergäbe: z. B. der Lauf des Sonnensystems, die Erzeugung und Bildung eines Menschen.

8, 36

Der Untergang der Philologen-Poeten liegt zu gutem Theile in ihrer persönlichen Verderbniss; ihre Art wächst später weiter, wie z. B. Goethe und Leopardi solche Erscheinungen sind. Hinter ihnen pflügen die reinen Philologen-Gelehrten nach. Die ganze Art hebt an mit der Sophistik des zweiten Jahrhunderts. 8, 44

Zeichen und *Wunder* werden nicht geglaubt; nur eine »Vorsehung« braucht so etwas. Es giebt keine Hülfe weder im Gebet, noch in der Askese, noch in der Vision. Wenn dies alles Religion ist, so giebt es keine Religion mehr für mich.

Meine Religion, wenn ich irgendetwas noch so nennen darf, liegt in der Arbeit für die Erzeugung des Genius; Erziehung ist alles zu Hoffende, alles Tröstende heisst Kunst. *Erziehung* ist *Liebe zum Erzeugten*, ein Überschuss von Liebe über die Selbstliebe hinaus. Religion ist *»Lieben über uns hinaus«. Das Kunstwerk ist das Abbild einer solchen Liebe über sich hinaus und ein vollkommnes.* 8, 45 f.

Das wußten die Griechen, daß einzig durch die Kunst selbst das Elend zum Genuße werden könne, vide tragoediam. 8, 72

Der Seher muß liebevoll sein, sonst hat er kein Vertrauen bei den Menschen: v. Kassandra. 8, 72

»Klassische Bildung!« Was sieht man darin! Ein Ding, das nichts wirkt außer – Befreiung von militärischen Lasten und Doktortitel! 8, 74

Die Zukunft der Kunst (wenn die Menschheit ihr *Ende* begreift).

Ich könnte mir auch eine *vorwärts* blickende Kunst denken, die ihre Bilder in der Zukunft sucht. Warum giebt es solche nicht? Die Kunst knüpft an die *Pietät* an. 8, 187

Für die jetzige europäische Cultur ist characteristisch die langsame Berauschung und das Stillestehen an einer gewissen Grenze. 8, 371

Wer es kann, der folge mir in der Gerechtigkeit gegen verschiedene Culturen. 8, 373

Der Verleger *denkt*, aber der Buchdrucker *lenkt*. 8, 383

Alle Kunst weist den Gedanken an Werden ab. Alle will *Improvisation* scheinen, augenblickliches Wunder (Tempel als Götterwerk, Statue als Verzauberung einer Seele in Stein). So alle Musik. In gewisser Musik wird dieser beabsichtigte *Effect* durch Kunstmittel (Unordnung) nahe gelegt. 8, 385

Mag Vernunft den Vernünftigen erbauen
Der Künstler soll nur die Kunst verdauen
Und doch hat ein Künstler dies Buch *geschrieben*!
Nicht seine Vernunft that's, es that sein *Lieben*.

8, 391

Beethoven – jener edle süsse Traum welcher aus dem Herzen in den Geist dringt und ihn in rothumflossenen Dämmerungen nach den Weiten spähen heisst: Hunger einer einsamen Seele. 8, 393

Gef‹esselter› Prom‹etheus› als Regenbogenbrücke über den letzten Jahrtausenden schwebend, das höchste Cultur-Gedicht. 8, 394

Das Pathos gehört in die Kunst. – Wer wird nicht giftig und innerlich aufgebracht, wenn er einen hört, der sein Leben gar zu pathetisch nimmt und von »Golgatha« und »Gethsemane« redet! – Wir vertragen das Pathetische nur in der Kunst; der lebende Mensch soll schlicht und nicht zu laut sein. 8, 441

Richtig lesen. – Die Kunst richtig zu lesen ist so selten, dass fast jedermann eine Urkunde ein Gesetz einen Vertrag sich erst interpretiren lassen muss; namentlich wird durch die christlichen Prediger viel verdorben, welche fortwährend von der Kanzel herab die Bibel mit der verzweifeltsten Erklärungskunst heimsuchen und weit und breit Respect vor einer solchen künstlich spitzfindigen Manier, ja sogar Nachahmung derselben erwecken. 8, 441

Über ganz leere Ereignisse wie das Attentat, wird Lärm gemacht. Die Presse ist der permanente falsche *Lärm.*

8, 487

Man muss den Muth haben, in der Kunst zu lieben, was uns wirklich zusagt und es sich eingestehen, selbst wenn es ein *schlechter* Geschmack ist. So kann man vorwärts kommen.

8, 529

AUS DEM NACHLASS 1880-1882

Eine neue Cultur – die soll man nicht verschauspielern!

9, 13

Das Glück liegt in der Zunahme der Originalität, weshalb andere Zeiten als die unsere reichlicher davon gehabt haben mögen. – Die Wissenschaft ist das Mittel, die Nothwendigkeit der Erziehung zur Originalität zu beweisen. – Wenn das Herkommen und das cosí fan tutti die Moralität ausmachen, so ist diese der Hemmschuh des Glücks. – Die Lehre, daß die Moralität das rechte Mittel zur Schmerzlosigkeit des Lebens sei, ist gewiß das Produkt sehr schmerzlicher Zeiten. – Wenn die Originalität tyrannisiren will, so legt sie die Hand an ihr eigenes Lebensprincip. – Freude an fremder Originalität haben, ohne der Affe derselben zu werden, wird vielleicht einmal das Zeichen einer neuen Cultur sein. 9, 96

Also: die Cultur ist die *Äußerung des Glücks.* 9, 100

Die Werke des deutschen Genie's halten sich nicht, wenn sie in's Ausland kommen: sie müssen wie die italiänischen Weine an Ort und Stelle getrunken werden. 9, 100

Das Volk oder richtiger die wenigen Leute, welche sich an den Theaterbesuch gewöhnt haben, nehmen es als Mährchen, und geben die feierlichste Versicherung, es sei nichts Geringeres als Mythus, und alles Ernst, und nicht ohne philosophische Geheimnisse 9, 103

Jede Zeit hat ihren Erzähler von Tausend und Einer Nacht. Unserer ist jetzt Wagner; es sind Dinge, die man nicht glaubt, nicht für möglich hält – aber sehr gern einmal im Theater sieht, als wären sie wahr. 9, 103

Theatralische Musik (– nicht »dramatische Musik«) richtet den Geschmack an der Musik zu Grunde, wie das Theater selber die Freude an der Poesie beeinträchtigt (es fehlt Einsamkeit Natur, wirkliches Leben um uns, es ist ein Luxus und eine Versammlung der Müssiggänger, stimmungslos.

9, 114

Ich will der fanatischen Selbstüberhebung der Kunst Einhalt thun, sie soll sich nicht als Heilmittel gebärden, sie ist ein Labsal für Augenblicke, von geringem Lebenswerthe: sehr gefährlich, wenn sie mehr sein will. 9, 156 f.

Die Menschen jeder Zeit, welche Kunstbedürfnisse haben, vor allem aber eine tiefe schwere Gemüthsart, fallen dem Künstler zu, welcher tief und ernst ist, und sanktioniren ihn, indem sie ihm ihre Tugenden unterschieben: er kommt dem gern entgegen. Aber *bewiesen* für den Künstler ist damit nichts. 9, 168

Die Seele erfüllt von häßlichen Erfahrungen, häß‹lichen› Befürchtung‹en›, da muß man freilich anderes von der Kunst verlangen, Reinigung, Durchschüttelung, Vergessen. 9, 168

Das Nachdenken und die Erfindsamkeit in Bezug auf die *elementaren Reize* (in Musik und Farben usw.) gehört zum philosophischen Charakter in unserer Zeit: ebenso wie die Naturtreue der Maler. Man geht so weit man kann und ist radikal. 9, 168

Was ein Künstler an Meinungen Sympathien Antipathien Gewohnheiten Excessen alles nöthig hat, um die Luft sich zu schaffen, in der er seine Produktivität wachsen fühlt, das geht uns alles nichts an: so wenig uns der Boden kümmert, wenn wir Brod essen. Verlangt er freilich, daß wir alles jenes mit ihm theilen, um ganz den Genuß seiner Kunst zu haben, so ist zu antworten, daß der Genuß des größten Kunstwerkes ein einziges verschrobenes Urtheil, eine Verrückung unserer Stellung nicht aufwiegt. Das Kunstwerk gehört nicht zur Nothdurft, die reine Luft in Kopf und Charakter gehört zur Nothdurft des Lebens. Wir sollen uns von einer Kunst losmachen, die ihre Früchte zu theuer verkauft. Hält es ein Künstler nicht in der hellen guten Luft aus, muß er, um seine Phantasie zu schwängern, in die Nebelhöhlen und Vorhöllen hinein, gut: wir folgen nicht. Ebenso wenn er Haß und Neid braucht, um seinem künstlerischen Charakter strenge Treue zu wahren. Ein Künstler ist nicht Führer des Lebens – wie ich früher sagte. 9, 168 f.

Die Kunst hat *auch* die Phantasie-Befriedigung: und es ist diese unschuldiger und harmloser als sonst, weil die Schönheit den Maaßstab des *Maaßes* mitbringt: sodann weil die Musen sagen: »wir lügen«. 9, 173

Wir können aus allen unseren Kräften viele *Gestalten* formen, oder auch die Absenz der Gestalt. Es giebt eine gewisse künstlerische *Freiheit* in der Vorstellung unserer Muster, die wir erreichen können. 9, 234

Wo sind die großen Seelen hin? Was man jetzt so nennt – da sehe ich nicht mehr als Menschen, die mit einem ungeheuren Aufwand von Kraft vor sich selber Komödie spielen, vor sich selber Effekt machen wollen, und mit einer kaum erdenklichen Gier nach dem Publikum hinhorchen, – weil dessen Applaus und Vergötterung ihnen selber den Glauben an sich geben soll. Ihre Wirkung auf Andere ist für diese durch allzugroße Anstrengung immer Erschöpften eine Kraftbrühe. Es ist eine Krankheitsgeschichte!

9, 247

»das Gefühl der Wasserwage und des Perpendikels das uns eigentlich zu Menschen macht und der Grund aller Eurythmie ist« Goethe 9, 247

Wirkliche Größe des Charakters bei einem Musiker hat nur Bach. 9, 248

Kein deutscher Künstler hat bisher genug Geist gehabt, um seine Praxis zu *erklären*: die klügsten haben nur verstanden, sie zu beschönigen, wie als ob sie ein schlechtes Gewissen hätten: thatsächlich haben sie ihre Wirkung *verdorben*, insofern sie ihre Beschränktheit in die Wagschale warfen, ihre Werke sanken dadurch etwas und übten Einfluß auf die geringeren Nachahmer. Begreift man nämlich die *Tendenz* einer Kunst als eine persönliche Verherrlichung oder Apologie oder Versteckspielerei, so greifen viele nach ihr, die es nöthig haben, ihre Natur zu verherrlichen oder zu verstecken. 9, 253

In diesem Jahrhundert haben sich die Franzosen einen Geschmack an der Malerei anerzogen (durch Zeichnen), der dem vorigen Jahrhundert fehlte. Die Italiäner haben ihr Ohr für den Gesang verloren, die Deutschen haben politische Leidenschaft gelernt, die Engländer haben sich an die Spitze der Wissenschaft gestellt. 9, 253

Gesetzt, unsere Cultur müßte die Frömmigkeit entbehren. Sie könnte sie aus sich nicht erzeugen. Eine gewisse letzte innere Entschlossenheit und Beschwichtigung wird fehlen. Mehr als je kriegerische und abenteurerische Geister! Die Dichter haben die Möglichkeiten des Lebens noch zu entdecken, der *Sternkreis* steht dafür offen, nicht ein Arkadien oder Campanerthal: ein unendlich kühneres Phantasiren an der Hand der Kenntnisse über Thierentwicklung ist möglich. Alle unsere Dichtung ist kleinbürgerlich-erdenhaft, die große Möglichkeit höherer Menschen fehlt noch. Erst nach dem Tode der Religion kann die *Erfindung im Göttlichen* wieder luxuriiren. 9, 288

Manche mögen sagen und schreiben, was sie wollen – es ist immer etwas darin von guter Musik. Und bei anderen etwas von schlechter. Bei den Meisten fehlt alle Musik. 9, 297

Die feinsten *Farben* in Litteratur und Musik sind nur beruhigten Menschen sichtbar und voller Lust – was wollen sie in unserer Zeit! 9, 297

Ich meine nicht, daß die Redlichkeit gegen sich etwas so absolut Hohes und Reines sei: aber mir ist dabei wie bei einem Erforderniß der Reinlichkeit.Es mag einer sein, was er will, Genie oder Schauspieler – nur reinlich! (H. Heine hat etwas Reines.) 9, 326

»Was liegt an mir!« ist der Ausdruck der wahren Leidenschaft, es ist der äußerste Grad, *etwas außer sich zu sehen.*

9, 326

Der Realism in der Kunst eine Täuschung. Ihr gebt wieder, was euch am Dinge entzückt, anzieht – diese Empfindungen aber werden ganz gewiß *nicht* durch die realia geweckt! Ihr wißt es nur nicht, was die Ursache der Empf‹indungen› ist! Jede gute Kunst hat *gewähnt*, realistisch zu sein!

9, 326

Für die Künste ist ein Zustand der Wildheit und der kämpfenden Individuen besser als die allzugroße Sicherheit –

9, 337

»Wie die Leidenschaften malen, wenn man sie ‹nicht› kennt! Und wie Zeit für das Talent finden, wenn man sie im Herzklopfen fühlt!«

9, 347

Das Schöne – darunter verstehen die Amerikaner jetzt das Ruhig-Rührende. Es ist dem geschäftlichen Ernste und der praktischen Erwägung der Folgen, der Trockenheit und der Leidenschaft des Jagens Gewinnens und Sich-Besinnens entgegen

9, 357

Die Deutschen meinen, daß die *Kraft* sich in Härte und Grausamkeit offenbaren müsse, sie unterwerfen sich dann gerne und mit Bewunderung: sie sind ihre mitleidige Schwäche ihre Empfindlichkeit für alle Nichtse auf einmal los und genießen andächtig den *Schrecken.* Daß es *Kraft* giebt in der Milde und Stille, das glauben sie nicht leicht. Sie vermissen an Goethe Kraft und meinen, Beethoven habe mehr: und darin irren sie!!

9, 357

Die Urtheile über Mozart verschieben sich, nach der Entwicklung der Musik, d.h. sie treffen seinen *Charakter und sein Temperament* – dieses scheint sich zu wandeln in Folge der neuen Beleuchtung und der Gegensätze, die er immer wieder erhält. Ein Wink für Künstler und Denker *aller* Art! Am urtheilfähigsten sind einzelne Zeitgenossen, die alles *miterkämpft* und ‹sich über alles› *mitgefreut* haben, was der große Schöpfer gegeben hat. 9, 367

Für viele Maler war *schön* der Ausdruck der Frömmigkeit. Und da eine gewisse Armut an Fleisch, eine peinliche Haltung an den Frommen zu sehen war, übertrug‹en› diese die Empfindungen des Schönen auch gerade auf diese Formen. Eine sehr lange und strenge Gewohnheit würde zuletzt sogar den Geschlechtssinn irre führen: der *sehr fern* davon ist, unbewußte Zweckmäßigkeit zu Gunsten des zu Erzeugenden zu verfolgen. 9, 370

Bist du denn *ruhmbegierig*? Ich habe es nie geglaubt. Aber das fällt mir auf, daß ich es unerträglich finde, nicht mit dem beschäftigt und verwachsen zu sein, was mir das Wichtigste auf der Welt scheint. – Als ich dies von der Kunst *nicht* mehr glaubte, trat ich sehr abgekühlt bei Seite, mit einer Art von *Haß* – sie schien mir eine Betrügerin, die mich dem Wichtigsten entziehen wollte. 9, 371 f.

Um in der Kunst ein *Mittel der Macht* zu sehen: wie muß man da die Dinge verdrehen *oder* den Umsturz des Bestehenden erstreben! Wie viel Enttäuschung! 9, 379

wie ein Drama sein Inneres leiden sehen ist ein höherer Grad als nur leiden. 9, 379

Compensation des Dichters, seine Leiden und die *Lust* des Ausdrucks derselben 9, 379

Allmählich wächst die Einsicht und man *läßt die Hand davon*, die menschliche Cultur zu fördern und zu regieren: *man müßte zu viel Böses thun.* 9, 386

Mit den schönen Stimmen und deren Ausbildung und Genuß gieng der Genuß der Melodie verloren: und diese selber! Die Klaviervirtuosen kamen und führten die Harmonie ein. Jetzt ahmt das Orchester *deren* Leistungen nach: und daneben stellt sich die *Barbarei des theatralischen* Effekts auf die Leidenschaften und *inspirirt* die Componisten. Dies ist gröber als der Zauber des Virtuosen. 9, 397

Der Genuß in Ceremonien und Formalitäten *groß* bei jungen Civilisationen: für die Künste zu beachten! 9, 398

Wie deutsche Maler jetzt malen, deutsche Musiker componiren, deutsche Dichter dichten: man hört die Anmaaßung, die Schauspielerei der Größe heraus. 9, 400 f.

Horaz und Katull übersetzten aus dem Griechischen und machten alles Fremdartige zeitgemäß und rom-gemäß, mindestens rom-bekannt. Kein Romanticismus also! 9, 417

Theile alles »Schaffens« ist Nachmachen, in Tönen oder Gedanken. Diebstahl, mehr oder weniger bewußt. 9, 428

Ich will gegen die Kunst der Kunstwerke eine höhere Kunst lehren: die der Erfindung von *Festen.* 9, 506

Man redet dem *Luxus* jetzt das Wort als dem stärksten Reizmittel auf Arme, Arbeit-Geplagte und Verheirathete: ‹um› seinetwillen streben sie nach *Reichthum*: man befeindet die Zufriedenheit und die idyllische Philosophie als Schädiger des *National-Reichthums* und der *-Arbeits*kraft. Möglichst viel Reichthum, möglichst viel Neid und Unlust, möglichst viel Concurrenz! In *reichen* Staaten seien die Künste am besten gefördert worden, durch Luxusmenschen, die Kunst ein Mittel, den Neid der Niederen zu erregen, als ein Stück Luxus. – Andererseits soll ihr *Emporwachsen im Luxus* eine *Apologie* des Luxus und der Absicht auf Unzufriedenheit sein: Künste vorübergehend die Unlust solcher Zustände beschwichtigend und betäubend, jedenfalls verherrlichend. 9, 509

»Die Unsittlichkeit« des Boc‹c›accio ist indischen Ursprungs. 9, 543

Dichter hatten ehedem einen andern Begriff von Eigenthum: das Gedächtniss war Mutter aller Musen. Das Neue galt als Inspiration. Man fühlte sich wenig verantwortlich. 9, 673

Emerson sagt mir nach dem Herzen: Dem Poeten dem Philosophen wie dem Heiligen sind alle Dinge befreundet und geweiht, alle Ereignisse nützlich, alle Tage heilig, alle Mensch göttlich. 9, 673

AUS DEM NACHLASS 1882-1885

Ihn rettet die Kunst (vor einer Verneinung des Willens:) und durch die Kunst rettet ihn sich das Leben. 10, 238

Die Musik als die bei weitem *lebendigste Kunst.* 10, 238

Sie wollen sich formen lassen – das ist der Sinn ihrer Cultur-Arbeit!

Aber die Starken Mächtigen wollen *formen und nichts Fremdes mehr um sich haben*!

So gehen auch die Menschen in die große Natur, nicht

um sich zu finden, sondern um sich in ihr zu verlieren und vergessen. Das »*Außer-sich-sein*« als Wunsch aller Schwachen und Mit-sich-Unzufriedenen. 10, 291

Cultur ist nur ein dünnes Apfelhäutchen über einem glühenden Chaos. 10, 362

Alles Schaffen ist Umschaffen – und wo schaffende Hände wirken, da ist viel Sterben und Untergehen.

Und nur das ist Sterben und in Stücke gehen: ohne Erbarmen schlägt der Bildner auf den Marmor.

Daß er das schlafende Bild aus dem Stein erlöse, darum muß er ohne Erbarmen sein: – darum müssen wir Alle leiden und sterben und Staub werden.

Aber wir selbst sind die Bildner auch in dem Dienst seines Auges: oft erzittern wir selber vor der schaffenden Wildheit unserer Hände. 10, 371

Wer von euch Dichtern hat – nicht seinen Wein verfälscht? Manch giftiger Mischmasch birgt sich in euren Kellern. 10, 371

Eine gute Sentenz ist zu hart selbst für den Zahn der Zeit. 10, 387

In der Kunst können heilige Mittel einen niederträchtigen Zweck heiligen. 10, 387

Was man euch in Stücken geben muß, braucht deshalb noch nicht Stückwerk zu sein. 10, 387

Gute Gedanken, die zu rasch auf einander folgen, verderben sich einander »die Aussicht«. 10, 387

Die witzigsten Autoren erzeugen ein unmerkliches Lächeln. 10, 389

Die Abnahme an *Geist* in diesem Jahrhundert. Die Pantoffel-Manier der englischen Gelehrten. Macchiavell hat die Helligkeit des Alterthums. Der französische esprit ist eine Art *Rococo* des Geistes – aber doch ein véritable goût!

Goethe langweilig und »undulatorisch«.

Die englischen Gelehrten huldigen dem Zeitschriften-Genius und seiner tiefen Mittelmäßigkeit. 11, 21

Die Deutschen verderben, als *Nachzügler*, den großen Gang der europäischen Cultur: Bismarck *Luther* z. B.; neuerdings, als Napoleon Europa in eine Staaten-Association bringen wollte (der einzige Mensch, der stark genug dazu war!), haben sie mit den *»Freiheits-Kriegen«* Alles vermanscht und das Unglück des Nationalitäten-Wahnsinns heraufbeschworen (mit der Consequenz der Rassenkämpfe in so altgemischten Ländern wie Europa!) So haben Deutsche (Carl Martell) die *saracenische* Cultur zum Stehen gebracht –: immer sind es die Zurückgebliebenen! 11, 43 f.

Man will den Leser zur Aufmerksamkeit *zwingen*, »vergewaltigen«: daher die vielen packenden kleinen Züge des »Naturalisme« – das gehört zu einem demokratischen Zeitalter: *grobe* und durch Überarbeit ermüdete Intellekte sollen *gereizt* werden! 11, 46

Dies Jahrhundert, wo die Künste begreifen, daß die Eine auch Wirkungen der anderen hervorbringen kann: *ruinirt vielleicht die Künste*! z. B. mit Poesie zu *malen* (Victor Hugo, Balzac, W. Scott usw.)

mit *Musik poetische* Gefühle erregen (Wagner)

mit Malerei poetische Gefühle, ja *philosophische* Ahnungen zu erregen (Cornelius) mit Romanen Anatomie und Irren-Heilkunde treiben usw. 11, 48

Die Deutschen sind vielleicht nur in ein *falsches* Klima gerathen! Es ist Etwas in ihnen, das *hellenisch* sein könnte – das erwacht bei der Berührung mit dem *Süden* – Winckelmann Goethe Mozart. Zuletzt: wir sind noch ganz *jung*. Unser letztes Ereigniß ist immer noch *Luther*, unser einziges Buch immer noch die *Bibel*. Die Deutschen haben noch niemals »moralisirt«. Auch die Nahrung der Deutschen war ihr Verhängniß: die Philisterei. 11, 56

Die Sprache Luthers und die poetische Form der Bibel als Grundlage einer neuen deutschen *Poesie*: – das ist *meine* Erfindung! Das Antikisiren, das Reimwesen – alles falsch und redet nicht *tief* genug zu uns: oder gar der Stabreim Wagners! 11, 60

Eine Kriegs-Erklärung der *höheren Menschen* an die Masse ist nöthig! überall geht das Mittelmäßige zusammen, um sich zum Herrn zu machen! Alles, was verweichlicht, sanft macht, das »Volk« zur Geltung bringt oder das »Weibliche«, wirkt zu Gunsten des suffrage universel d. h. der Herrschaft der *niederen* Menschen. Aber wir wollen Repressalien üben und diese ganze Wirthschaft (die in Europa mit dem Christenthum anhebt) ans Licht und vor's Gericht bringen.

11, 60

In der Hauptsache gebe ich den Künstlern mehr Recht als allen Philosophen bisher: sie verloren die große Spur nicht, auf der das Leben geht, sie liebten die Dinge »dieser Welt«, – sie liebten ihre Sinne. Entsinnlichung zu erstreben: das scheint mir ein Mißverständniß oder eine Krankheit oder eine Kur, wo sie nicht eine bloße Heuchelei oder Selbstbetrügerei ist. Ich wünsche mir selber und allen denen, welche ohne die Ängste eines Puritaner-Gewissens leben – leben *dürfen*, eine immer größere Vergeistigung und Vervielfältigung der Sinne; ja wir wollen den Sinnen dankbar sein für ihre Feinheit, Fülle und Kraft und ihnen das Beste von Geist, was wir haben, dagegen bieten. 11, 587

Zuletzt lobt und preist solch ein Künstler bei allem seinem Willen zur Weltverneinung was, das eben doch *in dieser Welt möglich ist*: *die Kunst kann nichts anderes sein als Welt-Bejahung*! – Und euer Einwand, meine Freunde, war kein Einwand. 11, 661

AUS DEM NACHLASS 1885-1889

die Juden haben in der Sphäre der Kunst das Genie gestreift, mit H. Heine und Offenbach, diesem reichsten und übermüthigsten Satyr, der als Musik großen Tradition hält und für den, der nicht bloß hat, eine rechte Erlösung von den gefühlsamen und im Grunde *entarteten* Musikern der deutschen Romantik ist 12, 361

Und das viele Häßliche, Harte, Schreckliche, das die Kunst darstellt? Will sie damit vom Leben *entleiden*? zur Resignation stimmen, wie Schopenhauer meint? – Aber der Künstler theilt vor allem seinen *Zustand* in Hinsicht auf dieses Furchtbare des Lebens mit: Zustand selbst ist eine *Wünschbarkeit*, wer ihn erlebt hat, hält ihn in höchsten Ehren und theilt ihn mit, gesetzt daß er ein mittheilsames Wesen d.h. ein Künstler ist. Die *Tapferkeit* vor einem mächtigen Feinde, einem erhabenen Ungemach, einem grauenhaften Problem – sie selbst ist der *höhere Zustand* des Lebens, den alle Kunst der Erhabenheit verherrlicht. Die kriegerische Seele feiert ihre Saturnalien in der Tragödie; das Glück des Krieges und Sieges, der herben Grausamkeit angesichts leidender und kämpfender Menschen, wie alles das dem leidgewohnten, und leid*aufsuchenden* Menschen zu eigen ist.

12, 405

Litteratur des 20. Jahrhunderts: verrückt und mathematisch zugleich, analytisch-phantastisch: die Dinge wichtiger und im Vordergrund, nicht mehr die Wesen; die Liebe abgeschafft (schon bei Balzac tritt das Geld in den Vordergrund): mehr von der Geschichte im Kopfe erzählend als von der im *Herzen.* 13, 120

Kein Maler mehr. Eine Armee von chercheurs d'idées ingénieuses. De l'esprit, non de touche, mais dans le choix du sujet. Litteratur des Pinsels. 13, 121

Raphael hat den klass‹ischen› Typus der Jungfrau gefunden durch die Vollendung des vulgären Typus – durch den absoluten Gegensatz zur Schönheit, wie sie le Vinci suchte in dem *Exquisen* des Typus und *der Seltenheit* des Ausdrucks. Eine Art ganz menschlicher Heiterkeit, eine runde Schönheit, eine fast junonische Gesundheit. Sie wird ewig populär bleiben. 13, 122

Winckelmanns und Goethes Griechen, V. Hugo's Orientalen, Wagners Edda-Personnagen, W. Scotts Engländer des 13. Jahrhunderts – irgend wann wird man die ganze Komödie entdecken: es war Alles über alle Maaßen historisch falsch, *aber* – modern, wahr! 13, 140

Die Kunst gilt hier als einzige überlegene Gegenkraft gegen allen Willen zur Verneinung des Lebens: als das Antichristliche, Antibuddhistische, Antinihilistische par excellence …

Sie ist die *Erlösung des Erkennenden* – dessen, der den furchtbaren und fragwürdigen Charakter des Lebens sieht, sehen will, des *tragischen* Erkennenden.

Sie ist die *Erlösung des Handelnden* – dessen, der den furchtbaren und fragwürdigen Charakter des Lebens nicht nur sieht, sondern lebt, leben *will*, des tragischen Menschen, des Helden ..

Sie ist die Erlösung des *Leidenden* – als Weg zu Zuständen, wo das Leiden gewollt, verklärt, vergöttlicht wird, wo das Leiden eine Form der großen Entzückung ist ...

13, 225 f.

Mozart – eine zärtliche und verliebte Seele, aber ganz achtzehntes Jahrhundert, auch noch in seinem Ernste ... Beethoven der erste große Romantiker, im Sinne des *französischen* Begriffs Romantik, wie Wagner der letzte große Romantiker ist ... beides instinktive Widersacher des »klassischen Geschmacks, des strengen Stils, – um vom »großen« hier nicht zu reden ... beides – – – 13, 248

Die Höhepunkte der Cultur und der Civilisation liegen auseinander: man soll sich über den abgründlichen Antagonismus von Cultur und Civilisation nicht irre führen lassen. Die großen Momente der Cultur waren immer, moralisch geredet, Zeiten der Corruption; und wiederum waren die Epochen der gewollten und erzwungenen *Thierzähmung* (»Civilisation« –) des Menschen Zeiten der Unduldsamkeit für die geistigsten und kühnsten Naturen. Civilisation will etwas Anderes als Cultur will: vielleicht etwas Umgekehrtes ... 13, 485 f.

Ohne Musik wäre das Leben ein Irrthum. 13, 488

Für was war Goethe Schiller dankbar? Daß ihn der Wilhelm Meister »hinriß und tief ergriff, ja mit dem Gefühl eigner Unzulänglichkeit schmerzlich erfüllte. So war ihm endlich, mitten aus dem feindlichen Lager heraus, ein Geist begegnet, der ihm bis auf diese Höhe nachsteigen konnte«.

an Körner 1796 »gegen Goethe bin und bleib' ich eben ein poetischer Lump«.

Goethes Sternbild erblaßte in dem Maaße auch in Schillers Augen, in dem sein eigner Ruhm wuchs. Er wurde der Rival.

Der typische Haß der Kranken gegen die Vollkommenen – z. B. Novalis gegen Wilhelm Meister, der das Buch odiös findet. »Mit Stroh und Läppchen ist der Garten der Poesie nachgemacht.« »Der Verstand darin ist wie ein naiver Teufel.« »Künstlerischer Atheismus ist der Geist des Buchs.« – Das zu einer Zeit, wo er für Tieck rasete, der damals gerade einen Schüler Jakob Böhmes abzugeben schien 13, 496

Im Instinkt und Gedächtniß ist ein ungeheures Material aufgehäuft: wir haben tausenderlei Zeichen, an denen sich uns die Degenerescenz des Typus verräth. Wo an Erschöpfung, Müdigkeit, Schwere, Alter, oder an Unfreiheit, Krampf, Zersetzung, Fäulniß auch nur angespielt wird, da redet sofort unser unterstes Werthurtheil: *da haßt der Mensch das Häßliche* . .

Was er da haßt, es ist immer der *Niedergang seines Typus.* In diesem Haß besteht die ganze Philosophie der Kunst.

13, 499

Die russische Musik bringt mit einer rührenden Einfalt die Seele des moujik, des niederen Volks ans Licht. Nichts redet mehr zu Herzen als ihre heiteren Weisen, die allesamt traurige Weisen sind. Ich würde das Glück des ganzen Westens eintauschen gegen die russische Art, traurig zu sein. – Aber wie kommt es, daß die herrschenden Classen Rußlands nicht in seiner Musik vertreten sind? Genügt es zu sagen »böse Menschen haben keine Lieder«? – 13, 535

Wo ist heute der Tiefstand der europäischen Cultur, ihr *Sumpf*? – Bei den Salutisten, bei den Antisemiten, bei den Spiritisten, bei den Anarchisten, bei den Bayreuthern. Das heißt, bei den fünf Spezialitäten des europäischen *cant*. Denn alle diese geben vor, sie allein seien jetzt die »höheren Menschen« … 13, 535

In der Geschichte der Cultur ist das »Reich« einstweilen ein Unglück: Europa ist ärmer geworden, seitdem der deutsche Geist endgültig auf »Geist« verzichtet hat. – Man weiß Etwas davon im Auslande: möchten sich die Deutschen hierüber nicht belügen! Man fragt: Habt ihr einen einzigen in Betracht kommenden Geist? Oder auch nur einen Dreiviertels-Geist? … Daß es keine deutschen Philosophen giebt, ist ein Ende ersten Ranges. Niemand ist so unbillig, es den Deutschen zuzurechnen, wenn geschwätzige Nullen, wie der Unbewußte, Herr E. von Hartmann, oder ein gift- und gallsüchtiges Gesindel, wie der Berliner Antisemit Herr E. Dühring, das Wort Philosoph mißbrauchen – der letztere findet keinen anständigen Menschen unter seinem Anhang, der erstere keinen anständigen »Verstand«. 13, 546

Man soll es den Deutschen nie vergeben, die R‹enaissance› um ihr Ziel, um ihren *Sieg* gebracht ‹zu haben›, – den Sieg über das Christenthum. Die deutsche Reformation ist ihr *dunkler* Fluch … Und noch drei Mal hat diese Unglücks-Rasse sich dazwischen gemacht, um den Gang der Cultur zu hemmen – die deutsche Philosophie, die Freiheitskriege, die Gründung des Reichs am Ende des neunzehnten Jahrhunderts – lauter große Verhängnisse der Cultur! 13, 587

Was Goethe angeht: so war der erste Eindruck, ein sehr früher Eindruck, vollkommen entscheidend: die Löwen-Novelle, seltsamer Weise das Erste, was ich von ihm kennen lernte, gab mir ein für alle Mal meinen Begriff, meinen *Ge-*

schmack »Goethe«. Eine verklärt-reine Herbstlichkeit im Genießen und im Reifwerdenlassen, – im Warten, eine Oktober-Sonne bis ins Geistigste hinauf; etwas Goldenes und Versüßendes, etwas Mildes, *nicht* Marmor – *das* nenne ich Goethisch. Ich habe später, um *dieses* Begriffs »Goethe« halber, den »Nachsommer« Adalbert Stifters mit tiefer Gewogenheit in mich aufgenommen: im Grunde das einzige deutsche Buch *nach* Goethe, das für mich Zauber hat. – *Faust* – das ist für den, der den Erdgeruch der deutschen Sprache aus Instinkt kennt, für den Dichter des Zarathustra, ein Genuß ohne Gleichen: er ist es *nicht* für den Artisten, der ich bin, dem mit dem Faust Stückwerk über Stückwerk in die Hand gegeben wurde, – er ist es noch weniger für den Philosophen, dem das vollkommen Arbiträre und Zufällige – nämlich durch Cultur-Zufälle Bedingte in allen Typen und Problemen des Goetheschen Werks widerstrebt. Man studirt achtzehntes Jahrhundert, wenn man den »Faust« liest, man studirt Goethe: man ist tausend Meilen weit vom *Nothwendigen* in Typus und Problem. – 13, 634 f.

Zehnmal musst du lachen am Tage und heiter sein

GESUNDHEIT UND DIÄT

MENSCHLICHES, ALLZUMENSCHLICHES I (1878)

Wunder-Erziehung. – Das Interesse an der Erziehung wird erst von dem Augenblick an grosse Stärke bekommen, wo man den Glauben an einen Gott und seine Fürsorge aufgiebt: ebenso wie die Heilkunst erst erblühen konnte, als der Glaube an Wunder-Curen aufhörte. Bis jetzt glaubt aber alle Welt noch an die Wunder-Erziehung: aus der grössten Unordnung, Verworrenheit der Ziele, Ungunst der Verhältnisse sah man ja die fruchtbarsten, mächtigsten Menschen erwachsen: wie konnte diess doch mit rechten Dingen zugehen? – Jetzt wird man, bald auch in diesen Fällen, näher zusehen, sorgsamer prüfen: Wunder wird man dabei niemals entdecken. Unter gleichen Verhältnissen gehen fortwährend zahlreiche Menschen zu Grunde, das einzelne gerettete Individuum ist dafür gewöhnlich stärker geworden, weil es diese schlimmen Umstände vermöge unverwüstlicher eingeborener Kraft ertrug und diese Kraft noch geübt und vermehrt hat: so erklärt sich das Wunder. Eine Erziehung, welche an kein Wunder mehr glaubt, wird auf dreierlei zu achten haben: erstens, wie viel Energie ist vererbt? zweitens, wodurch kann noch neue Energie entzündet werden? drittens, wie kann das Individuum jenen so überaus vielartigen Ansprüchen der Cultur angepasst werden, ohne dass diese es beunruhigen und seine Einartigkeit zersplittern, – kurz, wie kann das Individuum in den Contrapunct der privaten und öffentlichen Cultur eingereiht werden, wie kann es zugleich die Melodie führen und als Melodie begleiten? 2, 202 f.

Werth der Krankheit. – Der Mensch, der krank zu Bette liegt, kommt mitunter dahinter, dass er für gewöhnlich an seinem Amte, Geschäfte oder an seiner Gesellschaft krank ist und durch sie jede Besonnenheit über sich verloren hat: er gewinnt diese Weisheit aus der Musse, zu welcher ihn seine Krankheit zwingt. 2, 234

Rathgeber des Kranken. – Wer einem Kranken seine Rathschläge giebt, erwirbt sich ein Gefühl von Ueberlegenheit über ihn, sei es, dass sie angenommen oder dass sie verworfen werden. Desshalb hassen reizbare und stolze Kranke die Rathgeber noch mehr als ihre Krankheit. 2, 240

Die gefährlichsten Aerzte. – Die gefährlichsten Aerzte sind die, welche es dem geborenen Arzte als geborene Schauspieler mit vollkommener Kunst der Täuschung nachmachen. 2, 241

Gefahr im Arzte. – Man muss für seinen Arzt geboren sein, sonst geht man an seinem Arzt zu Grunde. 2, 334

MENSCHLICHES, ALLZUMENSCHLICHES II (1879/80)

Nutzen der Kränklichkeit. – Wer oft krank ist, hat nicht nur einen viel grösseren Genuss am Gesundsein, wegen seines häufigen Gesundwerdens: sondern auch einen höchst geschärften Sinn für Gesundes und Krankhaftes in Werken und Handlungen, eigenen und fremden: so dass zum Beispiel gerade die kränklichen Schriftsteller – und darunter sind leider fast alle grossen – in ihren Schriften einen viel sicherern und gleichmässigeren Ton der Gesundheit zu haben pflegen, weil sie besser als die körperlich Robusten, sich auf die Philosophie der seelischen Gesundheit und Genesung und ihre Lehrmeister: Vormittag, Sonnenschein, Wald und Wasserquelle verstehen. 2, 522

Arznei der Seele. – Still-liegen und Wenig-denken ist das wohlfeilste Arzneimittel für alle Krankheiten der Seele und wird, bei gutem Willen, von Stunde zu Stunde seines Gebrauchs angenehmer. 2, 523

ALSO SPRACH ZARATHUSTRA
(1883/84/85)

Zehn Mal musst du lachen am Tage und heiter sein: sonst stört dich der Magen in der Nacht, dieser Vater der Trübsal. 4, 32

Viel Ehren will ich nicht, noch grosse Schätze: das entzündet die Milz. Aber schlecht schläft es sich ohne einen guten Namen und einen kleinen Schatz. 4, 33

GÖTZEN-DÄMMERUNG
(1889)

Will man ein Beispiel? Aber man hat nur das régime zu beobachten, das sich Anämische oder Gichtische oder Diabetiker selbst verordnen. Definition des Vegetariers: ein Wesen, das eine corroborirende Diät nöthig hat. Das Schädliche als schädlich empfinden, sich etwas Schädliches verbieten *können* ist ein Zeichen noch von Jugend, von Lebenskraft. Den Erschöpften *lockt* das Schädliche: den Vegetarier das Gemüse. Die Krankheit selbst kann ein Stimulans des Lebens sein: nur muss man gesund genug für dies Stimulans sein! – 6, 22

Man erholt sich in seiner wilden Natur am besten von seiner Unnatur, von seiner Geistigkeit … 6, 60

Der biedere Italiäner ‹Cornaro› sah in seiner Diät die *Ursache* seines langen Lebens: während die Vorbedingung zum langen Leben, die ausserordentliche Langsamkeit des Stoffwechsels, der geringe Verbrauch, die Ursache seiner schmalen Diät war. Es stand ihm nicht frei, wenig *oder* viel zu essen, seine Frugalität war *nicht* ein »freier Wille«: er wurde krank, wenn er mehr ass. Wer aber kein Karpfen ist, thut nicht nur gut, sondern hat es nöthig, *ordentlich* zu essen. Ein Gelehrter *unsrer* Tage, mit seinem rapiden Verbrauch an Nervenkraft, würde sich mit dem régime Cornaro's zu Grunde richten. Crede experto. – 6, 88 f.

ECCE HOMO
(1889)

Jene Energie zur absoluten Vereinsamung und Herauslösung aus gewohnten Verhältnissen, der Zwang gegen mich, mich nicht mehr besorgen, bedienen, *beärzteln* zu lassen – das verräth die unbedingte Instinkt-Gewissheit darüber, *was* damals vor Allem noth that. Ich nahm mich selbst in die Hand, ich machte mich selbst wieder gesund: die Bedingung dazu – jeder Physiologe wird das zugeben – ist, *dass man im Grunde gesund ist.* Ein typisch morbides Wesen kann nicht gesund werden, noch weniger sich selbst gesund machen; für einen typisch Gesunden kann umgekehrt Kranksein sogar ein energisches *Stimulans* zum Leben, zum Mehr-leben sein. So in der That erscheint mir *jetzt* jene lange Krankheits-Zeit: ich entdeckte das Leben gleichsam neu, mich selber eingerechnet, ich schmeckte alle guten und selbst kleinen Dinge, wie sie Andre nicht leicht schmecken könnten, – ich machte aus meinem Willen zur Gesundheit, zum *Leben*, meine Philosophie ... 6, 266

Kranksein *ist* eine Art Ressentiment selbst. – Hiergegen hat der Kranke nur Ein grosses Heilmittel – ich nenne es den *russischen Fatalismus*, jenen Fatalismus ohne Revolte, mit dem sich ein russischer Soldat, dem der Feldzug zu hart wird, zuletzt in den Schnee legt. Nichts überhaupt mehr annehmen, an sich nehmen, *in* sich hineinnehmen, – überhaupt nicht mehr reagiren ... Die grosse Vernunft dieses Fatalismus, der nicht immer nur der Muth zum Tode ist, als lebenerhaltend unter den lebensgefährlichsten Umständen, ist die Herabsetzung des Stoffwechsels, dessen Verlangsamung, eine Art Wille zum Winterschlaf. Ein paar Schritte weiter in dieser Logik, und man hat den Fakir, der wochenlang in einem Grabe schläft ... Weil man zu schnell sich verbrauchen würde, *wenn* man überhaupt reagirte, reagirt man gar nicht mehr: dies ist die Logik. Und mit Nichts brennt man rascher ab, als mit den Ressentiments-Affekten. 6, 272

Die *Krankheit* brachte mich erst zur Vernunft. – 6, 283

Die Wahl in der Ernährung; die Wahl von Klima und Ort; das Dritte, worin man um keinen Preis einen Fehlgriff thun darf, ist die Wahl *seiner* Art *Erholung*. Auch hier sind je nach dem Grade, in dem ein Geist sui generis ist, die Grenzen des ihm Erlaubten, das heisst *Nützlichen*, eng und enger. In meinem Fall gehört alles *Lesen* zu meinen Erholungen: folglich zu dem, was mich von mir losmacht, was mich in fremden Wissenschaften und Seelen spazieren gehn lässt, – was ich nicht mehr ernst nehme. Lesen erholt mich eben von *meinem* Ernste. In tief arbeitsamen Zeiten sieht man keine Bücher bei mir: ich würde mich hüten, jemanden in meiner Nähe reden oder gar denken zu lassen. Und das hiesse ja lesen ... Hat man eigentlich beobachtet, dass in jener tiefen Spannung, zu der die Schwangerschaft den Geist und im Grunde den ganzen Organismus verurtheilt, der Zufall, jede Art Reiz von aussen her zu vehement wirkt, zu tief »einschlägt«? Man muss dem Zufall, dem Reiz von aussen her so viel als möglich aus dem Wege gehn; eine Art Selbst-Vermauerung gehört zu den ersten Instinkt-Klugheiten der geistigen Schwangerschaft. Werde ich es erlauben, dass ein *fremder* Gedanke heimlich über die Mauer steigt? – Und das hiesse ja lesen ... Auf die Zeiten der Arbeit und Fruchtbarkeit folgt die Zeit der Erholung: heran mit euch, ihr angenehmen, ihr geistreichen, ihr gescheuten Bücher! – Werden es deutsche Bücher sein? ... Ich muss ein Halbjahr zurückrechnen, dass ich mich mit einem Buch in der Hand ertappe. Was war es doch? – 6, 284

In Alledem – in der Wahl von Nahrung, von Ort und Klima, von Erholung – gebietet ein Instinkt der Selbsterhaltung, der sich als Instinkt der *Selbstvertheidigung* am unzweideutigsten ausspricht. Vieles nicht sehn, nicht hören, nicht an sich herankommen lassen – erste Klugheit, erster Beweis dafür, dass man kein Zufall, sondern eine Necessität ist. Das gangbare Wort für diesen Selbstvertheidigungs-Instinkt ist *Geschmack*. Sein Imperativ befiehlt nicht nur Nein zu sagen, wo das Ja eine »Selbstlosigkeit« sein würde, sondern auch *so wenig als möglich Nein* zu sagen. Sich trennen, sich abscheiden von dem, wo immer und immer wieder das Nein nöthig werden würde. Die Vernunft darin ist, dass Defensiv-Ausgaben, selbst noch so kleine, zur Regel, zur Gewohnheit werdend, eine ausserordentliche und vollkommen überflüssige Verarmung bedingen. Unsre *grossen* Ausgaben sind die häufigsten kleinen. Das Abwehren, das Nicht-heran-kommen-lassen ist eine Ausgabe – man täusche sich hierüber nicht –, eine zu negativen Zwecken *verschwendete* Kraft. Man kann, bloss in der beständigen Noth der Abwehr, schwach genug werden, um sich nicht mehr wehren zu können. – Gesetzt, ich trete aus meinem Haus heraus und fände, statt des stillen und aristokratischen Turin, die deutsche Kleinstadt: mein Instinkt würde sich zu sperren haben, um Alles das zurückzudrängen, was aus dieser plattgedrückten und feigen Welt auf ihn eindringt. Oder ich fände die deutsche Grossstadt, dies gebaute Laster, wo nichts wächst, wo jedwedes Ding, Gutes und Schlimmes, eingeschleppt ist. Müsste ich nicht darüber zum *Igel* werden? – Aber Stacheln zu haben ist eine Vergeudung, ein doppelter Luxus sogar, wenn es freisteht, keine Stacheln zu haben, sondern *offne* Hände ...

Eine andre Klugheit und Selbstvertheidigung besteht darin, dass man *so selten als möglich reagirt* und dass man sich Lagen und Bedingungen entzieht, wo man verurtheilt wäre, seine »Freiheit«, seine Initiative gleichsam auszuhängen und ein blosses Reagens zu werden. Ich nehme als Gleichniss den Verkehr mit Büchern. Der Gelehrte, der im Grunde nur noch Bücher »wälzt« – der Philologe mit mässigem Ansatz des Tags ungefähr 200 – verliert zuletzt ganz und gar das Vermögen, von sich aus zu denken. Wälzt er nicht, so denkt er nicht. Er *antwortet* auf einen Reiz (– einen gelesenen Gedanken), wenn er denkt, – er reagirt zuletzt bloss noch. Der Gelehrte giebt seine ganze Kraft im Ja und Neinsagen, in der Kritik von bereits Gedachtem ab, – er selber denkt nicht mehr ... Der Instinkt der Selbstvertheidigung ist bei ihm mürbe geworden; im andren Falle würde er sich gegen Bücher wehren. Der Gelehrte – ein décadent. – Das habe ich mit Augen gesehn: begabte, reich und frei angelegte Naturen schon in den dreissiger Jahren »zu Schanden gelesen«, bloss noch Streichhölzer, die man reiben muss, damit sie Funken – »Gedanken« geben. – Frühmorgens beim Anbruch des Tags, in aller Frische, in der Morgenröthe seiner Kraft, ein *Buch* lesen – das nenne ich lasterhaft! – –

6, 291-293

AUS DEM NACHLASS 1869-1874

Das wahre Zeichen der Gesundheit ist der schöne Tod ⟨...⟩ 7, 60

Die Hauptwirkung der Mineralbäder kommt, wie die Badeärzte uns glauben machen, hinterdrein. 7, 299

AUS DEM NACHLASS 1875-1879

Ehrgeizige Menschen, durch Krankheit zur Unthätigkeit verurtheilt, werden sich selbst die bösesten Feinde. Der thätige Ehrgeiz ist eine Hautkrankheit der Seele, er treibt alles Schädliche nach aussen. 8, 370

Es giebt nur Gründe gegen den Selbstmord individuell. Starke Medizin. Moralische Gründe gar nicht. 8, 370

AUS DEM NACHLASS 1880-1882

Eine diätetische Vorschrift gegeben, und wir handeln nicht darnach: unmoralisch (weil unvernünftig, weil sich selber schädlich). Aber »sich selber will man nicht schaden«: es ist eine Illusion: der Selbstschaden 9, 39

Der Fanatismus verdirbt den Charakter, den Geschmack und zuletzt auch die Gesundheit: und wer diesen dreien zugleich wieder von Grund aus aufhelfen will, muß sich auf eine langwierige Cur gefaßt machen. 9, 47

Es ist ein Vorurtheil, daß die zweckmäßige Kost dem Menschen auch die natürliche und von vornherein angenehme sei; ursprünglich aber schmeckte wohl Vieles schlecht, und war ihm »unnatürlich«, was die Noth doch zu essen anbefahl; im Verlauf der Gewöhnung kam aber der Reiz und die Lust dazu. Und so steht es in vielen Dingen, die nichts mit der Nahrung zu thun haben: das Erste ist der Zwang dazu: die Freude daran ist nachgeboren und oft spätgeboren.

9, 49

Gesetzt, man erwartet immer das Böse, die unangenehme Überraschung, so ist man immer in feindseliger Spannung, wird für Andere unerträglich und leidet selber an der Gesundheit: solche Naturen sterben aus. Im Ganzen sind nur die zufriedeneren und hoffnungsreicheren Rassen am Leben geblieben.

– Wer immer Schlimmes erwartet, wird böse, nämlich feindselig argwöhnisch unruhig; dies ist die Wirkung pessimistischer Denkweisen. 9, 59

Trübe und bittere Gedanken sind ohne physiologische Ursachen gar nicht möglich. Um der große Ankläger der Zeit oder des ganzen Lebens zu werden, muß unsere Leber dazu präparirt sein. 9, 63 f.

In der Zukunft wird es geben: 1. zahllose Anstalten, in welche man sich zeitweilig begibt, um seine Seele in Cur zu nehmen; hier wird der Zorn bekämpft, dort die Wollust usw.; 2. zahllose Mittel gegen die Langeweile; zu jeder Zeit wird man Vorleser hören können und dergleichen; 3. Feste, in welchen viele einzelne Erfindungen zum Gesammtzweck des Festes vereinigt sind, denn die, welche ein Fest feiern, müssen am Feste mit erfunden haben; 4. es werden sich Einzelne und ganze Gruppen geloben, niemals gerichtliche Hülfe in Anspruch zu nehmen. 9, 67 f.

Ohne *leibliche* Vollkommenheit – ist denn eine geistige oder sittliche möglich? – Welches Aufpassen beim kränklichen Zustand, wie nöthig das Durchsieben. Übrigens hat das Wieder-gesund-werden vielleicht zu viel vom Rausch der Gesundheit, als daß nicht auch *seine* Erkenntnisse etwas verdächtig sein sollten. 9, 140

»Das Fleisch gelüstet wider den Geist πν‹εῦμα› und der Geist wider das Fleisch« Paulus. »In meinem Fleisch wohnt die Sünde« und das Fleisch wirkt dann auf Geist und Herz, den inneren Menschen. 9, 141

Um den Menschen umzubilden: müssen wir einmal davon ausgehen, daß *unsere Werthschätzung* von guten und bösen Handlungen *falsch* und willkürlich ist, alles muß neu untersucht werden, Jahrhunderte lang, wie es zur *Heilung des Körpers* noth that, *alle Theorien* der Medizin gleichmäßig zu verwerfen! Die Instinkte auf diesem Gebiete sind zu entwurzeln, zunächst ist *Achtung* für den zu pflanzen, welcher hier *auf Versuch lebt* – es ist die wichtigste Gattung von Menschen, wie für den Arzt das Versuchsthier die wichtigste Gattung von Thier ist. 9, 294

Einsamkeit, viel freie Natur
Einfachheit und Billigkeit
Gesundheit
Seltene und gewähltere Versuche im Lesen und in der Freundschaft
Kein unsinniger Fleiß
Zeit und Stimmung für Erhebungen des Herzens

9, 350

Gesundheit meldet sich an 1) durch einen Gedanken mit weitem Horizont 2) durch versöhnliche tröstliche vergebende Empfindungen 3) durch ein schwermüthiges Lachen über den Alp, mit dem wir gerungen. 9, 351

Die moralischen Phänomene machen die Geschichte der Krankheiten durch: erst etwas von außen her, Wirkungen übernatürlicher Mächte. Dann ganz menschlich, aber etwas *für sich*, das »Moralische«. Endlich erkennt man, daß es ebenso ungenau bezeichnete Vorgänge sind, wie die Krankheiten (über welche jeder seine Meinung hat, und der *Verständigste* sich dadurch auszeichnet zu schweigen) – *daß die Zeit der großen Skepsis da ist*! Es giebt nichts »Moralisches an sich«: es sind Meinungen *von Trieben erzeugt* und *diese Triebe wieder beeinflussend*. 9, 365

Meine Gedanken sind meine Ereignisse geworden: das Andere ist die Krankheits-Geschichte jedes Tags. 9, 382

Ein Sturm: ich empfinde ihn gegen 4 Stunden vorher, bei dem heitersten Himmel. Ist er da, so verbessert sich mein Zustand. 9, 382 f.

Über das Wetter, über Krankheiten und über Gut und Böse glaubt Jeder mitreden zu können. Es ist das Zeichen der intellektuellen Gemeinheit. 9, 410

Den Begriff der Ernährung erweitern; sein Leben nicht falsch anlegen, wie es die thun, welche bloß ihre Erhaltung im Auge haben. 9, 441

Wir können weder des Bösen noch der Leidenschaften entbehren – die vollständige *Anpassung* Aller an Alles und Jedes in sich (wie bei Spencer) ist ein Irrthum, es wäre die tiefste Verkümmerung. – Das schönste leiblich mächtigste Raubthier hat die stärksten Affekte: sein Haß und seine Gier in dieser Stärke werden für seine Gesundheit nöthig sein, und wenn befriedigt, diese so prachtvoll entwickeln. Selbst zum Erkennen brauche ich alle meine Triebe, die guten wie die bösen und wäre schnell am Ende, wenn ich nicht gegen die Dinge feindlich mißtrauisch grausam tükkisch rachsüchtig und mich verstellend usw. sein wollte. Alle großen Menschen waren durch die Stärke ihrer Affekte groß. Auch die Gesundheit taugt nichts, wenn sie nicht großen Affekten gewachsen ist, ja sie nöthig hat. Große Affekte concentriren und halten die Kraft in Spannung. Gewiß sind sie oft Anlaß, daß man zu Grunde geht –

9, 469

Seien wir nicht Sklaven von Lust und Schmerz, auch in der Wissenschaft! Schmerzlosigkeit, ja Lust beweist *nicht* Gesundheit – und *Schmerz ist kein Beweis* gegen Gesundheit (sondern nur ein starker Reiz). 9, 482 f.

Freunde des Salzes sind *keine* »Fleischfresser«. Es giebt immer Vornehm- und Reichthuer, welche verbergen möchten, daß *wenig* Fleisch gegessen wird: man gebe Acht, ob die Personen viel oder oder wenig Salz brauchen! 9, 525

Thee ein fader oder strenger oder unbedeutender Geruch und Geschmack: folglich soll man die Blumen hinzuthun!

59, 25

Die Speisen (z. B. Zwiebeln und Reiz-Narcotica wie Taback) beweisen daß nicht Lust und die Vermeidung der Unlust, sondern das *Gereizt*werden dem Menschen am wichtigsten ist. *Reiz* ist an sich etwas Anderes als Lust und Unlust (oder letztere sind seine Extreme) 9, 526

Diese Sklaven sind oft *müde* und regelmäßig müde – deshalb nehmen sie mit ihren *Vergnügungen* so fürlieb (was das seltsamste Merkmal unserer Zeit ist) Ihre Bier- und Weinstuben, ihr Maaß angenehmer Unterhaltung, ihre Feste, ihre Kirchen – alles ist so mittelmäßig, denn es darf da nicht viel Geist und Kraft verbraucht werden, also auch nicht gefordert werden – man will sich ausruhen. – Ja! Otium! Das ist der Müssiggang solcher, die noch alle Kraft bei sich haben. 9, 526

Die Menschen reden von Magenkranken und meinen die, welche an der Verdauung leiden – als ob der Magen allein das Verdauende sei! Und die Gebildeten reden vom »Magensaft«. – Es ist sehr gut, daß solche Irrthümer nicht auf die Organisation wirken, wir wären längst zu Grunde gegangen. – Und durch die Heilmethode und Diät-Unsinn *haben* sie todtgefährlich genug gewirkt! – 9, 530

Pflanzenkost und Wein – das wäre die verrückteste aller möglichen Lebensweisen! 9, 556

Ohne Phantasie und Gedächtniß gäbe es keine Lust und keinen Schmerz. Die dabei erregten Affekte verfügen augenblicklich über vergangene ähnliche Fälle und über die schlimmen Möglichkeiten, sie deuten aus, sie legen hinein. Deshalb steht ein *Schmerz* im Allgemeinen ganz außer Verhältniß zu seiner Bedeutung für das Leben – er ist unzweckmäßig. Aber dort, wo eine Verletzung nicht vom Auge oder dem Getast wahrgenommen wird, ist sie viel weniger schmerzhaft, da ist die Phantasie ungeübt. An den Fingern ist der Schmerz am größten, an Zähnen, am Kopfe usw.

9, 556f.

Intellektuell gemessen, wie *irrthumvoll* ist Lust und Schmerz! Wie falsch wäre geurtheilt, wenn man nach dem *Grade* von Lust oder Schmerz auf den Werth für das Leben schließen wollte! Im *Schmerz* ist so viel Dummheit wie in den blinden Affekten, ja es *ist* Zorn Rache Flucht Ekel Haß Überfüllung der Phantasie (Übertreibung) selber, der Schmerz ist die ungeschieden zusammengeflossene Masse von Affekten, *ohne Intellekt* giebt es keinen Schmerz, aber die niedrigste Form des Intellekts tritt da zu Tage; der Intellekt der »Materie«, der »Atome«. – Es giebt eine Art, von einer Verletzung *überrascht* zu werden (wie jener der auf dem Kirschbaum sitzend eine Flintenkugel durch die Backe bekam), daß man gar nicht den *Schmerz fühlt*. Der Schmerz ist *Gehirnprodukt*. 9, 565

AUS DEM NACHLASS 1882-1885

über vornehmliche oder ausschließliche Pflanzenkost

Menschen der heftigen Affekte, ehrgeizige gehässige wollüstige Menschen mögen in der That sich die Frage stellen, ob für sie nicht auch wenig Fleisch schon zu viel ist, obschon mir viel wichtiger als die Frage, *was* sie essen sollen, jene andere Frage gilt: wieviel, das heißt hier: *wie wenig*.

IC, 13

Das schlechte Gewissen vergiftet die Gesundheit. IC, 18

Was ist das beste Leben? Zu Tode gekitzelt werden. 10, 69

(Gegen die reine Pflanzenkost) Wollen wir denn Lämmerseelen und schwärmerische Jungfräulein schaffen? Löwen wollen wir und Ungeheuer an Kraft und Liebe. 10, 136

1. Die *Hervorhebung* von *Zuständen* und das Streben nach ihnen. Bedeutung für den Leib.
2. Diejenige *Auffassung des Ich von sich selber* entsteht, bei der der Heerden-Typus erhalten bleibt.
3. Übelbefinden und das Böse.

Das Ausbrechen ganzer moralischer Strömungen als Correcturen des *Leibes*.

Was bedeutet Ascetismus?

Buddhismus und Mönchthum als Herstellung *gesunder*

Leiber (gegen die vernichtenden und schwächenden Affekte). 10, 172

»Gesundheits-Begriff und Ideal *abhängig* vom Ziele des Menschen« –? aber das *Ziel* selber ist ein Ausdruck einer bestimmten *Beschaffenheit* des Leibes und deren *Bedingungen.* 10, 173

der aktiven quantitativen und qualitativen *Nahrungs-Auswahl* der Zellen, welche die ganze Entwicklung bestimmen, entspricht, daß der Mensch sich auch die Ereignisse und Reize *auswählt*, also aktiv verfährt unter all dem zufällig auf ihn Eindringenden – gegen Vieles also *abwehrt.* 10, 304

Etwas Gesundheit ab und zu ist das beste Heilmittel. 10, 388

Wenn es zu deiner Gesundheit nöthig ist, wohlan! was liegt daran! Aber mache keinen Lärm darum! Es ist lächerlich, begeistert von grünen Gemüsen zu reden – wer so thut, hat wenig im Kopfe! 11, 72

der *Wohlgeschmack einer Speise* ist die *Folge* ihrer Zuträglichkeit! 11, 109

Der Schmerz: nicht der Reiz als solcher, sondern im Intellekt erst gemacht zum Schmerz. Man muß sich ihn durch Vererbung wachsen denken – eine Summe von vielen Urtheilen: »dies ist gefährlich, bringt Tod, verlangt Defensive, größte Aufmerksamkeit«, ein Befehl »weg davon! gieb Acht!« eine große plötzliche *Erschütterung als Resultat.* 11, 114

Der physische Schmerz ist erst die Folge eines seelischen Schmerzes: dieser aber: Plötzlichkeit, Angst, Kampfbereitschaft, *eine Menge von Urtheilen und Willensakten und Affekten in Einen Augenblick concentrirt*, als große Erschütterung und in summa als Schmerz empfunden und projicirt an die Stelle hin. 11, 114

Schmerz ist eine *tiefe Gemüthsbewegung, mit einer Unmasse von Gedanken auf Einmal*; eine Erkrankung durch Verlust des Gleichgewichts und momentane *Überwältigung des Willens.* 11, 117

Die tausend Räthsel um uns würden uns nur interessiren, *nicht* quälen, wenn wir gesund und heiter genug im Herzen wären. 11, 204

Dinge, mit denen mein Magen schlecht oder gar nicht fertig wird: Kartoffeln, Schinken, Senf, Zwiebeln, Pfeffer, alles im Fett gebackene, Blätterteig, Blumenkohl, Kohl, Salat, alle geschmälzten Gemüse, Wein, Würste, Buttersaucen am Fleisch, Schnittlauch, frische Brotkrumen, alles gesäuerte Brod

Alles auf dem Rost Gebratene, alles Fleisch saignant, Kalb, Rostbeef, Gigot, Lamm, Eidotter, Milch auch Schlagsahne, Reis, Gries, gekochte warme Äpfel grüne Erbsen Bohnen Carotten Wurzeln Fisch, Kaffee Butter braune Weiß-Brodkruste. 11, 426

AUS DEM NACHLASS 1885-1889

Die Abnahme des *Heilkraft*-Instinktes bei den Geschwächten: so daß sie als remedium begehren, was ihren Untergang beschleunigt. Z. B. die meisten Vegetarier hätten eine corroborirende Kost nöthig, um der erschlafften Faser wieder Energie zu geben: aber sie halten ihr penchant zum Milden und Sanften für einen *Wink* der Natur: – und schwächen sich noch ὑπὲρ μόρον … 13, 251

Nichts hat sich theurer bezahlt gemacht, als die Verwechslung im Physiologischen. – 13, 253

Die physiologischen Mißverständnisse

1. Die Krankheit als höhere Form des Lebens mißverstanden
2. der Rausch
3. die Impassibilität 13, 253 f.

Wir *brauchen* das Anormale, wir geben dem Leben einen ungeheuren choc durch diese großen Krankheiten … 13, 341

Die *Energie der Gesundheit* verräth sich bei Kranken in dem *brüsken Widerstande* gegen die *krankmachenden* Elemente …

einer Reaktion des Instinkts, z. B. gegen Musik bei mir – 13, 389

Wasser trinken.
Nie spirituosa.
von Zeit zu Zeit (Rhaba‹r›ber)
Morgens Ein Glas Thee: *kalt* werden lassen!
nachts etwas wärmer!
im Theater galér‹ie› posto numer‹ato›
nicht Brille auf Straße
nicht in die Menge gehn!
nicht zu Löscher
nicht zu Roma!
keine Briefe schreiben
Abends warme Kleider!

13, 580

Dies geht dem noch Höheren voraus

IDOLE UND IDEALE

DIE GEBURT DER TRAGÖDIE AUS DEM GEISTE DER MUSIK (1872)

In der That scheinen sie so empfunden zu haben: wie überhaupt jene platonische Unterscheidung und Werthabschätzung der »Idee« im Gegensatze zum »Idol«, zum Abbild tief im hellenischen Wesen begründet liegt. 1, 71

Vergebens spähen wir nach einer einzigen kräftig geästeten Wurzel, nach einem Fleck fruchtbaren und gesunden Erdbodens: überall Staub, Sand, Erstarrung, Verschmachten. Da möchte sich ein trostlos Vereinsamter kein besseres Symbol wählen können, als den Ritter mit Tod und Teufel, wie ihn uns Dürer gezeichnet hat, den geharnischten Ritter mit dem erzenen, harten Blicke, der seinen Schreckensweg, unbeirrt durch seine grausen Gefährten, und doch hoffnungslos, allein mit Ross und Hund zu nehmen weiss. Ein solcher Dürerscher Ritter war unser Schopenhauer: ihm fehlte jede Hoffnung, aber er wollte die Wahrheit. Es giebt nicht Seinesgleichen. – 1, 131

UNZEITGEMÄSSE BETRACHTUNGEN I (1873)

Dies sollten wir alle von uns selbst wissen: zu dem hat es Einer von den Wenigen, die ein Recht hatten, es im Tone des Vorwurfs den Deutschen zu sagen, auch öffentlich verrathen. »Wir Deutsche sind von gestern, sagte Goethe einmal zu Eckermann, wir haben zwar seit einem Jahrhundert ganz tüchtig kultivirt, allein es können noch ein paar Jahrhunderte hingehen, ehe bei unseren Landsleuten so viel Geist und höhere Kultur eindringe und allgemein werde, dass man von ihnen wird sagen können, es sei lange her, *dass sie Barbaren gewesen.«* 1, 164

Dieser Imperativ ist leider nur durchaus unbrauchbar und kraftlos, weil unter dem Begriff Mensch das Mannichfaltigste zusammen im Joche geht, zum Beispiel der Patagonier und der Magister Strauss, und weil Niemand wagen wird, mit gleichem Rechte zu sagen: lebe als Patagonier! und: lebe als Magister Strauss! Wollte aber gar jemand sich die Forderung stellen: lebe als Genie, das heisst eben als idealer Ausdruck der Gattung Mensch, und wäre doch zufällig entweder Patagonier oder Magister Strauss, was würden wir dann erst von den Zudringlichkeiten geniesüchtiger Original-Narren zu leiden haben, über deren pilzartiges Aufwachsen in Deutschland schon Lichtenberg klagte, und die mit wildem Geschrei von uns fordern, dass wir die Bekenntnisse ihres allerneuesten Glaubens anhören. 1, 195

MENSCHLICHES, ALLZUMENSCHLICHES I (1878)

Paradoxien des Autors. – Die sogenannten Paradoxien des Autors, an welchen ein Leser Anstoss nimmt, stehen häufig gar nicht im Buche des Autors, sondern im Kopfe des Lesers. 2, 163

Volksheere. – Der grösste Nachtheil der jetzt so verherrlichten Volksheere besteht in der Vergeudung von Menschen der höchsten Civilisation; nur durch die Gunst aller Verhältnisse giebt es deren überhaupt, – wie sparsam und ängstlich sollte man mit ihnen umgehen, da es grosser Zeiträume bedarf, um die zufälligen Bedingungen zur Erzeugung so zart organisirter Gehirne zu schaffen! Aber wie die Griechen in Griechenblut wütheten, so die Europäer jetzt in Europäerblut: und zwar werden relativ am meisten immer die Höchstgebildeten zum Opfer gebracht, Die, welche eine reichliche und gute Nachkommenschaft verbürgen; Solche nämlich stehen im Kampfe voran, als Befehlende, und setzen sich überdiess, ihres höheren Ehrgeizes wegen, den Gefahren am meisten aus. – Der grobe Römer-Patriotismus ist jetzt, wo ganz andere und höhere Aufgaben gestellt sind, als patria und honor, entweder etwas Unehrliches oder ein Zeichen der Zurückgebliebenheit. 2, 288

Neue Meinungen im alten Hause. – Dem Umsturz der Meinungen folgt der Umsturz der Institutionen nicht sofort nach, vielmehr wohnen die neuen Meinungen lange Zeit im verödeten und unheimlich gewordenen Hause ihrer Vorgängerinnen und conserviren es selbst, aus Wohnungsnoth.

2, 300

Schulwesen. – Das Schulwesen wird in grossen Staaten immer höchstens mittelmässig sein, aus dem selben Grunde, aus dem in grossen Küchen besten Falls mittelmässig gekocht wird. 2, 300

Glückszeiten. – Ein glückliches Zeitalter ist desshalb gar nicht möglich, weil die Menschen es nur wünschen wollen, aber nicht haben wollen und jeder Einzelne, wenn ihm gute Tage kommen, förmlich um Unruhe und Elend beten lernt. Das Schicksal der Menschen ist auf *glückliche Augenblicke* eingerichtet – jedes Leben hat solche –, aber nicht auf glückliche Zeiten. Trotzdem werden diese als »das Jenseits der Berge« in der Phantasie des Menschen bestehen bleiben, als Erbstück der Urväter; denn man hat wohl den Begriff des Glückszeitalters seit uralten Zeiten her jenem Zustande entnommen, in dem der Mensch, nach gewaltiger Anstrengung durch Jagd und Krieg, sich der Ruhe übergiebt, die Glieder streckt und die Fittige des Schlafes um sich rauschen hört. Es ist ein falscher Schluss, wenn der Mensch jener alten Gewöhnung gemäss sich vorstellt, dass er nun auch *nach ganzen Zeiträumen* der Noth und Mühsal jenes Zustandes des Glücks *in entsprechender Steigerung und Dauer* theilhaftig werden könne. 2, 301 f.

ALSO SPRACH ZARATHUSTRA
(1883/84/85)

»Rache wollen wir üben und Beschimpfung an Allen, die uns nicht gleich sind« – so geloben sich die Tarantel-Herzen. 4, 128

Was der Vater schwieg, das kommt im Sohne zum Reden; und oft fand ich den Sohn als des Vaters entblösstes Geheimniss.

Den Begeisterten gleichen sie: aber nicht das Herz ist es, was sie begeistert, – sondern die Rache. Und wenn sie fein und kalt werden, ist's nicht der Geist, sondern der Neid, der sie fein und kalt macht. 4, 129

»Strafe muss sein und Gerechtigkeit – so denkt sie: nicht umsonst soll er hier der Feindschaft zu Ehren Lieder singen!« 4, 131

Dem Volke habt ihr gedient und des Volkes Aberglauben, ihr berühmten Weisen alle! – und *nicht* der Wahrheit! Und gerade darum zollte man euch Ehrfurcht.

Und darum auch ertrug man euren Unglauben, weil er ein Witz und Umweg war zum Volke. So lässt der Herr seine Sclaven gewähren und ergötzt sich noch an ihrem Übermuthe.

Aber wer dem Volke verhasst ist wie ein Wolf den Hunden: das ist der freie Geist, der Fessel-Feind, der Nicht-Anbeter, der in Wäldern Hausende. 4, 132

Noch lernte er das Lachen nicht und die Schönheit. Finster kam dieser Jäger zurück aus dem Walde der Erkenntniss.

4, 150

JENSEITS VON GUT UND BÖSE
(1886)

– *solche* Menschen haben, mit ihrem »Gleich vor Gott«, bisher über dem Schicksale Europa's gewaltet, bis endlich eine verkleinerte, fast lächerliche Art, ein Heerdenthier, etwas Gutwilliges, Kränkliches und Mittelmässiges, herangezüchtet ist, der heutige Europäer 5, 83

AUS DEM NACHLASS 1869-1874

Die meisten Menschen spüren gelegentlich, daß sie in einem Netz von Illusionen hinleben. Wenige aber erkennen, wie weit diese Illusionen reichen. 7, 101

Wahnvorstellungen, z. B. das heilige Grab in den Händen der Ungläubigen. 7, 106

Die »allgemeine« Bildung degradirt die an sich exceptionelle »Bildung«. Der Journalist ist eine nothwendige Reaktion: eine Geburt der sogenannten allgemeinen Bildung –: »der gemeine Mensch mit allgemeiner Bildung«. 7, 298

Nach dem, was wir über die vorwiegende Bedeutung des Traumes für das Ur-Eine bemerkt haben, dürfen wir das gesammte *wache* Leben des einzelnen Menschen als eine Vorbereitung für seinen Traum ansehen; jetzt müssen wir hinzufügen, daß *das gesammte Traumleben vieler Menschen* wiederum die Vorbereitung des *Genius* ist. In dieser Welt des

Nicht-Seienden, des Scheines muß alles *werden*: und so *wird* auch der Genius, indem in einem Menschheitscomplexe, in einem größeren Individuum jene dämmernde Lustempfindung des Traumes sich immer mehr steigert, bis zu jenem dem Genius eigenthümlichen Genusse: welches Phänomen wir uns an dem allmählichen, durch Morgenröthe und vorausgesandte Strahlen angekündigten Aufgehen der Sonne sichtbar machen können. Die Menschheit, mit aller Natur als ihrem vorauszusetzenden Mutterschooße, darf in diesem weitesten Sinne als die fortgesetzte Geburt des Genius bezeichnet werden: von jenem ungeheuren allgegenwärtigen Gesichtspunkte des Ur-Einen aus ist in jedem Moment der Genius erreicht, die ganze Pyramide des Scheins bis zu ihrer Spitze vollkommen. Wir, in der Enge unseres Blicks und innerhalb des Vorstellungsmechanismus von Zeit, Raum und Kausalität, haben uns zu bescheiden, wenn wir den Genius als Einen unter vielen und nach vielen Menschen erkennen; ja wir dürfen glücklich sein, wenn wir ihn überhaupt erkannt haben, was im Grunde immer nur zufällig geschehn kann und in vielen Fällen gewiß nie geschehn ist.

7, 334

Unsere Schulen sind nach diesem mittelalterlichen Princip eingerichtet. Die Bildung eines eigenen *Lehrstandes* ist die Folge gewesen.

Gelehrter kann ziemlich Jeder werden, ein Gebildeter Wenige. *Verallgemeinerung der Gelehrsamkeit* – das alte Bildungsziel. Möglichst viele zu Gelehrten abrichten – die höchste alte Erziehungsaufgabe. Das Leben unter der Knechtschaft der *Wissenschaft*.

Daraus entstand die *lateinische Schule*, die *unnationale* Bildungsschule des Gelehrten.

Der Anspruch auf *klassische Bildung* ist etwas ganz Modernes und eine Verkehrung der Gymnasialtendenz.

Inzwischen ist ersichtlich, daß man nicht vom Latein zur

Wissenschaft zu kommen braucht, ebenso daß der Gelehrte und der Gebildete nicht identisch sind.

Jetzt kühner Griff: das alte Gymnasium wird zur *Formalschule* umgestempelt.

Große *öffentliche Lüge*. Die Alten sind wahrhaftig in einem noch höheren Grade unsre wahren Meister und Lehrer: aber nicht für Knaben.

Unsere Gymnasiallehrer (unsre *besten*) sind gar nicht auf diese Ansprüche eingerichtet. Sie erziehen nach wie vor Gelehrte, aber eigentlich nur noch Philologen.

Wenn man ehrlich sein will, muß man irgendwann das Gymnasium in eine philologisch-historische Fachanstalt verwandeln, im Dienste der Wissenschaft. 7, 381

Gerade immer das Falsche wird ernst genommen:
in der Religion – das Historische
in der Kunst – die Unterhaltungslektüre
in der Wissenschaft – das Mikrologische, das Curiöse, das eigne Produziren,
in der Philosophie – der dumme Materialismus. 7, 411

Vergötterung des Erfolgs ist recht der menschlichen Gemeinheit angemessen. Wer aber nur einen einzigen Erfolg einmal genau studirt hat, weiss, was für Faktoren (Dummheit, Bosheit, Faulheit usw.) immer mitgewirkt haben, und nicht als die schwächsten Faktoren. Es ist toll, dass der Erfolg mehr werth sein soll als die unmittelbar vorher noch bestehende schöne Möglichkeit! Gar aber in der Geschichte die Verwirklichung des Guten und Rechten sehen ist Blasphemie gegen das Gute und Rechte. Diese schöne Weltgeschichte ist, um Heraklitisch zu reden, »ein wirrer Kehrichthaufen«! Das *Kräftige* schlägt sich durch, das ist das allgemeine Gesetz: wenn es nur nicht so oft gerade das Dumme und das Böse wäre! 7, 644

Das Elend treibt die Menschen in die Zukunft, das Elend treibt sie in eine frühere Vergangenheit, um sich daran das relative Glück der Gegenwart zu demonstriren oder sich zu trösten, dass andern es doch einmal gut gegangen. Der Trieb nach Glück ist es, der die Menschen abhält, die Lehre ihres Tages, Resignation, zu finden; da das Glück nicht da ist, muss es offenbar kommen, schliessen sie, oder dagewesen sein. Oder es ist schon da, verglichen mit dem früheren Unglück usw. Was jeden Menschen vorwärts treibt, treibt sie alle vorwärts: sie benutzen die Geschichte zum Glücklicherwerden in der Zukunft. 7, 667

Man kann seine Ehrfurcht vor dem deutschen Soldaten nur dadurch ausdrücken, dass man sagt »er wusste nicht was er sang, er hörte es gar nicht«; jene Lieder des letzten deutschen Kriegs, jene Märsche der vorangehenden preussischen Kriege sind plumpe, mitunter sogar süsslich-widrige Gemeinheit, die Hefe jener »Bildung«, die jetzt so gerühmt wird. Freilich nur die Hefe! Aber es gab andre Hefen! Kein Zug wahrer Volksthümlichkeit darin, wahre Beschimpfung der Worte »Volkslied, Volksweise«! Etwa wie sich ein Kölner Leitartikelschreiber zu Tyrtäus verhält. Pfui dich mal an, Junfer Bildung, würde Luther sagen. 7, 691

AUS DEM NACHLASS 1875-1879

An sich denken giebt wenig Glück: wenn man aber viel Glück dabei hat, liegt es daran, dass man im Grunde nicht an sich, sondern an sein Ideal denkt. Dies ist ferne, und nur der Geschwinde erreicht es und freut sich. 8, 36

Mißhandelt die Menschen, treibt sie zum Äußersten, und das durch Jahrtausende – da springt, durch eine *Verirrung* der Natur, durch einen abspringenden Funken der dadurch entzündeten furchtbaren Energie, auf einmal der Genius hervor. – So redet die Geschichte zu mir. Schreckliches Gesicht! Weh! Ich ertrag' dich nicht! – 8, 95

Durch gewisse Ansichten über die Dinge ist das Pathos der Empfindung in die Welt gekommen, nicht durch die Dinge selbst: z. B. alles, was *Faust* in der ersten Scene als Ursache seiner Leiden angiebt, ist irrthümlich, nämlich auf Grund metaphysischer Erdichtungen erst so bedeutungsschwer geworden: könnte er dies einsehen, so würde das Pathos seiner Stimmung fehlen. 8, 461

AUS DEM NACHLASS 1880-1882

Jenes ausschweifende und phantastische Pathos, mit dem wir die seltsamsten Handlungen abgeschätzt haben, macht sich bezahlt mit der absurden Gleichgültigkeit und Verachtung, welche wir gegen unscheinbare und alltägliche Handlungen richten. Wir sind die Narren der Seltenheit und haben unser täglich Brod dadurch entwerthet. 9, 70

Die Thiere welche durch eine entsetzliche *Buntheit* aller Augen auf sich ziehen, werden trotzdem sehr in Ruhe gelassen: sie haben alle eine böse Waffe, ein Gift und dergleichen – Gleichniß. 9, 173

Die Deutschen sind *bequem* und nehmen daher gerne ein Muster, *es erspart das Denken.* 9, 336

Vertrauen wir den Trieben, sie werden schon wieder Ideale schaffen! wie es die Liebe immerfort thut. Und dann: von Zeit zu Zeit durch Stolz einen Trieb unterdrücken – sofort bekommen alle anderen eine neue Färbung. Das Spiel kann lange fortgesetzt werden, wie Sonnenschein und Nacht.

9, 353 f.

Forscher wie Lecky können den *Verfall* einer Meinung nach ihrer größten Herrschaft nie erklären. Die *Meinungen* (auf der Basis des Geschmacks) sind große *Krankheiten* über viele Geschlechter hin, physiologisch endlich *ausheilend* und absterbend – und die Meinungen selber sind nur der uns bekannte Ausdruck eines physiologischen Vorganges. Es giebt individuelle und überindividuelle Krankheiten. Man muß die Menschen studiren, in welchen die *Gegenmeinung* oder die Skepsis auftaucht: ein neues physiologisches Merkmal ist in ihnen, wahrscheinlich der Keim einer *anderen* Krankheit. – Die Menschen als die *wahnsinnigen* Thiere.

9, 473

Was ist Toleranz! Und Anerkennung fremder Ideale! Wer ganz tief und stark sein eigenes Ideal fördert, *kann* gar nicht an andere glauben, ohne sie abschätzig zu beurtheilen – Ideale *geringerer* Wesen als er ist. Die absolute Höhe *unseres* Maaßstabes ist eben der Glaube an das Ideal. – Somit ist Toleranz historischer Sinn sogenannte Gerechtigkeit ein Beweis des Mißtrauens gegen ein eigenes Ideal, oder das Fehlen desselben. Was ist also *wissenschaftlicher Sinn*? *Vielleicht* das Verlangen nach einem Ideale und der Glaube, hier den Weg zum Absoluten, zum *unwidersprechlichen* Ideale zu haben: also unter der Voraussetzung, daß man kein Ideal *hat* und *daran* leidet! – Bei Vielen mag es die *Rache* sein, dafür daß sie kein Ideal haben, indem sie die anderen *zerstören*. Es giebt eine Schauspielerei (wie bei Bacon) als ob man ein Ideal hätte. »Die Wahrheit um ihrer selber willen« ist eine Phrase, etwas *ganz Unmögliches*, wie die Liebe des Nächsten um seiner selber willen.

9, 476 f.

»Nützlich-schädlich«! »Utilitarisch«! Diesem Gerede liegt das Vorurtheil zu Grunde als ob es *ausgemacht* sei, *wohin* sich das menschliche Wesen (oder auch Thier Pflanze) entwickeln *solle*. Als ob nicht abertausend Entwicklungen von jedem Punkte aus möglich wären! Als ob die Entscheidung, welche die *beste höchste* sei, nicht eine reine Sache des *Geschmacks* sei! (Ein Messen nach einem Ideale, welches *nicht* das einer anderen Zeit, eines anderen Menschen sein muß!)

9, 479

Diese Toleranzprediger! Ein Paar Dogmen (»fundamentale Wahrheiten«) nehmen sie doch immer aus! Sie unterscheiden sich nur in der Meinung darüber von den Verfolgern, was für das Heil nothwendig sei.

Sich an die Vernunft halten wäre schön, wenn es *eine* Vernunft gäbe! Aber der Tolerante muß sich von *seiner* Vernunft, ihrer Schwäche abhängig machen! Dazu: es *ist* zuletzt nicht einmal diese, welche den Beweisen und Widerlegungen ihr Ohr schenkt und entscheidet. Es sind Neigungen und Abneigungen des *Geschmacks.* Die Verfolger sind gewiß nicht weniger *logisch* gewesen als die Freidenker. 9, 480

Die Gleichgültigkeit! Ein Ding geht uns nichts an, darüber können wir denken, wie wir mögen, es giebt keinen Nutzen und Nachtheil für uns – *das* ist ein Fundament des wissenschaftlichen Geistes. Die Zahl dieser Dinge hat immer zugenommen; die Welt ist immer gleichgültiger geworden – so nahm die unparteiliche Erkenntniß zu, welche allmählich ein *Geschmack* wurde und endlich eine Leidenschaft *wird.*

9, 480

Paracelsi mirabilia. Nacherzählt von F. N. – Von allem Wunderbaren – so erzählte mir Paracelsus – was ich je sah und hörte, ist Eins das Erstaunlichste, und ich muß nicht nur ein muthiges Herz wie ein Löwe, sondern auch die unschuldige Geduld eines Lammes dazu haben, es gerade so zu berichten, wie es sich zugetragen hat. Denn gesetzt, es wäre das Blendwerk eines mir übel wollenden Geistes gewesen, so gab es nie für mich eine ärgere Versuchung: und sprach das, was mir erschien, die Wahrheit – 9, 480

Das Wesen jeder Handlung ist dem Menschen so unschmackhaft wie das Wesentliche jeder Nahrung: er würde lieber verhungern als es essen, so stark ist sein *Ekel* zumeist. Er hat *Würzen* nöthig, wir müssen zu allen Speisen verführt werden: und so auch zu allen Handlungen. Der *Geschmack* und sein Verhältniß zum Hunger, und dessen Verhältniß zum Bedürfniß des Organismus! Die moralischen Urtheile sind die Würzen. Der Geschmack wird aber hier wie dort als das angesehen, was über den *Werth der Nahrung, Werth der Handlung entscheidet*: der größte Irrthum!

Wie verändert sich der Geschmack? Wann wird er laß und unfrei? Wann ist er tyrannisch? – Und ebenso bei den Urtheilen über gut und böse; eine physiologische Thatsache ist der Grund jeder Veränderung im moralischen Geschmack; diese physiologische Veränderung ist aber nicht etwas, das nothwendig das dem Organismus *Nützliche* jeder Zeit forderte. Sondern die *Geschichte des Geschmacks* ist eine Geschichte für sich, und ebenso sehr sind Entartungen des Ganzen als Fortschritte die Folgen dieses Geschmacks. Gesunder Geschmack, kranker Geschmack – das sind falsche Unterscheidungen – es giebt unzählige Möglichkeiten der Entwicklung: was jedesmal zu der einen hinführt, ist gesund: aber es kann widersprechend einer anderen Entwicklung sein. Nur in Hinsicht auf ein *Ideal*, das erreicht werden soll, giebt es einen Sinn bei »gesund« und »krank«. Das Ideal aber ist immer höchst wechselnd, selbst beim Individuum (das des Kindes und des Mannes!) – und die *Kenntniß*, was nöthig ist, es zu erreichen, fehlt fast ganz. 9, 481

Beim Geschmack ergab sich nebenbei, ob ein Mittel tödtete, ob es sättigte usw. – nicht wie es auf die *Dauer* genommen wirkte (auf Generationen hin). Auch wußte man nicht, wie *ungleichmäßig* der Körper unterhalten wurde und wie diese starken Schwankungen wirkten. Die Depression in Folge mangelhafter Ernährung oder Verdauung bestimmt das *Ideal*. 9, 482

Zur »Kur des Einzelnen.«

1) er soll vom Nächsten und Kleinsten ausgehen und die ganze Abhängigkeit sich feststellen, in die hinein er geboren und erzogen ist

2) ebenso soll er den gewohnten Rhythmus seines Denkens und Fühlens, seine intellektuellen Bedürfnisse der Ernährung begreifen

3) Dann soll er *Veränderung* aller Art versuchen, zunächst um die Gewohnheiten zu brechen (vielen Diätwechsel, mit feinster Beobachtung

4) er soll sich geistig an seine Widersacher einmal anlehnen, er soll ihre Nahrung zu essen versuchen. Er soll *reisen*, in jedem Sinne. In dieser Zeit wird er »unstät und flüchtig« sein. Von Zeit zu Zeit soll er über seinen Erlebnissen *ruhen* – und verdauen.

5) Dann kommt das Höhere: der Versuch, ein Ideal zu *dichten*. Dies geht dem noch Höheren voraus – eben dies Ideal zu leben.

6. Er muß durch eine Reihe von Idealen hindurch.

9, 539

Grundsatz: Das was *verehrt* werden soll darf nicht *angenehm* sein. 9, 539

AUS DEM NACHLASS 1882-1885

Das Ideal *»Affe«* könnte irgendwann einmal vor der Menschheit stehen – als Ziel. 10, 20

Meine Virtuosität: das zu ertragen, was mir unangenehm ist, ihm gerecht zu sein, ja artig dagegen – Mensch und Erkenntniß. Darin bin ich am besten geübt. 10, 20

Wer das Ideal eines Menschen geschaut hat, empfindet den wirklichen Menschen als dessen *Carikatur.* 10, 24

Zur Wieder-Entstehung der Welt
Aus zwei Negationen entsteht eine Position, wenn die Negationen Kräfte sind. (Es entsteht Dunkel aus Licht gegen Licht, Kälte aus Wärme gegen Wärme usw.) 10, 25

Nur der Unbeugsame darf von sich selber schweigen. 10, 25

Wir sind gegen Andere aufrichtiger als gegen uns selber. 10, 25

Ursprünglich war die Lüge moralisch. Man *gab* die Meinungen der Heerde *vor.* 10, 25

Ideal bilden, d. h. seinen Teufel zu *seinem* Gotte *umschaffen.* Und *dazu* muß man erst seinen Teufel geschaffen haben. 10, 26

Seifenblasen und Schmetterlinge und was ihrer Art unter Menschen ist scheinen mir am meisten vom Glücke zu wissen: diese leichten, thörichten beweglichen zierlichen Seelchen flattern zu sehen – das rührt mich zu Thränen und Versen. 10, 58

Wer mit dem ganzen Geschlechte Mitleid hätte, müßte von jedem Einzelnen als hart und tyrannisch empfunden werden. 10, 58

Eine Sache, die sich aufklärt, hört auf, uns zu interessiren. Nimm dich also in Acht, daß du dir nicht selber zu aufgeklärt wirst! 10, 58

Hier steckt die häufigste Art der Unredlichkeit der Erkennenden: sie leugnen die Facta. 10, 58

Fröhlich inmitten aller gemeinen Trübsal sein ist Sache des Helden: und nicht aus Mitleiden, sondern aus Reichthum giebt er ab und »opfert sich«, – wie man es nennt. 10, 60

Eigennutz und Leidenschaft sind mit einander verheiratet: diese Ehe nennt man Selbstsucht: diese unglückliche Ehe!
10, 60

Wie? du willst nicht nach deinen Wirkungen, sondern nach deinen Absichten gemessen werden? Aber deine Absichten selber stammen aus deinen Wirkungen. 10, 60

Alles, was lange bedacht wird, wird bedenklich. 10, 60

Fürchterliche Erlebnisse geben zu rathen, ob der, welcher sie erlebt, nicht etwas Fürchterliches ist: vielleicht ohne daß er es weiß. 10, 60

Die Ehe ist die verlogenste Form des Geschlechter-Verkehrs; und eben deshalb hat sie das gute Gewissen auf ihrer Seite. 10, 60

Die großen Gedanken, die »aus dem Herzen«, die kleinen die aus dem Unterleibe kommen: schlecht gedacht sind sie Beide. 10, 60

Die Frauen gehen mit ihrer Liebe auf den los, der ihnen Furcht einflößt: das ist ihre Art von Tapferkeit. 10, 66

»Sich ganz so geben, wie man ist«: das mag die Auszeichnung bleiben, die wir unserem Freunde vorbehalten – mit dem Erfolge, daß er uns deswegen zum Teufel wünscht.
10, 66

Man ist oft zwar seiner Handlung gewachsen, aber nicht seinem *Bilde* der gethanen Handlung. 10, 66

Wie? Du willst dich selber erkennen? Lerne vielmehr dein Glück erkennen! 10, 68

Wünsche will ich, nichts als Wünsche: und immer an Stelle der Erfüllung einen neuen Wunsch. 10, 68

An die Männer. Dies ist die Lehre von der Heiligkeit.
An die Weiber. Jenseits von gut und böse.
An die Kinder. Mittag und Ewigkeit.
Zarathustra unter Thieren. Die sieben Einsamkeiten.
10, 112

»Wie Brahma lebt man allein; wie ein Gott lebt man zu Zweien; wie im Dorf lebt man zu Dreien; wo es mehr sind, ist es ein Lärm und ein Getümmel.« 10, 112

Man sagt Lust und denkt an die Lüste, man sagt Sinn und denkt an die Sinnlichkeit, man sagt Leib und denkt an den Unterleib – und so hat man drei gute Dinge um ihre Ehre gebracht. 10, 132

Sie haben nie den Augenblick erlebt, der ihnen sagt »wir sind erbärmlich« 10, 159

Du hast ihre Ideale gesehen – nun zerbrich sie selber und sei hart! Mitleid. 10, 159

Form: dieser M‹ensch› ist auf dem Kasten angekommen, der keinen Boden und keine Wände hat. 10, 159

Wie! Ihr wollt diese dürftigen Menschen *verewigen*? In Ketten aneinander schließen? Laßt sie doch zu Grunde gehen! Socialisten was sind uns Reiche und Arme! 10, 159

Eure falsche Liebe zur Vergangenheit ist ein Raub an der Zukunft (göttliche Herkunft der Werthe) 10, 486

Ich mußte Zarathustra, einem *Perser*, die Ehre geben: Perser haben zuerst Geschichte im Ganzen Großen *gedacht*. Eine Abfolge von Entwicklungen, jeder präsidirt ein Prophet.

Jeder Prophet hat seinen *hazar*, sein Reich von tausend Jahren. » – – – 11, 53

Die Solidarität des jüdischen Volks als Grundgedanke: man dachte nicht an eine Vertheilung nach den Verdiensten des Einzelnen. Renan I p. 54. Keine persönliche Vergeltung *nach* dem Tode: das Hauptmotiv der Märtyrer ist die reine Liebe zum Gesetz, der Vortheil, welchen ihr Tod dem Volke bringen wird. 11, 53

Jetzt gehört die *Zersplitterung des Grundbesitzes* in die entgegengesetzte Tendenz: eine *Zeitung* (an Stelle der täglichen *Gebete*) Eisenbahn Telegraph. Centralisation einer ungeheuren Menge verschiedener Interessen in Einer Seele: die *dazu* sehr stark und verwandlungsfähig sein muß. 11, 69

Die Aufgabe ist, eine *herrschende Kaste* zu bilden, mit den umfänglichsten Seelen, fähig für die verschiedensten Aufgaben der Erdregierung. Alle bisherigen Einzel-Fähigkeiten in Eine Natur zu centralisiren.

Stellung der *Juden* dazu: große Vorübung in der *Anpassung*. Sie sind einstweilen die größten Schauspieler *darum*; auch als Dichter und Künstler die glänzendsten Nachmacher und Nachfühler. Was ihnen anderseits fehlt. Wenn erst das Christenthum vernichtet ist, wird man den Juden *gerechter* werden: selbst als Urhebern des Christenthums und des höchsten bisherigen Moral-Pathos. 11, 72

Wie viele falsche *Ausdeutungen* der Dinge hat es schon gegeben! Man erwäge, was alle Menschen sich vom Verband der Ursachen und Wirkungen denken müssen, welche *beten*: denn Niemand wird uns überreden, aus dem Gebet das Element »Bitte« und den Glauben, daß es *Sinn* hat zu bitten, daß es »erhört« werden könne – wegzustreichen. Oder jene andere Ausdeutung, in der die Schicksale eines Menschen ihm »geschickt« sind zu seiner Besserung, Ermahnung, Bestrafung, Warnung; oder jene dritte Ausdeutung, daß im Verlaufe der Dinge selber Recht und Gerechtigkeit liege, und hinter allem causalen Geschehen noch eine Art von kriminalistischem Hinter-Sinn. – So könnte auch die gesammte *moral⟨ische⟩* Ausdeutung *unseres Handelns* nur ein ungeheures Mißverständniß sein: wie es ganz ersichtlich die mora⟨lische⟩ Ausdeutung alles natürlichen Geschehens gewesen ist. 11, 501

Etwas kann unwiderlegbar sein: deshalb ist es noch nicht wahr.

Das Ganze der organischen Welt ist die Aneinanderfädelung von Wesen mit erdichteten kleinen Welten um sich: indem sie ihre Kraft, ihre Begierden, ihre Gewohnheiten in den Erfahrungen außer sich heraus setzen, als ihre Außenwelt. Die Fähigkeit zum Schaffen (Gestalten Erfinden Erdichten) ist ihre Grundfähigkeit: von sich selber haben sie natürlich ebenfalls nur eine solche falsche erdichtete vereinfachte Vorstellung.

»Ein Wesen mit der Gewohnheit zu einer Art von Regel im Traume« – das ist ein lebendiges Wesen. Ungeheure Mengen solcher Gewohnheiten sind schließlich so hart geworden, daß auf ihnen hin *Gattungen* leben. Wahrscheinlich stehen sie in einem günstigen Verhältniß zu den Existenz-Bedingungen solcher Wesen.

Unsere Welt *als Schein, Irrthum* – aber wie ist Schein und Irrthum möglich? (Wahrheit bezeichnet nicht einen Gegensatz zum Irrthum, sondern die Stellung gewisser Irrthümer zu anderen Irrthümern, etwa daß sie älter, tiefer einverleibt sind, daß wir ohne sie nicht zu leben wissen und dergleichen.)

Das Schöpferische in jedem organischen Wesen, was ist das?

– daß alles, das, was jedem seine »Außenwelt« ist, eine Summe von Werthschätzungen darstellt, daß grün, blau, roth, hart, weich, vererbte *Werthschätzungen und deren Abzeichen* sind. 11, 503

Der Gedanke ist in der Gestalt, in welcher er kommt, ein vieldeutiges Zeichen, welches der Auslegung, genauer, einer willkürlichen Einengung und Begränzung bedarf, bis er endlich eindeutig wird. Er taucht in mir auf – woher? wodurch? das weiß ich nicht. Er kommt, unabhängig von meinem Willen, gewöhnlich umringt und verdunkelt durch ein Gedräng von Gefühlen, Begehrungen, Abneigungen, auch von andern Gedanken, oft genug von einem »Wollen« oder »Fühlen« kaum zu unterscheiden. Man zieht ihn aus diesem Gedränge, reinigt ihn, stellt ihn auf seine Füße, man sieht, wie er dasteht, wie er geht, Alles in einem erstaunlichen presto und doch ganz ohne das Gefühl der Eile: *wer* das Alles thut, – ich weiß es nicht und bin sicherlich mehr Zuschauer dabei als Urheber dieses Vorgangs. Man sitzt dann über ihn zu Gericht, man fragt: »was bedeutet er? was darf er bedeuten? hat er Recht oder Unrecht?« – man ruft andere Gedanken zu Hülfe, man vergleicht ihn. Denken erweist sich dergestalt beinahe als eine Art Übung und Akt der Gerechtigkeit, bei dem es einen Richter, eine Gegen-Partei, auch sogar ein Zeugenverhör giebt, dem ich ein wenig zuhören darf – freilich nur ein wenig: das Meiste, so scheint es, entgeht mir. – Daß jeder Gedanke zuerst vieldeutig und schwimmend kommt und an sich nur als Anlaß zum Versuch der Interpretation oder zur willkürlichen Festsetzung, daß bei allem Denken eine Vielheit von Personen betheiligt scheint –: dies ist nicht gar zu leicht zu beobachten, wir sind im Grunde umgekehrt geschult, nämlich beim Denken nicht an's Denken zu denken. Der Ursprung des Gedankens bleibt verborgen; die Wahrscheinlichkeit dafür ist groß, daß er nur das Symptom eines viel umfänglicheren Zustandes ist; darin daß gerade *er* kommt und kein anderer, daß er gerade mit dieser größeren oder minderen Helligkeit kommt, mitunter sicher und befehlerisch, mitunter schwach und einer Stütze bedürftig, im Ganzen immer aufregend, fragend – für das Bewußtsein wirkt nämlich jeder Gedanke wie ein Stimulans –: in dem allen drückt sich irgend etwas von unserem Gesammtzustande in Zeichen aus. – Ebenso steht es mit jedem Gefühle, es bedeutet nicht an sich etwas: es wird, wenn es kommt, von uns erst interpretirt und oft *wie seltsam* interpretirt! Man denke doch an die uns fast »unbewußte« Noth der Eingeweide, an die Blutdruck-Spannungen im Unterleibe, an die krankhaften Zustände des nervus sympathicus –: und wie Vieles giebt es, wovon wir kaum durch das sensorium commune einen Schimmer von Bewußtsein haben! – Nur der anatomisch Unterrichtete räth bei solchen ungewissen Unlust-Gefühlen auf die rechte Gattung und *Gegend* der Ursachen; alle Anderen aber, im Ganzen also fast alle Menschen, so lange es Menschen giebt, suchen bei solcher Art von Schmerzen keine physische, sondern eine psychische und moralische Erklärung und schieben den thatsächlichen Verstimmungen des Leibes eine *falsche Begründung* unter, indem sie im Umkreise ihrer unangenehmen Erfahrungen und Befürchtungen einen Grund herausholen, sich dermaßen schlecht zu befinden. Auf der Folter bekennt sich fast Jedermann schuldig; bei dem Schmerz, dessen physische Ursache man nicht weiß, fragt sich der Gefolterte so lange und so inquisitorisch selbst, bis er sich oder Andere *schuldig findet*: – wie es zum Beispiel der Puritaner that, welcher den einer unvernünftigen Lebensweise anhaftenden Spleen sich gewohnheitsmäßig moralisch auslegte, nämlich als Biß seines eigenen Gewissens. – 11, 595 f.

AUS DEM NACHLASS 1885-1889

Von einem großen Menschen.

Die Nachgekommenen sagen von ihm: »seitdem stieg er immer höher und höher«. – Aber sie verstehen nichts von diesem Martyrium des Aufsteigens: ein großer Mensch wird gestoßen, gedrückt, gedrängt, hinaufgemartert in *seine* Höhe. 12, 50

All die Schönheit und Erhabenheit, die wir den wirklichen und eingebildeten Dingen geliehen haben, will ich zurückfordern als Eigenthum und Erzeugniß des Menschen: als seine schönste Apologie. Der Mensch als Dichter, als Denker, als Gott, als Liebe, als Macht –: oh über seine königliche Freigebigkeit, mit der er die Dinge beschenkt hat, um sich zu *verarmen* und *sich* elend zu fühlen! Das war bisher seine größte Selbstlosigkeit, daß er bewunderte und anbetete und sich zu verbergen wußte, daß *er* es war, der das geschaffen hat, was er bewunderte. – 13, 41

Die Kirche hat deutsche Kaiser auf Grund ihrer Laster in Bann gethan: als ob ein Mönch oder Priester über das mitreden dürfte, was ein Friedrich der Zweite von sich fordern darf. Ein Don Juan wird in die Hölle geschickt: das ist sehr naiv. Hat man bemerkt, daß im Himmel alle interessanten Menschen fehlen? ... Nur ein Wink für die Weiblein, wo sie ihr Heil am besten finden ... Denkt man ein wenig consequent und außerdem mit einer vertieften Einsicht in das, was ein »großer Mensch« ist, so unterliegt es keinem Zweifel, daß die Kirche alle »großen Menschen« in die

Hölle schickt –, sie kämpft *gegen* alle »Größe des Menschen« … 13, 73

Der »Ehr-Begriff«: beruhend auf dem Glauben an »gute Gesellschaft«, an ritterliche Hauptqualitäten, an die Verpflichtung, sich fortwährend zu repräsentiren. Wesentlich: daß man sein Leben nicht wichtig nimmt; daß man unbedingt auf respektvollste Manieren hält, seitens aller, mit denen man sich berührt (zum Mindesten, so weit sie nicht zu *»uns«* gehören); daß man weder vertraulich, noch gutmüthig, noch lustig, noch bescheiden ist, außer inter pares; daß man *sich immer repräsentirt.* 13, 73

Man spricht von der »tiefen Ungerechtigkeit« des socialen Pakts: wie als ob die Thatsache, daß dieser unter günstigen, jener unter ungünstigen Verhältnissen geboren wird, eine Ungerechtigkeit sei; oder gar, daß dieser mit diesen Eigenschaften, jener mit jenen geboren wird … Dies ist unbedingt zu bekämpfen. Der falsche Begriff »Individuum« führt zu diesem Unsinn. Die Umstände, aus denen ein Mensch wächst, von ihm zu isoliren und ihn, wie eine »seelische Monade«, gleichsam bloß *hinein*setzen oder fallen lassen: ist eine Folge der elenden Seelen-Metaphysik. Niemand hat ihm Eigenschaften *gegeben*, weder Gott, *noch* seine Eltern; niemand ist verantwortlich, daß er *ist*, daß er so und so ist, daß er unter diesen Umständen ist … Der Faden des Lebens, den er jetzt darstellt, ist nicht herauszulösen aus allem, was war und sein muß: da er nicht das Resultat einer langen Absicht ist, überhaupt keines Willens zu einem »Ideal von Mensch« oder »Ideal von Glück« oder »Ideal von Moralität«, so ist es absurd, irgendwohin sich »abwälzen« wollen: wie als ob irgendwo eine *Verantwortung* läge.

13, 73 f.

Ein Recht auf Dasein, auf Arbeit, auf Glück!!! 13, 95

»Wie soll gehandelt werden?« ist keine Ursache, sondern eine *Wirkung*. Die Moral folgt, das Ideal kommt am Ende.

13, 326

Die »wahre« Welt = die *wahrhaftige*, die uns nicht belügt, die ehrlich ist
= die *rechte*, auf die allein es ankommt
= die *ächte*, im Gegensatz zu etwas Nachgemachtem und Gefälschtem

Problem: warum die *Vorstellung von der anderen Welt* immer zum Nachtheil, resp. zur Kritik dieser Welt ausgefallen ist, – worauf das weist? –

Nämlich: ein Volk, das auf sich stolz ist, das im Aufgang des Lebens ist, denkt das *Anders*-sein immer als Niedriger-, Werthloser-sein; es betrachtet die fremde, die unbekannte Welt als seinen Feind, als seinen Gegensatz, es fühlt sich ohne Neugierde, in voller Ablehnung gegen das Fremde ...

ein Volk würde nicht zugeben, daß ein anderes Volk das »wahre Volk« wäre ...

schon daß ein solches Unterscheiden möglich ist – daß man diese Welt für die »scheinbare« und *jene* für die »wahre« nimmt, ist symptomatisch

Die Entstehungsheerde der Vorstellung: »andere Welt«

der Philosoph, der eine Vernunft-Welt erfindet, wo die *Vernunft* und die *logischen* Funktionen adaequat sind: – hierher stammt die wahre« Welt

der religiöse Mensch, der eine »göttliche Welt« ‹erfindet› – hierher stammt die »entnatürlichte, widernatürliche« Welt

der moralische Mensch, der eine »freie Welt« fingirt – hierher stammt die »gute, vollkommene, gerechte, heilige« Welt.

13, 353

Die *beiden großen Tentativen*, die gemacht worden sind das 18te Jahrhundert zu überwinden:

Napoleon, indem er den Mann, den Soldaten und den großen Kampf um Macht wieder aufweckte – Europa als politische Einheit concipirend

Goethe, indem er eine europäische Cultur imaginirte, die die volle Erbschaft der schon *erreichten* Humanität macht. 13, 451

Erlösung vom ewigen Flusse
INDIVIDUALISIERUNG

DIE GEBURT DER TRAGÖDIE AUS DEM GEISTE DER MUSIK (1872)

Apollo aber tritt uns wiederum als die Vergöttlichung des principii individuationis entgegen, in dem allein das ewig erreichte Ziel des Ur-Einen, seine Erlösung durch den Schein, sich vollzieht: er zeigt uns, mit erhabenen Gebärden, wie die ganze Welt der Qual nöthig ist, damit durch sie der Einzelne zur Erzeugung der erlösenden Vision gedrängt werde und dann, ins Anschauen derselben versunken, ruhig auf seinem schwankenden Kahne, inmitten des Meeres, sitze. 1, 39 f.

Die leidvollste Gestalt der griechischen Bühne, der unglückselige *Oedipus*, ist von Sophokles als der edle Mensch verstanden worden, der zum Irrthum und zum Elend trotz seiner Weisheit bestimmt ist, der aber am Ende durch sein ungeheures Leiden magische segensreiche Kraft um sich ausübt, die noch über ein Verscheiden hinaus wirksam ist. Der edle Mensch sündigt nicht, will uns der tiefsinnige Dichter sagen: durch sein Handeln mag »jedes Gesetz«, jede natürliche Ordnung, ja die sittliche Welt zu Grunde gehen, eben durch dieses Handeln wird ein höherer magischer Kreis von Wirkungen gezogen, die eine neue Welt auf Ruinen der umgestürzten alten gründen. 1, 65

Im »Oedipus auf Kolonos« treffen wir diese selbe Heiterkeit, aber in eine unendliche Verklärung emporgehoben; dem vom Uebermaasse des Elends betroffenen Greise gegenüber, der allem, was ihn betrifft, rein als *Leidender* preisgegeben ist – steht die überirdische Heiterkeit, die aus göttlicher Sphäre herniederkommt und uns andeutet, dass der Held in seinem rein passiven Verhalten seine höchste Activität erlangt, die weit über sein Leben hinausgreift, während sein bewusstes Tichten und Trachten im früheren Leben ihn nur zur Passivität geführt hat. So wird der für das sterbliche Auge unauflöslich verschlungene Prozessknoten der Oedipusfabel langsam entwirrt – und die tiefste menschliche Freude überkommt uns bei diesem göttlichen Gegenstück der Dialektik. 1, 66

⟨…⟩ das hat uns der jugendliche Goethe in den verwegenen Worten seines Prometheus zu enthüllen gewusst:

»Hier sitz ich, forme Menschen
Nach meinem Bilde,
Ein Geschlecht, das mir gleich sei,
Zu leiden, zu weinen,
Zu geniessen und zu freuen sich,
Und dein nicht zu achten,
Wie ich! 1, 67

»Alles Vorhandene ist gerecht und ungerecht und in beidem gleich berechtigt.«

Das ist deine Welt! Das heisst eine Welt! – 1, 71

In den angeführten Anschaungen haben wir bereits alle Bestandtheile einer tiefsinnigen und pessimistischen Weltbetrachtung und zugleich damit *die Mysterienlehre der Tragödie* zusammen: die Grunderkenntniss von der Einheit alles Vorhandenen, die Betrachtung der Individuation als des Urgrundes des Uebels, die Kunst als die freudige Hoffnung, dass der Bann der Individuation zu zerbrechen sei, als die Ahnung einer wiederhergestellten Einheit.– 1, 73

»Sage aber auch dies, du wunderlicher Fremdling: wie viel musste dies Volk leiden, um so schön werden zu können! Jetzt aber folge mir zur Tragödie und opfere mit mir im Tempel beider Gottheiten!« 1, 156

UNZEITGEMÄSSE BETRACHTUNGEN I
(1873)

Aber die »Wirklichkeit« ist eine andere geworden: die Frage mag gestellt werden, ob sich Hölderlin wohl in der gegenwärtigen grossen Zeit zurecht finden würde. »Ich weiss nicht«, sagt Fr. Vischer, »ob seine weiche Seele so viel Rauhes, das an jedem Kriege ist, ob sie soviel des Verdorbenen ausgehalten hätte, das wir nach dem Kriege auf den verschiedensten Gebieten fortschreiten sehen. Vielleicht wäre er wieder in die Trostlosigkeit zurückgesunken. Er war eine der unbewaffneten Seelen, er war der Werther Griechenlands, ein hoffnungslos Verliebter; es war ein Leben voll Weichheit und Sehnsucht, aber auch Kraft und Inhalt war in seinem Willen und Grösse, Fülle und Leben in seinem Stil, der da und dort sogar an Aeschylus gemahnt. Nur hatte sein Geist zu wenig vom Harten; es fehlte ihm als Waffe der Humor; *er konnte es nicht ertragen, dass man noch kein Barbar ist, wenn man ein Philister ist.*« 1, 172

MENSCHLICHES, ALLZUMENSCHLICHES I
(1878)

Begabung. – In einer so hoch entwickelten Menschheit, wie die jetzige ist, bekommt von Natur Jeder den Zugang zu vielen Talenten mit. Jeder hat *angeborenes Talent*, aber nur Wenigen ist der Grad von Zähigkeit, Ausdauer, Energie angeboren und anerzogen, so dass er wirklich ein Talent wird, also *wird*, was er *ist*, das heisst: es in Werken und Handlungen entladet. 2, 219

Zur Kriegsgeschichte des Individuums. – Wir finden in ein einzelnes Menschenleben, welches durch mehrere Culturen geht, den Kampf zusammengedrängt, welcher sich sonst zwischen zwei Generationen, zwischen Vater und Sohn, abspielt: die Nähe der Verwandtschaft *verschärft* diesen Kampf, weil jede Partei schonungslos das ihr so gut bekannte Innere der anderen Partei mit hineinzieht; und so wird dieser Kampf im einzelnen Individuum am erbittertsten sein; hier schreitet jede neue Phase über die früheren mit grausamer Ungerechtigkeit und Verkennung von deren Mitteln und Zielen hinweg. 2, 222

Jahresringe der individuellen Cultur. – Die Stärke und Schwäche der geistigen Productivität hängt lange nicht so an der angeerbten Begabung, als an dem mitgegebenen Maasse von *Spannkraft.* Die meisten jungen Gebildeten von dreissig Jahren gehen um diese Frühsonnenwende ihres Lebens zurück und sind für neue geistige Wendungen von da an unlustig. Desshalb ist dann gleich wieder zum Heile einer fort und fort wachsenden Cultur eine neue Generation nöthig, die es nun aber ebenfalls nicht weit bringt: denn um die Cultur des Vaters *nachzuholen*, muss der Sohn die angeerbte Energie, welche der Vater auf jener Lebensstufe, als er den Sohn zeugte, selber besass, fast aufbrauchen; mit dem kleinen Ueberschuss kommt er weiter (denn weil hier der Weg zum zweiten Mal gemacht wird, geht es ein Wenig schneller vorwärts; der Sohn verbraucht, um das Selbe zu lernen, was der Vater wusste, nicht ganz so viel Kraft). Sehr spannkräftige Männer, wie zum Beispiel Goethe, durchmessen so viel als kaum vier Generationen hinter einander vermögen; desshalb kommen sie aber zu schnell voraus, so dass die anderen Menschen sie erst in dem nächsten Jahrhundert einholen, vielleicht nicht einmal völlig, weil durch die häufigen Unterbrechungen die Geschlossenheit der Cultur, die Consequenz der Entwickelung geschwächt worden ist. – Die gewöhnlichen Phasen der geistigen Cultur, welche im Verlauf der Geschichte errungen ist, holen die Menschen immer schneller nach. Sie beginnen gegenwärtig in die Cultur als religiös bewegte Kinder einzutreten und bringen es vielleicht im zehnten Lebensjahre zur höchsten Lebhaftigkeit dieser Empfindungen, gehen dann in abgeschwächtere Formen (Pantheismus) über, während sie sich der Wissenschaft nähern; kommen über Gott, Unsterblichkeit und dergleichen ganz hinaus, aber verfallen den Zaubern einer metaphysischen Philosophie. Auch diese wird ihnen endlich unglaubwürdig; die Kunst scheint dagegen immer mehr zu gewähren, so dass eine Zeit lang die Metaphysik kaum noch in einer Umwandelung zur Kunst oder als künstlerisch verklärende Stimmung übrig bleibt und fortlebt. Aber der wissenschaftliche Sinn wird immer gebieterischer und führt den Mann hin zur Naturwissenschaft und Historie und namentlich zu den strengsten Methoden des Erkennens, während der Kunst eine immer mildere und anspruchslosere Bedeutung zufällt. Diess Alles pflegt sich jetzt innerhalb der ersten dreissig Jahre eines Mannes zu ereignen. Es ist die Recapitulation eines Pensums, an welchem die Menschheit vielleicht dreissigtausend Jahre sich abgearbeitet hat. 2, 224 f.

Zurückgegangen, nicht zurückgeblieben. – Wer gegenwärtig seine Entwickelung noch aus religiösen Empfindungen heraus anhebt und vielleicht längere Zeit nachher in Metaphysik und Kunst weiterlebt, der hat sich allerdings ein gutes Stück zurückbegeben und beginnt sein Wettrennen mit anderen modernen Menschen unter ungünstigen Voraussetzungen: er verliert scheinbar Raum und Zeit. Aber dadurch, dass er sich in jenen Bereichen aufhielt, wo Gluth und Energie entfesselt werden und fortwährend Macht als vulcanischer Strom aus unversiegbarer Quelle strömt, kommt er dann, sobald er sich nur zur rechten Zeit von jenen Gebieten getrennt hat, um so schneller vorwärts, sein Fuss ist beflügelt, seine Brust hat ruhiger, länger, ausdauernder athmen gelernt. – Er hat sich nur zurückgezogen, um zu seinem Sprunge genügenden Raum zu haben: so kann selbst etwas Fürchterliches, Drohendes in diesem Rückgange liegen. 2, 225

Glück und Cultur. – Der Anblick der Umgebungen unserer Kindheit erschüttert uns: das Gartenhaus, die Kirche mit den Gräbern, der Teich und der Wald, – diess sehen wir immer als Leidende wieder. Mitleid mit uns selbst ergreift uns, denn was haben wir seitdem Alles durchgelitten! Und hier steht Jegliches noch so still, so ewig da: nur wir sind so anders, so beengt; selbst etliche Menschen finden wir wieder, an welchen die Zeit nicht *mehr* ihren Zahn gewetzt hat, als an einem Eichenbaume: Bauern, Fischer, Waldbewohner – sie sind die selben. Erschütterung, Selbstmitleid im Angesichte der niederen Culur ist das Zeichen der höheren Cultur; woraus sich ergiebt, dass durch diese das Glück jedenfalls nicht gemehrt worden ist. Wer Glück und Behagen vom Leben ernten will, der mag nur immer der höheren Cultur aus dem Wege gehen. 2, 228

Von der Erleichterung des Lebens. – Ein Hauptmittel, um sich das Leben zu erleichtern, ist das Idealisiren aller Vorgänge desselben; man soll sich aber aus der Malerei recht deutlich machen, was idealisiren heisst. Der Maler verlangt, dass der Zuschauer nicht zu genau, zu scharf zusehe, er zwingt ihn in eine gewisse Ferne zurück, damit er von dort aus betrachte; er ist genöthigt, eine ganz bestimmte Entfernung des Betrachters vom Bilde vorauszusetzen; ja er muss sogar ein ebenso bestimmtes Maass von Schärfe des Auges bei seinem Betrachter annehmen; in solchen Dingen darf er durchaus nicht schwanken. Jeder also, der sein Leben idealisiren will, muss es nicht zu genau sehen wollen und seinen Blick immer in eine gewisse Entfernung zurückbannen. Dieses Kunststück verstand zum Beispiel Goethe. 2, 229

Hauptmangel der thätigen Menschen. – Den Thätigen fehlt gewöhnlich die höhere Thätigkeit: ich meine die individuelle. Sie sind als Beamte, Kaufleute, Gelehrte, das heisst als Gattungswesen thätig, aber nicht als ganz bestimmte einzelne und einzige Menschen; in dieser Hinsicht sind sie faul. – Es ist das Unglück der Thätigen, dass ihre Thätigkeit fast immer ein Wenig unvernünftig ist. Man darf zum Beispiel bei dem geldsammelnden Banquier nach dem Zweck seiner rastlosen Thätigkeit nicht fragen: sie ist unvernünftig. Die Thätigen rollen, wie der Stein rollt, gemäss der Dummheit der Mechanik. – Alle Menschen zerfallen, wie zu allen Zeiten so auch jetzt noch, in Sclaven und Freie; denn wer von seinem Tage nicht zwei Drittel für sich hat, ist ein Sclave, er sei übrigens wer er wolle: Staatsmann, Kaufmann, Beamter, Gelehrter. 2, 231 f.

Das Eine, was Noth thut. – Eins muss man haben: entweder einen von Natur leichten Sinn oder einen durch Kunst und Wissen erleichterten Sinn. 2, 317

Die Ruhe in der That. – Wie ein Wasserfall im Sturz langsamer und schwebender wird, so pflegt der grosse Mensch der That mit *mehr* Ruhe zu handeln, als seine stürmische Begierde vor der That es erwarten liess. 2, 318

Nicht zu tief. – Personen, welche eine Sache in aller Tiefe erfassen, bleiben ihr selten auf immer treu. Sie haben eben die Tiefe an's Licht gebracht: da giebt es immer viel Schlimmes zu sehen. 2, 318

Ziel und Wege. – Viele sind hartnäckig in Bezug auf den einmal eingeschlagenen Weg, Wenige in Bezug auf das Ziel. 2, 319

Unwillkürlich vornehm. – Der Mensch beträgt sich unwillkürlich vornehm, wenn er sich gewöhnt hat, von den Menschen Nichts zu wollen und ihnen immer zu geben. 2, 320

Vertreter der Wahrheit. – Nicht wenn es gefährlich ist, die Wahrheit zu sagen, findet sie am seltensten Vertreter, sondern wenn es langweilig ist. 2, 321

Menschenloos. – Wer tiefer denkt, weiss, dass er immer Unrecht hat, er mag handeln und urtheilen, wie er will. 2, 324

Wichtiger. – Man nimmt die unerklärte dunkle Sache wichtiger, als die erklärte helle. 2, 326

Unglück. – Die Auszeichnung, welche im Unglück liegt (als ob es ein Zeichen von Flachheit, Anspruchslosigkeit, Gewöhnlichkeit sei, sich glücklich zu fühlen), ist so gross, dass wenn Jemand Einem sagt: »Aber wie glücklich Sie sind!« man gewöhnlich protestirt. 2, 327

Phantasie der Angst. – Die Phantasie der Angst ist jener böse äffische Kobold, der dem Menschen gerade dann noch auf den Rücken springt, wenn er schon am schwersten zu tragen hat. 2, 327

Talent. – Das Talent manches Menschen erscheint geringer als es ist, weil er sich immer zu grosse Aufgaben gestellt hat. 2, 327

Gefahren der geistigen Befreiung. – Bei der ernstlich gemeinten geistigen Befreiung eines Menschen hoffen im Stillen auch seine Leidenschaften und Begierden ihren Vorheil sich zu ersehen. 2, 328

Die »Geistreichen«. – Der hat keinen Geist, welcher den Geist sucht. 2, 329

Zielscheibe sein. – Die bösen Reden Anderer über uns gelten oft nicht eigentlich uns, sondern sind die Aeusserungen eines Aergers, einer Verstimmung aus ganz anderen Gründen. 2, 332

Beichte. – Man vergisst seine Schuld, wenn man sie einem Andern gebeichtet hat, aber gewöhnlich vergisst der Andere sie nicht. 2, 333

Schatten in der Flamme. – Die Flamme ist sich selber nicht so hell, als den Anderen, denen sie leuchtet: so auch der Weise. 2, 333

Des Tages erster Gedanke. – Das beste Mittel jeden Tag gut zu beginnen, ist: beim Erwachen daran zu denken, ob man nicht wenigstens einem Menschen an diesem Tage eine Freude machen könne. Wenn diess als ein Ersatz für die religiöse Gewöhnung des Gebetes gelten dürfte, so hätten die Mitmenschen einen Vortheil bei dieser Aenderung. 2, 338

Vegetation des Glückes. – Dicht neben dem Wehe der Welt, und oft auf seinem vulcanischen Boden, hat der Mensch seine kleinen Gärten des Glückes angelegt; ob man das Leben mit dem Blicke Dessen betrachtet, der vom Dasein Erkenntniss allein will, oder Dessen, der sich ergiebt und resignirt, oder Dessen, der an der überwundenen Schwierigkeit sich freut, – überall wird er etwas Glück neben dem Unheil aufgesprosst finden – und zwar um so mehr Glück, je vulcanischer der Boden war –, nur wäre es lächerlich, zu sagen, dass mit diesem Glück das Leiden selbst gerechtfertigt sei. 2, 339

Lieben lernen. – Man muss lieben lernen, gütig sein lernen und diess von Jugend auf; wenn Erziehung und Zufall keine Gelegenheit zur Uebung dieser Empfindungen geben, wird unsere Seele trocken und selbst zu einem Verständnisse jener zarten Erfindungen liebevoller Menschen ungeeignet. Ebenso muss der Hass gelernt und genährt werden, wenn Einer ein tüchtiger Hasser werden will: sonst wird auch der Keim dazu allmählich absterben. 2, 342 f.

Zurückgebliebene und vorwegnehmende Menschen. – Der unangenehme Charakter, welcher voller Misstrauen ist, alles glückliche Gelingen der Mitbewerbenden Nächsten mit Neid fühlt, gegen abweichende Meinungen gewaltthätig und aufbrausend ist, zeigt, dass er einer früheren Stufe der Cultur zugehört, also ein Ueberbleibsel ist: denn die Art, in welcher er mit den Menschen verkehrt, war die rechte und zutreffende für die Zustände eines Faustrecht-Zeitalters; es ist ein *zurückgebliebener* Mensch. Ein anderer Charakter, welcher reich an Mitfreude ist, überall Freunde gewinnt, alles Wachsende und Werdende liebevoll empfindet, alle Ehren und Erfolge Anderer mitgeniesst und kein Vorrecht, das Wahre allein zu erkennen, in Anspruch nimmt, sondern voll eines bescheidenen Misstrauens ist, – das ist ein vorwegnehmender Mensch, welcher einer höheren Cultur der Menschen entgegenstrebt. Der unangenehme Charakter stammt aus den Zeiten, wo die rohen Fundamente des menschlichen Verkehrs erst zu bauen waren, der andere lebt auf deren höchsten Stockwerken, möglichst entfernt von dem wilden Thier, welches in den Kellern, unter den Fundamenten der Cultur, eingeschlossen wüthet und heult. 2, 348

MENSCHLICHES, ALLZUMENSCHLICHES II (1879/80)

Gut deutsch sein heisst sich entdeutschen. – Das, worin man die nationalen Unterschiede findet, ist vielmehr, als man bis jetzt eingesehen hat, nur der Unterschied verschiedener *Culturstufen* und zum geringsten Theile etwas Bleibendes (und auch diess nicht in einem strengen Sinne). Desshalb ist alles Argumentiren aus dem National-Charakter so wenig verpflichtend für Den, welcher an der *Umschaffung* der Ueberzeugungen, das heisst an der Cultur arbeitet. Erwägt man zum Beispiel was Alles schon deutsch *gewesen ist*, so wird man die theoretische Frage: was *ist* deutsch? sofort durch die Gegenfrage verbessern – »was ist *jetzt* deutsch?« – und jeder *gute* Deutsche wird sie practisch, gerade durch Ueberwindung seiner deutschen Eigenschaften, lösen. Wenn nämlich ein Volk vorwärts geht und wächst, so sprengt es jedesmal den Gürtel, der ihm bis dahin sein *nationales* Ansehen gab: bleibt es bestehen, verkümmert es, so schliesst sich ein neuer Gürtel um seine Seele; die immer härter werdende Kruste baut gleichsam ein Gefängniss herum, dessen Mauern immer wachsen. Hat ein Volk also sehr viel Festes, so ist diess ein Beweis, dass es versteinern will, und ganz und gar *Monument* werden möchte: wie es von einem bestimmten Zeitpuncte an das Aegypterthum war. Der also, welcher den Deutschen wohl will, mag für seinen Theil zusehen, wie er immer mehr aus dem, was deutsch ist, hinauswachse. *Die Wendung zum Undeutschen* ist desshalb immer das Kennzeichen der Tüchtigen unseres Volkes gewesen. 2, 511 f.

Ketten-Denker. – Einem, der viel gedacht hat, erscheint jeder neue Gedanke, den er hört oder liest, sofort in Gestalt einer Kette. 2, 526

Mitleid. – In der vergoldeten Scheide des Mitleides steckt mitunter der Dolch des Neides. 2, 526

Was ist Genie? – Ein hohes Ziel *und* die Mittel dazu wollen. 2, 526

ALSO SPRACH ZARATHUSTRA
(1883/84/85)

Als Zarathustra in die nächste Stadt kam, die an den Wäldern liegt, fand er daselbst viel Volk versammelt auf dem Markte: denn es war verheissen worden, dass man einen Seiltänzer sehen solle. Und Zarathustra sprach also zum Volke:

Ich lehre euch den Übermenschen. Der Mensch ist Etwas, das überwunden werden soll. Was habt ihr gethan, ihn zu überwinden?

Alle Wesen bisher schufen Etwas über sich hinaus: und ihr wollt die Ebbe dieser grossen Fluth sein und lieber noch zum Thiere zurückgehn, als den Menschen überwinden?

Was ist der Affe für den Menschen? Ein Gelächter oder eine schmerzliche Scham. Und eben das soll der Mensch für den Übermenschen sein: ein Gelächter oder eine schmerzliche Scham.

Ihr habt den Weg vom Wurme zum Menschen gemacht, und Vieles ist in euch noch Wurm. Einst wart ihr Affen, und auch jetzt noch ist der Mensch mehr Affe, als irgend ein Affe.

Wer aber der Weiseste von euch ist, der ist auch nur ein Zwiespalt und Zwitter von Pflanze und von Gespenst. Aber heisse ich euch zu Gespenstern oder Pflanzen werden?

Seht, ich lehre euch den Übermenschen!

Der Übermensch ist der Sinn der Erde. Euer Wille sage: der Übermensch *sei* der Sinn der Erde!

Ich beschwöre euch, meine Brüder, *bleibt der Erde treu* und glaubt Denen nicht, welche euch von überirdischen Hoffnungen reden! Giftmischer sind es, ob sie es wissen oder nicht.

Verächter des Lebens sind es, Absterbende und selber Vergiftete, deren die Erde müde ist: so mögen sie dahinfahren!

Einst war der Frevel an Gott der grösste Frevel, aber Gott starb, und damit starben auch diese Frevelhaften. An der Erde zu freveln ist jetzt das Furchtbarste und die Eingeweide des Unerforschlichen höher zu achten, als den Sinn der Erde!

Einst blickte die Seele verächtlich auf den Leib: und damals war diese Verachtung das Höchste: – sie wollte ihn mager, grässlich, verhungert. So dachte sie ihm und der Erde zu entschlüpfen.

Oh diese Seele war selber noch mager, grässlich und verhungert: und Grausamkeit war die Wollust dieser Seele!

Aber auch ihr noch, meine Brüder, sprecht mir: was kündet euer Leib von eurer Seele? Ist eure Seele nicht Armuth und Schmutz und ein erbärmliches Behagen?

Wahrlich, ein schmutziger Strom ist der Mensch. Man muss schon ein Meer sein, um einen schmutzigen Strom aufnehmen zu können, ohne unrein zu werden.

Seht, ich lehre euch den Übermenschen: der ist diess Meer, in ihm kann eure grosse Verachtung untergehn.

Was ist das Grösste, das ihr erleben könnt? Das ist die Stunde der grossen Verachtung. Die Stunde, in der euch auch euer Glück zum Ekel wird und ebenso eure Vernunft und eure Tugend.

Die Stunde, wo ihr sagt: »Was liegt an meinem Glücke! Es ist Armuth und Schmutz, und ein erbärmliches Behagen. Aber mein Glück sollte das Dasein selber rechtfertigen!«

Die Stunde, wo ihr sagt: »Was liegt an meiner Vernunft! Begehrt sie nach Wissen wie der Löwe nach seiner Nahrung? Sie ist Armuth und Schmutz und ein erbärmliches Behagen!«

Die Stunde, wo ihr sagt: »Was liegt an meiner Tugend! Noch hat sie mich nicht rasen gemacht. Wie müde bin ich meines Guten und meines Bösen! Alles das ist Armuth und Schmutz und ein erbärmliches Behagen!«

Die Stunde, wo ihr sagt: »Was liegt an meiner Gerechtigkeit! Ich sehe nicht, dass ich Gluth und Kohle wäre. Aber der Gerechte ist Gluth und Kohle!«

Die Stunde, wo ihr sagt: »Was liegt an meinem Mitleiden! Ist nicht Mitleid das Kreuz, an das Der genagelt wird, der die Menschen liebt? Aber mein Mitleiden ist keine Kreuzigung.«

Spracht ihr schon so? Schriet ihr schon so? Ach, dass ich euch schon so schreien gehört hätte!

Nicht eure Sünde – eure Genügsamkeit schreit gen Himmel, euer Geiz selbst in eurer Sünde schreit gen Himmel!

Wo ist doch der Blitz, der euch mit seiner Zunge lecke? Wo ist der Wahnsinn, mit dem ihr geimpft werden müsstet?

Seht, ich lehre euch den Übermenschen: der ist dieser Blitz, der ist dieser Wahnsinn! –

Als Zarathustra so gesprochen hatte, schrie Einer aus dem Volke: »Wir hörten nun genug von dem Seiltänzer; nun lasst uns ihn auch sehen!« Und alles Volk lachte über Zarathustra. Der Seiltänzer aber, welcher glaubte, dass das Wort ihm gälte, machte sich an sein Werk. 4, 14-16

Der Mensch ist Etwas, das überwunden werden muss: und darum sollst du deine Tugenden lieben, – denn du wirst an ihnen zu Grunde gehn. – 4, 44

Ich würde nur an einen Gott glauben, der zu tanzen verstünde.

Und als ich meinen Teufel sah, da fand ich ihn ernst,

gründlich, tief, feierlich: es war der Geist der Schwere, – durch ihn fallen alle Dinge.

Nicht durch Zorn, sondern durch Lachen tödtet man. Auf, lasst uns den Geist der Schwere tödten!

Ich habe gehen gelernt: seitdem lasse ich mich laufen. Ich habe fliegen gelernt: seitdem will ich nicht erst gestossen sein, um von der Stelle zu kommen.

Jetzt bin ich leicht, jetzt fliege ich, jetzt sehe ich mich unter mir, jetzt tanzt ein Gott durch mich. 4, 49 f.

Je mehr er hinauf in die Höhe und Helle will, um so stärker streben seine Wurzeln erdwärts, abwärts, in's Dunkle, Tiefe, – in's Böse. 4, 51

Ich verwandele mich zu schnell: mein Heute widerlegt mein Gestern. Ich überspringe oft die Stufen, wenn ich steige, – das verzeiht mir keine Stufe.

Bin ich oben, so finde ich mich immer allein. Niemand redet mit mir, der Frost der Einsamkeit macht mich zittern. Was will ich doch in der Höhe?

Meine Verachtung und meine Sehnsucht wachsen mit einander, je höher ich steige, um so mehr verachte ich Den, der steigt. Was will er doch in der Höhe?

Wie schäme ich mich meines Steigens und Stolperns! Wie spotte ich meines heftigen Schnaubens! Wie hasse ich den Fliegenden! Wie müde bin ich in der Höhe! 4, 52

Fliehe, mein Freund, in deine Einsamkeit! Ich sehe dich betäubt vom Lärme der grossen Männer und zerstochen von den Stacheln der kleinen. 4, 65

Abseits vom Markte und Ruhme begiebt sich alles Grosse: abseits vom Markte und Ruhme wohnten von je die Erfinder neuer Werthe. 4, 66

Ermüdet sehe ich dich durch giftige Fliegen, blutig geritzt sehe ich dich an hundert Stellen; und dein Stolz will nicht einmal zürnen. 4, 67

Auch wenn du ihnen milde bist, fühlen sie sich noch von dir verachtet; und sie geben dir deine Wohlthat zurück mit versteckten Wehthaten. 4, 67

Fliehe, mein Freund, in deine Einsamkeit und dorthin, wo eine rauhe, starke Luft weht. Nicht ist es dein Loos, Fliegenwedel zu sein. – 4, 68

Willst du, mein Bruder, in die Vereinsamung gehen? Willst du den Weg zu dir selber suchen? Zaudere noch ein Wenig und höre mich.

»Wer sucht, der geht leicht selber verloren. Alle Vereinsamung ist Schuld«: also spricht die Heerde. Und du gehörtest lange zur Heerde.

Die Stimme der Heerde wird auch in dir noch tönen. Und wenn du sagen wirst »ich habe nicht mehr Ein Gewissen mit euch«, so wird es eine Klage und ein Schmerz sein.

Siehe, diesen Schmerz selber gebar noch das Eine Gewissen: und dieses Gewissens letzter Schimmer glüht noch auf deiner Trübsal.

Aber du willst den Weg deiner Trübsal gehen, welches ist der Weg zu dir selber? So zeige mir dein Recht und deine Kraft dazu!

Bist du eine neue Kraft und ein neues Recht? Eine erste Bewegung? Ein aus sich rollendes Rad? Kannst du auch Sterne zwingen, dass sie um dich sich drehen?

Ach, es giebt so viel Lüsternheit nach Höhe! Es giebt so viel Krämpfe der Ehrgeizigen! Zeige mir, dass du keiner der Lüsternen und Ehrgeizigen bist!

Ach, es giebt so viel grosse Gedanken, die thun nicht mehr als ein Blasebalg: sie blasen auf und machen leerer.

4, 80

Du zwingst Viele, über dich umzulernen; das rechnen sie dir hart an. Du kamst ihnen nahe und giengst doch vorüber: das verzeihen sie dir niemals 4, 81

Aber der schlimmste Feind, dem du begegnen kannst, wirst du immer dir selber sein; du selber lauerst dir auf in Höhlen und Wäldern.

Einsamer, du gehst den Weg zu dir selber! Und an dir selber führt dein Weg vorbei und an deinen sieben Teufeln!

Ketzer wirst du dir selber sein und Hexe und Wahrsager und Narr und Zweifler und Unheiliger und Bösewicht.

4, 82

Das Leben ist ein Born der Lust; aber wo das Gesindel mit trinkt, da sind alle Brunnen vergiftet. 4, 124

Und diess ist das Zweite: Dem wird befohlen, der sich nicht selber gehorchen kann. So ist es des Lebendigen Art.

4, 147

Dass ich Kampf sein muss und Werden und Zweck und der Zwecke Widerspruch: ach, wer meinen Willen erräth, erräth wohl auch, auf welchen *krummen* Wegen er gehen muss!

4, 148

Ich erkenne mein Loos, sagte er endlich mit Trauer. Wohlan! ich bin bereit. Eben begann meine letzte Einsamkeit.

Ach, diese schwarze traurige See unter mir! Ach, diese schwangere nächtliche Verdrossenheit! Ach, Schicksal und See! Zu euch muss ich nun *hinab* steigen!

Vor meinem höchsten Berge stehe ich und vor meiner längsten Wanderung: darum muss ich erst tiefer hinab als ich jemals stieg:

– tiefer hinab in den Schmerz als ich jemals stieg, bis hinein in seine schwärzeste Fluth! So will es mein Schicksal: Wohlan! Ich bin bereit.

Woher kommen die höchsten Berge? so fragte ich einst. Da lernte ich, dass sie aus dem Meere kommen.

Diess Zeugniss ist in ihr Gestein geschrieben und in die Wände ihrer Gipfel. Aus dem Tiefsten muss das Höchste zu seiner Höhe kommen. – 4, 195

Das aber heisst heute Tugend selber bei allen kleinen Leuten, das Mitleiden: – die haben keine Ehrfurcht vor grossem Unglück, vor grosser Hässlichkeit, vor grossem Missrathen.

Über diese Alle blicke ich hinweg, wie ein Hund über die Rücken wimmelnder Schafheerden wegblickt. Es sind kleine wohlwollige wohlwillige graue Leute.

Wie ein Reiher verachtend über flache Teiche wegblickt, mit zurückgelegtem Kopfe: so blicke ich über das Gewimmel grauer kleiner Wellen und Willen und Seelen weg.

Zu lange hat man ihnen Recht gegeben, diesen kleinen Leuten: *so* gab man ihnen endlich auch die Macht – nun lehren sie: »gut ist nur, was kleine Leute gut heissen.«

Und »Wahrheit« heisst heute, was der Prediger sprach, der selber aus ihnen herkam, jener wunderliche Heilige und Fürsprecher der kleinen Leute, welcher von sich zeugte »ich – bin die Wahrheit.«

Dieser Unbescheidne macht nun lange schon den kleinen Leuten den Kamm hoch schwellen – er, der keinen kleinen Irrthum lehrte, als er lehrte »ich – bin die Wahrheit.«

Ward einem Unbescheidnen jemals höflicher geantwortet? – Du aber, oh Zarathustra, giengst an ihm vorüber und sprachst: »Nein! Nein! Drei Mal Nein!«

Du warntest vor seinem Irrthum, du warntest als der Erste vor dem Mitleiden – nicht Alle, nicht Keinen, sondern dich und deine Art. 4, 330

Aber darin hatte er sich getäuscht; denn siehe, da sass ein Mensch auf der Erde und schien den Thieren zuzureden, dass sie keine Scheu vor ihm haben sollten, ein friedfertiger Mensch und Berg-Prediger, aus dessen Augen die Güte selber predigte. »Was suchst du hier?« rief Zarathustra mit Befremden.

»Was ich hier suche? antwortete er: das Selbe, was du suchst, du Störenfried! nämlich das Glück auf Erden.

Dazu aber möchte ich von diesen Kühen lernen. Denn, weisst du wohl, einen halben Morgen schon rede ich ihnen zu, und eben wollten sie mir Bescheid geben. Warum doch störst du sie?

So wir nicht umkehren und werden wie die Kühe, so kommen wir nicht in das Himmelreich. Wir sollten ihnen nämlich Eins ablernen: das Wiederkäuen.

Und wahrlich, wenn der Mensch auch die ganze Welt gewönne und lernte das Eine nicht, das Wiederkäuen: was hülfe es! Er würde nicht seine Trübsal los

– seine grosse Trübsal: die aber heisst heute *Ekel*. Wer hat heute von Ekel nicht Herz, Mund und Augen voll? Auch du! Auch du! Aber siehe doch diese Kühe an!« –

Also sprach der Berg-Prediger und wandte dann seinen eignen Blick Zarathustra zu, – denn bisher hieng er mit Liebe an den Kühen –: da aber verwandelte er sich. »Wer ist das, mit dem ich rede? rief er erschreckt und sprang vom Boden empor.

Diess ist der Mensch ohne Ekel, diess ist Zarathustra selber, der Überwinder des grossen Ekels, diess ist das Auge, diess ist der Mund, diess ist das Herz Zarathustra's selber.« 4, 334

Am weitesten freilich brachten es diese Kühe: die erfanden sich das Wiederkäuen und In-der-Sonne-Liegen. Auch enthalten sie sich aller schweren Gedanken, welche das Herz blähn. 4, 336 f.

Die Sorglichsten fragen heute: »wie bleibt der Mensch erhalten?« Zarathustra aber fragt als der Einzige und Erste: »wie wird der Mensch *überwunden*?«

Der Übermensch liegt mir am Herzen, *der* ist mein Erstes und Einziges, – und *nicht* der Mensch: nicht der Nächste, nicht der Ärmste, nicht der Leidendste, nicht der Beste –

Oh meine Brüder, was ich lieben kann am Menschen, das ist, dass er ein Übergang ist und ein Untergang. Und auch an euch ist Vieles, das mich lieben und hoffen macht.

Dass ihr verachtetet, ihr höheren Menschen, das macht mich hoffen. Die grossen Verachtenden nämlich sind die grossen Verehrenden.

Dass ihr verzweifeltet, daran ist Viel zu ehren. Denn ihr lerntet nicht, wie ihr euch ergäbet, ihr lerntet die kleinen Klugheiten nicht.

Heute nämlich wurden die kleinen Leute Herr: die predigen Alle Ergebung und Bescheidung und Klugheit und Fleiss und Rücksicht und das lange Und-so-weiter der kleinen Tugenden.

Was von Weibsart ist, was von Knechtsart stammt und sonderlich der Pöbel-Mischmasch: *Das* will nun Herr werden alles Menschen-Schicksals – oh Ekel! Ekel! Ekel!

Das frägt und frägt und wird nicht müde: »wie erhält sich der Mensch, am besten, am längsten, am angenehmsten?« Damit – sind sie die Herrn von Heute.

Diese Herrn von Heute überwindet mir, oh meine Brüder, – diese kleinen Leute: *die* sind des Übermenschen grösste Gefahr!

Überwindet mir, ihr höheren Menschen, die kleinen Tugenden, die kleinen Klugheiten, die Sandkorn-Rücksichten, den Ameisen-Kribbelkram, das erbärmliche Behagen, das »Glück der Meisten« –!

Und lieber verzweifelt, als dass ihr euch ergebt. Und, wahrlich, ich liebe euch dafür, dass ihr heute nicht zu leben wisst, ihr höheren Menschen! So nämlich lebt *ihr* – am Besten! 4, 357 f.

JENSEITS VON GUT UND BÖSE
(1886)

Insofern es zu allen Zeiten, so lange es Menschen giebt, auch Menschenheerden gegeben hat (Geschlechts-Verbände, Gemeinden, Stämme, Völker, Staaten, Kirchen) und immer sehr viel Gehorchende im Verhältniss zu der kleinen Zahl Befehlender, – in Anbetracht also, dass Gehorsam bisher am besten und längsten unter Menschen geübt und gezüchtet worden ist, darf man billig voraussetzen, dass durchschnittlich jetzt einem Jeden das Bedürfniss darnach angeboren ist, als eine Art *formalen Gewissens*, welches gebietet: »du sollst irgend Etwas unbedingt thun, irgend Etwas unbedingt lassen«, kurz »du sollst«. Dies Bedürfniss sucht sich zu sättigen und seine Form mit einem Inhalte zu füllen; es greift dabei, gemäss seiner Stärke, Ungeduld und Spannung, wenig wählerisch, als ein grober Appetit, zu und nimmt an, was ihm nur von irgend welchen Befehlenden – Eltern, Lehrern, Gesetzen, Standesvorurtheilen, öffentlichen Meinungen – in's Ohr gerufen wird. Die seltsame Beschränktheit der menschlichen Entwicklung, das Zögernde, Langwierige, oft Zurücklaufende und Sich-Drehende derselben beruht darauf, dass der Heerden-Instinkt des Gehorsams am besten und auf Kosten der Kunst des Befehlens vererbt wird. Denkt man sich diesen Instinkt einmal bis zu seinen letzten Ausschweifungen schreitend, so fehlen endlich geradezu die Befehlshaber und Unabhängigen; oder sie leiden innerlich am schlechten Gewissen und haben nöthig, sich selbst erst eine Täuschung vorzumachen um befehlen zu können: nämlich als ob auch sie nur gehorchten. Dieser Zustand besteht heute thatsächlich in Europa: ich nenne ihn die moralische Heuchelei der Befehlenden. Sie wissen sich nicht anders vor ihrem schlechten Gewissen zu schützen als dadurch, dass sie sich als Ausführer älterer oder höherer Befehle gebärden (der Vorfahren, der Verfassung, des Rechts, der Gesetze oder gar Gottes) oder selbst von der Heerden-Denkweise her sich Heerden-Maximen borgen, zum Beispiel als »erste Diener ihres Volks« oder als »Werkzeuge des gemeinen Wohls«. Auf der anderen Seite giebt sich heute der Heerdenmensch in Europa das Ansehn, als sei er die einzig erlaubte Art Mensch, und verherrlicht seine Eigenschaften, vermöge deren er zahm, verträglich und der Heerde nützlich ist, als die eigentlich menschlichen Tugenden: also Gemeinsinn, Wohlwollen, Rücksicht, Fleiss, Mässigkeit, Bescheidenheit, Nachsicht, Mitleiden. Für die Fälle aber, wo man der Führer und Leithammel nicht entrathen zu können glaubt, macht man heute Versuche über Versuche, durch Zusammen-Addiren kluger Heerdenmenschen die Befehlshaber zu ersetzen: dieses Ursprungs sind zum Beispiel alle repräsentativen Verfassungen. Welche Wohlthat, welche Erlösung von einem unerträglich werdenden Druck trotz Alledem das Erscheinen eines unbedingt Befehlenden für diese Heerdenthier-Europäer ist, dafür gab die Wirkung, welche das Erscheinen Napoleon's machte, das letzte grosse Zeugniss: die Geschichte der Wirkung Napoleon's ist beinahe die Geschichte des höheren Glücks, zu dem es dieses ganze Jahrhundert in seinen werthvollsten Menschen und Augenblicken gebracht hat. 5, 119 f.

Der Mensch aus einem Auflösungs-Zeitalter, welches die Rassen durcheinander wirft, der als Solcher die Erbschaft einer vielfältigen Herkunft im Leibe hat, das heisst gegensätzliche und oft nicht einmal nur gegensätzliche Triebe und Werthmaasse, welche mit einander kämpfen und sich selten Ruhe geben, – ein solcher Mensch der späten Culturen und der gebrochenen Lichter wird durchschnittlich ein schwächerer Mensch sein: sein gründlichstes Verlangen geht darnach, dass der Krieg, der er *ist*, einmal ein Ende habe; das Glück erscheint ihm, in Übereinstimmung mit einer beruhigenden (zum Beispiel epikurischen oder christlichen) Medizin und Denkweise, vornehmlich als das Glück des Ausruhens, der Ungestörtheit, der Sattheit, der endlichen Einheit, als »Sabbat der Sabbate«, um mit dem heiligen Rhetor Augustin zu reden, der selbst ein solcher Mensch war. – Wirkt aber der Gegensatz und Krieg in einer solchen Natur wie ein Lebensreiz und -Kitzel *mehr* –, und ist andererseits zu ihren mächtigen und unversöhnlichen Trieben auch die eigentliche Meisterschaft und Feinheit im Kriegführen mit sich, also Selbst-Beherrschung, Selbst-Überlistung hinzuvererbt und angezüchtet: so entstehen jene zauberhaften Unfassbaren und Unausdenklichen, jene zum Siege und zur Verführung vorherbestimmten Räthselmenschen, deren schönster Ausdruck Alcibiades und Caesar (– denen ich gerne jenen *ersten* Europäer nach meinem Geschmack, den Hohenstaufen Friedrich den Zweiten zugesellen möchte), unter Künstlern vielleicht Lionardo da Vinci ist. Sie erscheinen genau in den selben Zeiten, wo jener schwächere Typus, mit seinem Verlangen nach Ruhe, in den Vordergrund tritt: beide Typen gehören zu einander und entspringen den gleichen Ursachen. 5, 119-121

Sagen wir es sofort noch einmal, was wir schon hundert Mal gesagt haben: denn die Ohren sind für solche Wahrheiten – für *unsere* Wahrheiten – heute nicht gutwillig. Wir wissen es schon genug, wie beleidigend es klingt, wenn Einer überhaupt den Menschen ungeschminkt und ohne Gleichniss zu den Thieren rechnet; aber es wird beinahe als *Schuld* uns angerechnet werden, dass wir gerade in Bezug auf die Menschen der »modernen Ideen« beständig die Ausdrücke »Heerde«, »Heerden-Instinkte« und dergleichen gebrauchen. Was hilft es! Wir können nicht anders: denn gerade hier liegt unsre neue Einsicht. Wir fanden, dass in allen moralischen Haupturtheilen Europa einmüthig geworden ist, die Länder noch hinzugerechnet, wo Europas Einfluss herrscht: man *weiss* ersichtlich in Europa, was Sokrates nicht zu wissen meinte, und was jene alte berühmte Schlange einst zu lehren verhiess, – man »weiss« heute, was Gut und Böse ist. Nun muss es hart klingen und schlecht zu Ohren gehn, wenn wir immer von Neuem darauf bestehn: was hier zu wissen glaubt, was hier mit seinem Loben und Tadeln sich selbst verherrlicht, sich selbst gut heisst, ist der Instinkt des Heerdenthiers Mensch: als welcher zum Durchbruch, zum Übergewicht, zur Vorherrschaft über andere Instinkte gekommen ist und immer mehr kommt, gemäss der wachsenden physiologischen Annäherung und Anähnlichung, deren Symptom er ist. *Moral ist heute in Europa Heerdenthier-Moral*: – also nur, wie wir die Dinge verstehn, Eine Art von menschlicher Moral, neben der, vor der, nach der viele andere, vor Allem *höhere* Moralen möglich sind oder sein sollten. Gegen eine solche »Möglichkeit«, gegen ein solches »Sollte« wehrt sich aber diese Moral mit allen Kräften: sie sagt hartnäckig und unerbittlich »ich bin die Moral selbst, und Nichts ausserdem ist Moral!« – ja mit Hülfe einer Religion, welche den sublimsten Heerdenthier-Begierden zu Willen war und schmeichelte, ist es dahin gekommen, dass wir selbst in den politischen und gesellschaftlichen Einrichtungen einen immer sichtbareren Ausdruck dieser Moral finden: die *demokratische* Bewegung macht die Erbschaft der christlichen. Dass aber deren

Tempo für die Ungeduldigeren, für die Kranken und Süchtigen des genannten Instinktes noch viel zu langsam und schläfrig ist, dafür spricht das immer rasender werdende Geheul, das immer unverhülltere Zähnefletschen der Anarchisten-Hunde, welche jetzt durch die Gassen der europäischen Cultur schweifen: anscheinend im Gegensatz zu den friedlich-arbeitsamen Demokraten und Revolutions-Ideologen, noch mehr zu den tölpelhaften Philosophastern und Bruderschafts-Schwärmern, welche sich Socialisten nennen und die »freie Gesellschaft« wollen, in Wahrheit aber Eins mit ihnen Allen in der gründlichen und instinktiven Feindseligkeit gegen jede andre Gesellschafts-Form als die der *autonomen* Heerde (bis hinaus zur Ablehnung selbst der Begriffe »Herr« und »Knecht« – ni dieu ni maître heisst eine socialistische Formel –); Eins im zähen Widerstande gegen jeden Sonder-Anspruch, jedes Sonder-Recht und Vorrecht (das heisst im letzten Grunde gegen *jedes* Recht: denn dann, wenn Alle gleich sind, braucht Niemand mehr »Rechte« –); Eins im Misstrauen gegen die strafende Gerechtigkeit (wie als ob sie eine Vergewaltigung am Schwächeren, ein Unrecht an der *nothwendigen* Folge aller früheren Gesellschaft wäre –); aber ebenso Eins in der Religion des Mitleidens, im Mitgefühl, soweit nur gefühlt, gelebt, gelitten wird (bis hinab zum Thier, bis hinauf zu »Gott«: – die Ausschweifung eines »Mitleidens mit Gott« gehört in ein demokratisches Zeitalter –); Eins allesammt im Schrei und der Ungeduld des Mitleidens, im Todhass gegen das Leiden überhaupt, in der fast weiblichen Unfähigkeit, Zuschauer dabei bleiben zu können, leiden *lassen* zu können; Eins in der unfreiwilligen Verdüsterung und Verzärtlichung, unter deren Bann Europa von einem neuen Buddhismus bedroht scheint; Eins im Glauben an die Moral des *gemeinsamcn* Mitleidens, wie als ob sie die Moral an sich sei, als die Höhe, die *erreichte* Höhe des Menschen, die alleinige Hoffnung der Zukunft, das Trostmittel der Gegenwärtigen, die grosse Ablösung aller Schuld von Ehedem: – Eins allesammt im Glauben an die Gemeinschaft als die *Erlöserin*, an die Heerde also, an »sich« … 5, 125-127

GÖTZEN-DÄMMERUNG (1889)

Meine Unmöglichen. – *Seneca*: oder der Toreador der Tugend. – *Rousseau*: oder die Rückkehr zur Natur in impuris naturalibus. – *Schiller*: oder der Moral-Trompeter von Säkkingen. – *Dante*: oder die Hyäne, die in Gräbern *dichtet*. – *Kant*: oder cant als intelligibler Charakter. – *Victor Hugo*: oder der Pharus am Meere des Unsinns. – *Liszt*: oder die Schule der Geläufigkeit – nach Weibern. – *George Sand*: oder lactea ubertas, auf deutsch: die Milchkuh mit »schönem Stil«. – *Michelet*: oder die Begeisterung, die den Rock auszieht … *Carlyle*: oder Pessimismus als zurückgetretenes Mittagessen. – *John Stuart Mill*: oder die beleidigende Klarheit. – *Les frères de Goncourt*: oder die beiden Ajaxe im Kampf mit Homer. Musik von Offenbach. – *Zola*: oder »die Freude zu stinken.« – 6, 111

AUS DEM NACHLASS 1869-1874

Der Ton stammt aus der Nacht:
Die Welt des *Scheins* hält die Individuation fest. 7, 70

Zagreus als Individuation. Demeter freut sich wieder in Hoffnung auf eine neue Geburt des Dionysos. Diese Freude – als die Verkünderin der Geburt des Genius – ist die hellenische Heiterkeit. 7, 151

In den höchsten Formen des Bewußtseins wird die Einheit wiederhergestellt: in den niedern zerbröckelt sie immermehr. Aufhebung oder Schwächung des Bewußtseins ist somit = Individuation. – Das Bewußtsein ist aber andernseits nur ein Existenz*mittel* für die Fortexistenz von Individuen. Hier ist die Lösung diese: als Mittel den Intellekt anzusehen gebietet der Wahn. 7, 163

Die Individuation ist also *Resultat* des Leidens, nicht Ursache.

Das *Kunstwerk* und der *Einzelne* ist eine *Wiederholung* des *Urprozesses*, aus dem die Welt entstanden ist, gleichsam ein Wellenring in der Welle. 7, 166

Das Individuum, der *intellegible Charakter* ist nur eine *Vorstellung* des *Ur-Einen*. Charakter ist keine Realität, sondern nur eine Vorstellung: sie ist ins Bereich des Werdens gezogen und hat deshalb eine Außenseite, den empirischen Menschen. 7, 201

Das Individuum hat Mühe zu erwachen: die mythische Form hindert. 7, 401

Unsre Erlebnisse bestimmen unser Individuum, und zwar so, daß, nach jedem Gefühlseindruck, unser Individuum bis in die letzte Zelle hinein bestimmt ist. 7, 495

Sokrates abstrakt menschlich stellt das Wohl des Individuums voran, die Erkenntniß zum Zwecke des Lebens. Vernichtung der Instinkte. 7, 530

Die Statistik beweist dass es Gesetze in der Geschichte giebt. Ja, sie beweist, wie gemein und ekelhaft uniform die Masse ist. Ihr hättet einmal in Athen Statistik treiben sollen! Da würdet ihr den Unterschied gefühlt haben! Je niedriger und unindividueller eine Masse ist, um so strenger das statistische Gesetz. Ist die Menge feiner und edler zusammengesetzt, geht sofort das Gesetz zum Teufel. Und ganz hoch oben, bei den grossen Geistern, könnt ihr gar nicht mehr rechnen: z. B. wann haben die grossen Künstler geheirathet! Hoffnungslos ihr, die ihr da ein Gesetz suchen wollt. Also: so weit es Gesetze giebt in der Geschichte, sind sie nichts werth und ist die Geschichte d. h. das, was geschehen ist, nichts werth.

Überdies: was heisst denn hier »Gesetze«? Stehen sie irgendwie gleich einem Naturgesetz oder einem Rechtsgesetz? Es sagt doch nicht »ihr sollt«, sondern »leider war es so«. Es ist der Ausdruck eines *dummen* faktischen Verhältnisses, bei dem Niemand mehr nach dem Warum? fragen darf. »Hier werden jährlich c. 40 Ehen geschlossen« – Warum denn so viel und nicht 80? »Es ist nun einmal nicht anders«! – Sehr belehrend! Wir danken.

Es giebt aber eine Richtung, welche die grossen Massentriebe als das Wichtige betrachtet und alle grossen Männer nur als den Ausdruck, gleichsam das sichtbar werdende Bläschen auf der Wasserfluth betrachtet. Da soll die Masse aus sich heraus das Grosse, das Chaos aus sich heraus die Ordnung gebären. Am Ende wird natürlich der Hymnus auf die gebärend Masse angestimmt; es lebe die Geschichte! 7, 642 f.

Christlich ausgedrückt: so ist der *Teufel* der Regent der Welt und dabei wird es im Wesentlichen bleiben. Aber jetzt sagt man gebildeter: das System miteinander kämpfender Egoismen: wobei man an den Wald denkt, der so gleichförmig und regelmässig wächst, weil alle Bäume nur ihren Egoismus befriedigen. 7, 646

Die Heerde weidet an den Menschen vorüber: sie weiss nicht was gestern und heute ist, springt umher frisst ruht verdaut springt wieder und so vom Morgen bis zur Nacht und von Tag zu Tage, kurz angebunden mit ihrer Lust und Unlust, nämlich an den Pflock des Augenblicks und desshalben weder verdrossen noch überdrüssig. Dies zu sehen geht dem Menschen hart ein, da er des Thieres sich überhebet und doch nach seinem Glück trachtet; denn das will er, weder überdrüssig noch traurig leben, gleich dem Thier: und will es doch umsonst und ohne Hoffnung.

Ach wie muss ich dich beneiden!
Nicht nur, weil frei du scheinest
Beinah von allen Leiden, –
Mühsal, Verlust, die schlimmste
Beängstigung im Augenblick vergessend –
Mehr noch weil nie der Überdruss dich quält!

Wir seufzen über uns, dass wir das Vergangne nicht los werden können und seine Kette immerfort nachschleppen müssen; während es uns scheinen will als ob das Thier glücklich sei, weil es nicht überdrüssig wird, sofort vergisst und fortwährend den erlebten Augenblick in Nebel und Nacht zurückweichen sieht. So geht es auf in der Gegenwart, wie eine Zahl in einer anderen ohne Rest aufgeht und erscheint ganz und gar als das, was es in jedem Moment ist, ohne alle Schauspielerei und absichtliches Verbergen. Wir dagegen leiden alle an dem dunklen und unauflöslichen Reste des Gewesenen und sind etwas anderes als was wir zu sein scheinen: so dass es uns mit der Empfindung des verlornen Paradieses ergreift, die weidende Heerde oder, in vertrauterer Nähe, das Kind zu sehen, das in allzukurzer und allzuseliger Blindheit zwischen den beiden Thoren der Vergangenheit und Zukunft spielt. Wer möchte sein Spiel stören und es aus der Vergessenheit herauf rufen! Wir wissen ja, dass mit dem Worte »es war« der Kampf und das Leiden beginnt und das Leben als ein nie vollendetes Imperfectum inaugurirt wird: wenn zuletzt der Tod das ersehnte Vergessen bringt, aber die Gegenwart und das Dasein selbst dabei unterschlägt, so drückt er eben damit das Siegel auf jene Erkenntniss – dass nämlich das Dasein nur ein continuirliches Gewesensein, ein ewiges Imperfectum ist, ein Ding, das sich fortwährend selbst widerspricht, sich verneint und aufzehrt.

Wir *müssen* also das Vergangne betrachten und erleiden – das ist nun einmal Menschenloos. Unter diesem harten Joche hart zu werden soll keinem erspart sein; und wenn Einer sehr hart geworden ist, bringt er es vielleicht so weit, das Menschenloos sogar wegen jenes Nicht-Vergessen-Könnens zu preisen, eben deshalb, weil das Vergangne in uns nicht sterben kann und uns wie ein eingeimpfter fremder Tropfen Blutes rastlos weiter treibt, die ganze Stufenleiter alles dessen hinauf, was die Menschen gross erstaunlich unsterblich göttlich nennen. 7, 725 f.

AUS DEM NACHLASS 1875-1879

Strengere Religionen fordern, dass der Mensch seine Thätigkeit nur als ein Mittel eines metaphysischen Planes verstehe: eine misslungene Wahl des Berufs lässt sich dann als Prüfung des Individuums zurechtlegen. 8, 21

Die meisten Menschen halten sich offenbar für *gar keine Individuen*; das zeigt ihr Leben. Die christliche Forderung, dass *jeder* seine Seligkeit und diese *allein* im Auge habe, hat als Gegensatz das allgemeine menschliche Leben, wo jeder nur als ein Punct zwischen Puncten lebt, nicht nur ganz und gar Resultat früherer Geschlechter, sondern auch nur im Hinblick auf kommende lebend. Nur bei drei Existenzformen bleibt der Mensch Individuum: als Philosoph, Heiliger und Künstler. Man sehe nur, womit ein wissenschaftlicher Mensch sein Leben todt schlägt: was hat die griechische Partikellehre mit dem Sinne des Lebens zu thun? – So sehen wir auch hier, wie zahllose Menschen eigentlich nur als Vorbereitung eines wirklichen Menschen leben: z.B. die Philologen als Vorbereitung des Philosophen, der ihre Ameisenarbeit zu nutzen versteht, um über den *Werth des Lebens* eine Aussage zu machen. Freilich ist, wenn es keine *Leitung* giebt, *der grösste Theil* jener Ameisenarbeit einfach *Unsinn* und überflüssig. 8, 31 f.

Die meisten Menschen sind offenbar *zufällig* auf der Welt: es zeigt sich keine Nothwendigkeit höherer Art in ihnen. Sie treiben dies und das, ihre Begabung ist mittelmässig. Wie sonderbar! Die Art wie sie nun leben zeigt, dass sie selbst nichts von sich halten, sie geben sich preis, indem sie sich an Lumpereien wegwerfen (seien das nun kleinliche Passionen oder Quisquilien des Berufs). In den sogenannten »Lebensberufen«, welche jedermann wählen soll, liegt eine rührende *Bescheidenheit* der Menschen: sie sagen damit, wir sind berufen unseresgleichen zu nützen und zu dienen, und der Nachbar ebenfalls und dessen Nachbar auch; und so dient jeder dem andern, keiner hat seinen Beruf, seiner selbst wegen da zu sein, sondern immer wieder anderer wegen; so haben wir eine Schildkröte, die auf einer anderen ruht und diese wieder auf einer und so fort. Wenn jeder seinen Zweck in einem anderen hat, so haben *alle keinen Zweck in sich, zu existiren*; und dies *»für einander existiren«* ist komischste Komödie. 8, 32 f.

»Das Heil deiner selbst geht über alles« soll man sich sagen: und es giebt keine Institution, welche du höher zu achten hättest als deine eigne Seele. – Nun aber lernt sich der Mensch kennen: findet sich erbärmlich, verachtet sich, freut sich, ausser sich etwas Achtenswürdiges zu finden. Und so wirft er sich fort, indem er sich irgendwo einordnet, streng seine Pflicht thut und seine Existenz abbüsst. Er weiss, dass er nicht seiner selbst wegen arbeitet; er wird denen helfen wollen, welche es wagen, ihrer selbst wegen da zu sein; wie Socrates. Wie ein Haufen Gummiblasen hängen die meisten Menschen in der Luft, jeder Windhauch rührt sie. – *Consequenz*: der *Gelehrte muss es aus Selbsterkentniss, also aus Selbstverachtung sein: d. h. er muss sich als Diener eines Höheren wissen, der nach ihm kommt. Sonst ist er ein Schaf.* 8, 34

Der Glaube an die Individualität – ob man ihn wohl wegdenken könnte! Jedenfalls gehn wir Zeiten entgegen, in denen die menschlichen Meinungen sehr uniformirt werden möchten; aber damit werden die Individuen ähnlicher, doch immer getrennter. Die Feindseligkeit zeigt sich dann bei kleinen Differenzen um so schärfer. 8, 41

Erzieher erziehn! Aber die ersten müssen sich selbst erziehn! Und für diese schreibe ich. 8, 47

Wenn nun die Römer die griechische Cultur verschmäht hätten: sie wäre vielleicht radikal zu Grunde gegangen. Woran hätte sie wieder erwachen sollen? Christenthum und Römer und Barbaren – das wäre ein Ansturm gewesen. Völlig verwischt. Wir sehen die Gefahr, unter der das Genie lebt. Cicero ist so schon einer der größten Wohlthäter der Menschheit. – Es giebt für das Genie keine Vorsehung: nur für die gewöhnlichen massenhaften Menschen und ihre Nöthe giebt es so etwas; sie finden ihre Befriedigung, später ihre Rechtfertigung. 8, 66

Rettet euren Genius! soll den Leuten zugerufen werden, befreit ihn! Thut alles, um ihn zu entfesseln! 8, 91

Man soll gar nicht mehr hinhören, wenn Menschen über die verlorne Volksthümlichkeit klagen (in Tracht Sitten Rechtsbegriffen Dialecten Dichtungsformen usw.). Gerade um diesen Preis erhebt man sich ja zum Über-Nationalen, zu allgemeinen Zielen der Menschheit, zum gründlichen Wissen, zum Verstehen und Geniessen des Vergangnen, nicht Einheimischen. – Kurz, damit eben hört man auf, Barbar zu sein. 8, 442

AUS DEM NACHLASS 1880-1882

Je mehr das Gefühl der Einheit mit den Mitmenschen überhand nimmt, um so mehr werden die Menschen uniformirt, um so strenger werden sie alle Verschiedenheit als unmoralisch empfinden. So entsteht nothwendig der Sand der Menschheit: Alle sehr gleich, sehr klein, sehr rund, sehr verträglich, sehr langweilig. Das Christenthum und die Demokratie haben bis jetzt die Menschheit auf dem Wege zum Sande am weitesten gefahren. Ein kleines, schwaches, dämmerndes Wohlgefühlchen über Alle gleichmäßig verbreitet, ein verbessertes und auf die Spitze getriebenes Chinesenthum, das wäre das letzte Bild, welches die Menschheit bieten könnte? Auf der Bahn der bisherigen moralischen Empfindung unvermeidlich. Es thut eine große Überlegung noth, vielleicht muß die Menschheit einen Strich unter ihre Vergangenheit machen, vielleicht muß sie den neuen Kanon an alle Einzelnen richten; sei anders, als alle übrigen und freue dich, wenn Jeder anders ist, als der Andere; die gröbsten Unthiere sind ja unter dem Regimente der bisherigen Moral ausgetilgt worden – es war dies ihre Aufgabe; wir wollen nicht gedankenlos unter dem Regimente der Furcht vor wilden Thieren weiterleben. So lang, allzulang hieß es: Einer wie Alle, Einer für Alle. 9, 73

Die größte Masse des Bösen wird aus Schwäche und Krankheit gethan, um sich das Gefühl der Überlegenheit zu schaffen (durch Wehethun), zum Ersatz des physischen Kraftgefühles. Schwäche und Krankheit aber haben ihre Wurzeln zumeist in der Unkenntniß. 9, 94

Die Gleichheit läßt das Glück der Einzelnen abnehmen, aber bahnt den Weg zur Schmerzlosigkeit Aller. Am Ende ihres Zieles stünde freilich neben der Schmerzlosigkeit auch die Glückslosigkeit. 9, 94

Die Lüge und die Verstellung, welche innerhalb der Gemeinde groß gezüchtet werden, zur Herstellung der Gleichheit, ergeben zuletzt einen freien Überschuß, der sich in der Erzeugung von Dichtern und Schauspielern entladet. Man denke, welche Lust eine Gemeinde an der Aufschneiderei, Schimpferei, Taschenspielerei und ähnlichen Urkünsten hat. 9, 94 f.

Die Vaterlandsliebe nimmt ab, wenn das Vaterland aufhört, unglücklich zu sein. 9, 95

Der Intellekt der jetzigen Menschen reichte wohl aus, um aus einem Chaos ein geordnetes Sonnensystem herzustellen, aber es fehlt ihm vielleicht die dazu nöthige Zeit und vor allem das Chaos; sicherlich wäre die Welt unendlich weiter, wenn der menschliche Intellekt an Stelle des Zufalls hätte schalten und walten dürfen, auch hätte er Milliarden von Jahren gespart. 9, 96

Jene neue Moral hebt an, wenn die Gemeinde und der Staat nicht mehr in der Furcht vor Feinden leben und die *Sitten sich lockern*, d. h. das Individuum hervortritt, das Unsittliche. Jetzt werden die *individuellen Folgen* in den Vordergrund gerückt, die abergläubischen voran. 9, 105

Irgendwann einmal wird *»Vererbung«* eben auch als Schlupfwinkel der Unklarheit und der Mythologie gelten: einstweilen ist es noch etwas. 9, 109

Die Art, wie der M‹ensch› von seinen Mitm‹enschen› im Geiste *abhängt*, ist sehr *paradox* und gar nicht so von selber einleuchtend. 9, 109

Menschen, die in der Einsamkeit leben, quälen sich oft erstaunlich über ihren Charakter: aber nicht der Charakter, sondern die Einsamkeit ist ‹es›, woran sie leiden. Wer dies nicht hinnehmen will, der gehe in den Strom der Welt zurück, wo man »seinen Charakter bildet«: während die Einsamkeit ihn verzehrt. – Man gewöhne sich an den Verkehr mit den Todten: dies erhält den Charakter. Nein, man soll sich mit *gebildetem Charakter* erst in die Einsamkeit begeben – nicht zu früh! 9, 110

Erster Grundsatz: erfüllbare und nahe Ideale: also individuelle! 9, 140

Alle jene Wesen, die ihre Leidenschaft verschlingt Werther Tasso Tristan Isolde rufen uns zu: sei ein Mann und folge mir *nicht* nach! – und das rufen auch die Menschen der philosophischen Leidenschaft, welche individuell höchste Macht durch Erkennen begehren, Alchymisten sowohl wie Platoniker usw. 9, 177

Mein Ziel ist nichts für Jedermann, deshalb ist es doch mittheilbar, der *Ähnlichen* wegen sowohl als weil die *Entgegengesetzten* daraus Kraft und Lust gewinnen werden, sich ihr Wesen ebenfalls zu formuliren und in wirkenden Geist umzusetzen. Ich will allen, welche ihr Muster suchen, helfen, indem ich zeige, *wie* man ein Muster sucht: und meine größte Freude ist, den individuellen Mustern zu begegnen, welche *nicht* mir gleichen. Hol' der Teufel alle Nachahmer und Anhänger und Lobredner und Anstauner und Hingebenden! 9, 206 der höchste Grad von Individualität wird erreicht, wenn jemand in der höchsten Anarchie sein Reich gründet als Einsiedler. 9, 209

Alle Menschen bemühen sich, ihrer Pflicht einen *unbedingten* Charakter zu geben: sie fühlen sich erniedrigt bei dem Gedanken, daß sie einem Menschen, Fürsten Staate Partei aus *Furcht* sich opfern und einem anderen Intell‹ekt› *ihren* Int‹ellekt› *unterordnen*: sie wünschen, daß eine *nicht mehr beschämende Übergewalt* existirt, die ihnen gebietet, sich so unter‹zu›ordnen, eine absolute Pflicht, ein Wort Gottes (z. B. seid gehorsam der Obrigkeit) Auch jetzt noch suchen die Moralphilosophen die Ethik *endgültig* zu fundamentiren: *ohne dies*, fühlen sie, hat man kein Recht zum großen Pathos, zu schönen Attitüden als Politiker und Socialist. »Man muß ein Wesen haben, dem man unbedingt sich anvertraut« sagt Luther d. h. wir wollen uns selber unbedingt vertrauen dürfen und unsere Handlungen als indiskutabel und absolut erhaben der Welt gegenüber stellen. Eitelkeit! 9, 223

»Moralisches Gesetz, Pflicht, moralische Freiheit, Unverletzlichkeit, absoluter Respekt vor der Person« – alles *uns* verboten, damit darf man sich nicht nähren. Ebenso Zwecke der Menschheit, Zweck des Individuums – das ist nicht außer ihm zu bestimmen: es ist eine *Annahme*, ein mehr oder weniger willkürliches *Programm* – willkürlich in Bezug auf das Material, das zufällige Material seiner Kenntnisse von sich. – 9, 234

Sobald wir den Zweck des Menschen bestimmen wollen, stellen wir einen Begriff vom Menschen voran. Aber es giebt nur Individuen, aus den *bisher* bekannten kann der Begriff nur so gewonnen sein, daß man das Individuelle *abstreift*, – also den Zweck des Menschen aufstellen hieße die Individuen in ihrem Individuellwerden verhindern und sie heißen, *allgemein* zu werden. Sollte nicht umgekehrt jedes Individuum der Versuch sein, eine *höhere Gattung als den Menschen zu erreichen*, vermöge seiner individuellsten Dinge? Meine Moral wäre die, dem Menschen seinen Allgemeincharakter immer mehr zu *nehmen* und ihn zu spezialisiren, bis zu einem Grade unverständlicher für die Anderen zu machen (und damit zum Gegenstand der Erlebnisse, des Staunens, der Belehrung für sie) 9, 237

Edel: bezeichnet, einer Auswahl angehören, Ausnahme sein. Für andere sich opfern ist ein Gelüst, mit dem man zur Ausnahme wird. In Hinsicht auf alle Anderen, welche dasselbe thun, ist man aber nicht edel, sondern *gemein.* Unter den »Guten« ist das Gute nicht als individuell taxirt, sondern als Regel, und wird deshalb *nicht angestaunt, nicht gelobt.* – Einige sehnen sich nach einer Gemeinschaft, wo ihr Individuellstes als Regel empfunden wird, wo es aufhört I‹ndividuellstes› zu sein. Andere sind wüthend bei der Vorstellung solchen Gemeinwerdens. Die Ersten leiden an dem Fatum ihrer Einzigkeit, die Anderen genießen ihre Einzigkeit. Andere merken sie gar nicht. 9, 240

Die Lehre der Mäßigung ist eine Beobachtung der Natur, was hoch und stark werden soll, muß seine Kraft immer wie ein Capital vergrößern und darf selber davon nicht leben wollen. 9, 244

Schweigen lernen und weggehen lernen. Überall wo ein bestimmter Widerspruch zum Leben gehört und unserem Wesen die Luft nimmt, soll man weggehen. 9, 247

Nur in der tiefen Dunkelheit sind wir ganz wir selber: das Berühmtwerden umstellt uns mit Menschen und ihrem Verlangen an uns. Man muß seinen Ruhm ins Meer werfen. 9, 317

Der *autonome* Mensch ist sehr selten. »Der *M‹ensch› unter Satzungen*« die »N‹atur› selbst unt‹er› Gesetzen.« 9, 331

Das Leben für Andere eine unendlich angenehme Erholung für die stark egoistischen Menschen (dazu gehören auch die moral‹ischen› Selbstquäler) 9, 334

Wie sich alles verschoben hat! Dieser Epiktet dachte nur *an sich* – jetzt würde man ihm fast das Prädikat »moralisch« absprechen, in der üblichen Verherrlichung des Denkens an Andere. Aber es ist wahr: habt ihr an euch einen so häßlichen oder langweiligen Gegenstand, so denkt doch ja an Andere! Der Altruism ist dann sehr angenehm. – Hingebung, Loswerden vom »Ich«. Es scheint, daß die Menschen wenig Freude an sich haben, wenn sie so außer sich *wegsehen* und das als das Beste schätzen. Ob man mehr *nützt*, indem man den Anderen *hilft* (doch immer sehr oberflächlich oder tyrannisch-umbildend) oder indem man aus sich etwas formt, was die Anderen gern sehen, einen schönen ruhigen in sich abgeschlossenen *Garten* – ich weiß es nicht. – Aber man will dem Leben alle *Gefährlichkeit* nehmen, daran *soll jeder* helfen! 9, 337

Alle diese Heiligen sind Egoisten und wie sollte es einer nicht sein, dem mit der Hölle gedroht wird! Es geht über alle Kraft und alle Vernunft hinaus, an Andere zu denken in solcher Lage! 9, 339

Eurem Besten euer Bestes an Kraft und Zeit widmen! Nichts Besseres läßt sich erzwingen! 9, 350

– das allzu-persönlich-Nehmen aller Probleme, Finsterniß, schlechter Weg, üble Herberge für den Wanderer und das ganze *ewige* Wanderer-Elend [+] Menschen!!! 9, 351

Wir kommen durch Verzicht auf das Handeln, das Hassen, das Lieben ebendahin, auf dem Wege der Leidenschaft der Erkenntniß. Friedliche *Zuschauer* – bis nichts mehr zu sehen ist! Verachtet uns deshalb, ihr Handelnden! Wir werden eure Verachtung anschauen –: *los* von uns, von der Menschheit, von der Dingheit, vom Werden – 9, 352

Jede Leidenschaft (im historischen Verlaufe) so hoch pflegen, bis sie ihre *individuelle* Blüthe zeigt. 9, 361

Wir haben es in der Hand, unser Temperament wie einen Garten auszubilden. Erlebnisse hineinpflanzen, andere wegstreichen: eine schöne stille Allee der Freundschaft gründen, verschwiegener Ausblicke auf den Ruhm sich bewußt sein, – Zugänge zu allen diesen guten Winkeln seines Gartens bereit halten, daß er uns nicht fehle, wenn wir ihn *nöthig* haben! 9, 361

Es ist Mythologie zu glauben, daß wir unser eigentliches Selbst finden werden, nachdem wir dies und jenes gelassen oder vergessen haben. So dröseln wir uns auf bis ins Unendliche zurück: sondern *uns selber machen*, aus allen Elementen eine Form *gestalten* – ist die Aufgabe! Immer die eines Bildhauers! Eines produktiven Menschen! *Nicht* durch Erkenntniß, sondern durch Übung und ein Vorbild werden wir *selber*! Die Erkenntniß hat bestenfalls den Werth eines Mittels! 9, 361

Ziel: 1) die noch so sehr sicher gestellte Welt ist zuletzt einer *individuellen Messung* unterworfen: so lange wir forschen, können wir das Indiv‹iduum› oft ausschließen: zu dem was wir zuletzt finden, giebt es immer eine *subjektive Stellung*! 2) wir müssen stolz genug von uns denken, um eine subjektive Stellung nur zu wirklichen Dingen einzunehmen, nicht zu Schemen! und lieber den Zweifel und die Meerfahrt ertragen als zu schnell Gewißheit wollen! 3) die Ehre der eigenen Seele wieder herstellen! 9, 371

Vortheil der Einsamkeit: wir lassen unsere ganze Natur, auch ihre Verstimmungen *gegen unser Hauptobjekt* los und nicht an anderen Dingen und Menschen: so leben wir es *durch*! 9, 401

Menschen um sich *aussuchen*, unter denen man sein ideales Menschenthum bewahren und zeigen kann. Sich zuerst die Aufgabe leichter machen, und dann *fremdere* Menschen allmählich in den Kreis hineinnehmen. – Zuerst aber seinen Kreis bilden, andere fortjagen.

Vielleicht führen wir so Zustände herbei, die die Selektions-Zweckmäßigkeit erst in Jahrtausenden und einer viel geschwächteren Menschheit bietet! (wie ihr Maaß von Intellekt nun einmal ist! = die Lichtverschwendung der Sonne usw.) 9, 421

Wir müssen unser Leben nicht uns durch die Hand schlüpfen lassen, durch ein »Ziel« – sondern die Früchte *aller* Jahreszeiten von uns einernten. 9, 441

Wir treten in das Zeitalter der *Anarchie*: – dies aber ist zugleich das Zeitalter der geistigsten und freiesten Individuen. Ungeheuer viel geistige Kraft ist in Umschwung. Zeitalter des Genies: bisher verhindert durch Sitten Sittlichkeit usw. 9, 452

Die Entstehung des Denkers und die Gefahren, an denen eine solche Entstehung gewöhnlich ihr Ende findet. 1) die Eltern wollen ihres Gleichen aus ihm machen 2) man gewöhnt ihn an Beschäftigungen, die ihm die Kraft und die Zeit zum Denken wegnehmen; Berufe usw. 3) man erzieht ihn zu einer kostspieligen Lebensweise, der er nun wieder viel Kraft zuwenden muß, um die Mittel dazu zu schaffen 4) man gewöhnt ihn an Freuden, welche die des Denkens farblos erscheinen lassen, und an eine Stimmung der Unbehaglichkeit in Gegenwart der Denker und ihrer Werke 5) der Geschlechtstrieb will ihn antreiben sich mit einem Weibe zu verbinden und fürderhin *für* die Kinder zu leben – nicht mehr für sich selber 6) seine Begabung bringt Ehren mit sich: und diese führen ihn zu einflußreichen Personen, welche ein Interesse haben, aus ihm ein Werkzeug zu machen 7) die Lust, im Erfolge einer Wissenschaft, macht ihn von den weiteren Zielen abtrünnig: er bleibt an den Mitteln kleben und vergißt den Zweck. – Daraus lassen sich die Maximen der Erziehung des unabhängigen Denkers ableiten. Und Vorschriften, um diese Vorschriften *auf's wirksamste* einzuprägen (namentlich *Entfernung* von der Gefahr, *Zwang* zu denken durch *sonstige* Unbeschäftigung usw.) Mir liegt an der *Erhaltung meiner Art*!! – 9, 456

Wenn ein Trieb *intellektueller* wird, so bekommt er einen neuen Namen, einen neuen Reiz und neue Schätzung. Er wird dem Triebe auf der älteren Stufe oft *entgegengestellt*, wie als sein Widerspruch (Grausamkeit z.B.) – Manche Triebe z.B. der Geschlechtstrieb sind großer Verfeinerungen durch den Intellekt fähig (Menschenliebe, Anbetung von Maria und Heiligen, künstlerische Schwärmerei; Plato meint, die Liebe zur Erkenntniß und Philosophie sei ein sublimirter Geschlechtstrieb) *daneben* bleibt seine alte direkte Wirkung stehen. 9, 486

Unsere Triebe und Leidenschaften sind ungeheure Zeiträume hindurch in *Gesellschafts-* und *Geschlechtsverbänden* gezüchtet worden (vorher wohl in Affen-*Heerden*): so sind sie als sociale Triebe und Leidenschaften stärker als als individuelle, auch jetzt noch. Man *haßt* mehr, plötzlicher, *unschuldiger* (Unschuld ist den ältest vererbten Gefühlen zu eigen) als Patriot als als Individuum; man opfert schneller sich für die Familie als für sich: oder für eine Kirche, Partei. Ehre ist das stärkste Gefühl für Viele d. h. ihre Schätzung ihrer selber ordnet sich der Schätzung Anderer unter und begehrt von dort seine Sanktion. – Dieser nicht individuelle Egoismus ist das Ältere, Ursprünglichere; daher so viel Unterordnung, Pietät (wie bei den Chinesen) Gedankenlosigkeit über das eigene Wesen und Wohl, es liegt das Wohl der Gruppe uns mehr am Herzen. Daher die *Leichtigkeit der* Kriege: hier fällt der Mensch in sein älteres Wesen zurück. – Die *Zelle* ist zunächst mehr Glied als Individuum; das Individuum *wird* im Verlauf der Entwicklung immer complicirter, immer mehr Gliedergruppe, Gesellschaft. Der freie Mensch ist ein Staat und eine Gesellschaft von Individuen. – Die Entwicklung der Heerden-Thiere und gesellschaftlichen Pflanzen ist eine ganz andere als die der einzeln lebenden. – Einzeln lebende Menschen, wenn sie nicht zu Grunde gehen, entwickeln sich zu Gesellschaften, eine Menge von Arbeitsgebieten wird entwickelt, und viel Kampf der Triebe um Nahrung Raum Zeit ebenfalls. Die Selbstregulirung ist nicht mit Einem Male da. Ja, im Ganzen ist der Mensch ein Wesen, welches nothwendig zu Grunde geht, weil es sie noch nicht erreicht hat. Wir sterben alle zu jung aus tausend Fehlern und Unwissenheiten der Praxis. – Der freieste Mensch hat das größte *Machtgefühl* über sich, das größte Wissen über sich, die größte *Ordnung* im nothwendigen *Kampfe* seiner Kräfte, die verhältnißmäßig größte *Unabhängigkeit* seiner einzelnen Kräfte, den verhältnißmäßig größten *Kampf* in sich: er ist das *zwieträchtigste* Wesen und das *wechselreichste* und das *langlebendste* und das überreich begehrende, sich nährende, das am meisten von sich *ausscheidende* und sich *erneuernde*. 9, 487 f.

Ich erkenne etwas Wahres nur als Gegensatz zu einem wirklich lebendigen Unwahren: so kommt das Wahre ganz kraftlos, als Begriff, zur Welt und muß sich durch *Verschmelzung mit lebendigen Irrthümern* erst *Kräfte* geben! Und darum muß man die Irrthümer leben lassen und ihnen ein großes Reich zugestehen. – Ebenso: um individuell leben zu können, muß erst die Gesellschaft hoch gefördert sein und fort und fort gefördert werden – der Gegensatz: im Bunde mit ihr bekommt das Individuelle zuerst einige Kraft. – Endlich erscheint ein Punkt, wo wir über das Individuelle und Idiosynkratische hinauswollen: aber nur im Bunde mit dem Individuum, dem Gegensatze, können wir diesem Streben Kräfte verleihen. 9, 506 f.

Der Egoism ist etwas Spätes und immer noch Seltenes: die Heerden-Gefühle sind mächtiger und älter! Z. B. noch immer *schätzt* sich der Mensch so hoch als die Anderen ihn schätzen (Eitelkeit) Noch immer will er *gleiche* Rechte mit den Anderen und hat ein Wohlgefühl bei dem Gedanken daran, auch wenn er die Menschen gleich behandelt (was doch der Gerechtigkeit des suum cuique sehr zuwiderläuft!) Er faßt sich gar nicht als etwas Neues in's Auge, sondern strebt sich die Meinungen der Herrschenden anzueignen, ebenfalls erzieht er seine Kinder dazu. Es ist die *Vorstufe* des Egoismus, kein Gegensatz dazu: der Mensch *ist* wirklich noch nicht mehr individuum und ego; als Funktion des Ganzen fühlt er *seine* Existenz noch am höchsten und am meisten gerechtfertigt. Deshalb läßt er über sich verfügen, durch Eltern Lehrer Kasten Fürsten, um zu einer Art *Selbstachtung* zu kommen – selbst in der Liebe ist er viel mehr der Bestimmte als der Bestimmende. Gehorsam Pflicht erscheint ihm als »die Moral« d. h. er *verherrlicht* seine Heerdentriebe, indem er sie als *schwere Tugenden* hinstellt. – Auch im *erwachten* Individuum ist der Urbestand der Heerdengefühle noch übermächtig und mit dem *guten* Gewissen verknüpft. Der Christ mit seinem extra ecclesiam nulla salus ist *grausam* gegen die Gegner der christlichen Heerde; der

Staatsbürger verhängt *schreckliche* Strafen über den Verbrecher, nicht als ego, sondern aus dem alten Instinkte – die *That* der Grausamkeit des Mordes der Sklaverei (Gefängniß) beleidigt ihn nicht, sobald er sie vom Heerdeninstinkt aus ansieht. – Alle freieren M‹enschen› des Mittelalters glaubten, vor allem sei das Heerdengefühl zu erhalten, das seltene Individuum müsse in *dieser* Hinsicht Verstellung üben, ohne Hirten und den Glauben an allgemeine Gesetze gehe alles drunter und darüber. Wir glauben das nicht mehr – weil wir gesehen haben, daß der *Hang zur Heerde* so groß ist, daß er immer wieder durchbricht, gegen alle Freiheiten des Gedankens! Es *giebt* eben noch *sehr selten* ein ego! Das Verlangen nach Staat, socialen Gründungen, Kirchen usw. ist nicht schwächer geworden. v‹ide› die Kriege! Und die »Nationen«! 9, 513 f.

Die Amöben-*Einheit* des Individuums kommt zuletzt! Und die Philosophen giengen von ihr aus, als ob sie bei Jedem da sei! – Die Sittlichkeit ist der Hauptgegenbeweis: überall wo das Individuum auftritt, tritt die *Sittenverderbniß* auf d. h. der individuelle Maaßstab von Lust und Unlust wird zum ersten Male gehandhabt, und da zeigt sich, *wie* innerhalb des Einzelnen die Triebe noch gar nicht gelernt haben sich anzupassen, die Einheit ist noch nicht da, oder in Form der gröbsten Gewaltherrschaft Eines Triebes über die anderen – so daß das Ganze gewöhnlich zu Grunde geht! – Damit beginnt die Zeit der *freien* Menschen – zahllose gehen zu Grunde. – Im Anblick davon rufen die »Weisen« die alte Moral an und suchen sie als angenehm und nützlich *für den Einzelnen* zu beweisen. 9, 515 f.

Alle Gewöhnungen (z. B. an eine bestimmte Speise, wie Kaffe, oder eine bestimmte Zeiteintheilung) haben auf die Dauer das Ergebniß, Menschen *bestimmter Art zu züchten.* Also blicke um dich! Prüfe das Kleinste! Wohin will es? Gehört es zu *deiner* Art, zu *deinem* Ziele? 9, 525

Die Verwandlung des Menschen braucht erst Jahrtausende für die Bildung des Typus, dann Generationen: endlich läuft *ein* Mensch während seines Lebens durch *mehrere* Individuen.

Warum sollen wir nicht am Menschen zu Stande bringen, was die Chinesen am Baume zu machen verstehen – daß er auf der einen Seite Rosen, auf der anderen Birnen trägt?

Jene Naturprozesse der *Züchtung des Menschen* z. B., welche bis jetzt grenzenlos langsam und ungeschickt geübt wurden, könnten von den Menschen in die Hand genommen werden: und die alte Tölpelhaftigkeit der Rassen, Rassenkämpfe Nationalfieber und Personeneifersuchten könnte, mindestens in Experimenten, auf kleine Zeiten zusammengedrängt werden. – Es könnten *ganze Theile* der Erde sich dem *bewußten Experimentiren weihen*!

9, 547 f.

Unsere jetzige Erziehung hat den Werth einer Art *Wanderzwangs* in der Zeit des Mittelalters und der Zünfte. Das Gegengewicht, es sich zu Hause nach heimatlichem Werthmaße bequem einzurichten wirkte ehemals. Jetzt wirkt die Absicht auf Sinnen-Wohlstand und *daneben* das Bild aller anderen Culturen, welche etwas wollten *über* oder *wider* den Sinnenwohlstand.

Der Zunftzwang lehrte *lernen*: endlich ist ein individueller Lerntrieb entstanden, durch Vererbung. Das *Lernen* ist ursprünglich *saurer* als alle Arbeit, daher gehaßt. Die Gelehrten haben daher im Mittelalter ein Übergewicht.

9, 555

Wer das fremde Blut haßt oder verachtet, ist noch kein Individuum, sondern eine Art menschliches Protoplasma.

9, 555

Werde fort und fort, der, der du bist – der Lehrer und Bildner deiner selber! Du bist kein Schriftsteller, du schreibst nur für dich! So erhältst du das Gedächtniß an deine guten Augenblicke und findest ihren Zusammenhang, die goldne Kette deines Selbst! So bereitest du dich auf die Zeit vor, wo du sprechen mußt! Vielleicht daß du dich dann des Sprechens schämst, wie du dich mitunter des Schreibens geschämt hast, daß es noch nöthig ist, sich zu interpretiren, daß Handlungen und Nicht-Handlungen nicht genügen, dich *mitzutheilen*. Ja, du willst dich mittheilen! Es kommt einst die Gesittung, wo viel Lesen zum schlechten Tone gehört: dann wirst du auch dich nicht mehr schämen müssen, gelesen zu werden; während jetzt jeder, der dich als Schriftsteller anspricht, dich beleidigt; und wer dich deiner Schriften halber *lobt*, giebt dir ein Zeichen, daß sein Takt nicht fein ist, er macht eine Kluft zwischen sich und dir – er ahnt gar nicht, wie sehr er sich erniedrigt, wenn er dich *so* zu erheben glaubt. Ich kenne den Zustand der gegenwärtigen Menschen, wenn sie *lesen*: Pfui! Für diesen Zustand sorgen und schaffen zu wollen! 9, 555 f.

Wir verachten den Besitzlosen – *darum* auch den, der sich selber nicht beherrschen kann, der sich selber nicht besitzt. Er ist, nach unserer Empfindung, nicht als Egoist verächtlich, sondern als Wetterfahne von Impulsen und Mangel an Selbst. 9, 578

Ego als gefühlter Gegensatz der Heerde (Selbst – Heerde) und das *Heerdenstück-Gefühl*, welches sich nicht zu unterscheiden vermag vom Interesse der Heerde – nicht zu verwechseln! 9, 613

Lebensregeln

Das Leben gern zu leben.
Mußt du darüber stehn!
Drum lerne dich erheben!
Drum lerne – abwärts sehn!

Den edelsten der Triebe
Veredle mit Bedachtung:
Zu jedem Kilo Liebe
Nimm Ein Gran Selbstverachtung!

Bleib nicht auf ebnem Feld,
Steig nicht zu hoch hinaus!
Am schönsten sieht die Welt
Von halber Höhe aus.

9, 676

AUS DEM NACHLASS 1882-1885

Das Leben eines heroischen Menschen enthält die abgekürzte Geschichte mehrerer Geschlechter in Bezug auf Vergottung des Teufels. Er macht den Zustand des Ketzers, der Hexe, des Wahrsagers, des Skeptikers, des Schwachen, des Gläubigen und Überwältigten durch. 10, 14

Es ist die uralte Übung innerhalb der *Heerde*: die eigentliche *Unredlichkeit*, bei sich nur die *erlaubten* Urtheile und Empfindungen zu sehen. *Diese* allen Guten gemeinsame Übung bringt die Uniformität der gemeinsamen Handlungen hervor: es giebt ihnen ihre ungeheure *Kraft*, an so *wenige* Motive bei sich und dem Nächsten zu *glauben*, und nur an *gute*.

Der Pharisäer ist der Urtypus des erhaltenden Menschen, immer nöthig.

Gegensatz:

die *starken* Bösen

und die *schwachen* Bösen, die sich so *fühlen.*

Aus ihnen entsteht mitunter der *Sich-selber-Gute*, der zum Gott gewordene Teufel. 10, 19

7. Die Erziehung zum *Bösen*, zum *eigenen* »Teufel«.
8. Der innere *Krieg*, als »Entwicklung«.
9. »Arterhaltung« und der Gedanke der ewigen Wiederkunft.
10. In wiefern jeder geschaffene Gott sich wieder einen Teufel schafft. Und das ist *nicht* der, aus dem er entstanden ist. (Es ist das *benachbarte* Ideal, mit dem er *kämpfen* muß)

10, 21 f.

Funktion-Werden-Wollen: weibliches Ideal der Liebe. Das männliche Ideal ist Assimilation und Überwältigung oder Mitleid (Anbetung des leidenden Gottes). 10, 28

Wir dürfen nicht *Einen* Zustand wollen, sondern müssen *periodische* Wesen *werden wollen* = *gleich* dem Dasein. 10, 28

Der Gegensatz des heroischen Ideals ist das Ideal der harmonischen All-Entwicklung – ein schöner Gegensatz und ein sehr wünschenswerther! Aber nur ein Ideal für grundgute Menschen (Goethe z. B.) 10, 37

Er hat gelernt, sich auszudrücken – aber man glaubt ihm seitdem nicht mehr. Man glaubt nur den Stammelnden.

10, 69

Es ist ein Fehler des Geschmacks, wenn der Mensch der Erkenntniß sich noch als »moralischer Mensch« aufputzt:

ihm soll man gerade *ansehen*, daß er die Moral »nicht nöthig hat«. 10, 71

Alles ist bei ihm ernte-reif: aber ihm fehlt die Sichel – und so rauft er Ähren und ist ärgerlich. 10, 72

Der Eine reist, weil er sich sucht, und der Andere, weil er sich verlieren möchte. 10, 72

Nicht durch Zorn, sondern durch Lachen tödtet man. 10, 72

Liebe zu Einem ist eine Barbarei, ausgeübt auf Unkosten aller übrigen und ein Schaden der Erkenntniß. Sondern Viele sollst du lieben: – da zwingt dich die Liebe zur Gerechtigkeit gegen Jeden: und folglich zur Erkenntniß eines Jeden. Liebe zu Vielen ist der Weg zur Erkenntniß. 10, 78

Wer keinen eignen Willen hat, will wenigstens alles besser wissen. 10, 83

Hat man Charakter, so hat man auch sein typisches Erlebniß, das immer wieder kommt. 10, 84

Seltsam! Sobald ich mir einen Gedanken verschweigen und fernhalten will, kommt mir gewiß dieser Gedanke in leibhafter Gestalt, als Mensch, entgegen, und ich muß nun mit diesem »Engel Gottes« artig thun! 10, 85

Indem wir fortwährend uns üben, es mit allerlei Mitmenschen auszuhalten, üben wir uns unbewußt darin, uns selber auszuhalten: was eigentlich die unbegreiflichste Leistung des Menschen ist. 10, 87 f.

»Hier ist die Insel des Einsamen. Und alles Werdende Schweifende Suchende Flüchtige soll mir hier willkommen sein! Gastfreundschaft ist nunmehr meine einzige Freundschaft! Ich liebes alle Werdende!« 10, 88

Auch noch in der Befriedigung ihrer Begierde (nach Nahrung Weib Besitz, Ehre Macht) handeln die meisten Menschen als Heerdenvieh und nicht als Personen – selbst wenn sie Personen sind. 10, 90

Der Mensch allein widerstrebt der Richtung der Gravitation: er möchte beständig nach *oben* – fallen. 10, 95

»Du sollst« klingt den Meisten angenehmer als »ich will«: in ihren Ohren sitzt immer noch der Heerden-Instinkt.

10, 101

Es giebt zu wenig Männer: und daher vermännlichen sich die Weiber. 10, 107

»Ein-Form« nennen sie's, was sie tragen: Einförmigkeit ist's was sie damit bedecken. 10, 110

Heerden sind nichts Gutes, auch nicht wenn sie dir nach laufen. 10, 110

Der Hirt ist ein vergoldetes Werkzeug der Heerde.

10, 110

Klein war noch die Liebe zum Nächsten, verachtet das Ich: und über Alles war Heerde. 10, 114

Drei Eigenschaften müssen sie vereinigen: wahr sein, sich mittheilen wollen und können und mitwissend sein (zur Einheit) 10, 115

Willst du das Leben leicht haben, so bleibe immer bei der Heerde. Vergiß dich über der Heerde! Liebe den Hirten und ehre das Gebiß seines Hundes! 10, 119

Verstehst du zu bellen und zu beißen, nun – so sei der Hund der Heerde: so machst du dir das Leben leicht. 10, 119

Du hast nicht den Muth, dich zu verlieren und zu Grunde zu gehen: und so wirst du niemals ein Neues. Das, was uns heute Flügel Farbe Kleid und Kraft ist, soll morgen nur Asche sein. 10, 122

In dem Bestreben, sich selber *nicht* zu erkennen sind die gewöhnlichen Menschen sehr fein und listig. 10, 125

In D‹eutschland› ehrt man das Wollen weit mehr als das Können: es ist die rechte Gegend für die Unvollkommenen und Prätensiösen. 10, 125

Der Anblick des naiven Menschen ist eine Wollust, wofern er ein Natürlicher ist und Geist hat. 10, 125

Die schlauen Menschen sind gewöhnlich einfache und nicht complicirte Menschen. 10, 125

Labyrinth.

Ein labyrinthischer Mensch sucht niemals die Wahrheit, sondern immer nur seine Ariadne – was er uns auch sagen möge. 10, 125

Der Erkennende muß es auch verstehen, sich seinen eigenen Siegeskranz aufzusetzen: er kann nicht warten, weil es ihn zu neuen Verwandlungen drängt. 10, 131

»Wir wollen ein Wesen erschaffen« wir wollen alle dran Theil haben, es lieben, wir wollen schwanger sein alle – und uns ehren und achten *deshalb.* 10, 135

Wir müssen ein *Ziel* haben, um dessentwillen wir uns alle einander liebhaben! *Alle* sonstigen Ziele sind vernichtenswerth! 10, 135

Erlösung vom ewigen Flusse. 10, 135

Der Mensch sei ein Anlaß zu etwas, das nicht Mensch mehr ist. 10, 136

Die Auflösung der Moral führt in der praktischen Consequenz zum atomistischen Individuum und dann noch zur Zerteilung des Individuums in Mehrheiten – absoluter Fluß.

Deshalb ist jetzt mehr als je ein Ziel nöthig und Liebe, eine *neue Liebe*. 10, 138

Gebt euch nicht zu erkennen! Und müßt ihr es, nun so erzürnt, aber beschämt nicht! 10, 142

Was nützt es den Geist frei zu machen, wenn er dann keine Flügel hat, um davonzufliegen? 10, 160

Das Ich erst in der Heerde. Gegensatz dazu: im *Übermenschen* ist das Du vieler Ichs von Jahrtausenden zu Eins geworden. (also die *Individuen* sind jetzt zu Eins geworden

10, 165

Der größte Frevel ist der Frevel am Menschen, nachdem es keine Götter mehr giebt: und für die Eingeweide der unerforschbaren Dinge das Menschliche geringschätzen.

10, 209

Werde nothwendig! Werde hell! Werde schön! Werde heil!

10, 209

Dieser liebt den Vogel in seinem Fluge und jener sieht nur Morgenröthen und Meere. 10, 209

Ein höheres Wesen als wir selber sind zu schaffen, ist *unser* Wesen. *Über uns hinaus schaffen!* Das ist der Trieb der Zeugung, das ist der Trieb der That und des Werks. – Wie alles Wollen einen Zweck voraussetzt, *so setzt der Mensch ein Wesen voraus*, das nicht da ‹ist›, das aber den Zweck seines Daseins abgiebt. Dies ist die Freiheit alles Willens! Im *Zweck* liegt die Liebe, die Verehrung, das Vollkommensehen, die Sehnsucht. 10, 209

Einstmals war das Ich in der Heerde versteckt: und jetzt ist im Ich noch die Heerde versteckt. 10, 220

So bald in der Heerde das Gefühl wächst und schwillt, nähert es sich der Heerde.

Zuerst wurde das »Für Alle« heilig, dann das »Für den Anderen« endlich das »für meinen Gott«. 10, 220

die Erlösung durch den Schein: das principium individuationis mit aller Moral für das Individuum eine erlösende *Vision.* 10, 238

Je bestimmter eine organische Einheit z. B. eine Gemeinde Heerde sich zum Bewußtsein kommt, um so stärker ist ihr *Haß gegen das Fremde.* Die Sympathie mit dem Zugehörigen und der Haß gegen das Fremde wachsen mit einander.

10, 332

Noch war euch der Geist keine Sorge und Herzeleid: noch ist euer Brod des Lebens nicht vom Gedanken durchsäuert.

Als Jäger zog Zarathustra aus, häßliche Wahrheiten zu jagen. 10, 349

Wie ich alles Menschliche zu verstehen suchte, auch die Erbärmlichen und Mittelmäßigen einst

Hier und da wird auch der Erbärmliche redlich: da soll man auf seine Stimme hören und in seinen Sumpf steigen.

Und auch ich setzte mich einst ins Schilfrohr und hörte den Frosch der Erbärmlichkeit seine Bekenntnisse machen.

Von besserem Stoffe wollt ihr sein? Ich sage euch, ihr versteht euch nur besser zu belügen.

Er kam zu uns, er lebte unter uns – *wir* selber waren seine Unterwelt.

Glaube es mir, Z‹arathustra› starb und ist nicht mehr. Ein Stern erlosch in oedem Raum: aber sein Licht – – –

10, 349

Willst du dein *Eigenstes* das individuum *nicht vertreten*, sondern widersprichst du ihm, so gehört der *Widerspruch in* die individuelle »Verantwortlichkeit« – 10, 361

Nicht das Nützliche, sondern das Schwere bestimmt den Werth: der Edle ist das Resultat vieler Arbeit. 10, 362

Individuum est aliquid novum: man hat keine Handlung mit jemandem gemeinsam. 10, 362

Wille ein Wahn. 10, 362

Machtgefühl. – Glück ist *nicht* das Ziel: sondern eine ungeheure Kraft im Menschen und in der Menschheit will sich *ausgeben*, will schaffen, es ist eine fortwährende Kette von Explosionen, die keineswegs das Glück zum Ziel haben.

10, 362

Wollt ihr denn bezahlt sein? 10, 362

Noch lebst du, altes geduldiges Eisenherz: und in dir lebt auch noch das Unerlöste, Ungeredete meiner Jugend.
10, 367

Schwarz und schwärzend ist die Kunst der Tarantel: »Taranteln aber heiße ich die Lehrer der schlimmsten Welt«
10, 367

Ihr seid hungrigen Geistes: so nehmt mir diese Wahrheit flugs zum Imbiß: das Unvergängliche – das ist nur ein Gleichniß. 10, 372

der Übermensch völlig über die bisherige Tugend hinaus, *hart* aus Mitleid, – der Schaffende, der ohne *Schonung* seinen Marmor *schlägt*.
Zur letzten Rede Zarathustras.
10, 372

Rede dein Wort und zerbrich an ihm. Was liegt an dir!
10, 374

Bei jeder Handlung wird viel *erreicht*, woran wir nicht denken. 10, 381

Erst muß die Schlange zum Drachen geworden sein, damit Einer an ihr zum Helden werden könne. 10, 383

Ein Beruf ist das Rückgrat des Lebens. 10, 384

Besser noch, sich mit schmutzigem Wasser waschen als unrein bleiben. 10, 388

Man vergißt seine Schuld, wenn man sie einem Anderen gebeichtet hat. 10, 389

Je höher wir uns erheben, um so kleiner erscheinen wir denen, welche nicht fliegen können. 10, 389

Ich will nicht vermischt und verwechselt sein

Es giebt solche, die predigen meine Lehre vom Leben: aber zugleich sind sie Prediger der Gleichheit: mit denen will ich nicht vermischt und verwechselt sein 10, 410

Meine Knie zitterten mir zum ersten Male, als ich meinen Weg fand und gieng: und wer es sah, sagte mir: du verlernst den Weg, nun verlerntest du auch das Gehen. 10, 428

Der Weg durch viele Seelen.

Ich komme daher wie ein starker Wind: und diesen Rath rathe ich meinen Feinden: hütet euch gegen den Wind – zu spein!

Durch hundert Seelen ging ich meinen Weg, manchen Abschied nahm ich schon, ich kenne die herzbrechenden letzten Stunden.

So aber will es mein Schicksal. Oder daß ich euch redlich rede: solch Schicksal will – mein Wille!

Wer ein Finder seiner selber werden will, muß lange als ein Verlorener gelten.

Wann war je ein großer Mensch sein eigner Anhänger und Liebhaber? trat er doch eben von sich bei Seite, als er auf die Seite – der Größe trat! 10, 460

Ein gutes Capitel »die Kritik von Eltern, Lehrern, Vaterland, Heimat« – als Anfang der Befreiung, zunächst der Zweifel. 11, 17

Es thut also noth: *eine Art Erzieher und Retter*, auch Zufluchts-Stätten außerhalb der gewöhnlichen Welt, hartes Leben, viele Erfindungen der Askese zur Selbst-Beherrschung. Schutz vor der Sklaven-Gemeinheit und dem Pharisäismus. 11, 28

Die höchsten Menschen leiden am meisten am Dasein – aber sie haben auch die größten *Gegen-Kräfte*. 11, 54

Den ungeheuer *zufälligen* Charakter aller Combinationen erweisen: *daraus* folgt, daß *jede* Handlung eines Menschen einen *unbegränzt großen* Einfluß hat auf alles Kommende. Dieselbe Ehrfurcht, die er, rückwärts schauend, dem ganzen Schicksal weiht, hat er sich selber *mit* zu weihen. *Ego fatum*. 11, 55

Mißverständniß der gloria, als Motiv der Schaffenden gedacht!! *Vanité* ist Heerden-Instinkt, *Stolz* Sache des Vor-Ochsen. 11, 67

Wie kann man nur dem Einzelnen Freiheit geben wollen gleich Luther in den höchsten Dingen! Zuletzt ist der Instinkt der Heerde stärker und sie fallen sofort wieder in die Knechtschaft (z.B. die Protestanten vor den erbärmlichsten kleinen Fürsten, – ein Bedientenvolk –) 11, 78

Der *Bauer* in Luther schrie über die Lüge des »höheren Menschen« an den er geglaubt hatte: »es giebt gar keine höheren Menschen« – schrie er. 11, 82

Wenn ein inferiorer Mensch *seine* alberne Existenz, sein viehisch-dummes Glück als *Ziel* faßt, so indignirt er den Betrachter; und wenn er gar andere Menschen zum Zweck *seines* Wohlbefindens unterdrückt und aussaugt, so sollte man so eine giftige Fliege todtschlagen.

Der Werth eines Menschen soll beweisen, was für Rechte er sich nehmen darf: die »Gleichstellung« geschieht aus Mißachtung der höheren Naturen und ist ein Verbrechen an ihnen. 11, 101

Der größte Theil unserer Erlebnisse ist *ungewußt* und wirkt. 11, 107

Die Herrschaft über sich ist das Gleichgewicht *vieler* aufgehäuften Erinnerungen und Motive – eine Art Frieden unter feindlichen Kräften.

voluntas ist ein zuletzt mechanisches unbedingtes Übergewicht, ein Sieg, der ins Bewußtsein tritt. 11, 107

Entwicklung der mimicry unter Menschen, vermöge seiner Schwäche. Das Heerdenthier spielt eine *Rolle*, die ihm *anbefohlen* wird. 11, 111

– Aber der Egoismus der *Heerde*!

Jedes Nützliche ist *nothwendig* auch ein Schädliches, im Verhältniß zu anderen Dingen. »Ein guter Mensch« – das ist Eine Seite angesehn. Auf die Ferne beurtheilt, ist es ein Heerden-Mensch, schwach, und leicht zu täuschen und zu Grunde zu richten, auch geistig gehorsam, nicht schöpferisch. 11, 144

Das Abschneiden jedes einzelnen Bandes ist *hart*, aber ein Flügel wächst mir statt des Bandes. 11, 144

Ich muß das *schwierigste Ideal der Philosophen aufstellen.* Das Lernen thut's nicht! Der Gelehrte ist das Heerdenthier im Reiche der Erkenntniß, welcher forscht, weil es ihm befohlen und vorgemacht worden ist. 11, 153

Der Schmerz, die Ungewißheit, die Bosheit: zu diesen Dreien stehen die Heerden-Menschen sehr verschieden.

11, 155

– ein Volk, welches sich der Intelligenz eines *Luther* unterordnet! 11, 155

Pythagoras gründet einen Orden für *Vornehme*, eine Art Tempelherrn-Orden. 11, 166

Bedingungen des Weisen.

Man muß sich durch *Schuld* aller Art aus der Gesellschaft *lösen*. 11, 169

Seht euch vor! Martyrium und Angegriffenheit *verdirbt* leicht den reinen Sinn zur Wahrheit: ihr werdet halsstarrig und macht euch blind gegen Einwände! Geht auch den Anfeindungen aus dem Wege! 11, 194

Die Vergeistigung als *Ziel* gesetzt: so ist die scharfe Gegensetzung von Gut und Böse, Tugend und Laster ein Zucht-Mittel, den Menschen zum *Herrn* über sich zu machen, eine Vorbereitung zur Geistigkeit. – Aber wenn nicht Versinnlichung dabei ist, so wird der Geist sehr dünn. 11, 255

»Die großen Worte, die Monstra von Ereignissen – zunehmend. Immer gab es sonst, in barbarischen unwissenden absurden Zeitaltern eine Art Compensation durch einige ganz große Menschen. Jetzt schnelles tiefes nivellement aller Intelligenzen.« 11, 272

Der außerordentliche Mensch lernt durch Unglück, wie wenig Werth all die Würdigkeit und Ehrenhaftigkeit der ihn Beurteilenden hat. Sie platzen – wenn man sie in ihrer Eitelkeit verwundet – ein intolerantes beschränktes Vieh kommt zum Vorschein. 11, 277

Das »Heil der Seele« ist ein viel vollerer Begriff als das Glück, von dem alle Moralisten schwätzen. Es soll gemeint sein die ganze wollende schaffende fühlende Seele und deren Heil – nicht nur eine Begleit-Erscheinung wie »Glück« usw. – Das Begehren nach »Glück« charakterisirt die halb- oder nichtgerathenen Menschen, die ohnmächtigen – alle andern denken nicht an's »Glück«, sondern ihre Kraft will *heraus*.

11, 277 f.

Ich lehre: die Heerde sucht einen Typus aufrecht zu erhalten und wehrt sich nach beiden Seiten, ebenso gegen die davon Entartenden (Verbrecher usw.) als gegen die darüber Emporragenden. Die Tendenz der Heerde ist auf Stillstand und Erhaltung gerichtet, es ist nichts Schaffendes in ihr.

11, 279

Man beobachte aber den *Haß der Heerde* gegen den Wahrhaftigen –

11, 279

Nun, da der Tag
Des Tages müde ward, und aller Sehnsucht Bäche
Von Neuem Trost plätschern,
auch alle Himmel, aufgehängt in Gold-Spinnetzen,
zu jedem Müden sprechen: »ruhe nun«, –
was ruhst du nicht, du dunkles Herz,
was stachelt dich zu fußwunder Flucht

weß harrest du?

du Verzweifelnder! Weißt du auch, –
wie viel Muth machst du denen,
die dir zuschaun

ach wie du klagst! Wohin meine Flucht?
Ach wen du weidest!
Gefangne noch weidest du.
Wie sicher ist den Unstäten
doch ein Gefängniß!
wie ruhig schlafen verbrecherische
Seelen, eingefangen –

Nun, da die Maus den Berg gebar –

Wo bist du Schöpferisches?

Oh wärmt mich! liebt mich
gebt heiße Hände
erschreckt ob meines Eises nicht!
Zu lange gespensterhaft auf Gletschern – – –

umhergetrieben, aufgewirbelt
auf welchem Spiegel habe ich nicht gesessen –
ich Staub auf allen Oberflächen
außer sich, vor Hingebung
dem Hunde gleich

11, 301-302

Angesichts eines Menschen, der uns fremd ist, gehen uns die Fragen durch den Kopf: wer ist er? was will er? was kann er? – und je nach den Antworten, die wir auf diese Fragen gewinnen, bestimmen wir den Werth dieses Menschen. Sind wir selber unabhängig, einflußreich, mächtig, so bestimmen wir dabei sofort seinen Werth als Werth *für uns*: sind wir abhängig und irgend einer Heerde und Gemeinschaft eingeordnet, so bedeutet unsere Frage nach seinem Werth: welchen Werth hat er für uns, d. h. die Heerde? 11, 336 ihr seid heute die höheren Menschen, der Fromme, dem sein Gott starb, der Übergütige in der Zeit des Pöbels, der Wanderer ohne Ziel und Heim-Kehr, der Wissende und Gewissenhafte, der entzauberte Zauberer, der an sich selber zerbricht, der gepurpurte König, der Null ist und Zehn bedeutet

ihr gepurpurten Könige, die ihr Nullen seid und Zehn bedeutet, ihr Gewissenhaften des Geistes – – – 11, 349

Feindschaft gegen alles Litteratenhafte und Volks-Aufklärerische, insonderheit gegen alles Weibs-Verderberische, Weibs-Verbildnerische – denn die *geistige Aufklärung* ist ein unfehlbares Mittel, um die Menschen unsicher, willensschwächer, anschluß- und stütze-bedürftiger zu machen, kurz das *Heerdenthier* im Menschen zu entwickeln: weshalb bisher alle großen Regierungs-Künstler (Confucius in China, das imperium romanum, Napoleon, das Papstthum, zur Zeit, wo es die Macht und nicht nur den Pöbel zum Besten hielt) wo die herrschenden Instinkte bisher *kulminirten*, auch sich der geistigen Aufklärung bedienten; mindestens sie *walten* ließen (wie die Päpste der Renaissance) Die Selbsttäuschung der Menge über diesen Punkt z. B. in aller Demokratie, ist äußerst werthvoll: die Verkleinerung und Regierbarkeit des Menschen wird als »Fortschritt« erstrebt! 11, 570

⟨…⟩ was man jetzt in Europa geradewegs *»die Moral«* nennt: wie als ob es keine andere gäbe und geben dürfte – jene vorhin bezeichnete Heerdenthier-Moral, welche mit allen Kräften das allgemeine grüne Weide-Glück auf Erden erstrebt, nämlich Sicherheit, Ungefährlichkeit, Behagen, Leichtigkeit des Lebens und zuguterletzt, »wenn alles gut geht«, sich auch noch aller Art Hirten und Leithammel zu entschlagen hofft. Ihre beiden am reichlichsten gepredigten Lehren heißen: »Gleichheit der Rechte« und »Mitgefühl für alles Leidende« – und das Leiden selber wird von ihnen als Etwas genommen, das man schlechterdings *abschaffen* muß. Daß solche »Ideen« immer noch modern sein können, giebt einen üblen Begriff von – – – Wer aber gründlich darüber nachgedacht hat, wo und wie die Pflanze Mensch bisher am kräftigsten emporgewachsen ist, muß vermeinen, daß dies unter den *umgekehrten* Bedingungen geschehen ist: daß dazu die Gefährlichkeit seiner Lage ins Ungeheure wachsen, seine Erfindungs- und Verstellungs-Kraft unter langem Druck und Zwang sich emporkämpfen, sein Lebens-Wille bis zu einem unbedingten Willen zur Macht und zur Übermacht gesteigert werden muß, und daß Gefahr, Härte, Gewaltsamkeit, Gefahr auf der Gasse wie im Herzen, Ungleichheit der Rechte, Verborgenheit, Stoicismus, Versucher-Kunst, Teufelei jeder Art, kurz der Gegensatz aller Heerden-Wünschbarkeiten, zur Erhöhung des Typus Mensch nothwendig sind. Eine Moral mit solchen umgekehrten Absichten, welche den Menschen ins Hohe statt ins Bequeme und Mittlere züchten will, eine Moral mit der Absicht, eine regierende Kaste zu züchten – die zukünftigen *Herren der Erde* – muß, um gelehrt werden zu können, sich in Anknüpfung an das bestehende Sittengesetz und unter dessen Worten und Anscheine einführen; daß dazu aber viele Übergangs- und Täuschungsmittel zu erfinden sind, und daß, weil die Lebensdauer Eines Menschen beinahe nichts bedeutet in Hinsicht auf die Durchführung so langwieriger Aufgaben und Absichten, vor allem erst *eine neue Art* angezüchtet werden muß, in der dem nämlichen Willen, dem nämlichen Instinkte Dauer durch viele Geschlechter verbürgt wird: eine neue Herren-Art und -Kaste – dieß begreift sich ebenso gut als das lange und nicht leicht aussprechbare Und-so-weiter dieses Gedankens. Eine *Umkehrung der Werthe* für eine bestimmte starke Art von Menschen höchster Geistigkeit und Willenskraft vorzubereiten und zu diesem Zwecke bei ihnen eine Menge im Zaum gehaltener und verläumdeter Instinkte langsam und mit Vorsicht zu entfesseln: wer darüber nachdenkt, gehört zu uns, den freien Geistern – freilich wohl zu einer neueren Art von »freien Geistern« als die bisherigen: denn diese wünschten ungefähr das Entgegengesetzte. Hierher gehören, wie mir scheint, vor allem die Pessimisten Europas, die Dichter und Denker eines empörten Idealismus, insofern ihre Unzufriedenheit mit dem gesammten Dasein sie auch zur Unzufriedenheit mit den gegenwärtigen Menschen mindestens *logisch* nöthigt; insgleichen gewisse unersättlich-ehrgeizige Künstler, welche unbedenklich und unbedingt für die Sonderrechte höherer Menschen und gegen das »Heerdenthier« kämpfen und mit den Verführungsmitteln der Kunst bei ausgesuchteren Geistern alle Heerden-Instinkte und Heerden-Vorsichten einschläfern; zu dritt endlich alle jene Kritiker und Historiker, von denen die glücklich begonnene Entdeckung der alten Welt – es ist das Werk des *neuen* Columbus, des deutschen Geistes – muthig *fortgesetzt* wird (– denn wir stehen immer noch in den Anfängen dieser Eroberung). In der alten Welt nämlich herrschte in der That eine andere, eine herrschaftlichere Moral als heute; und der antike Mensch, unter dem erziehenden Banne seiner Moral, war ein stärkerer und tieferer Mensch als der Mensch von heute, – er war bisher allein »der wohlgerathene Mensch«. Die Verführung aber, welche vom Alterthum her auf wohlgerathene, d. h. auf starke und unternehmende Seelen ausgeübt wird, ist auch heute noch die feinste und wirksamste aller antidemokratischen und antichristlichen: wie sie es schon zur Zeit der Renaissance war. 11, 581-583

Der höhere philosophische Mensch, der um sich Einsamkeit hat, nicht weil er allein sein will, sondern weil er Etwas *ist*, das nicht Seinesgleichen findet: welche Gefahren und neuen Leiden sind ihm gerade heute aufgespart, wo man den Glauben an die Rangordnung verlernt hat und folglich diese Einsamkeit nicht zu ehren und nicht zu verstehen weiß! Ehemals heiligte sie der Weise beinah durch ein solches Beiseite-Gehen für das Gewissen der Menge, – heute sieht sich der Einsiedler wie mit einer Wolke trüber Zweifel und Verdächtigungen umringt. 11, 609

»Eine Seele, in welcher die Weltweisheit wohnt, muß durch Gesundheit auch den Körper gesund machen«: so sagt es Montaigne, und ich gebe heute gern mein Jawort dazu, als Einer, der auf diesem Bereiche Erfahrung hat. »Es kann nichts Muntreres, Aufgeweckteres, fast hätte ich gesagt, Kurzweiligeres geben als die Welt und ihre Weisheit«: so sage ich ebenfalls mit Montaigne – aber unter welchen bleichen und schauerlichen Larven gieng damals die Weisheit an mir vorbei! Genug, ich fürchtete mich oft genug vor ihr und war ungern dergestalt mit ihr allein – – – und begab mich, allein und schweigsam, aber mit einem zähen »Willen zur Weisheit« und zum Süden, – auf die Wanderschaft. Damals nannte ich mich bei mir selber einen »freien Geist«, oder »den Prinzen Vogelfrei« und wer mich gefragt hätte: wo bist du eigentlich noch zu Hause, dem würde ich geantwortet haben »vielleicht jenseits von Gut und Böse, sonst nirgends«. Aber ich trug dergestalt hart daran, daß ich keine Wandergenossen hatte: so warf ich denn eines Tags einen Angelhaken nach anderen »freien Geistern« aus – mit eben diesem Buche, das ich bereits mit Namen nannte als ein »Buch für freie Geister«.

Heute freilich – was lernt man nicht alles in zehn Jahren! – weiß ich kaum noch, ob ich mit diesem Buch nach »Gefährten und Wandergenossen« suche. Inzwischen nämlich lernte ich, was jetzt Wenige verstehen, Einsamkeit ertragen, Einsamkeit – »verstehen«: und ich würde es heute geradezu mit unter die wesentlichen Anzeichen eines »freien Geistes« setzen, daß er lieber allein läuft, lieber allein fliegt, ja selber noch, wenn er einmal kranke Beine hat, lieber allein *kriecht*. Die Einsamkeit tödtet, wenn sie nicht heilt: das ist wahr; die Einsamkeit gehört zu einer schlimmen und gefährlichen Heilkunst. Aber gewiß ist, daß sie, *wenn* sie heilt, auch den Menschen gesünder und selbstherrlicher hinstellt, als je ein Mensch in Gesellschaft, ein Baum in seinem Walde stehen könnte. Einsamkeit erprobt am gründlichsten, mehr als irgend eine Krankheit selber, ob Einer zum *Leben* geboren und vorbestimmt ist – oder zum Tode, wie die Allermeisten. Genug, ich lernte erst aus der Einsamkeit heraus die zusammengehörigen Begriffe »freier Geist« und »Gesundheit« ganz zu Ende denken. 11, 657 f.

AUS DEM NACHLASS 1885-1889

– Luther giebt wieder die Grundlogik des Christenthums, die *Unmöglichkeit der Moral* und folglich der Selbstzufriedenheit, die Nothwendigkeit der Gnade und folglich der Wunder und auch der Prädestination. Im Grunde ein Eingeständniß des Überwundenseins und ein Ausbruch von Selbst-Verachtung. 12, 12

– die Unkenntniß des Menschen und das Nicht-Nachdenken macht, daß die individuelle Zurechnung erst spät gemacht wird. Man fühlt sich selber zu unfrei, ungeistig, durch plötzliche Antriebe fortgerissen, als daß man über sich anders denken sollte als in Betreff der Natur: es wirken auch in uns *Dämonen*. 12, 13

– Jede Handlung, deren ein Mensch nicht fähig ist, wird von ihm mißverstanden. Es ist auszeichnend, mit seinen Handlungen immer mißverstanden zu werden. Es ist dann auch nothwendig und kein Anlaß zur Erbitterung. 12, 14

– Endlich wendet sich der Zweifel auch gegen sich selber: Zweifel am Zweifel. Und die *Frage* nach der *Berechtigung* der Wahrhaftigkeit und ihrem Umfange *steht da* – 12, 15

»Für schwache Herzen giebt es kein Unglück« sagt man im Russischen 12, 16

– weshalb es heute nöthig ist, zeitweilig grob zu reden und grob zu handeln. Etwas Feines und Verschwiegenes wird nicht mehr verstanden, selbst nicht von denen, welche uns verwandt sind. Wovon man nicht *laut spricht* und schreit, *das ist nicht da*: Schmerz, Entbehrung, Aufgabe, die lange Pflicht und die große Überwindung – Keiner sieht und riecht etwas davon. Die Heiterkeit gilt als Zeichen des Mangels an Tiefe: daß sie die Seligkeit nach allzu strenger Spannung sein kann, wer weiß es? – Man geht mit Schauspielern um und thut sich viel Zwang an, um auch da zu ehren. Aber Niemand versteht, inwiefern es mir hart und peinlich ist, mit Schauspielern umzugehn. Oder mit einem phlegmatischen Genüßling, der Geist genug hat, um –

12, 41 f.

Glaubt ja nicht, daß ich euch zu dem gleichen Wagnisse auffordern werde! Oder auch nur zur gleichen Einsamkeit. Denn wer auf eigenen Wegen geht, begegnet Niemandem: das bringen die »eigenen Wege« mit sich. Niemand kommt ihm dabei zu »Hülfe«, und mit allem, was ihm von Gefahr, Zufall, Bosheit und schlechtem Wetter zustößt, muß er selbst fertig werden. Er hat eben seinen Weg *für sich*, und auch seinen gelegentlichen Verdruß über dieses harte unerbittliche »für sich«: wozu es zum Beispiel gehört, daß selbst seine guten Freunde nicht immer sehen und wissen, wo er eigentlich geht, wohin er eigentlich will – und sich bisweilen fragen: wie? geht er überhaupt? hat er einen *Weg*? ...

– Indem ich hiermit den Versuch mache, denen, welche

mir bisher – trotz alledem – wohlgesinnt geblieben sind, einen Wink über den Weg zu geben, welchen ich gegangen bin, empfiehlt es sich zuerst zu sagen, auf welchen Wegen man mich bisweilen gesucht und selbst zu finden geglaubt hat. Man pflegt mich zu verwechseln: ich gestehe es ein; insgleichen, daß mir ein großer Dienst geschehen wäre, wenn jemand Anderer mich gegen diese Verwechslungen vertheidigte und abgrenzte. Aber, wie gesagt, ich muß mir selbst zu Hülfe kommen: wozu geht man »auf eigenen Wegen«? 12, 159

Wir Heimatlosen – ja! Aber wir wollen die *Vortheile* unserer Lage ausnützen und, geschweige an ihr zu Grunde zu gehn, uns die freie Luft und mächtige Lichtfülle zu Gute kommen lassen. 12, 163

Eine volle und mächtige Seele wird nicht nur mit schmerzhaften, selbst furchtbaren Verlusten, Entbehrungen, Beraubungen, Verachtungen fertig: sie kommt aus solchen Höllen mit größerer Fülle und Mächtigkeit heraus: und, um das Wesentlichste zu sagen, mit einem neuen Wachsthum in der Seligkeit der Liebe. Ich glaube, der w‹elch›er etwas von den untersten Bedingungen jedes Wachsthums in der Liebe errathen hat, wird Dante, als er über die Pforte seines inferno schrieb: »auch mich schuf die ewige Liebe« ‹, verstehen.›

12, 308

Die Welt ist ins Ungeheure gewachsen und wächst fortwährend: unsere Weisheit lernt endlich, von sich kleiner zu denken; wir Gelehrten sogar, wir fangen eben an, *wenig* zu wissen … 12, 308

Es giebt über dem Dampf und Schmutz der menschlichen Niederungen eine *höhere hellere Menschheit*, die der Zahl nach eine sehr kleine sein wird – denn alles, was hervorragt, ist seinem Wesen nach selten –: man gehört zu ihr, nicht weil man begabter oder tugendhafter oder heroischer oder liebevoller wäre, als die Menschen da unten, sondern weil man *kälter*, *heller*, *weitsichtiger*, *einsamer* ist, weil man die Einsamkeit erträgt, vorzieht, fordert als Glück, Vorrecht, ja als Bedingung des Daseins, weil man unter Wolken und Blitzen wie unter seines Gleichen lebt, aber ebenso unter Sonnenstrahlen, Thautropfen, Schneeflocken und allem, was nothwendig aus der Höhe kommt und, wenn es sich bewegt, sich ewig nur in der Richtung *von Oben nach Unten* bewegt. Die Aspirationen *nach* der Höhe sind nicht die unsrigen. – Die Helden, Märtyrer, Genies und Begeisterten sind uns nicht still, geduldig, fein, kalt, langsam genug. 12, 321 f.

Die *geistigsten* Menschen, vorausgesetzt, daß sie die muthigsten sind, erleben auch bei weitem die schmerzhaftesten Tragödien: aber deshalb ehren sie das Leben, weil es ihnen die *größte Gegnerschaft* gegenüberstellt ... 13, 38

Der *höhere* Mensch unterscheidet sich von dem *niederen* in Hinsicht auf die Furchtlosigkeit und die Herausforderung des Unglücks: es ist ein Zeichen von *Rückgang*, wenn eudämonistische Werthmaaße als oberste zu gelten anfangen (– physiologische Ermüdung, Willens-Verarmung –) Das Christenthum mit seiner Perspektive auf »Seligkeit« ist eine typische Denkweise für eine leidende und verarmte Gattung Mensch: eine volle Kraft will schaffen, leiden, leiden‹d› untergehn: ihr ist das christliche Mucker-Heil eine schlechte Musik und hieratische Gebärden ein Verdruß

13, 53

Die Absicht auf *gleiche Rechte* und endlich auf *gleiche Bedürfnisse*, eine beinahe unvermeidliche Consequenz unserer Art Civilisation des Handels und der politischen Stimmen-Gleichwerthigkeit, bringt den Ausschluß und das langsame

Aussterben der höheren, gefährlicheren, absonderlicheren und in summa *neueren* Menschen mit sich: das *Experimentiren* hört gleichsam auf, und ein gewisser Stillstand ist erreicht. 13, 75

Desinfektion der Liebe durch die Kirche: die Ehe 13, 83

Dandysme. Was der höhere Mensch ist? Das ist kein Spezialist. C'est l'homme de loisir et d'éducation générale. Être riche et aimer le travail. 13, 83

Die Diktatoren sind les domestiques du peuple, nichts mehr; und der *Ruhm* ist das Resultat der Anpassung – l'adaptation d'un esprit à la sottise nationale – 13, 83

Unschuld: so heißen sie den Idealzustand der Verdummung

Seeligkeit: den Idealzustand der Faulheit

Liebe: den Idealzustand des Heerdenthiers, das keinen Feind mehr haben will

damit hat man alles, was den Menschen erniedrigt und herunterbringt, ins *Ideal* erhoben. 13, 106

Die außerordentlichsten Menschen, gesetzt, daß zu ihrem Entstehen ein Wille, ein Beschlußnehmen, eine Abstimmung nöthig gemacht wären, würden nie erstrebt werden ...

So viel habe ich begriffen: wenn man das Entstehen großer und seltener Menschen abhängig gemacht hätte von der Zustimmung der Vielen (einbegriffen, daß diese *wüßten*, welche Eigenschaften zur Größe gehören und insgleichen auf wessen Unkosten alle Größe sich entwickelt) – nun, es hätte nie einen bedeutenden Menschen verhindert ...

Daß der Gang der Dinge *unabhängig* von der Zustimmung der Allermeisten seinen Weg nimmt: daran liegt es, daß einiges Erstaunliche sich auf der Erde eingeschlichen hat ... 13, 110

– das Volk liebt weder das Wahre, noch das Einfache: es liebt den Roman und den Charlatan. 13, 118

Mit dem Wort apollinisch ist ausgedrückt: der Drang zum vollkommenen Für-sich-sein, zum typischen »Individuum«, zu Allem, was vereinfacht, heraushebt, stark, deutlich, unzweideutig, typisch macht: die Freiheit unter dem Gesetz.

13, 224

die Unfähigkeit etwas *Vollkommenes* zu leisten ist bloß die Folge davon: – man kann als Einzelner die Schule nie nachholen 13, 388

Dies Buch wendet sich nur an Wenige, – an die *freigewordenen* Menschen, denen nichts mehr verboten ist: wir haben Schritt für Schritt das Recht auf alles Verbotene zurückgewonnen.

Den Beweis für die erreichte Macht und Selbstgewißheit damit geben, daß man sich »zu fürchten verlernt hat«; das Vertrauen zu seinen Instinkten eintauschen dürfen gegen das Mißtrauen und den Verdacht; daß man sich liebt und achtet in seinem Sinn – in seinem *Unsinn* noch – ein wenig Hanswurst, ein wenig Gott; kein Düsterling, keine Eule; keine Blindschleiche ... 13, 454

Wie wird man stärker

sich langsam entscheiden; und zähe festhalten an dem, was man entschieden hat. Alles Andere folgt. 13, 464

Was büßt man am schlimmsten? Seine Bescheidenheit; seinen eigensten Bedürfnissen kein Gehör geschenkt zu haben; sich verwechseln; sich niedrig nehmen; die Feinheit des Ohrs für seine Instinkte einbüßen; – dieser *Mangel an Ehrerbietung* gegen sich rächt sich durch jede Art von *Einbuße*, Gesundheit, Wohlgefühl, Stolz, Heiterkeit, Freiheit, Festigkeit, Muth, Freundschaft. Man vergiebt sich später diesen Mangel an ächtem Egoismus nie: man nimmt ihn als Einwand, als Zweifel an einem wirklichen ego ... 13, 464 f.

Die typischen Selbstgestaltungen. Oder: die acht Hauptfragen

1) Ob man sich vielfacher haben will oder einfacher.
2) Ob man glücklicher werden will oder gleichgültiger gegen Glück und Unglück.
3) ob man zufriedner mit sich werden will oder anspruchsvoller und unerbittlicher?
4) ob man weicher, nachgebender, menschlicher werden will oder »unmenschlicher«.
5) ob man klüger werden will, oder rücksichtsloser.
6) ob man ein Ziel erreichen will oder allen Zielen ausweichen (– wie es zum Beispiel der Philosoph thut, der in jedem Ziel eine Grenze, einen Winkel, ein Gefängniß, eine Dummheit riecht ...)
7) ob man geachteter werden will oder gefürchteter? Oder *verachteter*!
8) ob man Tyrann oder Verführer oder Hirt oder Heerdenthier werden will? 13, 474

Vom Asketismus der Starken

Aufgabe dieses Ascetismus, der nur eine Durchgangs-Schulung ist, kein Ziel: sich frei machen von den alten Gefühls-Impulsen der überlieferten Werthe. Schritt für Schritt seinen Weg gehen lernen zum »Jenseits von Gut und Böse«.

Erste Stufe: Atrocitäten aushalten
Atrocitäten thun

Zweite Stufe, die *schwerere*: Miserabilitäten aushalten
Miserabilitäten thun: eingerechnet als Vorübung: lächerlich werden, sich lächerlich machen.

– Die Verachtung herausfordern und durch ein (*unerrathbares*) Lächeln aus der Höhe die Distanz trotzdem festhalten

– eine Anzahl Verbrechen, welche erniedrigen, auf sich nehmen, z. B. Gelddiebstahl, um sein Gleichgewicht auf die Probe zu stellen

eine Zeitlang nichts thun, reden, erstreben, was nicht Furcht oder Verachtung erregt, was nicht die Anständigen und Tugendhaften nothwendig in Kriegszustand versetzt, – was nicht *ausschließt* ..

das Gegentheil davon darstellen, was man ist (und besser noch: nicht gerade das Gegentheil, sondern bloß ein Anderssein: letzteres ist schwerer)

– auf jedem Seile gehn, auf jeder Möglichkeit tanzen: sein Genie in die *Füße bekommen*

– seine Ziele zeitweilig durch seine Mittel verleugnen, – selbst verleumden

– ein für alle Mal einen Charakter darstellen, der es verbirgt, daß man fünf sechs andere hat

– sich vor den fünf schlimmen Dingen nicht fürchten, der Feigheit, dem schlechten Ruf, dem Laster, der Lüge, dem Weibe – 13, 476

Von Zeit zu Zeit eine Dummheit – oh wie einem sofort wieder die eigne Weisheit schmeckt! 13, 478

»Das waren Stufen für mich. Ich bin über sie hinaufgestiegen. Dazu mußte ich über sie hinweg. Aber sie meinten, ich wollte mich auf ihnen zur Ruhe setzen«. 13, 478

Wie dürfte man den Mittelmäßigen ihre Mittelmäßigkeit verleiden! Ich thue, man sieht es, das Gegentheil: jeder Schritt weg von ihr führt – so lehre ich – ins *Unmoralische* ...

13, 480

»Weißt du noch nicht, was man nöthig hat, um seine Kraft zu verzehnfachen?« – Anhänger? – Nullen! 13, 480

Was ist Glück? – Das Gefühl davon, daß wieder die Macht gewachsen, daß wieder ein Widerstand überwunden ward.

13, 481

»Meine Brüder, sagte der älteste Zwerg, wir sind in Gefahr. Ich verstehe die Attitüde dieses Riesen. Er ist im Begriff, uns anzurieseln. Wenn ein Riese rieselt, giebt es eine Sündfluth. Wir sind verloren, wenn er rieselt. Ich rede nicht davon, in welch affreusem Elemente wir da ertrinken.«

»Problem – sagte der zweite Zwerg – wie verhindert man einen Riesen am Rieseln?«

»Problem – sagte der dritte Zwerg – wie verhindert man einen Großen, daß er etwas Großes *groß* thut?«

»Ich danke, antwortete der älteste Zwerg mit Würde. Hiermit ist das Problem philosophischer genommen, sein Interesse verdoppelt, seine Lösung vorbereitet.«

»Man muß ihn erschrecken, sagte der vierte Zwerg.

»Man muß ihn kitzeln, sagte der fünfte Zwerg.

»Man muß ihm in die Fußzehn beißen, sagte der sechste Zwerg.

»Thun wir Alles zugleich, entschied der Älteste. Ich sehe, wir sind dieser Lage gewachsen. Dieser Riese wird nicht rieseln.« 13, 483

Sei nun auch klug, nachdem du weise geworden bist! Ein grober Affekt, ein Laster, eine Tollheit – das ist nunmehr deine Art Erlösung! 13, 488

Hat man eine Dummheit gemacht, so soll man ihr flugs zwei Klugheiten nachschicken: so holt man sie wieder zurück. 13, 488

Für seinen Respekt vor seiner Mutter wird der Jünger erst seine irdische Hülle los: für seinen Respekt vor seinem Vater wird er jene noch subtilere Gestalt los, die ihn in der Luft umkleidet; für seinen Respekt vor seinem Lehrer wird er noch leichter, noch reiner und steigt empor zu der Wohnung Brahma's. 13, 505

Daß der Charakter des Daseins *verkannt* werde – tiefste und höchste Geheim-Absicht hinter allem, was Tugend, Wissenschaft, Frömmigkeit, Künstlerthum ist. Vieles niemals sehn, Vieles falsch sehn, Vieles hinzusehn: oh wie klug man noch ist, in Zuständen, wo man am Fernsten davon ist, sich für klug zu halten! Die Liebe, die Begeisterung, »Gott« – lauter Feinheiten des letzten Selbstbetrugs, lauter Verführungen zum Leben, lauter Glaube an das Leben! In Augenblicken, wo der Mensch zum Betrognen ward, wo er sich überlistet hat, wo er ans Leben glaubt: oh wie schwillt es da in ihm auf! Welches Entzücken! Welches Gefühl von Macht! Wie viel Künstler-Triumph im Gefühl der Macht! ... Der Mensch ward wieder einmal Herr über den *»Stoff«* – Herr über die Wahrheit! ... Und wann immer der Mensch sich freut, er ist immer der Gleiche in seiner Freude, er freut sich als Künstler, er genießt sich als Macht, er genießt die Lüge als seine Macht ... 13, 521

– »Wenn wir uns, aus dem Instinkt der Gemeinschaft heraus, Vorschriften machen und gewisse Handlungen verbieten, so verbieten wir, wie es Vernunft hat, nicht eine Art zu ›sein‹, nicht eine ›Gesinnung‹, sondern nur eine gewisse Richtung und Nutzanwendung dieses ›Seins‹, dieser ›Gesinnung‹. Aber da kommt der Ideologe der Tugend, der Moralist und sagt ›Gott sieht das Herz an! Was liegt daran, daß ihr euch bestimmten Handlungen enthaltet? Ihr seid darum nicht *besser*!‹ – Antwort: wir wollen auch gar nicht besser sein, mein Herr Langohr und Tugendsam, wir sind sehr zufrieden mit uns, – wir wollen uns nur nicht untereinander Schaden thun, und deshalb verbieten wir gewisse Handlungen in einer gewissen Rücksicht, nämlich auf uns, während wir dieselben Handlungen, vorausgesetzt, daß sie sich auf unsere Gegner – auf Sie zum Beispiel – beziehn, nicht genug zu ehren wissen. Wir erziehn unsere Kinder auf sie hin, wir züchten sie groß. Wären wir von jenem ›gottwohlgefälligen‹ Radikalismus, den uns Ihr heiliger Aberwitz anempfiehlt, wären wir Mondkälber genug, nicht nur Handlungen, sondern die Voraussetzung dazu unsere ›Gesinnung‹ zu verbieten, so beschnitten wir uns an unseren *Tugenden*, an dem, was unsere Ehre, unseren Stolz ausmacht. Und damit nicht genug. Indem wir unsere ›Gesinnung‹ abschafften, würden wir durchaus nicht ›besser‹ werden, – wir würden gar nicht mehr vorhanden sein, wir hätten uns selber damit abgeschafft ... Sie sind bloß ein Nihilist ...« 13, 534

Pfui allen häßlichen Gewerben,
an denen Wort und Wörtchen sterben

SPRACHE

MENSCHLICHES, ALLZUMENSCHLICHES I (1878)

Gedanken im Gedicht. – Der Dichter führt seine Gedanken festlich daher, auf dem Wagen des Rhythmus': gewöhnlich desshalb, weil diese zu Fuss nicht gehen können. 2, 164

Sünde wider den Geist des Lesers. – Wenn der Autor sein Talent verleugnet, blos um sich dem Leser gleich zu stellen, so begeht er die einzige Todsünde, welche ihm Jener nie verzeiht: im Fall er nämlich Etwas davon merkt. Man darf einem Menschen sonst alles Böse nachsagen: aber in der Art, *wie* man es sagt, muss man seine Eitelkeit wieder aufzurichten wissen. 2, 164

Gränze der Ehrlichkeit. – Auch dem ehrlichsten Schriftsteller entfällt ein Wort zu viel, wenn er eine Periode abrunden will. 2, 164

Der beste Autor. – Der beste Autor wird der sein, welcher sich schämt, Schriftsteller zu werden. 2, 164

Bücher, welche tanzen lehren. – Es giebt Schriftsteller, welche dadurch, dass sie Unmögliches als möglich darstellen und vom Sittlichen und Genialen so reden, als ob beides nur eine Laune, ein Belieben sei, ein Gefühl von übermüthiger Freiheit hervorbringen, wie wenn der Mensch sich auf die Fussspitzen stellte und vor innerer Lust durchaus tanzen müsste. 2, 170

Das Buch fast zum Menschen geworden. – Jeden Schriftsteller überrascht es von Neuem, wie das Buch, sobald es sich von ihm gelöst hat, ein eigenes Leben für sich weiterlebt; es ist ihm zu Muthe, als wäre der eine Theil eines Insectes losgetrennt und gienge nun seinen eigenen Weg weiter. Vielleicht vergisst er es fast ganz, vielleicht erhebt er sich über die darin niedergelegten Ansichten, vielleicht selbst versteht er es nicht mehr und hat jene Schwingen verloren, auf denen er damals flog, als er jenes Buch aussann: währenddem sucht es sich seine Leser, entzündet Leben, beglückt, erschreckt, erzeugt neue Werke, wird die Seele von Vorsätzen und Handlungen – kurz: es lebt wie ein mit Geist und Seele ausgestattetes Wesen und ist doch kein Mensch. – Das glücklichste Loos hat der Autor gezogen, welcher, als alter Mann, sagen kann, dass Alles, was von lebenzeugenden, kräftigenden, erhebenden, aufklärenden Gedanken und Gefühlen in ihm war, in seinen Schriften noch fortlebe und dass er selber nur noch die graue Asche bedeute, während das Feuer überall hin gerettet und weiter getragen sei. – Erwägt man nun gar, dass jede Handlung eines Menschen, nicht nur ein Buch, auf irgend eine Art Anlass zu anderen Handlungen, Entschlüssen, Gedanken wird, dass Alles, was geschieht, unlösbar fest sich mit Allem, was geschehen wird, verknotet, so erkennt man die wirkliche *Unsterblichkeit*, die es giebt, die der Bewegung: was einmal bewegt hat, ist in dem Gesammtverbande alles Seienden, wie in einem Bernstein ein Insect, eingeschlossen und verewigt. 2, 171

Gebärde und Sprache. – Aelter als die Sprache ist das Nachmachen von Gebärden, welches unwillkürlich vor sich geht und jetzt noch, bei einer allgemeinen Zurückdrängung der Gebärdensprache und gebildeten Beherrschung der Muskeln, so stark ist, dass wir ein bewegtes Gesicht nicht ohne Innervation unseres Gesichts ansehen können (man kann beobachten, dass fingirtes Gähnen bei Einem, der es sieht, natürliches Gähnen hervorruft). Die nachgeahmte Gebärde leitete Den, der nachahmte, zu der Empfindung zurück, welche sie im Gesicht oder Körper des Nachgeahmten ausdrückte. So lernte man sich verstehen: so lernt noch das Kind die Mutter verstehen. Im Allgemeinen mögen schmerzhafte Empfindungen wohl auch durch Gebärden ausgedrückt worden sein, welche Schmerz ihrerseits verursachen (zum Beispiel durch Haarausraufen, die-Brustschlagen, gewaltsame Verzerrungen und Anspannungen der Gesichtsmuskeln). Umgekehrt: Gebärden der Lust waren selber lustvoll und eigneten sich dadurch leicht zum Mittheilen des Verständnisses (Lachen als Aeusserung des Gekitzeltwerdens, welches lustvoll ist, diente wiederum zum Ausdruck anderer lustvoller Empfindungen). – Sobald man sich in Gebärden verstand, konnte wiederum eine *Symbolik* der Gebärde entstehen: ich meine, man konnte über eine Tonzeichensprache sich verständigen, so zwar, dass man zuerst Ton *und* Gebärde (zu der er symbolisch hinzutrat), später nur den Ton hervorbrachte. – Es scheint sich da in früher Zeit das Selbe oftmals ereignet zu haben, was jetzt vor unseren Augen und Ohren in der Entwickelung der Musik, namentlich der dramatischen Musik, vor sich geht: während zuerst die Musik, ohne erklärenden Tanz und Mimus (Gebärdensprache), leeres Geräusch ist, wird durch lange Gewöhnung an jenes Nebeneinander von Musik und Bewegung das Ohr zur sofortigen Ausdeutung der Tonfiguren eingeschult und kommt endlich auf eine Höhe des schnellen Verständnisses, wo es der sichtbaren Bewegung gar nicht mehr bedarf und den Tondichter ohne dieselbe *versteht.* Man redet dann von absoluter Musik, das heisst von Musik, in der Alles ohne weitere Beihülfe sofort symbolisch verstanden wird. 2, 176 f.

MENSCHLICHES, ALLZUMENSCHLICHES II (1879/80)

Sprache und Gefühl. – Dass die Sprache uns nicht zur Mittheilung des *Gefühls* gegeben ist, sieht man daraus, dass alle einfachen Menschen sich schämen, Worte für ihre tieferen Erregungen zu suchen: die Mittheilung derselben äussert sich nur in Handlungen, und selbst hier giebt es ein Erröthen darüber, wenn der Andere ihre Motive zu errathen scheint. Unter den Dichtern, welchen im Allgemeinen die Gottheit diese Scham versagte, sind doch die edleren in der Sprache des Gefühls einsilbiger, und lassen einen Zwang merken: während die eigentlichen Gefühls-Dichter im praktischen Leben meistens unverschämt sind. 2, 421 f.

Die schlechtesten Leser. – Die schlechtesten Leser sind die, welche wie plündernde Soldaten verfahren: sie nehmen sich Einiges, was sie brauchen können, heraus, beschmutzen und verwirren das Uebrige und lästern auf das Ganze.

2, 436

Abzeichen des Ranges. – Alle Dichter und Schriftsteller, welche in den Superlativ verliebt sind, wollen mehr als sie können. 2, 436

»Gut Buch will Weile haben«. – Jedes gute Buch schmeckt herb, wenn es erscheint: es hat den Fehler der Neuheit. Zudem schadet ihm sein lebender Autor, im Fall er bekannt ist und manches von ihm verlautet: denn alle Welt pflegt den Autor und sein Werk zu verwechseln. Was in diesem an Geist, Süsse und Goldglanz ist, muss sich erst mit den Jahren entwickeln, unter der Pflege wachsender, dann alter, zuletzt überlieferter Verehrung. Manche Stunde muss darüber hinlaufen, manche Spinne ihr Netz daran gewoben

haben. Gute Leser machen ein Buch immer besser und gute Gegner klären es ab. 2, 441 f.

Wenig und ohne Liebe. – Jedes gute Buch ist für einen bestimmten Leser und dessen Art geschrieben und wird eben desshalb von allen übrigen Lesern, der grossen Mehrzahl, ungünstig angesehen: wesshalb sein Ruf auf schmaler Grundlage ruht, und nur langsam aufgebaut werden kann. Das mittelmässige und schlechte Buch ist es eben dadurch, dass es Vielen zu gefallen sucht und gefällt. 2, 443

Zu Gunsten der Kritiker. – Die Insecten stechen nicht aus Bosheit, sondern weil sie auch leben wollen: ebenso unsere Kritiker; sie wollen unser Blut, nicht unsern Schmerz. 2, 445

DIE FRÖHLICHE WISSENSCHAFT (1882/87)

Vom Klange der deutschen Sprache. – Man weiß, woher das Deutsch stammt, welches seit ein paar Jahrhunderten das allgemeine Schriftdeutsch ist. Die Deutschen mit ihrer Ehrfurcht vor allem, was vom Hofe kam, haben sich geflissentlich die Kanzleien zum Muster genommen, in allem, was sie zu schreiben hatten, also namentlich in ihren Briefen, Urkunden, Testamenten und so weiter. Kanzleimäßig schreiben, das war hof- und regierungsmäßig schreiben – das war etwas Vornehmes, gegen das Deutsch der Stadt gehalten, in der man gerade lebte. Allmählich zog man den Schluß und sprach auch so, wie man schrieb – so wurde man noch vornehmer, in den Wortformen, in der Wahl der Worte und Wendungen und zuletzt auch im Klange: man affektierte einen höfischen Klang, wenn man sprach, und die Affektation wurde zuletzt Natur. Vielleicht hat sich etwas ganz Gleiches nirgendwo ereignet: die Übergewalt des Schreibestils über die Rede, und die Ziererei und Vornehmtuerei eines ganzen Volkes als Grundlage einer gemeinsamen, nicht mehr dialektischen Sprache. Ich glaube, der Klang der deutschen Sprache war im Mittelalter und namentlich nach dem Mittelalter tief bäuerisch und gemein: er hat sich in den letzten Jahrhunderten etwas veredelt, hauptsächlich dadurch, daß man sich genötigt fand, so viel französische, italienische und spanische Klänge nachzuahmen, und zwar gerade von seiten des deutschen (und österreichischen) Adels, der mit der Muttersprache sich durchaus nicht begnügen konnte. Aber für Montaigne oder gar Racine muß trotz dieser Übung Deutsch unerträglich gemein geklungen haben: und selbst jetzt klingt es, im Munde der Reisenden, mitten unter italienischem Pöbel, noch immer sehr roh, wälderhaft, heiser, wie aus räucherigen Stuben und unhöflichen Gegenden stammend. – Nun bemerke ich, daß jetzt wieder unter den ehemaligen Bewunderern der Kanzleien ein ähnlicher Drang nach Vornehmheit des Klanges um sich greift, und daß die Deutschen einem ganz absonderlichen »Klangzauber« sich zu fügen anfangen, der auf die Dauer eine wirkliche Gefahr für die deutsche Sprache werden könnte – denn abscheulichere Klänge sucht man in Europa vergebens. Etwas Höhnisches, Kaltes, Gleichgültiges, Nachlässiges in der Stimme: das klingt jetzt den Deutschen »vornehm« – und ich höre den guten Willen zu dieser Vornehmheit in den Stimmen der jungen Beamten, Lehrer, Frauen, Kaufleute; ja die kleinen Mädchen machen schon dieses Offizierdeutsch nach. Denn der Offizier, und zwar der preußische, ist der Erfinder dieser Klänge: dieser selbe Offizier, der als Militär und Mann des Fachs jenen bewunderungswürdigen Takt der Bescheidenheit besitzt, an dem die Deutschen allesamt zu lernen hätten (die deutschen Professoren und Musikanten eingerechnet!). Aber sobald er spricht und sich bewegt, ist er die unbescheidenste und geschmackwidrigste Figur im alten Europa – sich selber unbewußt, ohne allen Zweifel! Und auch den guten Deutschen unbewußt, die in ihm den Mann der ersten und vornehmsten Gesellschaft anstaunen und sich gerne »den Ton von ihm angeben« lassen. Das tut er denn auch! – und zunächst sind es die Feldwebel und Unteroffiziere, welche seinen Ton nachahmen und vergröbern. Man gebe acht auf die Kommandorufe, von denen die deutschen Städte förmlich umbrüllt werden, jetzt wo man vor allen Toren exerziert: welche Anmaßung, welches wütende Autoritätsgefühl, welche höhnische Kälte klingt aus diesem Gebrüll heraus! Sollten die Deutschen wirklich ein musikalisches Volk sein? – Sicher ist, daß die Deutschen sich jetzt im Klange ihrer Sprache militarisieren: wahrscheinlich ist, daß sie, eingeübt militärisch zu sprechen, endlich auch militärisch schreiben werden. Denn die Gewohnheit an bestimmte Klänge greift tief in den Charakter – man hat bald die Worte und Wendungen und schließlich auch die Gedanken, welche eben zu diesem Klange passen! Vielleicht schreibt man jetzt schon offiziermäßig; vielleicht lese ich nur zu wenig von dem, was man jetzt in Deutschland schreibt. Aber eins weiß ich um so sicherer: die öffentlichen deutschen Kundgebungen, die auch ins Ausland dringen, sind nicht von der deutschen Musik inspiriert, sondern von eben jenem neuen Klange einer geschmackwidrigen Anmaßung. Fast in jeder Rede des ersten deutschen Staatsmanns, und selbst dann, wenn er sich durch sein kaiserliches Sprachrohr vernehmen läßt, ist ein Akzent, den das Ohr eines Ausländers mit Widerwillen zurückweist: aber die Deutschen ertragen ihn – sie ertragen sich selber.

3, 460-462

ALSO SPRACH ZARATHUSTRA
(1883/84/85)

Alles bei ihnen redet, Alles wird verrathen. Und was einst Geheimniss hiess und Heimlichkeit tiefer Seelen, heute gehört es den Gassen-Trompetern und andern Schmetterlingen.

Oh Menschenwesen, du wunderliches! Du Lärm auf dunklen Gassen! Nun liegst du wieder hinter mir: – meine grösste Gefahr liegt hinter mir! 4, 233

DER ANTICHRIST
(1889)

Freilich bestimmt der Zufall der Umgebung, der Sprache, der Vorbildung einen gewissen Kreis von Begriffen: das erste Christenthum handhabt *nur* jüdisch-semitische Begriffe (– das Essen und Trinken beim Abendmahl gehört dahin, jener von der Kirche, wie alles jüdische, so schlimm missbrauchte Begriff) Aber man hüte sich darin mehr als eine Zeichenrede, eine Semiotik, eine Gelegenheit zu Gleichnissen zu sehn. Gerade, dass kein Wort wörtlich genommen wird, ist diesem Anti-Realisten die Vorbedingung, um überhaupt reden zu können. Unter Indern würde er sich der Sankhyam-Begriffe, unter Chinesen der des Laotse bedient haben – und keinen Unterschied dabei fühlen. – Man könnte, mit einiger Toleranz im Ausdruck, Jesus einen »freien Geist« nennen – er macht sich aus allem Festen nichts: das Wort *tödtet*, alles was fest ist, *tödtet*. Der Begriff, die *Erfahrung* »Leben«, wie er sie allein kennt, widerstrebt bei ihm jeder Art Wort, Formel, Gesetz, Glaube, Dogma. Er redet bloss vom Innersten: »Leben« oder »Wahrheit« oder »Licht« ist sein Wort für das Innerste, – alles Übrige, die ganze Realität, die ganze Natur, die Sprache selbst hat für ihn bloss den Werth eines Zeichens, eines Gleichnisses. – Man darf sich an dieser Stelle durchaus nicht vergreifen, so gross auch die Verführung ist, welche im christlichen, will sagen *kirchlichen* Vorurtheil liegt: Eine solche Symbolik par excellence steht ausserhalb aller Religion, aller Cult-Begriffe, aller Historie, aller Naturwissenschaft, aller Welt-Erfahrung, aller Kenntnisse, aller Politik, aller Psychologie, aller Bücher, aller Kunst – sein »Wissen« ist eben die *reine Thorheit* darüber, *dass* es Etwas dergleichen giebt. Die *Cultur* ist ihm nicht einmal vom Hörensagen bekannt, er hat keinen Kampf gegen sie nöthig, – er verneint sie nicht ... Dasselbe gilt vom *Staat*, von der ganzen bürgerlichen Ordnung und Gesellschaft, von der *Arbeit*, vom Kriege – er hat nie einen Grund gehabt, »die Welt« zu verneinen, er hat den kirchlichen Begriff »Welt« nie geahnt ... Das *Verneinen* ist eben das ihm ganz Unmögliche. – Insgleichen fehlt die Dialektik, es fehlt die Vorstellung dafür, dass ein Glaube, eine »Wahrheit« durch Gründe bewiesen werden könnte (– *seine* Beweise sind innere »Lichter«, innere Lust-Gefühle und Selbstbejahungen, lauter »Beweise der Kraft« –) Eine solche Lehre *kann* auch nicht widersprechen, sie begreift gar nicht, dass es andre Lehren giebt, geben *kann*, sie weiss sich ein gegentheiliges Urtheilen gar nicht vorzustellen ... Wo sie es antrifft, wird sie aus innerstem Mitgefühle über »Blindheit« trauern, – denn sie sieht das »Licht« –, aber keinen Einwand machen ... 6, 203-205

AUS DEM NACHLASS 1869-1874

Der Sprechgesang ist nicht etwa Reihenfolge der Wortklänge: denn ein Wort hat einen ganz relativen Klang und Ton: es kommt ganz auf den Inhalt an: wie der Klang zum Wort, so verhält sich die Melodie zur Wortfolge. D. h. durch

Harmonie Dynamik und Rhythmik ist ein größeres Ganzes entstanden, dem das Wort eingeordnet wird.

Lyrik und Epos: Weg zum Gefühl und zum Bild. 7, 64

Die Wirkungen der Etymologie im Volke als Ansatz zur Sagenbildung: »Mythus mit etymologischem Keim« zu sammeln. Das ist aber nichts Vereinzeltes. Sondern in der *Sprache scheint* fortwährend die *Bedeutung* der *Worte* durch *solche Etymologien* sich zu verschieben. »Die Bedeutungsentwicklung unter Einfluß falscher und richtiger Etymologie.«

Besonders in der Syntax. Ich denke daß der *Casus* der Ursprung aller syntaktischen Verbindung ist: auch für das Verbum das eigentl‹ich› Weiterzeugende. 7, 82

Die Sprache, das Wort nichts als Symbol. Denken d.h. bewußtes Vorstellen ist nichts als die Vergegenwärtigung Verknüpfung von den Sprachsymbolen. Der Urintellekt ist darin etwas ganz Verschiednes: er ist wesentlich Zweckvorstellung, das Denken ist Symbolerinnerung. 7, 113

In jeder Sprache entwickelt sich der Begriff des Schönen aus einer verschiedenen Urbedeutung, z.B. aus dem »Reinen« oder dem »Leuchtenden« (Gegensätze das »Schmutzige« und »das Dunkle«). 7, 137

»Die poetischen Bilder sind Träume der Wachenden, wegen ihrer ἐνάργεια.« 7, 249

Entstehung der Sprache: wie kommt der *Laut* dazu, mit dem *Begriff* verbunden zu werden? Die künstlerischen Winke in der Genesis der Sprache: Bild und Klang: der Klang benutzt, um Bilder zu übertragen. Die Gesetzmäßigkeit in der Verwendung der Laute zeigt große logische Kraft, große Abstraktionskraft? Oder nicht? Sind auch die abstrakten Gesetze ursprünglich nur *lebendig geschaute* Dinge? Z. B. der Genetiv? 7, 249 f.

Das Wort enthält nur ein Bild, daraus der Begriff. Das Denken rechnet also mit künstlerischen Größen.

Alles Rubriziren ist ein Versuch zum Bilde zu kommen.

Zu jedem wahren *Sein* verhalten wir uns oberflächlich, wir reden die Sprache des Symbols, des Bildes: sodann thun wir etwas hinzu, mit künstlerischer Kraft, indem wir die Hauptzüge verstärken, die Nebenzüge vergessen. 7, 441

Die geistige Thätigkeit von Jahrtausenden in der Sprache niedergelegt. 7, 457

Die *redenden* Künste! Da liegt's, weshalb die Deutschen keine Schriftsteller werden können! 7, 493

Goethe konnte Märchen erzählen, Herder war Prediger.

Der Faust ist die einzige nationale Redeentfaltung im *Knittel*vers. 7, 493

Woher sollen wir eine Litteratur haben? Wir haben ja keine Redner. Goethe der Mährchenerzähler, – – –.

Der Herr Pastor und die Frau Base, idealisirt, ergeben die Grundtypen unserer Schriftsteller. Amme, Magister, Pastor, Junker. 7, 504

Der feste Punkt, um den sich das griechische Volk krystallisirt, ist seine Sprache.

Der feste Punkt, an dem seine Kultur sich krystallisirt, ist Homer.

Also beidemal sind es Kunstwerke. 7, 506

Bisher war es die *Sprache*, an die das Deutsche sich anschloss. Jetzt dazu die *Musik*. 7, 507

»Die simple Schreibart ist schon deshalb zu empfehlen, weil kein rechtschaffner Mann an seinen Ausdrücken künstelt und klügelt.« »Ich mag immer den Mann mehr lieben, der so schreibt, wie es Mode werden kann, als den, der so schreibt, wie es Mode ist.« »Es kommt so außerordentlich viel darauf an, wie etwas gesagt wird, daß ich glaube, die gemeinsten Dinge lassen sich so sagen, daß ein Andrer glauben müßte, der Teufel hätte es einem eingegeben.« 7, 594

Aussichten auf die Zukunft der Sprache; es ist Zeit für lebenslange Arbeit an ihr. 7, 829

Das Problem der Kunstprosa; zu einer gewissen Zeit nothwendig, als das einzige, was die Sprache noch erhält; aber ungeheurer Verlust einbegriffen.

Der Kampf um die Prosa (Schrift- und Redeprosa).

Die unmoralischen Bedingungen der einzelnen Dichtungsarten, z. B. Ungeduld des Zuhörers beim Drama: ebenso die intellectuellen Beschränktheiten, die zu jeder speziellen Kunst nöthig sind.

Zum Lesen: wir sind eine Zeit, deren Cultur an den Mitteln der Cultur zu Grunde geht.

Keller. Auerbach. Heine. Grimm. 7, 829

Der Niedergang der Bildung zeigt sich in Verarmung der Sprache; das Deutsche der Zeitungen ist eine κοινή bereits. Man kann der Sprache *äusserlich* aufhelfen (2. und 3. Jahrhundert n. Chr.). 7, 830

Die Armut der Sprache entspricht der Armut der Meinungen: man denke an unsre Litteraturzeitungen: wie wenig herrschende Ansichten! Zuerst glaubt man mit lauter Fachgelehrten zu thun zu haben, wenn das Urtheil über ein Buch gesprochen wird: jetzt sehe ich *dahinter*.

Die Nachtheile, die mit der Einheit einer Nation verknüpft sind, wie mit der Einheit einer Kirche; Segen des Kampfes. In der Concurrenz der Nationen verdorrt das widerhaarige trennlustige Deutschwesen in sich und wird nach aussen streitbar, üppig, genusssüchtig, gierig.

Wehe allen, die jetzt nach schönem Stile trachten: seid was ihr scheint und schreibt so! 7, 830

Aller Verkehr unter Menschen beruht darauf, dass der eine in der Seele des andern lesen kann; und die gemeinsame Sprache ist der tönende Ausdruck einer gemeinsamen Seele. Je inniger und zarter jener Verkehr wird, um so reicher die Sprache; als welche mit jener allgemeinen Seele wächst oder – verkümmert. Sprechen ist im Grunde ein Fragen des Mitmenschen, ob er mit mir die gleiche Seele hat; die ältesten Sätze scheinen mir Fragesätze und im Accent vermuthe ich den Nachklang jenes ältesten Fragens der Seele an sich selbst, aber in einem andern Gehäuse. Erkennst du dich wieder? – dies Gefühl begleitet jeden Satz des Sprechenden; er macht den Versuch eines Monologs und Zwiegesprächs mit sich selbst. Je weniger er sich wieder erkennt, um so mehr verstummt er, und im erzwungenen Verstummen wird seine Seele ärmer und kleiner. Wenn man die Menschen nöthigen könnte, von jetzt ab zu schweigen: so könnte man sie zu Pferden und Seehunden und Kühen zurückbilden; denn diesen Wesen sieht man an, was es heisst, nicht sprechen können: nämlich so viel als eine dumpfe Seele zu haben. 7, 831

AUS DEM NACHLASS 1875-1879

Es bleibt ein grosser *Zweifel* übrig, ob man aus den *Sprachen* auf Nationalität und auf *Verwandtschaft* mit anderen *Nationen* schliessen kann; eine siegreiche Sprache ist nichts als ein häufiges (nicht einmal regelmässiges) Zeichen einer gelungenen Überwältigung. Wo hätte es je autochthone Völker gegeben! Es ist ein ganz unklarer Begriff, von Griechen zu reden, die noch nicht in Griechenland lebten. Das Eigenthümliche-Griechische ist viel weniger das Resultat der Anlage als der adaptirten Institutionen und auch mit der angenommenen Sprache. 8, 12

Gegen die Wissenschaft der Philologie wäre nichts zu sagen: aber die Philologen sind auch die Erzieher. Da liegt das Problem, wodurch auch diese Wissenschaft unter ein höheres Gericht kommt. – Und würde wohl die Philologie noch existiren, wenn die Philologen nicht ein Lehrerstand wären? 8, 14

Die Historie hat gewirkt; sodann hat die Sprachwissenschaft die grösste Diversion, ja Fahnenflucht unter den Philologen selbst hervorgebracht. Nur die Schule haben sie noch: doch auf wie lange! In der *bisherigen* Form ist die Philologie am *Aussterben*: ihr Boden ist ihr entzogen. Ob überhaupt ein *Stand* von Philologen sich erhalten wird, ist sehr zweifelhaft: jedenfalls wäre es eine aussterbende Race. 8, 15

»In der Jugendzeit Winckelmanns gab es eigentlich kein Studium des Alterthums als in dem gemeinen Dienste von Brod erwerbenden Disciplinen – man las und erklärte damals die Alten, um sich besser zur Auslegung der Bibel und des corpus juris vorzubereiten.« 8, 17

Man kann die Sprache erst aus der Grammatik meistern, wenn man die Grammatik zuvor der Sprache abgelauscht hat. 8, 172

Hypothetische Sätze im Deutschen. »Wenn« drückt ursprünglich einen *Wunsch* aus; die Sätze dieser Form »ist dies so, so wird daraus« enthalten im Vordersatz eine *Frage* oder einen

Zweifel. Deshalb ist diese letztere Form nicht völlig mit der ersteren zu verwechseln, noch weniger hat sie etwa allein Recht (wie dies *W‹agner›* zu meinen scheint, der sie fast ausschließlich anwendet). 8, 279

Es ist die *rechte Zeit*, mit der deutschen Sprache sich endlich artistisch zu befassen. Denn ihre Leiblichkeit ist ganz entwickelt: läßt man sie gehen, so entartet sie jählings. Man muß ihr mit Wissen und Fleiß zu Hülfe kommen und die Mühe an sie wenden, die die griechischen Rhetores an die ihre wendeten – als es auch zu spät war, noch auf eine neue Jugend zu hoffen. Jetzt stehen bis zu Luther's deutschem Stile alle Farbentöpfe zum Gebrauche da – es muß nur der rechte Maler und Kolorist hinzukommen. Es muß ein Handwerk entstehen, damit daraus einmal eine Kunst werde. Auch unsre Klassiker waren Stil-Naturalisten. 8, 279

Ganz recht ist beides »mich dünkt« und »mir dünkt«, »es friert mich« »mir friert«. »Ich schlage dir ins Gesicht, ich schlage dich ins Gesicht.« Dativ oder Accusativ bei dünken, ekeln, schmerzen, ahnen. 8, 284

Feierlich ist jetzt der *Genetiv* beim Verbum »es schenkte der Böhme des perlenden Weins«, aber noch ganz gewöhnlich, z. B. wo die Leute Vergnügen an Wortspielen haben und selbst *deren* machen. Des Brotes genießen, des Gehörten erstaunen, des Krüppels spotten, der Gefahr achten, seiner Mutter vergessen. Einer besseren Zukunft sinnen, des nahenden Unglücks erschrecken, des fröhlichsten Lebens wimmeln, des muntersten Gesanges ertönen (der Wald z. B.), eines Kindes genesen. 8, 284

Die Präposition »von« hat den Genetiv *verdrängt.* Nicht bei »satt, müde, voll, quitt, leer, frei, los, fähig, kundig, theilhaftig, habhaft, überdrüssig, beflissen, gewahr, bedürftig, bewußt, befugt, gedenk, verblichen, froh, werth, ansichtig«. Die gemeinen Mundarten kennen den Genetiv fast gar nicht mehr: »dem Nachbar sein Garten« (doch auch 's Nachbars sein Garten). 8, 284f.

Amtmann's ist *Genetiv* (im Sinn von Amtmannsleute). *Dativ Plural* überall bei Ortsnamen auf -hausen -hütten -bergen -thalen -felden -walden -linden -eichen. Baden ist »zu den Bädern«, Schiffhausen »zum Schiffhäusern«. So in Rothenstein, Altenburg. Zu ausgelassen. 8, 285

In den Eigenthümlichkeiten der indogermanischen Sprachen, welche sie gegen die Urmuttersprache abheben, hat man die zurückgelassenen Spuren der verlorenen Sprachen zu erkennen, welche ursprünglich die Völker hatten, die durch indogermanische Wanderstämme überfallen und besiegt wurden: und so daß die Sprache der Eroberer ebenfalls siegreich wurde und auf die Unterworfenen übergieng. Vielleicht im Accent und dergleichen blieb die alte Gewöhnung noch hängen und gieng auf die neu erlernte Sprache über. 8, 444

In dem vorlitterarischen Zeitalter muß die höhere Intelligenz sich ganz anders dargestellt haben als im litterarischen: der Einzelne, durch keine schriftliche Tradition mit den früheren Weisen verbunden und an die Bedingtheit des Erkennens gemahnt, durfte sich fast für übermenschlich nehmen. Der Weise verliert immer mehr an Würde. 8, 464

Wenn *Worte* einmal da sind, so glauben die Menschen, es müsse ihnen etwas entsprechen z.B. Seele Gott Wille Schicksal usw. 8, 464

AUS DEM NACHLASS 1880-1882

Die großen Fürsten und Eroberer sprechen die pathetische Sprache der Tugend, zum Zeichen, daß diese vermöge des Gefühls von Macht, welches sie giebt, unter den Menschen anerkannt ist. Die Unehrlichkeit jeder Politik liegt darin, daß die großen Worte, welche jeder im Munde führen muß, um sich als im Besitz der M‹acht› zu kennzeichnen, nicht sich mit den wahren Zuständen und Motiven decken *können.* 9, 160

Die Sprache trägt große Vorurtheile in sich und unterhält sie z. B. daß, was mit Einem Wort bezeichnet wird, auch Ein Vorgang sei: Wollen, Begehren, Trieb – complicirte Dinge! Der Schmerz bei allen Dreien (in Folge eines Druckes Nothstand‹es›) wird in den Prozeß »wohin?« verlegt: damit hat er gar nichts zu thun, es ist ein gewohnter Irrthum aus Association. »Ich habe solches Bedürfniß nach dir« Nein! Ich habe eine Noth, und ich meine, *du* kannst sie stillen (ein *Glauben* ist eingeschoben) »ich liebe dich« nein! es ist in mir ein verliebter Zustand und ich *meine*, du werdest ihn lindern. Diese Objektaccusative! ein Glauben ist bei all diesen Empfindungsworten enthalten z. B. wollen hassen usw. Ein *Schmerz* und eine *Meinung* in Betreff seiner Linderung – das ist die Thatsache. Ebenso wo von Zwecken geredet wird. – Eine heftige Liebe ist die *fanatische* hartnäckige *Meinung*, daß nur die und die Person meine Noth lindern kann, es ist Glaube der selig und unselig macht, mitunter selbst im Besitze noch stark genug gegen jede Enttäuschung d. h. Wahrheit. 9, 191 f.

Auch dem feinsten Gedanken entspricht eine Verhäkelung von Trieben. – Die Worte sind gleichsam eine *Claviatur* der Triebe, und Gedanken (in Worten) sind Akkorde darauf. Jedoch ist die anregende Kraft des Wortes für den Trieb nicht immer gleich, und mitunter ist das Wort fast nichts als ein Laut. 9, 266

Man kann seine Gedanken nicht wiedergeben in Worten, sie sind zu schattenhaft schnell hinter den Empfindungen zu‹rück›. 9, 276

Wir denken in Worten! Weiß man, was Worte sind, wie kann man glauben, daß Denken Bewegungen direkt hervorbringen kann! Es sind lauter kleine Irrthümer, aber unsere Triebe sind so nahe an dieser Region des Irrthums angelegt, und jedem Triebe entspricht eine Anzahl dieser bunten willkürlichen Dinge genannt »Worte«, daß ein Wort oft ein Signal ist, keine Ursache, zur Bewegung (wie ein Hornton die Lokomotive stehen macht) Je strenger wir erkennen, je fester wir die Worte begrenzen, es sind Bilder auf dem Spiegel, ja Abbilder dieser Bilder! Der Übergang zur Erkenntniß von Ursache und Wirkung ist nie zu machen. Unser Erkennen ist *Beschreiben*, mehr oder weniger ungenau, das genaue Nacheinander und Nebeneinander, ein Gedächtniß zu einer Art von Bild (einer zeitlosen Einheit) scheinbar vereinigt: – – – 9, 289 f.

Die Worte bleiben und machen uns zu Narren, so daß wir Verschiedenes gleich benennen und hinterher meinen, es sei dasselbe (z. B. ridiculum) 9, 368

Die Sprachen als das Werk Einzelner oder von Priesterschaften – wie die Religionen. 9, 398

Objekt und Subjekt – fehlerhafter Gegensatz. Kein Ausgangspunkt für das Denken! Wir lassen uns durch die Sprache verführen. 9, 428

Lieder und Sinnsprüche

Takt als Anfang, Reim als Endung,
Und als Seele stets Musik:
Solch ein göttliches Gequiek
Nennt man Lied. Mit kürzrer Wendung,
Lied heißt: »Worte als Musik«.

Sinnspruch hat ein neu Gebiet:
Er kann spotten, schwärmen, springen,
Niemals kann der Sinnspruch singen;
Sinnspruch heißt: »Sinn ohne Lied«. –

Darf ich euch von Beidem bringen?

9, 679

AUS DEM NACHLASS 1882-1885

Das Wort

Lebend'gem Worte bin ich gut:
Das springt heran so wohlgemuth,
Das grüßt mit artigem Genick,
Ist lieblich selbst im Ungeschick,
Hat Blut in sich, kann herzhaft schnauben,
Kriecht dann zum Ohre selbst den Tauben,
Und ringelt sich und flattert jetzt,
Und was es thut – das Wort ergetzt.
Doch bleibt das Wort ein zartes Wesen,
Bald krank und aber bald genesen.
Willst ihm sein kleines Leben lassen,
Mußt du es leicht und zierlich fassen,
Nicht plump betasten und bedrücken,

Es stirbt oft schon an bösen Blicken –
Und liegt dann da, so ungestalt,
So seelenlos, so arm und kalt,
Sein kleiner Leichnam arg verwandelt,
Von Tod und Sterben mißgehandelt.
Ein todtes Wort – ein häßlich Ding,
Ein klapperdürres Kling-Kling-Kling.
Pfui allen häßlichen Gewerben,
An denen Wort und Wörtchen sterben!

10, 36

Das Verständlichste an der Sprache ist nicht das Wort selber, sondern Ton, Stärke, Modulation, Tempo, mit denen eine Reihe von Worten gesprochen werden – kurz die Musik hinter den Worten, die Leidenschaft hinter dieser Musik, die Person hinter dieser Leidenschaft: das alles also, was nicht *geschrieben* werden kann. Deshalb ist es nichts mit Schriftstellerei. 10, 89

Es giebt viel mehr Sprachen als man denkt: und der Mensch verräth sich viel öfter als er wünscht. Was redet nicht! – aber es giebt der Hörenden immer noch Wenige, so daß der Mensch seine Bekenntnisse gleichsam in den leeren Raum hinein plaudert: er ist ein Vergeuder mit seinen »Wahrheiten«, wie die Sonne es mit ihrem Lichte ist. – Ist es nicht Schade, daß der leere Raum keine Ohren hat? 10, 262

Der Witz ist das Epigramm auf den Tod eines Gefühls.

10, 387

Eine gute Sentenz ist zu hart selbst für den Zahn der Zeit. 10, 387

Ein gutes Buch macht auch noch seine Gegner geistreich.

10, 387

Jedes Wort ist ein Vorurtheil. 10, 388

Das Herz ist es, das begeistert: und der Geist ist es, der beherzt und kalt in der Gefahr macht. Oh die Sprache! 10, 390

Den Stil verbessern – das heißt den Gedanken verbessern – und gar nichts weiter! 10, 398

Die schwächste Seite an einem klassischen Buche ist, daß es zu sehr in der Muttersprache seines Urhebers geschrieben ist. 10, 398

Das Wesentliche am Künstler und Genie: der Schauspieler. Kein Mensch besitzt zur gleichen Zeit Ausdruck und Gefühl; Worte und Wirklichkeit. Der tiefe égoisme unter der Sprache der sensibilité. 11, 32

Maler wie Dickens, V. Hugo, Gautier – auch dies heißt das Wort mißverstehn. 11, 46

Über *»Völker«* führen die Sprachen irr: die auch am meisten der höheren Erkenntniß schaden. 11, 73

An diesen alten Völkern ist nichts zu halten – sie mögen sich gegen einander stemmen und sträuben: von unten herauf sind sie gleich d. h. sie sind jetzt alle des Pöbels.

Sprache und Zeitungen – 11, 341

Luthers Sprache, die Bibel als Grundlage einer neuen poetischen Form. 11, 546

Die Deutschen haben keine Prosa, welche klingt und springt. 11, 705

AUS DEM NACHLASS 1885-1889

Die Worte bleiben: die Menschen glauben, auch die damit bezeichneten Begriffe! 12, 34

Es fehlen uns viele Begriffe, um Verhältnisse auszudrücken: wie schnell sind wir mit »Herr und Diener« »Vater und Kind« usw. fertig! 12, 34

Der aesthetische Zustand hat einen Überreichthum von *Mittheilungsmitteln*, zugleich mit einer extremen *Empfänglichkeit* für Reize und Zeichen. Er ist der Höhepunkt der Mittheilsamkeit und Übertragbarkeit zwischen lebenden Wesen, – er ist die Quelle der Sprachen. 13, 296

die Sprachen haben hier ihren Entstehungsherd: die Tonsprachen, sogut als die Gebärden- und Blicksprachen. Das vollere Phänomen ist immer der Anfang: unsere Culturmensch-Vermögen sind subtrahirte aus volleren Vermögen. Aber auch heute hört man noch mit den Muskeln, man liest selbst noch mit den Muskeln.

Jede reife Kunst hat eine Fülle Convention zur Grundlage: insofern sie Sprache ist. Die Convention ist die Bedingung der großen Kunst, *nicht* deren Verhinderung … 13, 297

Das Wort »das sollte nicht sein«, »das hätte nicht sein sollen« ist eine *farce* … Denkt man die Consequenzen aus, so ruinirte man den Quell des Lebens, wenn man das abschaffen wollte, was in irgendeinem Sinne *schädlich*, *zerstörerisch* ist. Die Physiologie demonstrirt es ja *besser*! 13, 338

»verstehen, das heißt naiv bloß: etwas Neues ausdrücken können in der Sprache von etwas Altem, Bekanntem

z. B. »Ich befinde mich schlecht« – ein solches Urtheil

setzt eine *große und späte Neutralität des Beobachtenden* voraus –: der naive Mensch sagt immer: das und das macht, daß ich mich schlecht befinde – er wird über sein Schlechtbefinden erst klar, wenn er einen Grund sieht, sich schlecht zu befinden …

Das nenne ich den *Mangel an Philologie*: einen Text als Text ablesen können, ohne eine Interpretation dazwischen zu mengen, ist die späteste Form der »inneren Erfahrung«, – vielleicht eine kaum mögliche. 13, 460

Ich sehe ungeheure Conglomerate an Stelle der vereinzelten Capitalisten treten

POLITISCHE ORGANISATIONEN

MENSCHLICHES, ALLZUMENSCHLICHES I (1878)

Religion und Regierung. – So lange der Staat oder, deutlicher, die Regierung sich als Vormund zu Gunsten einer unmündigen Menge bestellt weiss und um ihretwillen die Frage erwägt, ob die Religion zu erhalten oder zu beseitigen sei: wird sie höchst wahrscheinlich sich immer für die Erhaltung der Religion entscheiden. Denn die Religion befriedigt das einzelne Gemüth in Zeiten des Verlustes, der Entbehrung, des Schreckens, des Misstrauens, also da, wo die Regierung sich ausser Stande fühlt, direct Etwas zur Linderung der seelischen Leiden des Privatmannes zu thun: ja selbst bei allgemeinen, unvermeidlichen und zunächst unabwendbaren Uebeln (Hungersnöthen, Geldkrisen, Kriegen) gewährt die Religion eine beruhigte, abwartende, vertrauende Haltung der Menge. Ueberall, wo die nothwendigen oder zufälligen Mängel der Staatsregierung oder die gefährlichen Consequenzen dynastischer Interessen dem Einsichtigen sich bemerklich machen und ihn widerspänstig stimmen, werden die Nicht-Einsichtigen den Finger Gottes zu sehen meinen und sich in Geduld den Anordnungen von *Oben* (in welchem Begriff göttliche und menschliche Regierungsweise gewöhnlich verschmelzen) unterwerfen: so wird der innere bürgerliche Frieden und die Continuität der Entwickelung gewahrt. Die Macht, welche in der Einheit der Volksempfindung, in gleichen Meinungen und Zielen für Alle, liegt, wird durch die Religion beschützt und besiegelt, jene seltenen Fälle abgerechnet, wo eine Priesterschaft mit der Staatsgewalt sich über den Preis nicht einigen kann und in Kampf tritt. Für gewöhnlich wird der Staat sich die Priester zu gewinnen wissen, weil er ihrer allerprivatesten, verborgenen Erziehung der Seelen benöthigt ist und Diener zu schätzen weiss, welche scheinbar und äusserlich ein ganz anderes Interesse vertreten. Ohne Beihülfe der Priester kann auch jetzt noch keine Macht »legitim« werden: wie Napoleon begriff. – So gehen absolute vormundschaftliche Regierung und sorgsame Erhaltung der Religion nothwendig mit einander. Dabei ist vorauszusetzen, dass die regierenden Personen und Classen über den Nutzen, welchen ihnen die Religion gewährt, aufgeklärt werden und somit bis zu einem Grade sich ihr überlegen fühlen, insofern sie dieselbe als Mittel gebrauchen: wesshalb hier die Freigeisterei ihren Ursprung hat. – Wie aber, wenn jene ganz verschiedene Auffassung des Begriffes der Regierung, wie sie in *demokratischen* Staaten gelehrt wird, durchzudringen anfängt? Wenn man in ihr Nichts als das Werkzeug des Volkswillen sieht, kein Oben im Vergleich zu einem Unten, sondern lediglich eine Function des alleinigen Souverains, des Volkes? Hier kann auch nur die selbe Stellung, welche das Volk zur Religion einnimmt, von der Regierung eingenommen werden; jede Verbreitung von Aufklärung wird bis in ihre Vertreter hineinklingen müssen, eine Benutzung und Ausbeutung der religiösen Triebkräfte und Tröstungen zu staatlichen Zwekken wird nicht so leicht möglich sein (es sei denn, dass mächtige Parteiführer zeitweilig einen Einfluss üben, welcher dem des aufgeklärten Despotismus ähnlich sieht). Wenn aber der Staat keinen Nutzen mehr aus der Religion selber ziehen darf oder das Volk viel zu mannichfach über religiöse Dinge denkt, als dass es der Regierung ein gleichartiges, einheitliches Vorgehen bei religiösen Maassregeln gestatten dürfte, – so wird nothwendig sich der Ausweg zeigen, die Religion als Privatsache zu behandeln und dem Gewissen und der Gewohnheit jedes Einzelnen zu überantworten. Die Folge ist zu allererst diese, dass das religiöse Empfinden verstärkt erscheint, insofern versteckte und unterdrückte Regungen desselben, welchen der Staat unwillkürlich oder absichtlich keine Lebensluft gönnte, jetzt hervorbrechen und bis in's Extreme ausschweifen; später erweist sich, dass die Religion von Secten überwuchert wird und dass eine Fülle von Drachenzähnen in dem Augenblicke gesät worden ist, als man die Religion zur Privatsache machte. Der Anblick des Streites, die feindselige Bloslegung aller Schwächen religiöser Bekenntnisse lässt endlich keinen Ausweg mehr zu, als dass jeder Bessere und Begabtere die Irreligiosität zu seiner Privatsache macht: als welche Gesinnung nun auch in dem Geiste der regierenden Personen die Ueberhand bekommt und, fast wider ihren Willen, ihren Maassregeln einen religionsfeindlichen Charakter giebt. Sobald diess eintritt, wandelt sich die Stimmung der noch religiös bewegten Menschen, welche früher den Staat als etwas Halb- oder Ganzheiliges adorirten, in eine entschieden *staatsfeindliche* um; sie lauern den Maassregeln der Regierung auf, suchen zu hemmen, zu kreuzen, zu beunruhigen, so viel sie können, und treiben dadurch die Gegenpartei, die irreligiöse, durch die Hitze ihres Widerspruchs in eine fast fanatische Begeisterung *für* den Staat hinein; wobei im Stillen noch mitwirkt, dass in diesen Kreisen die Gemüther seit der Trennung von der Religion eine Leere spüren und sich vorläufig durch die Hingebung an den Staat einen Ersatz, eine Art von Ausfüllung zu schaffen suchen. Nach diesen, vielleicht lange dauernden Uebergangskämpfen entscheidet es sich endlich, ob die religiösen Parteien noch stark genug sind, um einen alten Zustand heraufzubringen und das Rad zurückzudrehen: in welchem Falle unvermeidlich der aufgeklärte Despotismus (vielleicht weniger aufgeklärt und ängstlicher, als früher) den Staat in die Hände bekommt, – oder ob die religionslosen Parteien sich durchsetzen und die Fortpflanzung ihrer Gegnerschaft, einige Generationen hindurch, etwa durch Schule und Erziehung, untergraben und endlich unmöglich machen. Dann aber lässt auch bei ihnen jene Begeisterung für den Staat nach: immer deutlicher tritt hervor, dass mit jener religiösen Adoration, für welche er ein Mysterium, eine überweltliche Stiftung ist, auch das ehrfürchtige und pietätvolle Verhältniss zu ihm erschüttert ist. Fürderhin sehen die Einzelnen immer nur die Seite an ihm, wo er ihnen nützlich oder schädlich werden kann, und drängen sich mit allen Mitteln heran, um Einfluss auf ihn zu bekommen. Aber diese Concurrenz wird bald zu gross, die Menschen und Parteien wechseln zu schnell, stürzen sich gegenseitig zu wild vom Berge wieder herab, nachdem sie kaum oben angelangt sind. Es fehlt allen Maassregeln, welche von einer Regierung durchgesetzt werden, die Bürgschaft ihrer Dauer; man scheut vor Unternehmungen zurück, welche auf Jahrzehnte, Jahrhunderte hinaus ein stilles Wachsthum haben müssten, um reife Früchte zu zeitigen. Niemand fühlt eine andere Verpflichtung gegen ein Gesetz mehr, als die, sich augenblicklich der Gewalt, welche ein Gesetz einbrachte, zu beugen: sofort geht man aber daran, es durch eine neue Gewalt, eine neu zu bildende Majorität zu unterminiren. Zuletzt – man kann es mit Sicherheit aussprechen – muss das Misstrauen gegen alles Regierende, die Einsicht in das Nutzlose und Aufreibende dieser kurzathmigen Kämpfe die Menschen zu einem ganz neuen Entschlusse drängen: zur Abschaffung des Staatsbegriffs, zur Aufhebung des Gegensatzes »privat und öffentlich«. Die Privatgesellschaften ziehen Schritt vor Schritt die Staatsgeschäfte in sich hinein: selbst der zäheste Rest, welcher von der alten Arbeit des Regierens übrigbleibt (jene Thätigkeit zum Beispiel welche die Privaten gegen die Privaten sicher stellen soll), wird zu allerletzt einmal durch Privatunternehmer besorgt werden. Die Missachtung, der Verfall und *der Tod des Staates*, die Entfesselung der Privatperson (ich hüte mich zu sagen: des Individuums) ist die Consequenz des demokratischen Staatsbegriffes; hier liegt seine Mission. Hat er seine Aufgabe erfüllt – die wie alles Menschliche viel Vernunft und Unvernunft im Schoosse trägt –, sind alle

Rückfälle der alten Krankheit überwunden, so wird ein neues Blatt im Fabelbuche der Menschheit entrollt, auf dem man allerlei seltsame Historien und vielleicht auch einiges Gute lesen wird. – Um das Gesagte noch einmal kurz zu sagen: das Interesse der vormundschaftlichen Regierung und das Interesse der Religion gehen mit einander Hand in Hand, so dass, wenn letztere abzusterben beginnt, auch die Grundlage des Staates erschüttert wird. Der Glaube an eine göttliche Ordnung der politischen Dinge, an ein Mysterium in der Existenz des Staates ist religiösen Ursprungs: schwindet die Religion, so wird der Staat unvermeidlich seinen alten Isisschleier verlieren und keine Ehrfurcht mehr erwecken. Die Souveränität des Volkes, in der Nähe gesehen, dient dazu, auch den letzten Zauber und Aberglauben auf dem Gebiete dieser Empfindungen zu verscheuchen; die moderne Demokratie ist die historische Form vom *Verfall des Staates*. – Die Aussicht, welche sich durch diesen sichern Verfall ergiebt, ist aber nicht in jedem Betracht eine unglückselige: die Klugheit und der Eigennutz der Menschen sind von allen ihren Eigenschaften am besten ausgebildet; wenn den Anforderungen dieser Kräfte der Staat nicht mehr entspricht, so wird am wenigsten das Chaos eintreten, sondern eine noch zweckmässigere Erfindung, als der Staat es war, zum Siege über den Staat kommen. Wie manche organisirende Gewalt hat die Menschheit schon absterben sehen, – zum Beispiel die der Geschlechtsgenossenschaft, als welche Jahrtausende lang viel mächtiger war, als die Gewalt der Familie, ja längst, bevor diese bestand, schon waltete und ordnete. Wir selber sehen den bedeutenden Rechts- und Machtgedanken der Familie, welcher einmal, so weit wie römisches Wesen reichte, die Herrschaft besass, immer blasser und ohnmächtiger werden. So wird ein späteres Geschlecht auch den Staat in einzelnen Strecken der Erde bedeutunslos werden sehen, – eine Vorstellung, an welche viele Menschen der Gegenwart kaum ohne Angst und Abscheu denken können. An der Verbreitung und Verwirklichung dieser Vorstellung zu *arbeiten*, ist freilich ein ander Ding: man muss sehr anmaassend von seiner Vernunft denken und die Geschichte kaum halb verstehen, um schon jetzt die Hand an den Pflug zu legen, – während noch Niemand die Samenkörner aufzeigen kann, welche auf das zerrissene Erdreich nachher gestreut werden sollen. Vertrauen wir also »der Klugheit und dem Eigennutz der Menschen«, dass jetzt *noch* der Staat eine gute Weile bestehen bleibt und zerstörerische Versuche übereifriger und voreilige Halbwisser abgewiesen werden! 2, 302-307

Der Socialismus in Hinsicht auf seine Mittel. – Der Socialismus ist der phantastische jüngere Bruder des fast abgelebten Despotismus, den er beerben will; seine Bestrebungen sind also im tiefsten Verstande reactionär. Denn er begehrt eine Fülle der Staatsgewalt, wie sie nur je der Despotismus gehabt hat, ja er überbietet alles Vergangene dadurch dass er die förmliche Vernichtung des Individuums anstrebt: als welches ihm wie ein unberechtigter Luxus der Natur vorkommt und durch ihn in ein zweckmässiges *Organ des Gemeinwesens* umgebessert werden soll. Seiner Verwandtschaft wegen erscheint er immer in der Nähe aller excessiven Machtentfaltungen, wie der alte typische Socialist Plato am Hofe des sicilischen Tyrannen; er wünscht (und befördert unter Umständen) den cäsarischen Gewaltstaat dieses Jahrhunderts, weil er wie gesagt, sein Erbe werden möchte. Aber selbst diese Erbschaft würde für seine Zwecke nicht ausreichen, er braucht die allerunterthänigste Niederwerfung aller Bürger vor dem unbedingten Staate, wie niemals etwas Gleiches existirt hat; und da er nicht einmal auf die alte religiöse Pietät für den Staat mehr rechnen darf, vielmehr an deren Beseitigung unwillkürlich fortwährend arbeiten muss – nämlich weil er an der Beseitigung aller bestehenden *Staaten* arbeitet –, so kann er sich nur auf kurze

Zeiten, durch den äussersten Terrorismus, hie und da einmal auf Existenz Hoffnung machen. Desshalb bereitet er sich im Stillen zu Schreckensherrschaften vor und treibt den halbgebildeten Massen das Wort »Gerechtigkeit« wie einen Nagel in den Kopf, um sie ihres Verstandes völlig zu berauben (nachdem dieser Verstand schon durch die Halbbildung sehr gelitten hat) und ihnen für das böse Spiel, das sie spielen sollen, ein gutes Gewissen zu schaffen. – Der Socialismus kann dazu dienen, die Gefahr aller Anhäufungen von Staatsgewalt recht brutal und eindringlich zu lehren und insofern vor dem Staate selbst Misstrauen einzuflössen. Wenn seine rauhe Stimme in das Feldgeschrei *»so viel Staat wie möglich«* einfällt, so wird dieses zunächst dadurch lärmender, als je: aber bald dringt auch das entgegengesetzte mit um so grösserer Kraft hervor: *»so wenig Staat wie möglich«*. 2, 307 f.

Der europäische Mensch und die Vernichtung der Nationen. – Der Handel und die Industrie, der Bücher- und Briefverkehr, die Gemeinsamkeit aller höheren Cultur, das schnelle Wechseln von Ort und Landschaft, das jetzige Nomadenleben aller Nicht-Landbesitzer, – diese Umstände bringen nothwendig eine *Schwächung und* zuletzt eine Vernichtung der Nationen, mindestens der europäischen, mit sich: so dass aus ihnen allen, in Folge fortwährender Kreuzungen, eine Mischrasse, die des europäischen Menschen, entstehen muss. Diesem Ziele wirkt jetzt bewusst oder unbewusst die Abschliessung der Nationen durch Erzeugung *nationaler* Feindseligkeiten entgegen, aber langsam geht der Gang jener Mischung dennoch vorwärts, trotz jener zeitweiligen Gegenströmungen: dieser künstliche Nationalismus ist übrigens so gefährlich wie der künstliche Katholicismus es gewesen ist, denn er ist in seinem Wesen ein gewaltsamer Noth- und Belagerungszustand, welcher von Wenigen über Viele verhängt ist, und braucht List, Lüge und Gewalt, um sich in Ansehen zu halten. Nicht das Interesse der Vielen (der Völker), wie man wohl sagt, sondern vor Allem das Interesse bestimmter Fürstendynastien, sodann das bestimmter Classen des Handels und der Gesellschaft, treibt zu diesem Nationalismus; hat man diess einmal erkannt, so soll man sich nur ungescheut als *guten Europäer* ausgeben und durch die That an der Verschmelzung der Nationen arbeiten: wobei die Deutschen durch ihre alte bewährte Eigenschaft, *Dolmetscher und Vermittler der Völker* zu sein, mitzuhelfen vermögen. – Beiläufig: das ganze Problem der *Juden* ist nur innerhalb der nationalen Staaten vorhanden, insofern hier überall ihre Thatkräftigkeit und höhere Intelligenz, ihr in langer Leidensschule von Geschlecht zu Geschlecht angehäuftes Geist- und Willens-Capital, in einem neid- und hasserwekkenden Maasse zum Uebergewicht kommen muss, so dass die litterarische Unart fast in allen jetzigen Nationen überhand nimmt – und zwar je mehr diese sich wieder national gebärden –, die Juden als Sündenböcke aller möglichen öffentlichen und inneren Uebelstände zur Schlachtbank zu führen. Sobald es sich nicht mehr um Conservirung von Nationen, sondern um die Erzeugung einer möglichst kräftigen europäischen Mischrasse handelt, ist der Jude als Ingredienz ebenso brauchbar und erwünscht, als irgend ein anderer nationaler Rest. Unangenehme, ja gefährliche Eigenschaften hat jede Nation, jeder Mensch; es ist grausam, zu verlangen, dass der Jude eine Ausnahme machen soll. Jene Eigenschaften mögen sogar bei ihm in besonderem Maasse gefährlich und abschreckend sein; und vielleicht ist der jugendliche Börsen-Jude die widerlichste Erfindung des Menschengeschlechtes überhaupt. Trotzdem möchte ich wissen, wie viel man bei einer Gesammtabrechnung einem Volke nachsehen muss, welches, nicht ohne unser Aller Schuld, die leidvollste Geschichte unter allen Völkern gehabt hat und dem man den edelsten Menschen (Christus), den reinsten Weisen (Spinoza), das mächtigste Buch und das wirkungsvollste Sittengesetz der Welt verdankt. Ueberdiess: in den dunkelsten Zeiten des Mittelalters, als sich die asiatische Wolkenschicht schwer über Europa gelagert hatte, waren es jüdische Freidenker, Gelehrte und Aerzte, welche das Banner der Aufklärung und der geistigen Unabhängigkeit unter dem härtesten persönlichen Zwange festhielten und Europa gegen Asien vertheidigten; ihren Bemühungen ist es nicht am wenigsten zu danken, dass eine natürlichere, vernunftgemässere und jedenfalls unmythische Erklärung der Welt endlich wieder zum Siege kommen konnte und dass der Ring der Cultur, welcher uns jetzt mit der Aufklärung des griechisch-römischen Alterthums zusammenknüpft, unzerbrochen blieb. Wenn das Christenthum Alles gethan hat, um den Occident zu orientalisiren, so hat das Judenthum wesentlich mit dabei geholfen, ihn immer wieder zu occidentalisiren: was in einem bestimmten Sinne so viel heisst als Europa's Aufgabe und Geschichte zu einer *Fortsetzung der griechischen* zu machen. 2, 309-311

MENSCHLICHES, ALLZUMENSCHLICHES II (1879/80)

Die Presse. – Erwägt man, wie auch jetzt noch alle grossen politischen Vorgänge sich heimlich und verhüllt auf das Theater schleichen, wie sie von unbedeutenden Ereignissen verdeckt werden und in ihrer Nähe klein erscheinen, wie sie erst lange nach ihrem Geschehen ihre tiefen Einwirkungen zeigen und den Boden nachzittern lassen, – welche Bedeutung kann man da der Presse zugestehen, wie sie jetzt ist, mit ihrem täglichen Aufwand von Lunge, um zu schreien, zu übertäuben, zu erregen, zu erschrecken, – ist sie mehr als der *permanente blinde Lärm*, der die Ohren und Sinne nach einer falschen Richtung ablenkt? 2, 511

Hier wird eine Erfahrung, die der Mensch im gesellschaftlich-politischen Gebiete gemacht hat, fälschlich auf das allerletzte metaphysische Gebiet übertragen: dort ist der starke Mann auch der freie Mann, dort ist lebendiges Gefühl von Freud und Leid, Höhe des Hoffens, Kühnheit des Begehrens, Mächtigkeit des Hassens das Zubehör der Herrschenden und Unabhängigen, während der Unterworfene, der Sclave, gedrückt und stumpf lebt. – Die Lehre von der Freiheit des Willens ist eine Erfindung *herrschender* Stände.

2, 545

Die Lehrer im Zeitalter der Bücher. – Dadurch dass die Selbst-Erziehung und Verbrüderungs-Erziehung allgemeiner wird, muss der Lehrer in seiner jetzt gewöhnlichen Form fast entbehrlich werden. Lernbegierige Freunde, die sich zusammen ein Wissen aneignen wollen, finden in unserer Zeit der Bücher einen kürzeren und natürlicheren Weg, als »Schule« und »Lehrer« sind. 2, 629

Krieg als Heilmittel. – Matt und erbärmlich werdenden Völkern mag der Krieg als Heilmittel anzurathen sein: falls sie nämlich durchaus noch fortleben wollen: denn es giebt für die Völker-Schwindsucht auch eine Brutalitäts-Cur. Das ewige Leben-wollen und Nicht-sterben-können ist aber selber schon ein Zeichen von Greisenhaftigkeit der Empfindung: je voller und tüchtiger man lebt, um so schneller ist man bereit, das Leben für eine einzige gute Empfindung dahin zu geben. Ein Volk, das so lebt und empfindet, hat die Kriege nicht nöthig. 2, 634

Der Baum der Menschheit und die Vernunft. – Das, was ihr als Uebervölkerung der Erde in greisenhafter Kurzsichtigkeit fürchtet, giebt dem Hoffnungsvolleren eben die grosse Aufgabe in die Hand: die Menschheit soll einmal ein Baum werden, der die ganze Erde überschattet, mit vielen Milliarden von Blüthen, die alle neben einander Früchte werden sollen, und die Erde selbst soll zur Ernährung dieses Baum vorbereitet werden. Dass der jetzige *noch kleine* Ansatz dazu an Saft und Kraft zunehme, dass in unzähligen Canälen der Saft zur Ernährung des Ganzen und des Einzelnen umströme, – aus diesen und ähnlichen Aufgaben ist der *Maassstab* zu entnehmen, ob ein jetziger Mensch nützlich oder unnütz ist. Die Aufgabe ist unsäglich gross und kühn: wir Alle wollen dazu thun, dass der Baum nicht vor der Zeit verfaule! Dem historischen Kopfe gelingt es wohl, das menschliche Wesen und Treiben sich im Ganzen der Zeit so vor die Augen zu stellen wie uns Allen das Ameisen-Wesen mit seinen kunstvoll gethürmten Haufen vor Augen steht. Oberflächlich beurtheilt, würde auch das gesammte Menschenthum gleich dem Ameisenthum von »Instinct« reden lassen. Bei strengerer Prüfung nehmen wir wahr, wie ganze Völker, ganze Jahrhunderte sich abmühen, neue Mittel ausfindig zu machen und *auszuprobiren*, womit man einem grossen menschlichen Ganzen und zuletzt dem grossen Gesammt-Fruchtbaume der Menschheit wohlthun könne; und was auch immer bei diesem Ausprobiren die Einzelnen, die Völker und die Zeiten für Schaden leiden, durch diesen Schaden sind jedesmal Einzelne *klug* geworden, und von ihnen aus strömt die Klugheit langsam auf die Maassregeln ganzer Völker, ganzer Zeiten über. Auch die Ameisen irren und vergreifen sich; die Menschheit kann recht wohl durch Thorheit der Mittel verderben und verdorren, vor der Zeit, es giebt weder für jene, noch für diese einen sicher führenden Instinct. Wir müssen vielmehr der grossen Aufgabe *in's Gesicht sehen*, die Erde für ein Gewächs der grössten und freudigsten Fruchtbarkeit *vorzubereiten*, – einer Aufgabe der Vernunft für die Vernunft! 2, 635 f.

ALSO SPRACH ZARATHUSTRA
(1883/84/85)

Irgendwo giebt es noch Völker und Heerden, doch nicht bei uns, meine Brüder: da giebt es Staaten.

Staat? Was ist das? Wohlan! Jetzt thut mir die Ohren auf, denn jetzt sage ich euch mein Wort vom Tode der Völker.

Staat heisst das kälteste aller kalten Ungeheuer. Kalt lügt es auch; und diese Lüge kriecht aus seinem Munde. »Ich, der Staat, bin das Volk.«

Lüge ist's! Schaffende waren es, die schufen die Völker und hängten einen Glauben und eine Liebe über sie hin – also dienten sie dem Leben.

Vernichter sind es, die stellen Fallen auf für Viele und heissen sie Staat: sie hängen ein Schwert und hundert Begierden über sie hin.

Wo es noch Volk giebt, da versteht es den Staat nicht und hasst ihn als bösen Blick und Sünde an Sitten und Rechten.

Dieses Zeichen gebe ich euch: jedes Volk spricht seine Zunge des Guten und Bösen: die versteht der Nachbar nicht. Seine Sprache erfand es sich in Sitten und Rechten.

Aber der Staat lügt in allen Zungen des Guten und Bösen; und was er auch redet, er lügt – und was er auch hat, gestohlen hat er's.

Falsch ist Alles an ihm; mit gestohlenen Zähnen beisst er, der Bissige. Falsch sind selbst seine Eingeweide.

Sprachverwirrung des Guten und Bösen: dieses Zeichen gebe ich euch als Zeichen des Staates. Wahrlich, den Willen zum Tode deutet dieses Zeichen! Wahrlich, es winkt den Predigern des Todes!

Viel zu Viele werden geboren: für die überflüssigen ward der Staat erfunden!

Seht mir doch, wie er sie an sich lockt, die Viel-zu-Vielen! Wie er sie schlingt und kaut und wiederkäut!

»Auf der Erde ist nichts Grösseres als ich: der ordnende Finger bin ich Gottes« – also brüllt das Unthier. Und nicht nur Langgeohrte und Kurzgeäugte sinken auf die Kniee!

Ach, auch in euch, ihr grossen Seelen, raunt er seine düsteren Lügen! Ach, er erräth die reichen Herzen, die gerne sich verschwenden!

Ja, auch euch erräth er, ihr Besieger des alten Gottes! Müde wurdet ihr im Kampfe, und nun dient eure Müdigkeit noch dem neuen Götzen!

Helden und Ehrenhafte möchte er um sich aufstellen, der neue Götze! Gerne sonnt er sich im Sonnenschein guter Gewissen, – das kalte Unthier!

Alles will er *euch* geben, wenn *ihr* ihn anbetet, der neue Götze: also kauft er sich den Glanz eurer Tugend und den Blick eurer stolzen Augen.

Ködern will er mit euch die Viel-zu-Vielen! Ja, ein Höllenkunststück ward da erfunden, ein Pferd des Todes, klirrend im Putz göttlicher Ehren!

Ja, ein Sterben für Viele ward da erfunden, das sich selber als Leben preist: wahrlich, ein Herzensdienst allen Predigern des Todes!

Staat nenne ich's, wo Alle Gifttrinker sind, Gute und Schlimme: Staat, wo Alle sich selber verlieren, Gute und Schlimme: Staat, wo der langsame Selbstmord Aller – »das Leben« heisst.

Seht mir doch diese Überflüssigen! Sie stehlen sich die Werke der Erfinder und die Schätze der Weisen: Bildung nennen sie ihren Diebstahl – und Alles wird ihnen zu Krankheit und Ungemach!

Seht mir doch diese Überflüssigen! Krank sind sie immer, sie erbrechen ihre Galle und nennen es Zeitung. Sie verschlingen einander und können sich nicht einmal verdauen.

Seht mir doch diese Überflüssigen! Reichthümer erwerben sie und werden ärmer damit. Macht wollen sie und zuerst das Brecheisen der Macht, viel Geld, – diese Unvermögenden!

Seht sie klettern, diese geschwinden Affen! Sie klettern über einander hinweg und zerren sich also in den Schlamm und die Tiefe.

Hin zum Throne wollen sie Alle: ihr Wahnsinn ist es, – als ob das Glück auf dem Throne sässe! Oft sitzt der Schlamm auf dem Thron – und oft auch der Thron auf dem Schlamme.

Wahnsinnige sind sie mir Alle und kletternde Affen und Überheisse. Übel riecht mir ihr Götze, das kalte Unthier: übel riechen sie mir alle zusammen, diese Götzendiener.

Meine Brüder, wollt ihr denn ersticken im Dunste ihrer Mäuler und Begierden! Lieber zerbrecht doch die Fenster und springt ins Freie!

Geht doch dem schlechten Geruche aus dem Wege! Geht fort von der Götzendienerei der Überflüssigen!

Geht doch dem schlechten Geruche aus dem Wege! Geht fort von dem Dampfe dieser Menschenopfer!

Frei steht grossen Seelen auch jetzt noch die Erde. Leer sind noch viele Sitze für Einsame und Zweisame, um die der Geruch stiller Meere weht.

Frei steht noch grossen Seelen ein freies Leben. Wahrlich, wer wenig besitzt, wird um so weniger besessen: gelobt sei die kleine Armuth!

Dort, wo der Staat aufhört, da beginnt erst der Mensch, der nicht überflüssig ist: da beginnt das Lied des Nothwendigen, die einmalige und unersetzliche Weise.

Dort, wo der Staat *aufhört* – so seht mir doch hin, meine Brüder! Seht ihr ihn nicht, den Regenbogen und die Brükken des Übermenschen? – 4, 61-64

Und hüte dich vor den Guten und Gerechten! Sie kreuzigen gerne Die, welche sich ihre eigne Tugend erfinden, – sie hassen den Einsamen.

Hüte dich auch vor der heiligen Einfalt! Alles ist ihr unheilig, was nicht einfältig ist; sie spielt auch gerne mit dem Feuer – der Scheiterhaufen. 4, 82

Und den Herrschenden wandt' ich den Rücken, als ich sah, was sie jetzt Herrschen nennen: schachern und markten um Macht – mit dem Gesindel! 4, 125

Gleich dir selber ist der Staat ein Heuchelhund; gleich dir redet er gern mit Rauch und Gebrülle, – dass er glauben mache, gleich dir, er rede aus dem Bauch der Dinge.

Denn er will durchaus das wichtigste Thier auf Erden sein, der Staat; und man glaubt's ihm auch. –

Als ich das gesagt hatte, gebärdete sich der Feuerhund wie unsinnig vor Neid. »Wie? schrie er, das wichtigste Thier auf Erden? Und man glaubt's ihm auch?« 4, 170

Der Gott der Heerschaaren ist kein Gott der Goldbarren; der Fürst denkt, aber der Krämer – lenkt! 4, 223

Und wir – wir schleppen treulich, was man uns mitgiebt, auf harten Schultern und über rauhe Berge! Und schwitzen wir, so sagt man uns: »Ja, das Leben ist schwer zu tragen!«

4, 243

GÖTZEN-DÄMMERUNG
(1889)

»Woher stammt alles Unheil in der Welt?« fragte sich Wagner. Von »alten Verträgen«: antwortete er, gleich allen Revolutions-Ideologen. Auf deutsch: von Sitten, Gesetzen, Moralen, Institutionen, von Alledem, worauf die alte Welt, die alte Gesellschaft ruht. »Wie schafft man das Unheil aus der Welt? Wie schafft man die alte Gesellschaft ab?« Nur dadurch, dass man den »Verträgen« (dem Herkommen, der Moral) den Krieg erklärt. 6, 19 f.

Der Zeitungsleser sagt: diese Partei richtet sich mit einem solchen Fehler zu Grunde. Meine *höhere* Politik sagt: eine Partei, die solche Fehler macht, ist am Ende – sie hat ihre Instinkt-Sicherheit nicht mehr. 6, 90

Man mache einen Überschlag: es liegt nicht nur auf der Hand, dass die deutsche Cultur niedergeht, es fehlt auch nicht am zureichenden Grund dafür. Niemand kann zuletzt mehr ausgeben als er hat – das gilt von Einzelnen, das gilt von Völkern. Giebt man sich für Macht, für grosse Politik, für Wirthschaft, Weltverkehr, Parlamentarismus, Militär-Interessen aus, – giebt man das Quantum Verstand, Ernst, Wille, Selbstüberwindung, das man ist, nach *dieser* Seite weg, so fehlt es auf der andern Seite. Die Cultur und der Staat – man betrüge sich hierüber nicht – sind Antagonisten: »Cultur-Staat« ist bloss eine moderne Idee. Das Eine lebt vom Andern, das Eine gedeiht auf Unkosten des Anderen. Alle grossen Zeiten der Cultur sind politische Niedergangs-Zeiten: was gross ist im Sinn der Cultur war unpolitisch, selbst *antipolitisch*. – Goethen gieng das Herz auf bei dem Phänomen Napoleon, – es gieng ihm *zu* bei den »Freiheits-Kriegen« ... In demselben Augenblick, wo Deutschland als Grossmacht heraufkommt, gewinnt Frankreich als *Culturmacht* eine veränderte Wichtigkeit. Schon heute ist viel neuer Ernst, viel neue *Leidenschaft* des Geistes nach Paris übergesiedelt; die Frage des Pessimismus zum Beispiel, die Frage Wagner, fast alle psychologischen und artistischen Fragen werden dort unvergleichlich feiner und gründlicher erwogen als in Deutschland, – Die Deutschen sind selbst *unfähig* zu dieser Art Ernst. – In der Geschichte der europäischen Cultur bedeutet die Heraufkunft des »Reichs« vor allem Eins: eine *Verlegung des Schwergewichts*. Man weiss es überall bereits: in der Hauptsache – und das bleibt die Cultur – kommen die Deutschen nicht mehr in Betracht. Man fragt: habt ihr auch nur Einen für Europa *mitzählenden* Geist aufzuweisen? wie euer Goethe, euer Hegel, euer Heinrich Heine, euer Schopenhauer mitzählte? – Dass es nicht einen einzigen deutschen Philosophen mehr giebt, darüber ist des Erstaunens kein Ende. – 6, 106 f.

Der Deutsche hat keine *Finger* für nuances ... Dass die Deutschen ihre Philosophen auch nur ausgehalten haben, vor Allen jenen verwachsensten Begriffs-Krüppel, den es je gegeben hat, den *grossen* Kant, giebt keinen kleinen Begriff von der deutschen Anmuth. – Man kann nämlich das *Tanzen* in jeder Form nicht von der *vornehmen Erziehung* abrechnen, Tanzenkönnen mit den Füssen, mit den Begriffen, mit den Worten; habe ich noch zu sagen, dass man es auch mit der *Feder* können muss, – dass man *schreiben* lernen muss? – Aber an dieser Stelle würde ich deutschen Lesern vollkommen zum Räthsel werden ... 6, 109

Aus einer Doctor-Promotion. – »Was ist die Aufgabe alles höheren Schulwesens?« – Aus dem Menschen eine Maschine zu machen. – »Was ist das Mittel dazu?« – Er muss lernen, sich langweilen. – »Wie erreicht man das?« – Durch den Begriff der Pflicht. – »Wer ist sein Vorbild dafür?« – Der Philolog: der lehrt *ochsen.* – »Wer ist der vollkommene Mensch?« – Der Staats-Beamte. – »Welche Philosophie giebt die höchste Formel für den Staats-Beamte?« – Die Kant's: der Staats-Beamte als Ding an sich zum Richter gesetzt über den Staats-Beamten als Erscheinung. – 6, 129 f.

Mein Begriff von Freiheit. – Der Werth einer Sache liegt mitunter nicht in dem, was man mit ihr erreicht, sondern in dem, was man für sie bezahlt, – was sie uns *kostet.* Ich gebe ein Beispiel. Die liberalen Institutionen hören alsbald auf, liberal zu sein, sobald sie erreicht sind: es giebt später keine ärgeren und gründlicheren Schädiger der Freiheit, als liberale Institutionen. Man weiss ja, *was* sie zu Wege bringen: sie unterminiren den Willen zur Macht, sie sind die zur Moral erhobene Nivellirung von Berg und Tal, sie machen klein, feige und genüsslich, – mit ihnen triumphirt jedesmal das Heerdenthier. Liberalismus: auf deutsch *Heerden-Verthierung* ... Dieselben Institutionen bringen, so lange sie noch erkämpft werden, ganz andere Wirkungen hervor; sie fördern dann in der That die Freiheit auf eine mächtige Weise. Genauer zugesehn, ist es der Krieg, der diese Wirkungen hervorbringt, der Krieg *um* liberale Institutionen, der als Krieg die *illiberalen* Instinkte dauern lässt. Und der Krieg erzieht zur Freiheit. Denn was ist Freiheit! Dass man den Willen zur Selbstverantwortlichkeit hat. Dass man die Distanz, die uns abtrennt, festhält. Dass man gegen Mühsal, Härte, Entbehrung, selbst gegen das Leben gleichgültiger wird. Dass man bereit ist, seiner Sache Menschen zu opfern, sich selber nicht abgerechnet. Freiheit bedeutet, dass die männlichen, die kriegs- und siegsfrohen Instinkte die Herrschaft haben über andre Instinkte, zum Beispiel über die des »Glücks«. 6, 139

Kritik der Modernität. – Unsre Institutionen taugen nichts mehr: darüber ist man einmüthig. Aber das liegt nicht an ihnen, sondern an *uns*. Nachdem uns alle Instinkte abhanden gekommen sind, aus denen Institutionen wachsen, kommen uns Institutionen überhaupt abhanden, weil *wir* nicht mehr zu ihnen taugen. Demokratismus war jeder Zeit die Niedergangs-Form der organisirenden Kraft: ich habe schon in Menschliches, Allzumenschliches« I, 318 die moderne Demokratie sammt ihren Halbheiten, wie »deutsches Reich«, als *Verfallsform* des Staats gekennzeichnet. Damit es Institutionen giebt, muss es eine Art Wille, Instinkt, Imperativ geben, antiliberal bis zur Bosheit: den Willen zur

Tradition, zur Autorität, zur Verantwortlichkeit auf Jahrhunderte hinaus, zur *Solidarität* von Geschlechter-Ketten vorwärts und rückwärts in infinitum. Ist dieser Wille da, so gründet sich Etwas wie das imperium Romanum: oder wie Russland, die *einzige* Macht, die heute Dauer im Leibe hat, die warten kann, die Etwas noch versprechen kann, – Russland der Gegensatz-Begriff zu der erbärmlichen europäischen Kleinstaaterei und Nervosität, die mit der Gründung des deutschen Reichs in einen kritischen Zustand eingetreten ist ... Der ganze Westen hat jene Instinkte nicht mehr, aus denen Institutionen wachsen, aus denen *Zukunft* wächst: seinem »modernen Geiste« geht vielleicht Nichts so sehr wider den Strich. Man lebt für heute, man lebt sehr geschwind, – man lebt sehr unverantwortlich: dies gerade nennt man »Freiheit«. Was aus Institutionen Institutionen *macht*, wird verachtet, gehasst, abgelehnt: man glaubt sich in der Gefahr einer neuen Sklaverei, wo das Wort »Autorität« auch nur laut wird. So weit geht die décadence im Werth-Instinkte unsrer Politiker, unsrer politischen Parteien: *sie ziehn instinktiv vor*, was auflöst, was das Ende beschleunigt ... Zeugniss die *moderne Ehe*. Aus der modernen Ehe ist ersichtlich alle Vernunft abhanden gekommen: das giebt aber keinen Einwand gegen die Ehe ab, sondern gegen die Modernität. Die Vernunft der Ehe – sie lag in der juristischen Alleinverantwortlichkeit des Mannes: damit hatte die Ehe Schwergewicht, während sie heute auf beiden Beinen hinkt. Die Vernunft der Ehe – sie lag in ihrer principiellen Unlösbarkeit: damit bekam sie einen Accent, der, dem Zufall von Gefühl, Leidenschaft und Augenblick gegenüber, *sich Gehör zu schaffen* wusste. Sie lag insgleichen in der Verantwortlichkeit der Familien für die Auswahl der Gatten. Man hat mit der wachsenden Indulgenz zu Gunsten der *Liebes*-Heirath geradezu die Grundlage der Ehe, Das, was erst aus ihr eine Institution *macht*, eliminirt. Man gründet eine Institution nie und nimmermehr auf eine Idiosynkrasie, man gründet die Ehe *nicht*, wie gesagt, auf die »Liebe«, – man gründet sie auf den Geschlechtstrieb, auf den Eigenthumstrieb (Weib und Kind als Eigenthum), auf den *Herrschafts-Trieb*, der sich beständig das kleinste Gebilde der Herrschaft, die Familie, organisirt, der Kinder und Erben *braucht*, um ein erreichtes Maass von Macht, Einfluss, Reichthum auch physiologisch festzuhalten, um lange Aufgaben, um Instinkt-Solidarität zwischen Jahrhunderten vorzubereiten. Die Ehe als Institution begreift bereits die Bejahung der grössten, der dauerhaftesten Organisationsform in sich: wenn die Gesellschaft selbst nicht als Ganzes für sich *gutsagen* kann bis in die fernsten Geschlechter hinaus, so hat die Ehe überhaupt keinen Sinn. – Die moderne Ehe *verlor* ihren Sinn, – folglich schafft man sie ab.

6, 140-142

AUS DEM NACHLASS 1869-1874

Ich sehe ungeheure Conglomerate an Stelle der vereinzelten Capitalisten treten. Ich sehe die Börse dem Fluche verfallen, dem jetzt die Spielbanken *gefallen* sind. 7, 121

Der Staat, der sein letztes Ziel nicht erreichen kann, pflegt unnatürlich-groß anzuschwellen. Das Weltreich der Römer ist im Vergleich mit Athen nichts Erhabenes. Die Kraft, die eigentlich der Blüthe zukommen soll, bleibt jetzt an Blätter und Stamm vertheilt, die nun strotzen. 7, 149

Der Socialismus ist eine Folge allgemeiner Unbildung, abstrakter Erziehung, Gemüthsroheit. Bei einer gewißen Höhe des Reichthums der »Ostrakismus«.

Die »Bildung« muß als Entgelt und Buße die Schutzbehörde sein aller Unterdrückten. 7, 299

Was nämlich kann uns der Staat bedeuten, wenn nicht das Mittel, mit dem jener eben geschilderte Gesellschaftsprozeß in Fluß zu bringen und in seiner ungehemmten Fortdauer zu verbürgen ist? Mag der Trieb zur Geselligkeit in den einzelnen Menschen auch noch so stark sein, erst die eiserne Klammer des Staates zwängt die größeren Massen so aneinander, daß jetzt jene chemische Scheidung der Gesellschaft, mit ihrem neuen pyramidalen Aufbau, vor sich gehen *muß*. Woher aber entspringt diese plötzliche Macht des Staates, dessen Ziel weit über die Einsicht, ja über den Egoismus des Einzelnen hinausliegt? Wie entstand der Sklave, der blinde Maulwurf der Kultur? Die Griechen haben es uns in ihrem völkerrechtlichen Instinkte verrathen, der, auch in der reifsten Fülle ihrer Gesittung und Menschlichkeit, nicht aufhörte, mit eherner Stimme solche Worte auszurufen: »Dem Sieger gehört der Besiegte, mit Weib und Kind, Gut und Blut. Die Gewalt giebt das erste Recht; und es giebt kein Recht, das nicht zu seinem Grunde die Gewalt hat.« 7, 341 f.

Deshalb ist es geradezu unvermeidlich, daß solche Menschen einen großen Einfluß auf den Staat gewinnen, weil sie ihn als *Mittel* betrachten dürfen, während alle Anderen unter der Macht jener unbewußten Absichten des Staates selbst nur Mittel des Staatszwecks sind. 7, 345

Unser öffentliches staatliches und sociales Leben läuft auf ein Gleichgewicht der Egoismen hinaus: Lösung der Frage, wie man ein leidliches Dasein, ohne jede Liebeskraft, rein aus der Klugheit der betheiligten Egoismen erziele. 7, 441

Ein Staatsmann hat die Existenz eines Staates durch ein Wort in der Hand: er sagt die Wahrheit und zerstört den Staat. Rede Kant's an die Pflicht. Ein großer Mensch ist mehr werth als ein Reich, weil er heilsamer für alle Nachwelt ist. Sinn der großen That – große Thaten zu erzeugen. 7, 621

Das Glück des Einzelnen im Staate wird untergeordnet dem Gesammtwohl: was heisst das? Nicht dass die Minoritäten benutzt werden zum Wohle der Majoritäten. Sondern dass die Einzelnen dem Wohle der *höchsten Einzelnen* untergeordnet werden, dem Wohle der höchsten Exemplare. Die höchsten Einzelnen sind die schöpferischen Menschen, sei es die besten moralischen oder sonst im grossen Sinne nützlichen, also die reinsten Typen und Verbesserer der Menschheit. Nicht die Existenz eines Staates um jeden Preis, sondern dass die höchsten Exemplare in ihm leben können und schaffen können, ist das Ziel des Gemeinwesens. Das liegt auch der Entstehung der Staaten zu Grunde, nur dass man oft eine falsche Meinung hatte, was die höchsten Exemplare seien: oft die Eroberer usw. Dynasten. Ist die Existenz eines Staates nicht mehr zu erhalten, so dass die grossen Individuen in ihm nicht mehr leben können: so entsteht der schreckliche Noth- und Raubstaat: wo die *stärksten* Individuen sich an Stelle der *besten* setzen. Aufgabe des Staates nicht dass möglichst viele darin gut und sittlich leben: auf die Zahl kommt es nicht an: sondern dass überhaupt in ihm gut und schön gelebt werden könne: dass er die Basis einer *Kultur* abgäbe. Kurz: die edlere Menschlichkeit ist das Ziel des Staates, sein Zweck liegt ausser ihm, er ist *Mittel.* 7, 733 f.

AUS DEM NACHLASS 1875-1879

Der Mensch *wählt* den Beruf, wo er noch nicht fähig zum Wählen ist; er kennt die verschiedenen Berufe nicht, er kennt sich selbst nicht; er verbringt seine thätigsten Jahre dann in diesem Berufe, verwendet all sein Nachdenken darauf, wird erfahrener; erreicht er die Höhe seiner Einsicht, dann ist es gewöhnlich zu spät, noch etwas Neues zu beginnen, und die Weisheit hat auf Erden fast immer etwas

Altersschwaches und Mangel an Muskelkraft an sich gehabt.

Die Aufgabe ist meistens die, wieder gut zu machen, ungefähr zu recht zu legen, was in der Anlage verfehlt war; viele werden erkennen, dass der spätere Theil des Lebens eine Absichtlichkeit zeigt, die aus ursprünglicher Disharmonie entstanden ist; es lebt sich schwer. Am Ende des Lebens ist man's aber doch gewohnt – dann kann man sich über sein Leben irren und seine Dummheit loben: bene navigavi cum naufragium feci, und gar ein Preislied auf die »Vorsehung« anstimmen. 8, 20

Mich interessirt allein das Verhältniss des Volkes zur Erziehung des Einzelnen; und da ist allerdings bei den Griechen Einiges sehr günstig für die Entwicklung des Einzelnen, doch nicht aus *Güte* des Volkes, sondern aus dem Kampf der bösen Triebe.

Man kann durch glückliche Erfindungen das grosse Individuum noch ganz anders und höher erziehen, als es bis jetzt durch die Zufälle erzogen wurde. Da liegen meine Hoffnungen: Züchtung der bedeutenden Menschen. 8, 43

Wenn das Gymnasium zur Wissenschaft erziehn soll, so sagt man jetzt: es kann die Vorbereitung zu keiner Wissenschaft mehr geben, so umfassend sind die Wissenschaften geworden. Folglich muß man allgemein d. h. für alle Wissenschaften d. h. für die *Wissenschaftlichkeit* vorbereiten – und dazu *dienen* die klassischen Studien! – Wunderlicher Sprung! Eine sehr verzweifelte Rechtfertigung! Das Bestehende soll Recht behalten, auch nachdem klar eingesehn ist, daß das bisherige Recht, auf dem es ruhte, zum Unrecht geworden ist. 8, 52

Die Erholungen der Spartaner bestanden in Festen, Jagd und Krieg: ihr alltägliches Leben war zu hart. Im Ganzen ist ihr Staat doch eine Karikatur der Polis und ein Verderben von Hellas. Die Erzeugung des vollkommnen Spartaners – aber was ist er Großes, daß seine Erzeugung einen so brutalen Staat braucht! 8, 60

Die Wissenschaften werden vielleicht einmal von den Frauen betrieben: die Männer sollen geistig *schaffen*, Staaten, Gesetze, Kunstwerke usw. 8, 89

Je besser der Staat eingerichtet ist, desto matter die Menschheit.

Das Individuum *unbehaglich* zu machen: meine Aufgabe!

Reiz der Befreiung des Einzelnen im Kampfe!

Die geistige Höhe hat ihre *Zeit* in der Geschichte, vererbte Energie gehört dazu. Im idealen Staat ist es damit vorbei. 8, 91

Der ideale Staat, den die Socialisten träumen, zerstört das *Fundament* der großen Intelligenzen, die starke Energie. 8, 93

Man klagt dass socialistische Arbeiter denselben besitzsüchtigen bürgerlichen Sinn haben, sobald sie das Ziel erreichen.

Falsch: Das ist das Richtige. Die Anschauungen aus der Lage: niemand ist Schutzzöllner wenn – – – 8, 371

Alles gesellschaftliche Essen und Trinken, widerwärtig. 8, 372

Musik anhören Rauchen Essen und Trinken – von der lutherischen schwerfälligen Gemüthlichkeit aus. 8, 372

Der Socialismus beruht auf dem *Entschluss* die Menschen *gleich* zu setzen und gerecht gegen jeden zu sein: es ist die höchste Moralität. 8, 373

Unser Ziel muss sein: *Eine Art* der Bildungsschule für das ganze Volk – und ausserdem Fachschulen. 8, 383

– – – dem der Staat die Herrschaft des Teufels ist. 8, 383

Der Charakter der dramatischen Musik, der deutschem Wesen ebenso fern steht wie der Charakter der Bismarckschen Politik. 8, 387

AUS DEM NACHLASS 1880-1882

In Rußland Absolutismus
in Deutschland sucht man, was Richelieu für Frankreich
in Frankreich experimentirt man 25 Verfassungsformen in 100 Jahren. 9, 38

Pfui über alle Parteien! Sie fälschen die Freundschaft die reinste Ergebenheit, die stärkste Wahrheitsliebe – ihre fortwährende Thätigkeit ist Falschmünzerei. Der bedeutendste Mensch ist nicht weit vom Schurken und Verleumder, wenn er eine Partei machen will. 9, 42

Die Gesellschaft muß ihrer so sicher werden, daß sie eine leidliche Summe Verbrechen ertragen kann, ohne im Ganzen dadurch gestört zu werden; ebenso muß der Staat so klug und dauerhaft begründet sein, daß viel Ungeschick und Thorheit seiner Diener ihm nicht wesentlich schädlich wird. 9, 65

Endlich, insofern der Urheber vieler Tode unheilvoller ist, als der Mörder, so müßten alle Fürsten, Minister, Volksredner und Zeitungsschreiber, durch welche ein Krieg erregt und befürwortet worden ist, hingerichtet werden; ich meine natürlich die ungerechten Kriege, aber man wird mir sagen, daß es keine ungerechten Kriege giebt. 9, 71

Die Thatsache ist der ewige Fluß. Der Staat bemüht sich, aus seinen Bürgern etwas von bleibendem Charakter zu machen, die Moral aus jedem Individuum etwas Festes – Das *Gedächtniß* ist die Grundlage für diese anscheinende Festigkeit (von Tag zu Tag, von Generation zu Generation), Verachtung gegen den Wechsel *gelehrt.* 9, 108 f.

Die Moral die zunächst gar *nicht* an's Glück der Individuen denkt, vielmehr dasselbe fürchtet und zu dämpfen sucht (»Maaß« der Griechen) will etwas, das über die Zeit der Individuen hinausreicht, den Verband mehrerer Generationen und zwar vom Standpunkt der Gemeinde: das Individuum ist der Sündenbock für die Collektiva »Staat« Menschheit usw. »Nur *als Ganzes* können wir uns erhalten« das ist die Grundüberzeugung. So denken die alten Männer und die Fürsten, welche ihren Nachkommen die Gemeinde gesichert übergeben wollen. »Tugend« ist hier nicht etwas Auszeichnendes, sondern die verlangte Regel, welche kein Lob erntet (wie in militärischen Organisationen) *Individuelle* Auszeichnung ist überhaupt erst in Griechenland erfunden worden, in Asien gab es nur Fürsten und Gesetzgeber. Die Moral für Individuen *trotz* der Gemeinde und deren Satzung beginnt mit Sokrates. 9, 118 f.

Der Haupterfolg der *Arbeit* ist die Verhinderung des Müssigganges der gemeinen Naturen, auch z. B. der Beamten, Kaufleute, Soldaten usw. Der Haupteinwand gegen den Socialismus ist, daß er den gemeinen Naturen den Müssiggang schaffen will. Der müssige Gemeine fällt sich und der Welt zur Last. 9, 221

Aus welchen erbärmlichen Elementen der deutsche Socialismus besteht in seinen *Führern*, ist daraus zu ersehen, daß keiner die volle Enthaltung von geistigen Getränken gefordert hat – und doch ist diese Plage viel verhängnißvoller als irgendein socialer Druck! 9, 221

So ist der Kampf gegen die Juden immer ein Zeichen der schlechteren, neidischeren und feigeren Natur gewesen: und wer jetzt daran Theil nimmt, muß ein gutes Stück pöbelhafter Gesinnung in sich tragen. 9, 254

Das Leben von euch Beamten und Politikern hat etwas Rauschendes, ein Bach und Mühlenräder tönen um euch, sie machen mit ihrem Lärm euer Denken kraftlos: wie wollt ihr noch eurer Seele Melodien hören! Ihr werdet hohl und hart: und oberflächlich! Und eure »Pflicht« wird zum Schrecken für Andere und führt sie irre, es *scheint* ein edles Selbstopfern, aber es ist nur eine Selbstvergeßlichkeit; von dem Augenblick an, wo das bischen »Selbst« eben sichtbar werden wollte: mehr Nachlässigkeit als Opfer. 9, 292

Die Deutschen wechseln ab mit Hingebung an das Ausländische und einem rachesüchtigen Verlangen nach Originalität, (Rache für ihre Scham beim Rückblick) – und die ganz unbedenklich guten Deutschen, welche produktiv sind, sind *Vermittler* gewesen und haben europäisch gearbeitet (wie Mozart und die Historiker usw.) – Die Deutschen, zum Beweise, daß ihre Originalität nicht Sache der Natur, sondern des Ehrgeizes ist, meinen, sie liege in der völligen und faustdicken *Verschiedenheit*: aber so dachten Griechen nicht gegen den Orient, noch Römer gegen Griechen, noch Franzosen gegen Römer und Renaissance – und *wurden* original (man *ist* es nämlich zuerst nicht! sondern man ist roh!) 9, 319

Alcohol: die Deutschen, die jetzt auf unverschämte Weise geldgierig geworden sind, Politik lieber als Arbeit wollen, und Sklaven des nationalen Dünkels ‹sind› – drei Quellen der Verdummung 9, 356

Das Schöne – darunter verstehen die Amerikaner jetzt das Ruhig-Rührende. Es ist dem geschäftlichen Ernste und der praktischen Erwägung der Folgen, der Trockenheit und der Leidenschaft des Jagens Gewinnens und Sich-Besinnens entgegen 9, 357

Tiefes Gelb der Gebäude und das schwarze Grün der Cypressen darüber – ein Kloster, und invalide Soldaten darin. 9, 358

Zum *Plan.*

Ein Bild des *Griechenthums* als der Zeit, die die meisten Individualitäten hervorgebracht hat. Das Fortleben in der Renaissance!

Polemik gegen mittelalterlich, höfisch, liberal-parlamentarisch, socialistisch. Ich sehe die socialistischen Körper sich bilden, unvermeidlich! Sorgen wir, daß auch die *Köpfe* für diese *Körper* anfangen zu keimen! Jene Organisationen bilden den zukünftigen Sklavenstand, mit allen ihren Führern – aber darüber erhebt sich eine Aristokratie vielleicht von *Einsiedlern*! Es ist *die Zeit des Gelehrten vorbei*, der wie alle Anderen lebt und glaubt (als Werkzeug der Kirchen, der Höfe, der kaufmännischen Parteien usw.)! Der *große Heroism* thut wieder noth! 9, 359

Die einzige erobernde Macht großen Stils ist Rußland (*ohne* dies Erobern-wollen sind die Staaten kastrirt! Es gehört *dazu*, überschüssige Kraft nach außen zu wenden!) Folglich wird es Europa nöthigen sich zu einigen. Aber den Socialismus ergreift der endliche Ekel dieses Kriegszustands ohne

Ende und überbrückt den Völker- und Dynastienhader! Wir gehen *wilderen* Zeiten entgegen! Das ist ein Vorzug, denn diese übernervöse Gegenwart ist nichts mehr werth, eine Reinigung von Hyperchristlich-Moralischen thut noth, ein *Zu-Grunde-gehen* und *Ohnmächtig-werden* der Eleganten Unkräftigen Verzärtelten, usw.! 9, 360

Das augenblickliche politische Übergewicht Deutschland's ist nicht aufrecht zu erhalten: es verdankt es der Willenskraft eines Einzelnen, der außerdem von dem schwachen Charakter aller Deutschen so überzeugt war, daß er weder Parteien noch Fürsten fürchtete. Sie mögen die beste Organisation und den trefflichsten Gehorsam haben – aber die Befehlenden werden in diesem Lande so selten geboren, und noch seltener, die welche befehlen und Geist haben. – Deshalb ist die Überlegenheit eine große Gefahr – sie erzieht in der Anmaßung und in den Ansprüchen. – Mit Parteien kann man machen, was man will, wenn man nämlich *will*: aber velle non discitur. Und wahrhaftig, es gehört nicht einmal der Wille eines Richelieu dazu, sondern der eines Bismarck – das will sagen, ein viel launischeres und leidenschaftlicheres Ding. 9, 383

Der *friedliebende* Deutsche, man kann auf seine Unterwerfung vor dem Regimente und der Religion rechnen – weil er die wirkliche *Unruhe* und *Gefahr* haßt: um so mehr bedarf er leichter gefährlich scheinender Schwärmereien, um sich als Held vorzukommen. Er wechselt damit sehr oft, weil er *nicht* die That will! 9, 383

Der Reiz aller Bußprediger, die *große Macht* öffentlich zu verachten! der Reiz aller Hochmächtigen zur tiefsten Erniedrigung und Hingebung und Abstinenz – dämonischer Zauber! 9, 394 aus*gleichende* Naturen, welche unter Franzosen oder Amerikanern den Haß gegen die Deutschen, unter Deutschen den Haß gegen die Juden in sich durch ein absichtliches Wohlwollen ersetzen – nicht aus Widerspruch, sondern aus einem Bedürfniß der Gerechtigkeit. So gegen ganze geschichtliche Perioden gestimmt! 9, 419 f.

Bismarck, dessen Verdienst ist den Deutschen das Vergnügen an den europäischen Partei-Schablonen zu verleiden.

9, 422

Die Weisen müssen das Monopol des *Geldmarktes* sich erwerben: darüber erhaben durch ihre Lebensweise und Ziele und Richtung gebend für den Reichthum – es ist absolut nöthig, daß die höchste Intelligenz ihm die Richtung giebt. 9, 472

Es bildet sich ein Sklavenstand – sehen wir zu, daß auch ein Adel sich bildet. 9, 483

Während in sehr vielen Fällen das erste Kind einer Ehe einen genügenden Grund abgiebt, keine weiteren Kinder in die Welt zu setzen: wird doch die Ehe dadurch nicht gelöst, sondern trotz des voraussichtlichen Nachtheils neuer Kinder (zum Schaden aller Späteren!) *festgehalten*! Wie kurzsichtig! Aber der Staat will und wollte keine bessere Qualität, sondern *Masse*! Deshalb liegt ihm an der *Züchtung* der Menschen nichts! – Einzelne ausgezeichnete Männer sollten bei mehreren Frauen Gelegenheit haben, sich fortzupflanzen; und einzelne Frauen, mit besonders günstigen Bedingungen, sollten auch nicht an den Zufall Eines Mannes gebunden sein. Die Ehe wichtiger zu nehmen! Weil der Staat nicht mehr nöthig ist. 9, 508 f.

Also: der Staat unterdrückt ursprünglich *nicht* etwa die Individuen: diese existiren noch gar nicht! Er macht den Menschen überhaupt die Existenz möglich, als Heerdenthieren. Unsere *Triebe Affekte* werden uns da erst gelehrt: *sie sind nichts Ursprüngliches*! Es giebt keinen »Naturzustand« für sie! Als Theile eines Ganzen nehmen wir an dessen Existenzbedingungen und Funktionen Antheil und *einverleiben uns die dabei gemachten Erfahrungen und Urtheile*. Diese gerathen später mit einander in Kampf und Relation, wenn das Band der Gesellschaft zerfällt: er muß in sich die Nachwirkungen des gesellschaftlichen Organismus *ausleiden*, er muß das Unzweckmäßige von Existenzbedingungen Urtheilen und Erfahrungen, die *für ein Ganzes* paßten, abbüßen und endlich kommt er dahin, seine *Existenzmöglichkeit als Individuum* durch Neuordnung und Assimilation Excretion der Triebe in sich zu schaffen. Meistens gehen diese *Versuchs-Individuen* zu Grunde. Die Zeiten, wo sie entstehen, sind die der Entsittlichung, der sogenannten Corruption d. h. alle Triebe wollen sich jetzt persönlich versuchen und nicht bis dahin jenem persönlichen Nutzen *angepaßt* zerstören sie das Individuum durch Übermaaß. Oder sie zerfleischen es, in ihrem Kampfe mit einander. Die Ethiker treten dann auf und suchen dem Menschen zu zeigen, wie er doch leben könne, ohne so an sich zu leiden – meistens, indem sie ihm die *alte bedingte Lebensweise* unter dem Joche der Gesellschaft anempfehlen, nur so daß an Stelle der Gesellschaft ein Begriff tritt – es sind *Reaktionäre*. Aber sie *erhalten* Viele, wenn gleich durch Zurückführung in die Gebundenheit. Ihre Behauptung ist, es gebe ein *ewiges Sittengesetz*; sie wollen das individuelle Gesetz nicht anerkennen und nennen das Streben dahin unsittlich und zerstörerisch. – Unvermeidlich überwiegen bei einem, der frei werden will, die Funktionen an Kraft, mit denen er (oder seine Vorfahren) der Gesellschaft gedient haben: diese hervorragenden Funktionen lenken und fördern oder beschränken die übrigen – aber *alle* hat er nöthig, um als Organism selber zu *leben*, es sind *Lebensbedingungen*!

Aber wir sind lange Miß*gestalten*, und dem entspricht das viel *größere Mißbehagen* der frei werdenden Individuen – im Vergleich zur älteren abhängigen Stufe und das massenhafte Zugrundegehen. 9, 511 f.

Die griechischen Gesetzgeber haben den agon so gefördert, um den Wettkampfgedanken vom *Staate* abzulenken und die politische Ruhe zu gewinnen. (Jetzt denkt man an die Concurrenz des Handels) Das Nachdenken über den Staat sollte durch agonale Erhitzung abgelenkt werden – ja turnen und dichten sollte man – dies hatte den Nebenerfolg, die Bürger stark schön und fein zu machen. – Ebenso förderten sie die Knabenliebe, einmal um der Übervölkerung vorzubeugen (welche unruhige verarmte Kreise erzeugt, auch innerhalb des Adels) sodann als Erziehungsmittel zum agon: die Jungen und die Älteren sollten bei einander bleiben, sich nicht trennen und das Interesse der Jungen festhalten – sonst hätte sich der Ehrgeiz der abgesonderten Älteren auf den Staat geworfen, aber mit Knaben konnte man nicht vom Staate sprechen. So benutzte vielleicht Richelieu die Galanterie der Männer, um die ehrgeizigen Triebe abzulenken und andere *Gespräche* als über den Staat in Curs zu bringen. 9, 514 f.

Im Allgemeinen ist die Richtung des Socialismus wie die des Nationalismus eine Reaktion, gegen das Individuellwerden. Man hat seine *Noth* mit dem ego, dem *halbreifen tollen* ego: man will es wieder unter die Glocke stellen. 9, 515

Schadenwollen als Tendenz ist jetzt im Kampfe der *Parteien* (der politischen und auch der wissenschaftlichen) seines Tadels entkleidet, ebenso in der Concurrenz der Kaufleute, der Staaten: man untersagt sich gewisse Mittel, aber *nicht* die

Tendenz! Kritik gegen alles geübt ist eine letzte Machtäußerung der Einflußlosen – eine Fortsetzung der Hexerei

Nützenwollen durch *Gebete* und Erhöhung der Phantasie galt ehemals für eine Hauptbeschäftigung des Menschen, einen Gott vergewaltigen und bestimmen zum Guten – es ist das Seitenstück zur Magie: einen Teufel vergewaltigen und zwingen zum Bösen: was wohl auch eine Hauptbeschäftigung war. Das *Schwelgen* im Wollen und im Bilde der erreichten Absicht und der Glaube, daß *dies* das *Mittel* zur *Erreichung* der Absicht sei: darin waren Alle einmüthig. Man glaubte an einen geheimen *Weg* außer dem der That und der Mechanik, um zum gleichen Ziel zu kommen. 9, 516

Die Sklaverei ist allgemein sichtbar, obwohl sie sich dies nicht eingesteht; – wir müssen darnach streben, überall zu sein, alle Verhältnisse derselben zu kennen, alle ihre Meinungen am besten zu vertreten, so allein können wir sie beherrschen und benutzen. Unser Wesen muß verborgen bleiben: gleich dem der Jesuiten, welche eine Diktatur in der allgemeinen Anarchie ausübten, aber sich als *Werkzeug* und *Funktion* einführten. Welches ist unsere Funktion, unser Mantel der Sklaverei? Lehrerthum? – Die Sklaverei soll nicht vertilgt werden, sie ist nothwendig. Wir wollen nur zusehen, daß immer wieder solche entstehen, *für welche* gearbeitet wird, damit diese ungeheure Masse von politisch-commerciellen Kräften nicht umsonst sich verbraucht. Selbst schon, daß es *Zuschauer* und *Nicht-mehr-Mitspieler* giebt! 9, 527

Grundgedanke der Handels-Kultur: die niedere Masse mit ihrem kleinen Besitz wird unzufrieden gemacht durch den Anblick des Reichen, sie glaubt, der *Reiche sei der Glückliche*. – Die arbeitende überarbeitete selten ruhende Sklavenmasse glaubt, der Mensch *ohne körperliche Arbeit* sei der Glückliche (z. B. schon der Mönch – daher die Sklaven so gern Mönche wurden). – Der von Begierden Geplagte und selten Freie glaubt, der *Gelehrte und Unbewegliche* und auch Geistliche sei der Glückliche. – Der hin- und hergerissene Nervöse glaubt, der Mensch der *großen Einen Leidenschaft* sei der Glückliche. – Der Mensch, welcher kleine Auszeichnungen kennen gelernt hat, meint, der Geehrteste sei der Glückliche. Es ist das *selten und in geringem Grade Besessene*, was die Phantasie der Menschen zum Bilde des *Glücklichen* aufreizt – *nicht* das was ihnen fehlt – *das Fehlen erzeugt Gleichgültigkeit gegen den Gegensatz des Fehlens.* 9, 535

AUS DEM NACHLASS 1882-1885

Die Ehe als die erlaubte Form der Geschlechtsbefriedigung.

Der Krieg als die erlaubte Form des Nachbar-Mordes.
Die Schule als die erlaubte Form der Erziehung.
Justiz als die erlaubte Form der Rache.
Religion als die erlaubte Form des Erkenntnißtriebes.

10, 18

Staat hat seine Moral dem I‹ndividuum› einverleibt. 10, 22

Der Irrsinn ist selten bei Einzelnen – aber bei Gruppen, Parteien, Völkern, Zeiten die *Regel*: – und deshalb redeten bisher die Historiker nicht vom Irrsinn. Aber irgend wann werden die Ärzte Geschichte schreiben. 10, 72

Bei patriotischen Festen gehören auch noch die Zuschauer zu den Schauspielern. 10, 105

Viel Soldaten und doch wenig Männer! Viel Uniform und noch viel mehr Uniformität. 10, 106

Staat und Gesellschaft sind für Einige nicht *nöthig*: aber diese müssen sie *ertragen* und sich, so gut es geht, entziehen. 10, 114

Den constitutionellen Königen gab man die Tugend – sie können nicht mehr »Unrecht thun« – aber man nahm ihnen dafür die Macht. Seitdem wollen sie nichts als Krieg – warum doch? 10, 133

Der Staat gewährt *Schutz* dem Schwächeren, der sich selber gegen den Übelthäter nicht schützen kann: also Strafen sind zuerst Sicherheitsmaßregeln, auch insofern sie abschrekken. Er will nicht, daß *man sich selber wehrt* – er fürchtet *nicht* die Rache, sondern die *souveräne Gesinnung*!

Also: die Unterordnung unter die *Gerechtigkeit des Staates* ist eine *Aufopferung*, nicht eine Nützlichkeit für edlere Menschen. Somit muß der Staat selber als eine *höhere Empfindung* gewirkt haben: kurz, *älter* als die Einordnung unter die Gerechtigkeits-Übung des Staates muß *der Glaube an die Heiligkeit* (Ehrwürdigkeit) des Staates sein: älter und *stärker*! In Bezug auf Kinder und Sklaven hält der Vornehme lange seine *Hoheit* fest: seine Souverainetät also. – Nicht Gesichts-Punkte der Klugheit, sondern *Impulse des Heroismus* sind in der *Entstehung des Staates* mächtig gewesen: der Glaube, daß es etwas Höheres giebt als Souverainetät des Einzelnen. Da wirkt die Ehrfurcht vor dem Geschlechte und den Ältesten des Geschlechts: ihm bringt der Jüngere sein Opfer. Die Ehrfurcht vor den Todten und den überlieferten Satzungen der Vorfahren: ihnen bringt der Gegenwärtige sein Opfer. – Da wirkt die Huldigung vor einem geistig Überlegenen und Siegreichen: das Entzücken, seinem Musterbilde leibhaft zu begegnen: da entstehen Gelöbnisse der Treue. – Es ist *nicht der Zwang, und nicht die Klugheit*, welche die älteren Staatsformen aufrecht erhält: sondern das Fortströmen nobler Regungen. Der Zwang würde gar nicht auszuüben sein, und die Klugheit ist vielleicht noch *zu wenig* individuell entwickelt. – Eine gemeinsame *Gefahr* giebt vielleicht den *Anlaß* zum Zusammenkommen: und das Gefühl der neuen *gemeinsamen Macht* hat etwas *Hinreißendes* und ist eine Quelle nobler Entschließungen. 10, 259 f.

Einstmals hatte man die *Theorie* vom Staat als einer berechnenden Nützlichkeit: *jetzt hat man die Praxis* dazu! – Die Zeit der Könige ist vorbei, weil die Völker ihrer nicht mehr würdig sind: sie *wollen* nicht das Urbild ihres Ideals im Könige sehen, sondern ein Mittel ihres Nutzens. – Das ist die ganze Wahrheit! 10, 260

Warum hat sich neben dem Straf-Recht nicht auch ein Lohn-Recht entwickelt? Warum übernahm der Staat nicht auch die Dankbarkeit der Einzelnen gegen die Anderen? 10, 265

Erste Thatsache: die Gesellschaft tödtet, foltert, beraubt, der Freiheit, des Vermögens: übt Gewalt durch Beschränkung der Erziehung; durch Schulen; lügt, trügt, stellt nach (als Polizei) – alles dies kann also nicht *an sich als schlecht* gelten. – Sie will ihre Erhaltung und Förderung – das ist kein heiliger Zweck: sie kämpft darum gegen andere Gesellschaften. – Also um des Nutzens willen geschieht dies Alles. Aber *toll*! Gerade *diese* Handlungen sollen mit besonderer Würde und Ehrerbietung angesehen werden: – als »Recht«, Sittlichkeit, Erhaltung und Pflege des Guten. Daß hier Vieler Nutzen über den Weniger gesetzt wird, das hätte nur Sinn bei der Voraussetzung, daß der Einzelne nicht mehr Werth haben *könne* als die ganze Gesellschaft! Von vornherein ist aber hier die *Absicht*, solche Einzelne gar nicht entstehen zu machen: das Bild des Menschen ist schon da, welches man als Maaßstab für die Erhaltung des gemeinen Nutzens nimmt. Die Voraussetzung der *Gesellschaft muß sein*, daß sie den *höchsten Typus* »Mensch« repräsentire und *daraus* ihr Recht ableitet, alles *ihr* Feindliche als das an *sich* Feindliche zu bekämpfen. – *Ohne diesen Glauben an sich* ist die Gesellschaft *»unmoralisch«* in jedem Sinne. Im Glauben aber bestimmt sie erst, *was* moralisch sein *soll*, – so hat es Sinn! 10, 316 f.

Es giebt Handlungen, die wir niemals uns erlauben werden, auch nicht als Mittel zum *höchsten* Zweck z. B. Verrath eines Freundes.

Lieber zu Grunde gehen und einiges Vertrauen haben, daß es günstigere Lagen giebt, unseren höchsten Zweck durchzuführen. – Nun aber was ist denn das für ein höchster Zweck, eine Gemeinde, einen Staat zu erhalten! Die Handlung eines Menschen, *der den Staat opfert, um nicht* Verräther an seinem Ideal zu sein, kann die *höchste Leistung sein*, derentwegen die ganze Existenz dieses Staates erst für die Nachwelt in Betracht kommt! 10, 317 f.

Voraussetzung des *bisherigen* Staates: »*der Mensch soll sich nicht entwickeln*, das *Maaß* ist *da*!« Die katholische Kirche (die älteste aller Staatsformen in Europa) repräsentirt den alten Staat jetzt am besten! 10, 318

Die einflußreichsten Menschen sind die verborgensten. 10, 362

Der gefährlichste Anhänger ist der, dessen Abfall die ganze Partei vernichten würde – also der beste Anhänger. 10, 388

An der Spitze der Staaten soll der *höhere Mensch* stehn: alle anderen Formen sind Versuche, einen Ersatz *seiner* sich selber beweisenden Autorität zu geben. (Das alte Gesetz bekommt erst seine Heiligkeit, wenn es an gesetzgeberischen Kräften *fehlt*.) 10, 476

Die zunehmende *Verdummung* und Vergemeinerung Europa's. 11, 27

»Deutschland, Deutschland über Alles« – ist vielleicht die blödsinnigste Parole, die je gegeben worden ist. *Warum* überhaupt Deutschland – frage ich: wenn es nicht Etwas *will, vertritt, darstellt*, was mehr Werth hat, als irgend eine andere bisherige Macht vertritt! An sich nur ein großer Staat mehr, eine Albernheit mehr in der Welt. 11, 77

Für das Princip »Deutschl‹and› D‹eutschland› über Alles« oder für das deutsche Reich sich zu begeistern, sind wir nicht dumm genug. 11, 78

Im Orient erstarrten Völker unter der Herrschaft Eines Sittengesetzes. Europa lebendig geblieben unter der Herrschaft von zwei entgegengesetzten.

Die Geschichte Europas seit der römischen Kaiserzeit ist ein Sklavenaufstand. 11, 79

Die Demokratie repräsentirt den *Unglauben* an große Menschen und an Elite-Gesellschaft: »Jeder ist jedem gleich« »im Grunde sind wir allesamt eigennütziges Vieh und Pöbel« 11, 224

Kann man sich für dieses deutsche Reich interessiren? Wo ist der neue *Gedanke*? Ist es nur eine neue Macht-Combination? Um so schlimmer, wenn es nicht weiß, was es will. *Frieden* und Gewähren-lassen ist gar keine Politik, vor der ich Respekt habe. Herrschen und dem höchsten Gedanken zum Siege zu verhelfen – das Einzige, was mich an Deutschland interessiren könnte. Was geht es mich an, daß Hohenzollern da sind oder nicht da sind? – England's *Klein-Geisterei* ist die große Gefahr jetzt auf der Erde. Ich sehe mehr Hang zur Größe in den Gefühlen der russischen Nihilisten als in denen der englischen Utilitarier. Ein In-einander-wachsen der deutschen und der slavischen Rasse, – auch bedürfen wir der geschicktesten Geldmenschen, der Juden, unbedingt, um die Herrschaft auf der Erde zu haben. 11, 238

1) der Sinn für Realität
2) Bruch mit dem englischen Princip der Volks-Vertretung, wir brauchen Vertretung der großen Interessen
3) wir brauchen ein unbedingtes Zusammengehen mit Rußland, und mit einem neuen *gemeinsamen* Programm welches in Rußland keine englischen Scheinwesen zur Herrschaft kommen läßt. Keine amerikanische Zukunft!
4) eine europäische Politik ist unhaltbar, und die Einengung gar in christliche Perspectiven ein *ganz großes Malheur*. In Europa sind alle gescheuten Leute *Sceptiker*, ob sie es sagen oder nicht.

Ich denke, wir wollen uns weder in christliche noch in amerikanische Perspektiven einengen. 11, 238 f.

Europa ist eine untergehende Welt. Demokratie ist die *Verfalls-Form* des Staates. 11, 267

Heute, in der Zeit wo der Staat einen unsinnig dicken Bauch hat, giebt es in allen Feldern und Fächern, außer den eigentlichen Arbeitern noch »Vertreter« z.B. außer den Gelehrten noch Litteraten, außer den leidenden Volks-Schichten noch schwätzende prahlerische Thunichts-gute, welche jenes Leiden »vertreten«, gar nicht zu reden von den Politikern von Berufs wegen, welche sich wohl befinden und Nothstände vor einem Parlament mit starken Lungen »vertreten«. Unser modernes Leben ist äußerst *kostspielig* durch die Menge Zwischen-Personen; in einer antiken Stadt dagegen, und im Nachklang daran noch in mancher Stadt Spaniens und Italiens, trat man selber auf und hätte nichts auf einen solchen modernen Vertreter und Zwischenhändler gegeben – es sei denn einen Tritt! 11, 475

Die europäische D‹emokratie› ist zum kleinsten Theil eine Entfesselung von Kräften: vor Allem ist sie eine Entfesselung von Faulheiten, von Müdigkeiten, von *Schwächen.*

11, 476

Europa ist zuletzt ein Weib: und die Fabel lehrt, daß so ein Weib sich unter Umständen von gewissen Thieren fortschleppen läßt. Ehemals, zur Zeit der Griechen, war's ein Stier. Heute – der Himmel behüte mich, das Thier zu nennen. 11, 513

Es naht sich, unabweislich, zögernd, furchtbar wie das Schicksal, die große Aufgabe und Frage: wie soll die Erde als Ganzes verwaltet werden? Und *wozu* soll »der Mensch« als Ganzes – und nicht mehr ein Volk, eine Rasse – gezogen und gezüchtet werden? 11, 580

Der Socialismus – als die zu Ende gedachte *Tyrannei* der Geringsten und Dümmsten, der Oberflächlichen, der Neidischen und der Dreiviertels-Schauspieler – ist in der That die Schlußfolgerung der modernen Ideen und ihres latenten Anarchismus: aber in der lauen Luft eines demokratischen Wohlbefindens erschlafft das Vermögen, zu Schlüssen oder gar zum *Schluß* zu kommen. Man folgt, – aber man folgert nicht mehr. Deshalb ist der Socialismus im Ganzen eine hoffnungslose, säuerliche Sache: und Nichts ist lustiger anzusehen als der Widerspruch zwischen den giftigen und verzweifelten Gesichtern welche heute die Socialisten machen – und von was für erbärmlichen gequetschten Gefühlen legt gar ihr Stil Zeugniß ab! – und dem harmlosen Lämmer-Glück ihrer Hoffnungen und Wünschbarkeiten. Dabei kann es doch an vielen Orten Europas ihrerseits zu gelegentlichen Handstreichen und Überfällen kommen: dem nächsten Jahrhundert wird es hie und da gründlich im Leibe »rumoren«, und die Pariser Commune, welche auch in Deutschland ihre Schutzredner und Fürsprecher hat (z.B. in dem philosophischen Grimassen-Schneider und Sumpfmolch E‹ugen› D‹ühring› in Berlin), war vielleicht nur eine leichtere Unverdaulichkeit gemessen an dem, was kommt. Trotzdem wird es immer zuviel Besitzende geben, als daß der Socialismus mehr bedeuten könnte als einen Krankheits-Anfall: und diese Besitzenden sind wie Ein Mann Eines Glaubens »man muß etwas besitzen, um etwas zu *sein*«. Dieß aber ist der älteste und gesündeste aller Instinkte: ich würde hinzufügen »man muß mehr haben wollen als man hat, um mehr zu *werden*«. So nämlich klingt die Lehre, welche allem, was lebt, durch das Leben selber gepredigt wird: die Moral der Entwicklung. Haben und mehr haben wollen, Wachsthum mit einem Wort – das ist das Leben selber. 11, 586

AUS DEM NACHLASS 1885-1889

Es scheint mir immer mehr daß wir nicht flach und nicht gutmüthig genug sind, um an dieser märkischen Junker-Vaterländerei mitzuhelfen und in ihre haßschnaubende Verdummungs-Parole »Deutschland Deutschland über Alles« einzustimmen. 12, 54f.

Genug, die Zeit kommt, wo man über Politik umlernen wird. 12, 88

ich glaube, wir ermangeln der politischen Leidenschaft: wir würden es unter einem demokr‹atischen› Himmel so gut als unter einem abs‹olutistischen› mit Ehren aushalten. 12, 88

Im demokratischen Gemeinwesen, wo Jedermann Spezialist ist, fehlt das Wozu? für Wen? der Stand, in dem alle die tausendfältige Verkümmerung aller Einzelnen (zu Funktionen) *Sinn* bekommt. 12, 110

Die aera Bismarcks (die aera der deutschen Verdummung)

auf solchem Sumpfboden gedeihen, wie billig, auch die eigentlichen Sumpfpflanzen, z. B. die A⟨ntisemiten⟩ 12, 164

Maxime: mit keinem Menschen umgehn, der an dem verlognen Rassen-Schwindel Antheil hat.

(Wieviel Verlogenheit und Sumpf gehört dazu, um im heutigen Mischmasch-E⟨uropa⟩ Rassenfragen aufzurühren!) 12, 205

Zur Charakteristik des *nationalen Genius*, in Hinsicht auf Fremdes und Entlehntes.

der *englische* Genius vergröbert und vernatürlicht Alles, was er empfängt

der französische verdünnt, vereinfacht, logisirt, putzt auf.

der *deutsche* verwischt, vermittelt, verwickelt, vermoralisirt.

der *italiänische* hat bei weitem den freiesten und feinsten Gebrauch vom Entlehnten gemacht und hundert Mal mehr hinein gesteckt als herausgezogen: als der *reichste* Genius, der am meisten zu verschenken hatte. 12, 341

Der Handel ist, seinem Wesen nach, satanisch. Le commerce, c'est le prêté-rendu, c'est le prêt avec le sous-entendu: Rends moi plus que je ne te donne.

– Der Geist jedes Handeltreibenden ist völlig vicié.

– Le commerce est naturel, *donc il est infâme.*

– Der Mindest-Verruchte unter allen Handeltreibenden ist der welcher sagt: seien wir tugendhaft, um viel mehr

Geld zu gewinnen als die Thoren, welche lasterhaft sind. Für den Handelsmann ist die Honnetetät selbst eine Spekulation auf Gewinn.

– Le commerce est satanique, parce qu'il est une des formes de l'égoïsme – 13, 85

Ein wenig reine Luft! Dieser absurde Zustand Europa's soll nicht mehr länger dauern! Giebt es irgend einen Gedanken hinter diesem Hornvieh-Nationalismus? Welchen Werth könnte es haben, jetzt wo Alles auf größere und gemeinsame Interessen hinweist, diese ruppigen Selbstgefühle aufzustacheln? ... Und das nennt sich »christlicher Staat«! Und in der Nähe der obersten Kreise die Hofprediger-Canaille! ... Und das »neue Reich«, wieder auf den verbrauchtesten und bestverachteten Gedanken gegründet, die Gleichheit der Rechte und der Stimmen ...

Und das in einem Zustande, wo die *geistige Unselbständigkeit* und Entnationalisirung in die Augen springt und in einem gegenseitigen Sich-Verschmelzen und -Befruchten der eigentliche Werth und Sinn der jetzigen Cultur liegt!

Die wirthschaftliche Einigung Europas kommt mit Nothwendigkeit – und ebenso, als Reaktion, die *Friedenspartei* ...

Das Ringen um einen Vorrang innerhalb eines Zustandes, der nichts taugt: diese Cultur der Großstädte, der Zeitungen, des Fiebers und der »Zweckosigkeit« 13, 92 f.

Ihr habt alle nicht den Muth, einen Menschen zu tödten oder auch nur zu peitschen oder auch nur zu – aber der ungeheure Wahnsinn im Staat überwältigt den Einzelnen, so daß er die Verantwortlichkeit für das, was er thut, *ablehnt* (Gehorsam, Eid usw.)

– Alles, was ein Mensch im Dienste des Staates *thut*, geht wider seine Natur ...

– insgleichen alles, was er in Hinsicht auf den zukünftigen Dienst im Staate *lernt*, geht wider seine Natur.

Das wird erreicht durch die *Arbeitstheilung*: so daß Niemand die ganze Verantwortlichkeit mehr hat.

: der Gesetzgeber und der, der das Gesetz ausführt

: der Disciplin-Lehrer und die, welche in der Disciplin hart und streng geworden sind

Der Staat als die *organisirte Gewaltthätigkeit* ... 13, 97

wahre Freiheit für das Individuum giebt es nur, so lange es noch nicht in eine vollkommen civilisirte Gesellschaft enrégimenté ist: in ihr verliert es den ganzen Besitz von sich, von seinen Gütern, von seinem *Guten*. Der Staat hat, von 1789 an, teufelsmäßig die Rechte von Jedem absorbirt, und ich frage mich, ob nicht, unter dem Namen der vollkommenen Herrschaft des Staates, uns die Zukunft noch eine ganz andere Tyrannei vorbehält, servi par le despotisme d'une bureaucratie française – 13, 123

Die Vorzeichen einer großen Revolte: ein Cynismus auf Befehl, ein Durst nach Skandal, agaçant, irritation, lassitude. Das Publikum entnervt, auf falschen Wegen erkannte sich nicht mehr

In Momenten der Crisis fühlt man eine Menge Individuen aus den tiefsten Schichten der Bevölkerung auftauchen, die kein Ziel, keine Idee irgend einer Art haben und die sich nur durch die Liebe zum désordre unterscheiden. Fast immer stehen sie unter dem Antrieb der kleinen Gruppe der »avancés«, welche aus ihnen machen, was sie wollen ..

Die gens de rien bekamen eine plötzliche Wichtigkeit, sie kritisirten laut alle respektablen Dinge, sie, die bisher nicht den Mund zu öffnen gewagt hatten, und die Begabtesten hörten ihnen schweigend zu, oft selbst mit einem kleinen Lächeln der Zustimmung. 13, 147

esprit: Eigenthum später Rassen (Juden, Franzosen, Chinesen) Die Antisemiten vergeben es den Juden nicht daß die

Juden »Geist« haben – und Geld: der Antisemitismus, ein Name der »Schlechtweggekommen«) 13, 365

Im alten Strafrecht war ein *religiöser* Begriff mächtig: der der sühnenden Kraft der Strafe. Die Strafe reinigt: in der modernen Welt befleckt sie. Die Strafe ist eine Abzahlung: man ist wirklich das los, für was man so viel hat leiden *wollen.* Gesetzt daß an diese Kraft der Strafe geglaubt wird, so giebt es hinterdrein eine *Erleichterung* und ein *Aufathmen*, das wirklich einer neuen Gesundheit, einer Wiederherstellung nahe kommt. Man hat nicht nur seinen Frieden wieder mit der Gesellschaft gemacht, man ist vor sich selbst auch wieder achtungswürdig geworden, – »rein« ... Heute isolirt die Strafe noch mehr als das Vergehen; das *Verhängniß* hinter einem Vergehen ist dergestalt gewachsen, daß es unheilbar geworden ist. Man kommt als *Feind* der Gesellschaft aus der Strafe heraus ... Von jetzt ab giebt es einen Feind mehr ...

13, 379

Die Entwicklung des jüdischen Priesterstaates ist *nicht* original: sie haben das Schema in Babylon kennen gelernt: das Schema ist arisch. Wenn dasselbe später wieder, unter dem Übergewicht des germanischen Bluts, in Europa dominirte, so war dies dem Geiste der *herrschenden* Rasse gemäß: ein großer Atavismus. Das germanische Mittelalter war auf Wiederherstellung der *arischen Kasten-Ordnung* aus. 13, 386

Und, inmitten dieser décadence, die Kriege um das »Vaterland«, um diese lächerliche Nachgeburt des Patriotismus, welche, aus wirthschaftlichen Gründen, schon in hundert Jahren, eine Komödie sein wird ... 13, 431

Unter Deutschen ist es nicht genug, Geist zu haben: man muß ihn noch sich nehmen, sich Geist *herausnehmen.* Unter Franzosen muß man Muth haben, deutsch zu sein. 13, 487

Der Staat nimmt in Anspruch, über die Fragen der Cultur mit zu reden und selbst zu entscheiden: als ob nicht der Staat nur ein Mittel, ein sehr untergeordnetes Mittel der Cultur wäre! … »Ein deutsches Reich« – wie viel »deutsche Reiche« rechnete man auf einen Goethe! … Alle großen Zeiten der Cultur waren politisch arme Zeiten: – 13, 546 f.

Man sieht heute nicht selten junge Männer achtbarer Herkunft in durchaus zweideutigen Bewegungen verschwinden: sie haben lange ihrem Leben keinen Sinn zu geben gewußt, – *irgend ein* Sinn wird schließlich bei ihnen ein fast tyrannisches Bedürfniß. Zuletzt entscheidet der Zufall: sie verfallen einer Partei, die einen »Sinn« hat, gegen den im Grunde nicht nur ihr Geschmack, sondern ihr *Geruch* pro‹te›stirt, –

‹…›

sie werden zum Beispiel Antisemiten, bloß weil die Antisemiten ein Ziel haben, das handgreiflich bis zur Unverschämtheit ist – das *jüdische Geld*

Definition des Antisemiten: Neid, ressentiment, ohnmächtige Wuth als *Leitmotiv* im Instinkt: der Anspruch des »Auserwählten«; die vollkommene moralistische Selbst-Verlogenheit – diese hat die Tugend und alle großen Worte beständig im Munde. 13, 581

Damit das Haus von Narren und Verbrechern sich obenauf fühlt, zahlt Europa jetzt jährlich 12 Milliarden, reißt es Klüfte zwischen den werdenden Nationen auf, hat es die hirnverbranntesten Kriege geführt, die je geführt wurden: Fürst Bismarck hat zu Gunsten seiner Hauspolitik alle Voraussetzungen für *große* Aufgaben, für welthistorische Zwecke, für eine edlere und feinere Geistigkeit mit einer fluchwürdigen Sicherheit des Instinktes vernichtet. Und seht euch doch die Deutschen selber an, die niedrigste, stupideste, gemeinste Rasse wohl, die jetzt auf Erden da ist, *verhohenzollert* bis zum Haß gegen Geist und Freiheit. Seht doch ihr »Genie«, den F‹ürsten› B‹ismarck›, den Idioten unter den Staatsmännern aller Zeiten, der nie eine Handbreit über die Dy‹nastie› H‹ohenzollern› hinausgedacht hat. Der Idiot am Kreuze war [– – –] … Und als die Rasse Genie hatte, hatte sie das Genie des *Verbrechens* … 13, 644

Epilog. – Ich grüße euch Alle, meine Leser, die ihr nicht absichtlich mit falschen und schiefen Augen in dies Buch seht, ihr, die ihr mehr an ihm zu erkennen vermögt als eine Narrenhütte, in welcher ein Zerr- und Fratzenbild geistiger Freiheit zur Anbetung aufgehängt ist. Ihr wißt, was ich gab und wie ich gab; was ich konnte und wie viel mehr ich wollte – nämlich ein elektrisches Band über ein Jahrhundert hin zu spannen, aus einem Sterbezimmer heraus bis in die Geburtskammer neuer Freiheiten des Geistes. Mögt ihr nun für alles Gute und Schlimme, was ich sagte und that, eine schöne Wiedervergeltung üben! Es sind solche unter euch, welche Kleines mit Grossem und Gewolltes mit Gekonntem vergelten sollten: – mit welcher Empfindung ich an Jeden von diesen denke, soll hier am Ende des Buches als rhythmischer Gruß ausgesprochen werden:

Seit dies Buch mir erwuchs, quält Sehnsucht mich und Beschämung,
Bis solch Gewächs dir einst reicher und schöner erblüht.
Jetzt schon kost' ich des Glücks, dass ich dem Größeren nachgeh',
Wenn er des goldnen Ertrags eigener Ernten sich freut.

Aus dem Nachlaß 1875-1879

Nachweise

Die Texte dieser Ausgabe folgen der Kritischen Studienausgabe, herausgegeben von Giorgio Colli und Mazzino Montinari, Berlin/ New York: de Gruyter 1967 ff. (KA = Kritische Gesamtausgabe).

Band 1:

Die Geburt der Tragödie aus dem Geiste der Musik (1871/1886), S. 9

Unzeitgemäße Betrachtungen II-IV (David Strauss der Bekenner und Schriftsteller [1873], Vom Nutzen und Nachteil der Historie [1874], Schopenhauer als Erzieher [1874], Richard Wagner in Bayreuth [1876]), S. 157

Nachgelassene Schriften 1870-1873, S. 511 (KA III/1, Berlin/ New York 1972[1]; KA IV/1, Berlin 1967[1]; III/2, Berlin / New York 1973)

Band 2:

Menschliches, Allzumenschliches I (Ein Buch für freie Geister [1878]), S. 9

Menschliches, Allzumenschliches II (Vermischte Meinungen und Sprüche [1879]; Der Wanderer und sein Schatten [1880], S. 367 (KA IV/2, Berlin 1967[1]; IV/3, Berlin 1967[1])

Band 3:

Morgenröthe. Gedanken über die moralischen Vorurtheile (1881/87), S. 7

Idyllen aus Messina (1882), S. 333

Die fröhliche Wissenschaft (1882/87), S. 343 (KA V/1, Berlin / New York 1971[1], und V/2, Berlin/New York 1973[1])

Band 4:

Also sprach Zarathustra I-IV (Ein Buch für Alle und Keinen [I-II: 1883; III: 1884; IV 1885]), S. 9 (KA VI/1, Berlin 1968[1])

Band 5:
Jenseits von Gut und Böse. Vorspiel einer Philosophie der Zukunft (1886), S. 9
Zur Genealogie der Moral. Eine Streitschrift (1887), S. 245 (KA VI/2, Berlin 1968[1])

Band 6:
Der Fall Wagner. Ein Musikanten-Problem (1888), S. 9
Götzen-Dämmerung oder Wie man mit dem Hammer philosophirt (1889), S. 55
Nachgelassene Schriften
Der Antichrist. Fluch auf das Christenthum (1889), S. 165
Ecce homo. Wie man wird, was man ist (1889), S. 255
Dionysos-Dithyramben (1889), S. 375
Nietzsche contra Wagner. Aktenstücke eines Psychologen (1889), S. 413 (KA VI/3, Berlin 1969[1])

Band 7:
Nachgelassene Fragmente. Herbst 1869 bis Ende 1874, S. 9 (KA III/3 und III/4, Berlin/New York 1978[1])

Band 8:
Nachgelassene Fragmente. Anfang 1875 bis Ende 1879, S. 9 (KA IV, Berlin 1967[1])

Band 9:
Nachgelassene Fragmente. Anfang 1880 bis Sommer 1882, S. 9 (KA V/1, Berlin/New York 1971[1]; V/2, Berlin/New York 1973[1])

Band 10:
Nachgelassene Fragmente. Juli 1882 bis Herbst 1885 (1. Teil: Juli 1882 bis Winter 1883/84), S. 9 (KA VII/1, Berlin/New York 1977[1])

Band 11:
Nachgelassene Fragmente. Juli 1882 bis Herbst 1885 (2. Teil: Frühjahr 1884 bis Herbst 1885), S. 9 (KA VII/3 und VII/3, Berlin/New York 1974[1])

Band 12:

Nachgelassene Fragmente. Herbst 1885 bis Anfang Januar 1889 (1. Teil: Herbst 1885 bis Herbst 1887), S. 9 (KA VIII/1, Berlin 1974[1])

Band 13:

Nachgelassene Fragmente. Herbst 1885 bis Anfang Januar 1889 (2. Teil: November 1887 bis Anfang Januar 1889), S. 9 (KA VIII/2, Berlin 1970[1]; VIII/3, Berlin 1972[1])

Die Orthographie und Interpunktion der Vorlage blieben gewahrt, insbesondere auch die Abfolge von An- und Abführung und Kommata, der Klammerungen und Bindestriche, der Groß- und Kleinschreibung, der Getrennt- und Zusammenschreibung, die Anzahl der Gedankenstriche, der Auslassungspunkte. Auch die Konjekturen der Herausgeber der kritischen Ausgabe wurden übernommen.

Spitze Klammern ‹ › bezeichnen Ergänzungen der Herausgeber (bzw. Auslassungen: ‹...›).
[–] bezeichnet ein unlesbares Wort, [– –]: zwei unlesbare Wörter, [– – –]: drei oder mehrere unlesbare Wörter
– – – bezeichnet einen unvollständigen Satz.

Friedrich Nietzsche
im Insel Verlag

Also sprach Zarathustra
Ein Buch für Alle und Keinen. Thomas Mann:
Die Philosophie Nietzsches im Lichte
unserer Erfahrung
Leinen und it 145. 368 Seiten

Der Antichrist
Versuch einer Kritik des Christentums
it 947. 126 Seiten

Briefe
Ausgewählt von Richard Oehler
Mit einem Essay von Ralph-Rainer Wuthenow
it 1546. 412 Seiten

Ecce homo
Mit einem Vorwort von Raoul Richter und einem Nachwort
von Ralph-Rainer Wuthenow
it 290. 164 Seiten

Die fröhliche Wissenschaft
Mit einem Nachwort von Ralph-Rainer Wuthenow
it 635. 318 Seiten

Die Geburt der Tragödie
Schriften zur Literatur und Philosophie der Griechen
Herausgegeben und erläutert von Manfred Landfester
Leinen. 697 Seiten

Die Geburt der Tragödie aus dem Geiste der Musik
Mit einem Nachwort von Peter Sloterdijk
it 1012. 219 Seiten

NF 2/1/2.00

Gedichte
Nach den Erstdrucken 1878 bis 1908
Herausgegeben von Ralph Kray und Karl Riha
it 1622. 162 Seiten

Götzen-Dämmerung
oder Wie man mit dem Hammer philosophiert
Herausgegeben von Karl Schlechta
it 822. 123 Seiten

Jenseits von Gut und Böse
Mit der Streitschrift ›Zur Genealogie der Moral‹ und einem Nachwort von Ralph-Rainer Wuthenow
it 762. 391 Seiten

Menschliches, Allzumenschliches
Ein Buch für freie Geister. Mit einem Nachwort von Ralph-Rainer Wuthenow
it 614. 611 Seiten

Morgenröte
Gedanken über die moralischen Vorurteile
Mit einem Nachwort
von Ralph-Rainer Wuthenow
it 678. 319 Seiten

Nietzsche für Gestreßte
Vorgestellt von Ursula Michels-Wenz
it 1928. 106 Seiten

Über die Frauen
Herausgegeben und mit einem Nachwort versehen von Klaus Goch
it 1335. 320 Seiten

NF 2/2/2.00

Über Wahrheit und Lüge
Ein Essay, Aphorismen, Notate und Briefe
Herausgegeben von Steffen Dietzsch
IB 1207. 96 Seiten

Unzeitgemäße Betrachtungen
Mit einem Nachwort von Ralph-Rainer Wuthenow
it 509. 387 Seiten

Vom Nutzen und Nachteil der Historie für das Leben
it 1236. 129 Seiten

Wie man wird, was man ist
Ermutigungen zum kritischen Denken.
Herausgegeben von Ursula Michels-Wenz
it 1096. 309 Seiten

Zur Genealogie der Moral
Eine Streitschrift
it 1308. 157 Seiten

Rüdiger Görner (Hg.)
Nietzsches Kunst
Philosophie und Leben eines Denkkünstlers
it 2610. 160 Seiten

NF 2/3/2.00

Zu Friedrich Nietzsche

Lou Andreas-Salomé
Friedrich Nietzsche in seinen Werken
Mit Anmerkungen von Thomas Pfeiffer
Herausgegeben von Ernst Pfeiffer
Erweiterte Neuausgabe
it 2592. 360 Seiten

Nietzsche und Wagner
Stationen einer epochalen Begegnung
Herausgegeben von Dieter Borchmeyer
und Jörg Salaquarda
1418 Seiten. Leinen im Schuber

Ralph-Rainer Wuthenow
Friedrich Nietzsche. Leben und Werk
it 2601. 180 Seiten

NF 2/4/2.00